《文史通义》选注

章学诚 著

仓修良 鲍永军 选注

浙江人民出版社

图书在版编目（CIP）数据

《文史通义》选注 / （清）章学诚著 ；仓修良，鲍
永军选注. -- 杭州 ：浙江人民出版社，2025. 6.
ISBN 978-7-213-11558-5

Ⅰ. K092. 49

中国国家版本馆CIP数据核字第20257UA288号

《文史通义》选注

〔清〕章学诚 著 仓修良 鲍永军 选注

出版发行：浙江人民出版社(杭州市环城北路177号 邮编 310006)

市场部电话：(0571)85061682 85176516

丛书策划：王利波 卓挺亚 营销编辑：陈雯怡 陈芊如 张紫懿
责任编辑：卓挺亚 责任印务：幸天骄
责任校对：马 玉 大家读浙学经典印章设计：锁 剑
封面设计：王 芸
电脑制版：杭州天一图文制作有限公司
印 刷：杭州钱江彩色印务有限公司
开 本：710毫米×1000毫米 1/16 印 张：24.75
字 数：308千字 插 页：6
版 次：2025年6月第1版 印 次：2025年6月第1次印刷
书 号：ISBN 978-7-213-11558-5
定 价：108.00元

如发现印装质量问题，影响阅读，请与市场部联系调换。

浙江文化研究工程成果文库总序

有人将文化比作一条来自老祖宗而又流向未来的河，这是说文化的传统，通过纵向传承和横向传递，生生不息地影响和引领着人们的生存与发展；有人说文化是人类的思想、智慧、信仰、情感和生活的载体、方式和方法，这是将文化作为人们代代相传的生活方式的整体。我们说，文化为群体生活提供规范、方式与环境，文化通过传承为社会进步发挥基础作用，文化会促进或制约经济乃至整个社会的发展。文化的力量，已经深深熔铸在民族的生命力、创造力和凝聚力之中。

在人类文化演化的进程中，各种文化都在其内部生成众多的元素、层次与类型，由此决定了文化的多样性与复杂性。

中国文化的博大精深，来源于其内部生成的多姿多彩；中国文化的历久弥新，取决于其变迁过程中各种元素、层次、类型在内容和结构上通过碰撞、解构、融合而产生的革故鼎新的强大动力。

中国土地广袤、疆域辽阔，不同区域间因自然环境、经济环境、社会环境等诸多方面的差异，建构了不同的区域文化。区域文化如同百川归海，共同汇聚成中国文化的大传统，这种大传统如同春风化雨，渗透于各种区域文化之中。在这个过程中，区域文化如同清溪山泉潺潺不息，在中国文化的共同价值取向下，以自己的独特个性支撑着、引领着本地经济社会的发展。

从区域文化入手，对一地文化的历史与现状展开全面、系统、扎实、有序的研究，一方面可以藉此梳理和弘扬当地的历史传统和文化资源，繁荣和丰富当代的先进文化建设活动，规划和指导未来的文化发展蓝图，增强文化软实力，为全面建设小康社会、加快推进社会主义现代化提供思想保证、精神动力、智力支持和舆论力量；另一方面，这也是深入了解中国文化、研究中国文化、发展中国文化、创新中国文化的重要途径之一。如今，区域文化研究日益受到各地重视，成为我国文化研究走向深入的一个重要标志。我们今天实施浙江文化研究工程，其目的和意义也在于此。

千百年来，浙江人民积淀和传承了一个底蕴深厚的文化传统。这种文化传统的独特性，正在于它令人惊叹的富于创造力的智慧和力量。

浙江文化中富于创造力的基因，早早地出现在其历史的源头。在浙江新石器时代最为著名的跨湖桥、河姆渡、马家浜和良渚的考古文化中，浙江先民们都以不同凡响的作为，在中华民族的文明之源留下了创造和进步的印记。

浙江人民在与时俱进的历史轨迹上一路走来，秉承富于创造力的文化传统，这深深地融汇在一代代浙江人民的血液中，体现在浙江人民的行为上，也在浙江历史上众多杰出人物身上得到充分展示。从大禹的因势利导、敬业治水，到勾践的卧薪尝胆、励精图治；从钱氏的保境安民、纳土归宋，到胡则的为官一任、造福一方；从岳飞、于谦的精忠报国、清白一生，到方孝孺、张苍水的刚正不阿、以身殉国；从沈括的博学多识、精研深究，到竺可桢的科学救国、求是一生；无论是陈亮、叶适的经世致用，还是黄宗羲的工商皆本；无论是王充、王阳明的批判、自觉，还是龚自珍、蔡元培的开明、开放，等等，都展示了浙江深厚的文化底蕴，凝聚了浙江人民求真务实的创造精神。

代代相传的文化创造的作为和精神，从观念、态度、行为方式和价值取向上，孕育、形成和发展了渊源有自的浙江地域文化传统和与时俱进的浙江文化精神，她滋育着浙江的生命力、催生着浙江的凝聚力、激发着浙江的创造力、培植着浙江的竞争力，激励着浙江人民永不自满、永不停息，在各个不同的历史时期不断地超越自我、创业奋进。

悠久深厚、意韵丰富的浙江文化传统，是历史赐予我们的宝贵财富，也是我们开拓未来的丰富资源和不竭动力。党的十六大以来推进浙江新发展的实践，使我们越来越深刻地认识到，与国家实施改革开放大政方针相伴随的浙江经济社会持续快速健康发展的深层原因，就在于浙江深厚的文化底蕴和文化传统与当今时代精神的有机结合，就在于发展先进生产力与发展先进文化的有机结合。今后一个时期浙江能否在全面建设小康社会、加快社会主义现代化建设进程中继续走在前列，很大程度上取决于我们对文化力量的深刻认识、对发展先进文化的高度自觉和对加快建设文化大省的工作力度。我们应该看到，文化的力量最终可以转化为物质的力量，文化的软实力最终可以转化为经济的硬实力。文化要素是综合竞争力的核心要素，文化资源是经济社会发展的重要资源，文化素质是领导者和劳动者的首要素质。因此，研究浙江文化的历史与现状，增强文化软实力，为浙江的现代化建设服务，是浙江人民的共同事业，也是浙江各级党委、政府的重要使命和责任。

2005年7月召开的中共浙江省委十一届八次全会，作出《关于加快建设文化大省的决定》，提出要从增强先进文化凝聚力、解放和发展生产力、增强社会公共服务能力入手，大力实施文明素质工程、文化精品工程、文化研究工程、文化保护工程、文化产业促进工程、文化阵地工程、文化传播工程、文化人才工程等"八项工程"，实施科教兴国和人才强国战略，加快建设教育、科技、卫生、体育等"四个强省"。作为文化建设"八项工程"之一的文化研究工程，其任务就是系统研究浙江文化的历史成就和当代发展，深入挖掘浙江文化底蕴、研究浙江现象、总结浙江经验、指导浙江未来的发展。

浙江文化研究工程将重点研究"今、古、人、文"四个方面，即围绕浙江当代发展问题研究、浙江历史文化专题研究、浙江名人研究、浙江历史文献整理四大板块，开展系统研究，出版系列丛书。在研究内容上，深入挖掘浙江文化底蕴，系统梳理和分析浙江历史文化的内部结构、变化规律和地域特色，坚持和发展浙江精神；研究浙江文化与其他地域文化的异同，厘清浙江文化在中国文化中的地位和相互影响的关系；围绕浙江生动的当代实践，深入解读浙江现象，总结浙江经验，指导浙江发展。在研究力量上，通过课题组织、出版资助、重点研究基地建设、加强省内外大院名校合作、整合各地各部门力量等途径，形成上下联动、学界互动的整体合力。在成果运用上，注重研究成果的学术价值和应用价值，充分发挥其认识世界、传承文明、创新理论、咨政育人、服务社会的重要作用。

我们希望通过实施浙江文化研究工程，努力用浙江历史教育浙江人民、用浙江文化熏陶浙江人民、用浙江精神鼓舞浙江人民、用浙江经验引领浙江人民，进一步激发浙江人民的无穷智慧和伟大创造能力，推动浙江实现又快又好发展。

今天，我们踏着来自历史的河流，受着一方百姓的期许，理应负起使命，至诚奉献，让我们的文化绵延不绝，让我们的创造生生不息。

2006年5月30日于杭州

丛书引言

陈　来

改革开放以来，浙江的经济社会发展取得了迅速的、巨大的进步。面对于此，浙江省政府和学术界，积极探讨经济社会发展的文化根源，展开了不少对于"浙学"的梳理、探讨和总结，使之成为当代浙江文化发展的一项重要课题。

就概念来说，"浙学"并不是一个新的概念，而是一个宋代以来就不断使用于每个时代用以描述浙江学术文化的概念。经过20余年的梳理，如浙江学者吴光、董平等的研究，已经大致弄清了浙学及与之相关的学术学派观念的历史源流，为我们今天总结思考这一问题提供了坚实的基础。

本文所理解的"浙学"，当然以历史上的浙学观念为基础，但强调其在新时代的意义。今天我们所讲的浙学，应该是"千百年来的浙江人的文化创造和代代相传的文化传统"，包含了"浙江大地上曾经有的文化思想成果"，因此这一浙学概念不是狭义的，而是广义的大浙学的观念。

这样一个大浙学的观念，在历史上有没有依据呢？我认为是有的，从宋代以后，浙学的观念变化过程就是一个内涵和外延不断扩大的过程。以下我们就对这一过程作一个简述。

一

众所周知，最早提出"浙学"这一观念的是南宋大儒朱熹。但浙学的开端，现有的研究者基本认为可以追溯到汉代的王充。王充在其《论衡》中提倡的"实事疾妄"的学术精神，明显影响到后来浙学的发展。王充之后，浙学又经历了相当长的演化过程，不过直到南宋，浙江才有了成型的学术流派。朱熹不仅提出并使用浙学的概念，而且还使用"浙中学者""浙中之学""浙间学问"等概念，这些概念与他使用的浙学概念类似或相近。朱熹说：

> 浙学尤更丑陋，如潘叔昌、吕子约之徒，皆已深陷其中，不知当时传授师说，何故乖讹便至于此？（《朱子文集》卷五十《答程正思》）

潘叔昌，名景愈，金华人，是吕祖谦的弟子，而吕子约是吕祖谦的弟弟，可见朱子这里所说的浙学是指以吕祖谦为代表的婺学。《朱子年谱》淳熙十一年（1184）下："是年辩浙学。"所列即朱子与吕子约书等，说明朱子最开始与浙学的辩论是与以吕子约为首的婺学辩论。上引语录中朱熹没有提到其他任何人。这也说明，朱子最早使用的浙学概念是指婺学。

《朱子年谱》列辩浙学之后，同年中又列了辩陈亮之学。事实上，朱子与陈亮的辩论持续了两年。这也说明《朱子年谱》淳熙十一年一开始所辩的浙学不包括陈亮之学，以后才扩大到陈亮的永康之学。朱子也说：

> 婺州近日一种议论愈可恶，大抵名宗吕氏，而实主同父，深可忧叹。（《朱子文集》，《续集》卷一《答黄直卿》）

同父（同甫）是陈亮的字，朱子还说："海内学术之弊，江西顿悟，永康事功。"（《朱子年谱》淳熙十二年）用事功之学概括陈亮永康之学的宗旨要义。

《朱子年谱》淳熙十二年（1185）言"是岁与永嘉陈君举论学"，说明到了淳熙十二年，朱子与浙学的辩论从吕氏婺学、陈亮永康之学进一步扩大至陈傅良之学。绍熙二年（1191）又扩大至叶适之学。陈傅良、叶适二人皆永嘉学人，此后朱子便多以"永嘉之学"称之，而且把永康、永嘉并提了。

《朱子年谱》为朱子门人李方子等编修，李本年谱已有"辩浙学"的部分，说明朱子门人一辈当时已正式使用浙学这个概念。

朱子谈到永嘉之学时说：

> 因说永嘉之学，曰："张子韶学问虽不是，然他却做得来高，不似今人卑污。"（《朱子语类》卷一百二十三）

这是朱子晚年所说，他以张子韶之学对比永嘉之学，批评永嘉之说卑污，这是指永嘉功利之说。

> "永嘉学问专去利害上计较，恐出此。"又曰："'正其谊不谋其利，明其道不计其功。'正其谊，则利自在；明其道，则功自在。专去计较利害，定未必有利，未必有功。"（《朱子语类》卷三十七）
>
> 因言："陆氏之学虽是偏，尚是要去做个人。若永嘉永康之说，大不成学问，不知何故如此。"（《朱子语类》卷一百二十二）

这里的"大不成学问"，也是指卑陋、专去利害上计较功利。

以上是对南宋浙学观念的概述。朱子提出的浙学，原指婺州吕学，后扩大到永康陈亮之学，又扩大到永嘉陈傅良、叶适之学，最后定位在指南宋浙江的事功之学。由于朱子始终将浙学视为"专言功利"之学而加以批判，故此时的"浙学"之概念不仅是贬义词，而且所指也有局限性，并不足以反映当时整个浙学复杂多样的形态和思想的丰富性。

二

现在我们来看看明代。明代浙江学术最重要的是阳明学的兴起。那么，阳明学在明代被视为浙学吗？

明代很少使用"浙学"一词，如《宋元学案》中多次使用浙学，《明儒学案》竟无一例使用。说明宋人使用"浙学"一词要远远多于明人，明代学术主流学者几乎不用这一概念。不过，明代万历时的浙江提学副使刘麟长曾作《浙学宗传》，此书具有标志性的意义。《浙学宗传》仿照周汝登《圣学宗传》，但详于今儒，大旨以王阳明为主，而援朱子以入之。此书首列杨时、朱子、象山，以作为浙学的近源：

> 缘念以浙之先正，呼浙之后人，即浙学又安可无传？……论浙近宗，则龟山、晦翁、象山三先生。其子韶、慈湖诸君子，先觉之鼻祖歟？阳明宗慈湖而子龙溪数辈，灵明耿耿，骨骨相贯，丝丝不紊，安可诬也！（刘麟长《浙学宗传序》）

刘麟长不是浙江人，他把南宋的杨时、朱熹、陆九渊作为浙学的近宗之源，而这三人也都不是浙江人。如果说南宋理学的宗师是浙学的近宗，那么远宗归于何人？刘麟长虽然说是尧舜孔孟，但也给我们一个启发，即我们把王充作为浙学的远源应该也是有理由的。然后，刘麟长把南宋的张子韶（张九成）、杨慈湖（杨简）作为浙学的先觉鼻祖，这两位确实是浙江人。《浙学宗传》突出阳明、龙溪，此书的意义是，把阳明心学作为浙学的主流，而追溯到宋代张子韶和杨慈湖，这不仅与朱子宋代浙学的观念仅指婺州、永康、永嘉之学不同，包括了张九成和杨简，而且在学术思想上，把宋代和明代的心学都作为浙学，扩大了浙学的范围。

此书的排列，在杨时、朱熹、陆九渊居首之后，在宋代列张九成、吕祖谦、杨简、何基、王柏、金履祥、许谦。刘麟长说："于越东莱先生与吾里考亭夫子，问道质疑，卒揆于正，教泽所渐，金华四贤，称朱学世嫡焉。"何基以下四人皆金华人，即"北山四先生"，这四先生都是朱学的传人。这说明在刘麟长思想中，浙学也是包括朱子学的。这个问题我们下面再讲。

此书明代列刘伯温、宋潜溪、方正学、吴叡仲、陈克庵、黄世显、谢文肃、贺医闾、章枫山、郑敬斋、潘孔修、萧静庵、丰一斋、胡支湖、王阳明、王龙溪、钱绪山、邵康僖、范栗斋、周二峰、徐曰仁、胡川甫、邵弘斋、郑淡泉、张阳和、许敬庵、周海门、陶石篑、刘念台、陶石梁、陈几亭。其中不仅有王阳明学派，还有很多是《明儒学案》中《诸儒学案》的学者，涵盖颇广。但其中最重要的应是王阳明和刘宗周（念台）。可见王阳明的心学及其传承流衍是刘麟长此书所谓浙学在明代的主干。在此之前蔡汝楠也说过"吾浙学自得明翁夫子，可谓炯如日星"，把王阳明作为浙学的中坚。

三

朱子的浙学观念只是用于个人的学术批评，刘麟长的浙学概念强调心学是主流，而清初的全祖望则是在学术史的立场上使用和理解浙学这一概念，他对浙学范围的理解就广大得多。

全祖望对南宋永嘉学派的渊源颇为注意，《宋元学案》卷六：

王开祖，字景山，永嘉人也。学者称为儒志先生。……又言：

> "由孟子以来，道学不明。今将述尧、舜之道，论文、武之治，杜淫邪之路，开皇极之门。吾畏天者也，岂得已哉！"其言如此。是时，伊、洛未出，安定、泰山、徂徕、古灵诸公甫起，而先生之言实遥与相应。永嘉后来问学之盛，盖始基之。

这是认为，北宋，在二程还未开始讲学时，被称为"宋初三先生"的胡瑗（安定）、孙复（泰山）、石介（徂徕）等刚刚讲学产生影响，王开祖便在议论上和"三先生"远相呼应而成为后来永嘉学派的奠基人。

全祖望在《宋元学案·周、许诸儒学案》案语中说：

> 世知永嘉诸子之传洛学，不知其兼传关学。考所谓"九先生"者，其六人及程门，其三则私淑也。而周浮沚、沈彬老，又尝从蓝田吕氏游，非横渠之再传乎？鲍敬亭辈七人，其五人及程门。……今合为一卷，以志吾浙学之盛，实始于此。（《宋元学案》卷三十二）

这就指出，在南宋永嘉学派之前，北宋的"永嘉九先生"（周行己、许景衡、沈躬行、刘安节、刘安上、戴述、赵霄、张辉、蒋元中）都是二程理学的传人。南宋浙学的盛行，以"永嘉九先生"为其开始。这就强调了二程理学对浙学产生的重要作用，也把二程的理学看作浙学的奠基源头。

> 祖望谨案：伊川之学，传于洛中最盛，其入闽也以龟山，其入秦也以诸吕，其入蜀也以谯天授辈，其入浙也以永嘉九子，其入江右也以李先之辈，其入湖南也由上蔡而文定，而入吴也以王著作信伯。（《宋元学案》卷二十九）

这就明确指明伊川之学是由"永嘉九先生"引入浙江，"永嘉九子"是二程学说入浙的第一代。

"九先生"之后，郑伯熊、薛季宣都是程氏传人，对南宋的永嘉学派起了直接的奠基作用。《四库全书总目提要》说："朱子喜谈心性，季宣兼重事功，永嘉之学遂为一脉。"

> 永嘉以经制言事功，皆推原以为得统于程氏。永康则专言事功而无所承，其学更粗莽抡魁，晚节尤有惭德。述《龙川学案》。（《宋元学案》卷五十六）

永嘉学派后来注重经制与事功，其源头来自二程；而永康只讲事功不讲经制，这正是因为其学无所承。

> 祖望谨案：永嘉之学统远矣，其以程门袁氏之传为别派者，自艮斋薛文宪公始。艮斋之父，学于武夷，而艮斋又自成一家，亦入门之盛也。其学主礼乐制度，以求见之事功。（《宋元学案》卷五十二）

按照全祖望的看法，永嘉之学的学统可远溯及二程，袁道洁曾问学于二程，又授其学于薛季宣，而从薛氏开始，向礼乐兵农方向发展，传为别派。此派学问虽为朱子所不喜，被视为功利之学，但其程学渊源不可否认。

> 梓材谨案：永嘉之学，以郑景望为大宗，止斋、水心，皆郑氏门人。郑本私淑周浮沚，以追程氏者也。（《宋元儒学案》序录）

王梓材则认为，"永嘉九先生"之后，真正的永嘉学派奠基于郑景望，而郑景望私淑周行己，追慕二程之学。

> 梓材谨案：艮斋为伊川再传弟子，其行辈不后于朱、张，而次于朱、张、吕之后者，盖永嘉之学别起一端尔。（《宋元儒学案》序录）

王梓材也认为，薛季宣是二程再传，但别起一端，即传为别派，根源上还是程学。

黄百家《宋元学案·龙川学案》案语说：

> 永嘉之学，薛、郑俱出自程子。是时陈同甫亮又崛兴于永康，无所承接。然其为学，俱以读书经济为事，嗤黜空疏随人牙后谈性命者，以为灰埃，亦遂为世所忌，以为此近于功利，俱目之为浙学。（《宋元学案》卷五十六）

总之，传统学术史认为，两宋浙学的总体格局是以程学为统系的，南宋的事功之学是从这一统系转出而"别为一派"的。

二程门人中浙人不少，在浙江做官者亦不少，如杨时曾知余杭、萧山。朱熹的门人、友人中浙人亦不少，如朱子密友石子重为浙人，学生密切者巩仲至（婺州）、方宾王（嘉兴）、潘时举（天台）、林德久（嘉兴）、沈叔晦（定海）、周叔瑾（丽水）、郭希吕（东阳）、辅广（嘉兴）、沈偁（永嘉）、徐寓（永嘉）等都是浙人。

全祖望不仅强调周行己是北宋理学传入浙江的重要代表，"永嘉九先生"是浙学早期发展的引领者，永嘉学派是程氏的别传，更指出朱熹一派的传承在浙学中的地位：

> 勉斋之传，得金华而益昌，说者谓北山绝似和靖，鲁斋绝似上蔡，而金文安公尤为明体达用之儒，浙学之中兴也。述北山四先生学案。（《宋元学案》卷八十二）

勉斋即黄榦，是朱子的高弟，北山即何基，鲁斋即王柏，金文安即金履祥，再加上许谦，这几人都是金华人，是朱学的重要传人，代表了南宋末年的金华学术。全祖望把"永嘉九先生"称为"浙学之始"，把"北山四先生"称为"浙学之中兴"，可见他把程朱理学看作浙学的主体框架，认为程朱理学的一些学者在特定时期代表了浙学。这一浙学的视野就比宋代、明代要宽广很多了。于是，浙学之中，不仅有事功之学，有心学，也有理学。

其实，朱学传承，不仅是勉斋传北山。黄震的《日钞》说：

> 乾淳之盛，晦庵、南轩、东莱称三先生。独晦庵先生得年最高，讲学最久，尤为集大成。晦庵既没，门人如闽中则潘谦之、杨志仁、林正卿、林子武、李守约、李公晦，江西则甘吉父、黄去私、张元德，江东则李敬之、胡伯量、蔡元思，浙中则叶味道、潘子善、黄子洪，皆号高弟。（《宋元学案》卷六十三《勉斋学案》附录）

浙江的这几位传朱学的人，都是朱子有名的门人，如叶味道，"嘉定中，叶味道、陈埴以朱学显"（《宋元学案》卷三十二）。"永嘉为朱子学者，自叶文修公（味道）、潜室（陈埴）始。"（《宋元学案》卷六十五》）黄子洪名士毅，曾编《朱子语类》"蜀类"。潘子善名"时举"。这说明南宋后期永嘉之学中也有朱学。

关于朱学，全祖望还说：

> 四明之专宗朱氏者，东发为最，《日钞》百卷，躬行自得之言也，渊源出于辅氏。晦翁生平不喜浙学，而端平以后，闽中、江右诸弟子，支离舛戾固陋无不有之，其能中振之者，北山师弟为一支，东发为一支，皆浙产也。（《宋元学案》卷八十六）

他把黄震（字东发）视为四明地区传承朱学最有力的学者，说黄震出自朱子门人辅广。全祖望指出，南宋末年，最能振兴朱学的，一支是前面提到的金华的"北山四先生"，一支就是四明的黄震。他特别指出，这两支都是浙产，即都是浙学。《宋元学案》序录底本谓："勉斋之外，庆源辅氏其庶几乎！故再传而得黄东发、韩恂斋，有以绵其绪焉。"

此外，全祖望在浙江的朱学之外，也关注了浙江的陆学：

> 槐堂之学，莫盛于吾甬上，而江西反不逮……甬上之西尚严陵，亦一大支也。（《宋元学案》卷七十七）

"甬上四先生"是陆学在浙江的代表。全祖望称之为"吾甬上"，即包含了把浙江的陆学派视为浙学的一部分之意。严陵虽在浙西，但在全祖望看来，是浙江陆学在甬上之外的另一大支，自不能不看作浙学的一部分。

四

谈到浙学就不能不谈及浙东学派的概念。

黄宗羲是浙东学派这一概念的最早使用者之一。在《移史馆论不宜立理学传书》中，他反驳了史馆馆臣"浙东学派最多流弊"的说法，这说明馆臣先已使用了"浙东学派"这个概念，并对浙东学术加以批评。黄宗羲认为：

> 有明学术，白沙开其端，至姚江而始大明。……逮及先师蕺山，学术流弊，救正殆尽。向无姚江，则学脉中绝；向无蕺山，则流弊充塞。凡海内之知学者，要皆东浙之所衣被也。今忘其衣被之

功，徒訾其流弊之失，无乃刻乎！（《黄宗羲全集》增订本第十册）

黄宗羲认为陈白沙开有明一代学脉，至王阳明始大明，这说明他是站在心学的立场上论述明代思想的主流统系。他同时指出，阳明之后流弊充塞，刘蕺山（刘宗周）出，才将流弊救正过来。所以，明代思想学术中，他最看重的是陈白沙、王阳明和刘蕺山，而王阳明、刘蕺山被视为浙东学术的中坚。在这个意义上，他强调要看到浙东学派的功绩，而不是流弊。黄宗羲是在讨论浙东学派的历史功绩，但具体表述上他使用的是"学脉"，学脉比学派更宽，超出了学派的具体指向。从黄宗羲这里的说法来看，他对"浙东学派"的理解是儒学的、理学的、哲学的，而不是历史的。而黄宗羲开其端，万斯同、全祖望等发扬的清代浙东学派则以史学为重点，不是理学、哲学的发展了。

浙东学派的提法，可以看作是历史上一个与浙学观念类似的、稍有局限的学术史观念。因为浙东学派在名称上就限定了地域，只讲浙东，不讲浙西。这和"浙学"不分东西是不同的。浙东学派这样一个概念的提出也是有理由的，因为历史上浙学的发展，其重点区域一直在浙东，宋代、明代都是如此。

在全祖望之后，乾隆时章学诚《浙东学术》提出：

浙东之学，虽出婺源，然自三袁之流，多宗江西陆氏，而通经服古，绝不空言德性，故不悖于朱子之教。至阳明王子，揭孟子之良知，复与朱子牴牾。蕺山刘氏，本良知而发明慎独，与朱子不合，亦不相诋也。梨洲黄氏，出蕺山刘氏之门，而开万氏弟兄经史之学，以至全氏祖望辈尚存其意，宗陆而不悖于朱者也。惟西河毛氏，发明良知之学，颇有所得，而门户之见，不免攻之太过，虽浙东人亦不甚以为然也。

世推顾亭林氏为开国儒宗，然自是浙西之学，不知同时有黄梨洲氏出于浙东，虽与顾氏并峙，而上宗王、刘，下开二万，较之顾氏，源远而流长矣。顾氏宗朱，而黄氏宗陆，盖非讲学专家，各持门户之见者，故相互推服而不相非诋。学者不可无宗主，而必不可有门户。故浙东、浙西，道并行而不悖也。（《文史通义》内篇卷五）

其实，清初全祖望在回顾北宋中期的学术思想时曾指出：

庆历之际，学统四起。齐、鲁则有士建中、刘颜夹辅泰山而兴。浙东则有明州杨、杜五子，永嘉之儒志、经行二子，浙西则有杭之吴存仁，皆与安定湖学相应……（《宋元学案》卷六）

这说明全祖望在回顾浙学发展之初，就是浙东、浙西不分的。章学诚认为浙东之学，出于朱熹，而从"三袁"（袁燮为"明州四先生"之一，袁燮与其子袁肃、袁甫合称"三袁"）之后多宗陆象山，但是宗陆不悖于朱。他又说王阳明与朱子不合亦不相诋，这就不符合事实了，阳明批评朱子不少，在其后期尤多。章学诚总的思想是强调学术上不应有门户之见，宗陆者应不悖朱，宗朱者可不诋陆，不相非诋。他认为浙东与浙西正是如此，道并行而不悖。所以，他论浙学，与前人如黄宗羲不同，是合浙东、浙西为一体，这就使其浙学观较之前人要宽大得多了。

四明之学多陆氏。深宁之父亦师史独善以接陆学，而深宁绍其家训，又从王子文以接朱氏，从楼迂斋以接吕氏，又尝与汤东涧游，东涧亦兼治朱、吕、陆之学者也。和齐斟酌，不名一师。（《宋元学案》卷八十五）

《宋元学案·深宁学案》中把兼治陆学、朱学、吕学，没有门户之见的状态描述为"和齐斟酌"。章学诚用"并行不悖"概括浙学"和齐斟酌"的性格，也是很有见地。

由以上所述可见，"浙学"所指的内容从宋代主要是事功之学，到明代扩大到包含心学，再到清初进一步扩大到包含理学，"浙学"已经变成一个越来越大的概念；经过全祖望、章学诚等的论述，浙学由原来只重浙东学术而变成包括浙东、浙西，成为越来越宽的概念。这些为我们今天确立大的浙学概念，奠定了深厚的历史基础。

<h2 style="text-align:center">五</h2>

有关儒学的普遍性与地域性，我一向认为，中国自秦汉以来，各地文化已经交流频繁，并没有一个地区是孤立发展的，特别是在帝国统一的时代。宋代以后，文化的同质性大大提高，科举制度和印刷业在促进各地文化的统一性方面起了巨大作用。因此，儒学的普遍性和地域性是辩证的关系，这种关系用传统的表述可谓"理一而分殊"，统一性同时表达为各地的不同发展，而地域性是在统一性之下的地方差别。没有跳出儒学普遍性之外的地域话语，也不可能有离开全国文化总体性思潮涵盖的地方儒学。不过，地域文化的因素在交往还不甚发达的古代，终究是不能忽视的，但要弄清地域性的因素表现在什么层次和什么方面。如近世各地区的不同发展，主要是因为各地的文化传统之影响，而不是各地的经济—政治结构不同。所以，问题的关键不在于承认不承认地域性的因素，而在于如何理解和认识、掌握地域性因素对思想学术的作用。

近一二十年，全国各地，尤其是经济发达的地区或文化教育繁荣发展的地区，都很注重地域文化的挖掘与传承。这可以看作是中国崛起的总态势下、中华文化自觉的总体背景之下各种局部的表达，有着积极的意义，也促进了地域文化研究的新开展。其中浙学的探讨似乎是在全国以省为单位的文化溯源中特别突出的。这一点，只要对比与浙江地域文化最接近、经济发展和教育发展水平最相当的邻省江苏，就很清楚。江苏不仅没有浙江那么关注地域文化总体，其所关注的也往往是"吴文化"一类。指出下面一点应该是必要的，即与其他省份多侧重"文化"的展示不同，浙江更关注的是浙学的总结发掘。换言之，其他省份多是宣传展示广义的地域文化的特色，而浙江更多关注的是学术思想史意义上的地域学术的传统，这是很不相同的。

当然，这与一个省在历史上是否有类似的学术资源或论述传统有关。如朱熹在南宋时已使用"浙学"，主要指称婺州吕氏、永康陈亮等所注重的着重古今世变、强调事功实效的学术。明代王阳明起自越中，学者称阳明学在浙江的发展为"浙中心学"；清初黄宗羲倡导史学，史称"浙东史学"。明代以后，"浙学"一词使用渐广。特别是，"浙东史学"或"浙东学派"的提法，清代以来已为学者所耳熟能详，似乎成了浙学的代名词。当代关于浙学的探讨持续不断，在浙江尤为集中。可以说，南宋以来，一直有一种对浙学的学术论述，自觉地把浙学作为一个传统来寻求其建构。我以为这显示着，至少自南宋以来，浙江的学术思想在各朝各代都非常突出，每一时代浙江的学术都在全国学术中成为重镇或重点，产生了较大影响。所谓浙学也应在这一点上突出其意义，而与其他各省侧重于"文化"展现有所分别。事实上，"浙学"与"浙江文化"的意义就并不相同。总之，这些历史上的浙学提法显示，宋代以来，每一时代总有一种浙学被当时的学术思想界所重视、所关注，表明近世以来的浙江学术总是积极地参与中国学术思想、思潮的发展潮流，使浙学成为宋代以来中国学术思想发展中的重要成分。每一时代的浙江学术都在全国发出一种重要的声音，影响了全国，使浙学成为中国学术思想史内在的一个重要部分。

当然，每一时代的浙江学术及其各种学术派别往往都有所自觉地与历史上某一浙学的传统相联结而加以发扬，同时参与全国学术思想的发展。因此，浙学的连续性是存在的，但这不是说宋代永嘉事功学影响了明代王阳明心学，或明代阳明心学影响了清代浙东史学，而是说每一时期的学术都在以往的浙学传统中有其根源，如南宋"甬上四先生"可谓明代浙中心学的先驱,而浙东史学又可谓根源于南宋浙学等。当然,由于全国学术的统一性,每一省的学术都不会仅仅是地方文化的传承,如江西陆氏是宋代心学的创立者,但其出色弟子皆在浙江如甬上;而后来王阳明在浙中兴起,但江右王学的兴盛不下于浙中,这些都是例子。浙学的不断发展不仅是对以往浙江学术的传承,也是对全国学术思想的吸收、回应和发展,是"地方全国化"的显著例子。

对浙学的肯定不必追求一个始终不变的特定学术规定性,然而,能否寻绎出浙学历史发展中的某种共同特征或精神内涵呢?浙学中有哪些是与浙江的历史文化特色有密切关联,从而更能反映浙江地域文化和文化精神的呢?关于历代浙学的共同特征,已经有不少讨论,未来也还会有概括和总结。我想在这里提出一种观察,即南宋以来,浙江的朱子学总体上相对不发达。虽然朱熹与吕祖谦学术关系甚为密切,但吕氏死后,淳熙、绍熙年间,在浙江并未出现朱子学的重要发展,反而出现了以"甬上四先生"为代表的陆学的重要发展。南宋末年至元初,"金华四先生"的朱子学曾有所传承,但具有过渡的特征,而且在当时的浙江尚未及慈湖心学的影响,与"甬上四先生"在陆学所占的重要地位也不能相比。元、明、清时代,朱子学是全国的主流学术,但在文化发达的浙江,朱子学始终没有成为重点。这似乎说明,浙江学术对以"理"为中心的形而上学的建构较为疏离,而趋向于注重实践性较强的学术。不仅南宋的事功学性格如此,王阳明心学的实践性也较强,浙东史学亦然。朱子学在浙江相对不发达这一事实可以反衬出浙江学术的某种特色,我想这是可以说的。从这一点来说,虽然朱熹最早使用"浙学"的概念,但我们不能站在朱熹批评浙学是功利主义这样的立场来理解浙学,而是要破除朱熹的偏见,跳出朱熹的局限来认识这一点。对此,我的理解是,与重视"理"相比,浙学更重视的是"事"。黄宗羲《艮斋学案》案语:"永嘉之学,教人就事上理会,步步著实,言之必使可行,足以开物成务。"(《宋元学案》卷五十二)这个对永嘉之学的概括,是十分恰当的。南宋时陈傅良门人言:"陈先生，其教人读书，但令事事理会，……器便有道，不是两样，须是识礼乐法度皆是道理。"此说正为"事即理"思想的表达。故永嘉之学的中心命题有二，一是"事皆是理"，二是"事上理会"。这些应该说不仅反映了永嘉学术，而且在一定意义上反映了浙学的性格。总之，这个问题的思考和回答是开放的，本丛书的编辑目的之一，正是为了使大家更好地思考和回答这些问题。

浙学是"浙江大地上曾经有的文化思想成果"，浙学在历史上本来就不是单一的，而是富于多样性的。这些成果有些是浙江大地上产生的，有些是从全国各地引进发展的，很多对浙江乃至全国都发生了重要影响。正如学者指出的，南宋的事功学、明代的心学、清代的浙东史学是"浙学最具坐标性质的思想流派"，是典型的根源于浙江而生的学术思想，而民国思想界重要的浙江籍学者也都继承了浙学的"事上理会""并行不悖""和齐斟酌"的传统，值得不断深入地加以总结研究。

目 录

导读

章学诚是清代著名的学者、思想家。他一生坎坷，却在学术文化方面取得杰出的成就，特别是在史学、方志学、校雠学等方面，提出了一整套理论体系，真正做到了集古之大成，成一家之言。他在社会政治、哲学、文学、教育学、谱牒学等方面，也都提出过许多富有时代意义的独到见解。时至今日，章学诚已经跻身世界史家之林，他的学术思想成为世界文化宝库中可贵的精神财富。

一、章学诚生平

　　章学诚（1738—1801），字实斋，号少岩，清代浙江绍兴府会稽县（今绍兴市越城区）人。父亲章镳是进士，一直居乡教书，后任湖北应城知县，罢官后贫不能归，客死他乡。章学诚从小就对历史感兴趣，十四岁随父赴应城，被迫走上科举道路，屡败屡战。他既无一官半职，又无田产，全家仅靠他一人以文墨谋生。这个难以想象的压力伴随其一生，对他的学术成就产生重大的影响。

　　尽管生活颠簸，章学诚对史学的热爱却从未动摇。他立下宏志，要对二十一家正史义例加以评论。他多次赴京师参加乡试，并入国子监读书，结识朱筠、戴震、邵晋涵等师友，学业精进。他参与校编《续通典》《国子监志》，又主修《和州志》。由于长期没有可以养家糊口的较为固定的职业，他无法安心投入文史校雠之业，跟随朱筠在安徽校文，终非长久之计。乾隆四十二年（1777），他主讲于定州定武书院，不久，主修《永清县志》。这年秋天应顺天乡试中举，次年终于考中进士，年已四十一岁。

尽管生活条件艰苦，他的著作事业却从未间断，颠沛流离之中，他仍写出了许多著名篇章。《校雠通义》四卷，成书于乾隆四十四年（1779），集校雠学之大成，许多方法和理论在今天仍具有很高的参考价值。乾隆四十六年春，他从河南返回北京途中遇盗，著作文章被抢一空，损失惨重。在此后的岁月中，他拖家带口，辗转迁徙，先后主讲于清漳书院、敬胜书院和莲池书院，靠替人家修志和主讲书院度日，生活和职业都极不稳定。尽管如此，他始终坚持文史校雠的研究工作，撰著于车尘马足之间。乾隆五十二年，他五十岁了，学业进入更加成熟的阶段。拥有较好的条件和较充分的时间从事著作活动，以便把一生治学的经验和成果总结出来，这是他当时最大的愿望与要求。可是这样的愿望也未能实现，不幸的事情接连不断地向他袭来。由于前一年座师梁国治去世，他失去了依靠，不得不辞去莲池书院的讲席，侨寓保定，寄居旅店。在走投无路的情况下，他往北京吏部候选，又遇宵小剽窃，生计索然，困居快一年，转食朋友家。冬间，已垂得知县，忽决计舍去，可见他当时内心是多么矛盾。若只为生活计，一个知县养家糊口自不成问题，可是，一旦做了知县，文史校雠之业如何处置？况且他的学问又全然不合时好。最后，他毅然放弃了县官的职务，继续自己所爱好的文史之业。

随后，章学诚前往河南投奔巡抚毕沅，欲借其力编纂《史籍考》。他其貌不扬，当时官员曾燠写过一首《赠章实斋国博》诗："章公得天秉，羸绌迥殊众。岂乏美好人？此中或空洞。君貌颇不扬，往往遭俗弄。王氏鼻独齇，许丞听何重？话仿仲车画，书如洛下讽。又尝患头风，无檄堪愈痛。况乃面有癥，谁将玉瓗耷？五官半虚设，中宰独妙用。试以手为口，讲学求折衷。有如遇然明，一语辄奇中。古来记载家，庋置可充栋。歧路互出入，乱丝鲜穿综。散然体例纷，聚以是非讼。孰持明月光，一为扫积霿？赖君雅博辨，书出世争诵。笔有雷霆声，匐訇止市哄。《续鉴》追温公，选文驳萧统。乃知貌取人，山鸡误为凤。武城非子羽，谁与子游共？感君惠然来，公暇当过从。"相貌不好也给他招致不少精神上的打击。

河南之行，毕沅待之颇厚。第二年二月章学诚便前往归德，主讲于文正书院。经毕沅同意，在开封开局编纂《史籍考》，由他主持其事。在《史籍考》草创之初，章学诚写了一篇《论修史籍考要略》，提出了《史籍考》编纂义例和要求。可是，编纂工作开展未及半年，毕沅升任湖广总督。靠山一走，章学诚在文正书院的讲席遂失，《史籍考》的编纂也不得不随之中断。冬末，他只得移家亳州，编修州志。后由于知州离任，志稿最终未能刊刻。

乾隆五十五年（1790），毕沅又在武昌开馆继续编修《史籍考》。在武昌，章学诚一住就是五年，除了编纂《史籍考》，还替毕沅主修《湖北通志》，并参与毕沅主编的《续通鉴》工作。此外，他还参修了湖北的几种府县志，如《常德府志》《荆州府志》等。其中《湖北通志》是他刻意编修的一部方志。《方志立三书议》的提出，标志着他的方志理论的成熟和方志学的建立，而这部《湖北通志》就全面体现了《方志立三书议》的精神。《湖北通志》成书于乾隆五十九年初，但由于毕沅离任，章学诚只得离开湖北，《湖北通志》最终未得以刊行，章氏多年心血，还是免不了付诸东流。后来他将自己保存的志稿汇订为《湖北通志检存稿》二十四卷，又得《湖北通志未成稿》一卷。嘉庆三年（1798），应浙江巡抚谢启昆之邀，章学诚在杭州续补《史籍考》，但书稿未能传世。他晚年大半精力都用于此书，费尽苦心，幸好最后手定的《史考释例》和全书总目都保存了下来。

嘉庆五年（1800），贫病交加的章学诚眼睛失明，即便如此，他仍未终断著述。《文史通义》中非常重要的文章《浙东学术》即成于是年，《邵与桐别传》亦成于是时。他在传中说："今目废不能书，疾病日侵，恐不久居斯世。苟终无一言，不特负死友于九原，亦且无以报（朱）锡庚之责。口授大略，俾儿子贻选书之。"次年夏，他又为汪辉祖作《豫室志》。汪辉祖《梦痕余录》云："中有数字未安，邮简往反，商榷再三。稿甫定而疾作，遂成绝笔。"这年十一月，章学诚与世长辞。

一位杰出的历史学家，一生竟如此颠沛狼狈。章学诚晚年曾无可奈何地悲叹说："三十年来，苦饥谋食，辄藉笔墨营生，往往为人撰述状志谱牒，辄叹寒女代人作嫁衣裳，而已身不获一试时服。尝欲自辑墟里遗闻逸献，勒为一书，以备遗亡。窃与守一、尚木言之，而皆困于势，不遑且力不逮也。"章学诚一生当中，许多笔墨文章几乎全是为人代笔，难能可贵的是，在这样艰苦的环境之中，他仍能坚持文史校雠之业，最后为我们留下《文史通义》和《校雠通义》两部重要的著作，为中国文化作出了重要贡献。

章学诚治学擅长理论思辨，勇于批判烦琐考据的流弊，这就像是捅了马蜂窝一样，因而遭到社会的冷落。在去世后百余年间，仍然很少有人去宣传他的学术思想，更无人给他写个像样的传记。到了近代，章学诚的"六经皆史"说、"治道合一"论，尤其是方志学理论，才在学术界产生一定影响。谁也不会想到，近代最早宣传章学诚事迹的是日本学者内藤湖南。他撰写了《章实斋先生年谱》，此后方有胡适、姚名达两人合编的《章实斋先生年谱》问世。与此同时，梁启超在《中国近三百年学术史》中，称章氏为"清代唯一之史学大师"，"方志学之成立，实自实斋始也"，在《中国历史研究法补编》中他又指出："可以说截至现在，只有他配说是集史学之大成的人"，"最近德国才有几个人讲历史哲学，若问世界上谁最先讲历史哲学，恐怕要算章学诚了"。何炳松在《增补章实斋年谱序》中更是称赞："章氏已经当得起世界上史学界里面一个'天才'的称号。"

20世纪80年代以后，对章学诚史学、方志学、目录学、文学等的研究论著逐渐增多和深入。章学诚成为一位国际文化名人，学术思想的影响已经越出国界，在日本、法国、美国、韩国等国家都有学者对他的学术思想进行研究并出版论著。法国汉学家保尔·戴密微在《章学诚及其史学》一文中，称章学诚是中国第一流之史学天才，可以与阿拉伯的史家伊本·卡尔顿或欧洲最伟大的史学家们并驾齐驱。美国学者倪德卫著有《章学诚的生平与思想》一书，洋洋洒洒二十万余言，专论章氏之学。他在前言中指出，章学诚的许多史学理论都已经具有现代色彩。据笔者不完全统计，国内外研究章氏的论著已有一千多篇（部），章学诚成为当今古代史家研究中仅次于司马迁、司马光的热点人物。章学诚生前寂寞，身后享有盛名，清末民国时期学者孙德谦就自言为"章氏学派"，当代学者也提出了"章子学""章学"的概念。

二、成一家之言的《文史通义》

1. 撰写过程

《文史通义》是章学诚学术研究的代表作。他在三十岁以前，已有著述此书的愿望，乾隆三十一年（1766），他在《与族孙汝楠论学书》中就曾表示，要探讨二十一史得失利病。真正有意识地撰写此书，实始于乾隆三十七年，在《候国子司业朱春浦先生书》中他提到，自己已经在撰写《文史通义》，曾抄寄三篇给钱大昕。他在同一年《上晓徵学士书》中明确指出，要"取古今载籍，自六艺以降迄于近代作者之林，为之商榷利病，讨论得失，拟为《文史通义》一书，分内外杂篇，成一家言"。在中国古代史学发展史上，司马迁曾提出"究天人之际，通古今之变，成一家之言"的宏伟著作目的，后来在众多的历史学家中，明确提出要"成一家之言"的几乎未见。章学诚竟也提出要"成一家言"，可见其雄心壮志。后来，因为生活不安定，无法集中精力，他只有利用课诵之余进行撰写。严格地说，全书直到他逝世尚未写完。像《浙东学术》一篇，成于他逝世前一年，《礼教》篇则是其绝笔之作，而很重要的《圆通》《春秋》等篇，虽早有计划，却始终未能撰成。由此可见，撰述该书几乎历三十年之久。

2.著作目的

撰写《文史通义》的目的，据章学诚本人所说，有如下几点：

第一，阐明史学的意义，进一步发扬史学之"义"——"史意"。这是他撰写《文史通义》最重要的目的，也是他进行史学研究和史学评论的根本出发点。他在《文史通义》外篇三《家书二》中说："人乃拟吾于刘知幾。不知刘言史法，吾言史意；刘议馆局纂修，吾议一家著述，截然两途，不相入也。"又在内篇四《申郑》中说："史家著述之道，岂可不求义意所归乎?"评判一部史书编纂得好坏，不仅要看它的体例和方法，更重要的是看它能否总结历史经验教训、探索历史发展规律，并认识史学本身的利病得失，也就是是否融注作者的历史理论和观点。然而，长期以来，史学界却很少有人重视阐发史义，所以，章学诚在《〈和州志·志隅〉自叙》中明确表示："郑樵有史识而未有史学，曾巩具史学而不具史法，刘知幾得史法而不得史意。此予《文史通义》所为作也。"

第二，为著作之林校雠得失。章学诚在《文史通义》外篇三《与陈鉴亭论学》中说明自己著作宗旨时，明确提出："《文史通义》，专为著作之林校雠得失。"又在外篇三《与严冬友侍读》中说："日月倏忽，得过日多，检点前后，识力颇进，而记诵益衰。思敛精神，为校雠之学，上探班、刘，溯源《官礼》，下该《雕龙》《史通》，甄别名实，品藻流别，为《文史通义》一书。"关于这点，章学诚在许多地方多次强调。如在外篇一《与孙渊如观察论学十规》中，他再三申明其著述宗旨："期于明道，非争胜气也"，因此，对于前人著作一般"但辨其理，未尝指斥其人。"

第三，"盖将有所发明"。章学诚不是为校雠而校雠，而是有破有立，在驳正前非以后，还要创立自己的见解，成一家之言。他在给钱大昕的《上辛楣宫詹书》和《上晓徵学士书》两封信中，就表示自己"从事于文史校雠，盖将有所发明"，"成一家言"。他在史学上贵著述成家，不取方圆求备，学术研究上贵创造发明，反对依傍门户。他认为"史学义例、校雠心法，则皆前人从未言及"，因而立志于"文史之争义例，校雠之辨源流"。他在《文史通义》中确实对文史理论提出了不少可贵的见解，发前人之所未发。在《与汪龙庄书》中他曾说："拙撰《文史通义》，中间议论开辟，实有不得已而发挥，为千古史学辟其蓁芜"，"吾于史学，盖有天授，自信发凡起例，多为后世开山"。这些豪言壮语，都表明他在著作上不愿墨守成规，而要闯出一条新路。后来的事实证明，章学诚的这一宏伟目标完全实现了。他在史学、文学、方志学、校雠学等领域都建立起自己的理论体系，有力推动了这些学科的发展。这种学术研究的独创精神，非常值得提倡。

第四，评论当时的学风流弊、世教民俗。早在《上辛楣宫詹书》中，章学诚即指出："惟世俗风尚，必有所偏。达人显贵之所主持，聪明才隽之所奔赴，其中流弊必不在小。载笔之士，不思救挽，无为贵著述矣。苟欲有所救挽，则必逆于时趋。时趋可畏，甚于刑曹之法令也。"这说明，还在青年时期，他就深感学风之不正，并表示正直的学者应该挺身而出，加以抨击和挽救，否则，著作再多也无价值。这种思想，一直到他晚年都未曾改变。对于当时的文风、学风之不正，《文史通义》中确实均有专篇进行评论。如他"因世俗拘文体为优劣，而不察文之优劣，并不在体貌推求，故撰《砭俗》之篇，欲人略文而求实也"。《原道》篇之发表，是"为三家之分畛域设也"。在宋学、汉学之争激烈进行的时候，他发表了《言公》《说林》诸篇，并说这些"十余年前旧稿，今急取订正付刊，非市文也，盖以颓风日甚，学者相与离跂攘臂于桎梏之间，纷争门户，势将不可已也"，希望通过自己文章的发表，"于风俗人心不无小补"。

第五，与当时人在学术上展开论战。他在《文史通义》外篇三《与胡雒君》中说："又区区之长，颇优于史，未尝不受师友之益，而历聘志局，频遭目不识丁之流横加弹射，亦必补录其言，反复辨正，此则虽为《文史通义》有所藉以发明，而屡遭坎坷，不能忘情。"《文史通义》中的许多篇章，如《答客问》《记与戴东原论修志》等，都是为了与时人进行学术上的论战。

从以上所述可以看出，《文史通义》一书评论的内容是相当广泛的，而中心目的都是围绕着文史校雠。有些学者不了解这一点，对章学诚横加指责，说他到处骂人，是绍兴师爷作风，这实际上是一种误解。章学诚所从事的职业是文史校雠，既然如此，对著作之林得失优劣加以评论，正是其职责所在。从事文史评论，不对文体史裁等方面出现的问题加以评论，不去"甄名别实"，那才是失职。他认为"古人差谬，我辈既已明知，岂容为讳？但期于明道，非争胜气也"，况且他的做法又是"但辨其理，未尝指斥其人"。不仅如此，他还希望别人"辨证文字"时，亦能做到"但明其理，而不必过责其人"。直到晚年，在《论文示贻选》中他还说"所著《文史通义》，弹劾古人，执法甚严"，而绝不是随便骂人。生前他已深知此种文字，"颇乖时人之好恶"，会遭到后人的指责。他在《与孙渊如观察论学十规》中举刘知幾为例："其卓识不磨，史家阴用其法；其论锋可畏，故人多阳毁其书。"文中也承认自己早年所作之文，过于偏激，锋芒毕露的也有不少。在晚年的回忆中，他常常自我悔恨，并教导晚辈引以为戒，如《文史通义》外篇二《〈唐书纠谬〉书后》中提到：

　　校雠攻辨之书，如病之有药石，如官之有纠弹，皆为人所患苦者也。然欲起痼疾而儆官邪，则良医直史，不惮人之患苦而必有以期于当也；疾愈而医者酬，奸摘而弹者赏。惟校雠攻辨之书，洞析幽渺，摧陷廓清，非有绝人之姿，百倍攻苦之力，不能以庶几也；其有功古人而光于后学，不特拯一人之疾，劾一官之邪而已也，而人多不甚悦之；则以气之凌厉，义之精严，不肯稍有假借，虽为前人救偏，往往中后人之隐病，故悦之者鲜也。纵使心服其言，亦必口訾其过，甚或阴剿其说而阳斥其非。甚矣，人心之偏，而从善服义之公难望之于晚近也！

这一批评，切中时弊，同时，可见他对于学术原则问题，仍然时刻坚持，绝不妥协。

3. 主要内容

《文史通义》一书究竟包括多少篇卷，至今尚无定论。众所周知，由于该书无严格的义例，全书在作者生前也没有全部完成，王宗炎在编排时还写信问他"《礼教》篇著成否"。全书未经作者定稿并排定书目，因而给后人留下了难题。章学诚生前为了就正于师友，纠正学风，虽有选刊之本，但既非全部，流传也不广。正如他在《与汪龙庄书》中所说的那样，"恐惊世骇俗，为不知己者诟厉，姑择其近情而可听者，稍刊一二，以为就正同志之质，亦尚不欲遍示于人也"。据前燕大所藏武昌柯氏《章氏遗书》本，在《文史通义》的《易教》（上中下）、《书教》（上中下）、《诗教》（上下）等文章下皆注有"已刻"两字，可证当时确有部分刊刻。

从章学诚致孙星衍书札可知，至迟在嘉庆元年（1796）三月，已经刻成了《文史通义》四卷。关于自刻本，在嘉庆元年三月《与汪龙庄书》、九月十二日《上朱中堂世叔书》以及嘉庆三年《又与朱少白》等书中，章学诚多次提及。这个自刻本并未失传，而是被分拆保存在其子章华绂所抄副本《章氏遗书》内，现藏于北京大学图书馆。1936年，钱穆已经发现这个初刻本，并在《图书季刊》第三卷第4期发表《记钞本章氏遗书》一文。

今《章氏遗书》卷二十八有《跋丙辰中山草》一文，写于嘉庆元年（1796），其中有一段话值得研究，他说："所草多属论文，是其长技，故下笔不能自休。而闲居思往，悼其平日以文墨游，而为不知己者多所牴牾，而谬托于同道也。故其论锋所指，有时而激，激则恐失是非之平，他日录归《文史通义》，当去芒角，而存其英华，庶俾后之览者，犹见其初心尔。"这几句话，表达了两层意思：

其一，他所写的文章并不都是《文史通义》内容，凡是要编到

《文史通义》里的还要经过选择，这就是他所说的"他日录归《文史通义》"。

其二，凡是选进《文史通义》的文章，还需作必要的修改，即"当去芒角，而存其英华"。他想在去世之前，对自己的著作加以全面整理，最后把一生中早有计划的《文史通义》也审订定稿。写《跋丙辰中山草》一文时，距离他去世仅五个年头，而在这有限的几年中，他还在为《史籍考》一书四处奔走，多方求援，根本无暇顾及此事。到了去世的前一年，他已失明，虽然"犹事论著"，但不得不请负责抄写的官吏誊抄草稿，有的文章只能口授大略，让儿子贻选记录。这样看来，亲自整理著作的打算显然未能实现，所以临终前数月，他只得将所著文稿委托友人萧山王宗炎校定。

王宗炎收到章学诚寄出的文稿后，为了早日回信，便匆忙提了一个编排意见。他在信中说："奉到大著，未及编定体例，昨蒙垂问，欲使献其所知，始取《原道》一篇读之，于'三人居室而道形'一语，尚有未能融彻者。……《质性》篇题欲改《文性》，亦似未安，不如竟题《性情》乃得。……至于编次之例，拟分内、外二篇，内篇又别为子目者四，曰《文史通义》，凡论文之作附焉；曰《方志略例》，凡论志之作附焉；曰《校雠通义》，曰《史籍考叙录》，其余铭志叙记之文，择其有关系者录为外篇，而以《湖北通志》传稿附之，此区区论录之大概也。"王宗炎在信中表示，他所提目录尚属初步意见，欲待"遍览一二过方能定其去取"，然后再"编出清目，俟稍有就绪，当先奉请尊裁"。①而事实上，后来因人事变迁，岁月蹉跎，这最初的意见竟成为最后的定论。章学诚没来得及发表意见就离开了人世，王宗炎也就再没有机会编出正式"清目"，"奉请尊裁"。这封信还告诉人们，《文史通义》中的《礼教》篇撰成很晚，直到王宗炎将其全部文稿做了初步分类编次时，还在信中问"《礼教》篇已著成否"，"《春秋》为先生

① 王宗炎：《晚闻居士集》卷五《复章实斋书》，道光十一年刻本。

学术所从出，必能探天人性命之原，以追阐董江都、刘中垒之绪言，尤思早成而快睹之也。"①可惜的是，《春秋》《圆通》诸篇最后均未撰成。

4.《文史通义》的版本流传

对于王宗炎的编排分类，章学诚本人意见如何，我们已不得而知，现存章氏文集中"三人居室而道形"一语以及《质性》篇题都未改。章氏次子华绂显然并不同意王宗炎编排的目录，所以他于道光十二年（1832）在开封另行编定了"大梁本"《文史通义》，并在序文中说：嘉庆辛酉年，父亲"以全稿付萧山王毅滕先生，乞为校定""毅滕先生旋游道山。道光丙戌，长兄枏思自南中寄出原草并毅滕先生订定目录一卷，查阅所遗尚多，亦有与先人原编篇次互异者，自应更正，以复旧观。先录成副本十六册。……今勘定《文史通义》内篇五卷，外篇三卷，《校雠通义》三卷，先为付梓。尚有杂篇及《湖北通志》检存稿并文集等若干卷，当俟校定，再为续刊"。这里值得注意的是，他说王宗炎所编订目录"亦有与先人原编篇次互异者，自应更正，以复旧观"，说明章学诚生前对自己著作虽未能全部加以整理审定，但对如何编排分类还是有所考虑。所以华绂所作编排，与王氏所订目录有所不同。

章华绂编定的"大梁本"是《文史通义》正式刊行的第一个本子，嗣后谭廷献刻于杭州、伍崇曜刻于广州，以及光绪四年（1878）章氏曾孙季真刻于贵州所用的都出于这个"大梁本"。光绪年间，桐城萧穆在《敬孚类稿·记章氏遗书》一文中记述了章氏著作的聚散经过，并将旧钞本和"大梁本"《文史通义》做了比较，认为："华绂所云王公订定目录一卷，查阅所遗尚多，尚有实据。"但萧穆对"大梁本"却未做任何评议。光绪年间，江标所刻《灵鹣阁丛书》中收有《文史通义补编》一卷，然所补并不完备。

---

① 王宗炎：《晚闻居士集》卷五《复章实斋书》。

章学诚本人早就说过,《文史通义》一书,分内篇、外篇、杂篇三部分。其中,他明确表示方志论文是该书外篇,但"驳议序跋书说"是否就是杂篇呢?其实并非如此,如章氏在《与邵二云论文书》中,就讲到"《郎通议墓志书后》,则《通义》之外篇也"。因为章氏生前没有区分"驳议序跋书说"中,哪些属于外篇,哪些属于杂篇,所以,王宗炎、章华绂也不可能明确区分。这样,两种版本中就都只有内篇、外篇,没有杂篇。据《文史通义》自刻本四卷编排体例看,章学诚将《文史通义》分为四部分,具体篇目如下:

内篇:《易教》(上中下)、《书教》(上中下)、《诗教》(上下)、《言公》(上中下)、《说林》、《知难》;

外篇:《方志立三书议》《州县请立志科议》;

杂篇:《评沈梅村古文》《与邵二云论文》《评周永清书其妇孙孺人事》《与史余村论文》《又与史余村》《答陈鉴亭》;

杂著:《论课蒙学文法》。①

从上述篇目来看,区分外篇与杂篇的界线仍旧不清楚。既然章华绂都无法区分,看来只好维持现状。

1920年,浙江图书馆得会稽徐氏钞本《章氏遗书》,铅印行世,但亦未能包括章氏全部著作。1922年,吴兴嘉业堂主人刘承幹依据王宗炎所定之目录,搜罗增补,刊行了《章氏遗书》50卷。内容大体分三个部分:第一部分是《文史通义》内篇六卷、外篇三卷,《校雠通义》内篇三卷、外篇一卷,《方志略例》二卷,《文集》八卷,《湖北通志检存稿》四卷,外集二卷,《湖北通志未成稿》一卷,凡30卷,目录大体照王氏编次;第二部分为外编18卷,即《信摭》《乙卯札记》《丙辰札记》《知非日札》《阅书随札》各一卷,《永清县志》十卷,《和州志》三卷;最后是补遗及附录各一卷。后来又增补了《历代纪年经纬考》

---

① 梁继红:章学诚《〈文史通义〉自刻本的发现及其研究价值》,载《章学诚国际学术研讨会论文集》,北京图书馆出版社2004年版。

《历代纪元韵览》两种各一卷。章氏著作遂得比较完整地刊行于世，于是《文史通义》也就有了另一种版本——《章氏遗书》本（简称《遗书》本）。1985年，文物出版社参考吴兴嘉业堂刻本，并从钞本中选录若干篇断句影印，将书名改为《章学诚遗书》，这是至今搜集章氏著作最全的一个本子。

《遗书》本《文史通义》与"大梁本"的不同之处在于内篇的排列次序及分卷："大梁本"为五卷，《遗书》本为六卷。在所收篇目上，《遗书》本多出《礼教》《书朱陆篇后》《所见》《士习》《书坊刻诗话后》《同居》《感赋》《杂说》八篇，而少《妇学篇书后》。两种本子的外篇，虽都分为三卷，内容则完全不同，"大梁本"所收是论述方志之文，《遗书》本则为"驳议序跋书说"。两者孰是孰非，前人亦有争论。

中华人民共和国成立后出版的《文史通义》整理本主要有两个：一个是1956年由设在北京的古籍出版社印行的，一个是1985年中华书局出版的《文史通义校注》。前者基本依据《遗书》本，后者则依"大梁本"。这两个本子的编印整理者虽然都力图体现《文史通义》的原貌，可惜由于对此书的情况了解不够，所以都不能令人满意。

综上所述，"大梁本"和《遗书》本内容不相一致，不仅为今人阅读研究和引用《文史通义》带来极大不便，而且也难以反映章氏《文史通义》的原貌。从某种程度上来说，两种版本所定内容都不完全代表章学诚本人的想法，所以现在要尽可能恢复《文史通义》的原貌，自然应以他本人的意愿为准。

首先，王宗炎在编目时，将有关方志的论文全部排除在《文史通义》之外，而另编《方志略例》两卷，这一做法不符合章学诚本意。章学诚在《又与永清论文》中云："近日撰《亳州志》，颇有新得，……此志拟之于史，当于陈、范抗行，义例之精，则又《文史通义》中之最上乘也"，并认为史家若能"得其一二精义，亦当尊为不祧之宗"。在《论文上弇山尚书》中他又说："欧、苏族谱，殊非完善，而世多奉为法式；康氏《武功》之志，体实芜杂，而世乃称其高简，其名均可为幸著矣。鄙选（撰）《文史通义》，均有专篇讨论。"由此可见，章学诚本人明确将方志论文作为《文史通义》的内容之一。不仅如此，他还在文章中明确指出了放入外篇中的方志论文篇目，在《释通》篇云："又地理之学，自有专门，州郡志书，当隶外史"，自注曰"详外篇《亳州志议》"。显然，王宗炎将方志论文从《文史通义》中排除出去，这是违背章学诚意愿的。

从这些方志论文本身来看，名为讨论方志，大量篇幅却都在论述历史编纂学上许多重要问题，不仅对史体演变作了比较全面的论述，而且对史家、史著、史学思想、史学流派等也从不同角度进行了评论，其中许多评论确实做到了"发前人所未发"。内容如此丰富、如此集中的史学评论专篇在这之前还不多见。因为章学诚认为，方志本属史体，两者不分畛域。我们在讨论这个问题时，必须注意这样一点，即章学诚的人生遭遇使他根本无条件坐下来专门论史，他一生当中大部分时间是在替人家修志中度过的。他丰富的史学理论，无法试之于史，于是就在修志中加以实践，再从实践中总结提高。在章学诚的心目中，史与志的关系是何等密切，他许多重要的史学理论都是在修志的实践中总结出来的。既然如此，把方志论文放在《文史通义》中，显然是名正言顺的。

至于王宗炎所编之外篇——序跋书评驳议之类，当然也属《文史通义》内容。章学诚在《与邵二云论文书》中曾明确说过："《郎通议墓志书后》，则《通义》之外篇也。族籍名字，书法之难，本文论之详矣。"又在《上朱大司马书》中说，自己从"编书体例"角度所写的《吴澄野太史历代诗选商语》一文，"亦《通义》之支翼"。可见此类文章，章学诚自己也是明确将它们纳入《文史通义》外篇的。但正如华绂所说，王宗炎对这类文章选录"所遗尚多"。《吴澄野太史历代诗选商语》以及前所引《家谱杂议》《书〈武功志〉后》等文，王氏所编《文史通义》便均未收入。

由上可见，为了使《文史通义》能按照作者撰述的本意所具之面目出现，不仅上述两种版本的外篇皆需收入，而且《章氏遗书》中现存有关论述文史的篇章亦应加以选录，因为王宗炎的编目收录并不全面，所以许多很明显属于《文史通义》内容的也未加收录。不过，从现有材料来看，《文史通义》中有不少重要内容无疑已经散失了，如章学诚自己在有些文章中曾提到过的《诸子》《家史》《三变》《士习》等篇竟不可复得。

仓修良先生基于上述考虑和原则，对《文史通义》进行了重新整理编定，题为《文史通义新编》，上海古籍出版社于1993年8月出版。新编本不仅包括了原来通行的两种版本内容，而且选录了《章氏遗书》中有关篇目和部分逸佚的重要篇目。全书共收303篇，其中原两种版本内所收之文合计218篇，新增补之文为85篇，增加篇幅近三分之一。为了帮助读者了解该书的流传情况，除了收入章华绂在刊刻"大梁本"时所作的序之外，还将伍崇曜、季真、王秉恩三人为该书所写的跋和王宗炎《复章实斋书》作为附录收入。

章学诚《文史通义》这部史学经典著作，至此总算能以比较完整的面貌问世。需要说明的一点是，《文史通义》的内容十分庞杂，这是作者研究范围太广所致。他对"古今著述渊源，文章流别"都殚心研讨，"自六艺以降迄于近代作者之林，为之商榷利病，讨论得失"，显然就不限于文史了。由于作者一生中生活极不安定，其文章大多写于"车尘马足之间"，许多篇章还是"借人事应酬以为发挥之地"，因而各篇之间缺乏紧密的联系。也许当年章学诚已意识到研讨内容之庞杂，所以在给钱大昕的信中曾提出自己要撰著的《文史通义》，拟"分内外杂篇，成一家言"，但目前流行的版本均为内外两篇。如果按作者原意分为三篇，那自然就得打乱流行版本的次序。为了保持新编本与通行本之间的连贯，也为了照顾长期以来已形成之习惯，便于读者使用，仓修良先生的新编本没有将流行的两种版本重新编次，也不再另行分设"杂篇"，而是在两种版本基础上加以增补。具体而言，内篇以《遗书》本为主，增以"大梁本"多出之篇；外篇则将原来两种外篇合并收入，编为六卷，前三卷为"驳议序跋书说"，后三卷为方志论文。每卷排列顺序亦基本依旧，仅稍作调整，而增补的各篇，则按其内容性质分别编入各有关篇卷中。

三、学术思想

1.治学经验与治学精神

章学诚重视做学问基本功的训练，对于一个初学者来说，记诵乃是知识积累过程中必经的步骤，"记诵者，学问之舟车也"①。为了练好这个基本功，帮助记诵，积累知识，他又大力提倡平日做好札记，"札记之功，必不可少；如不札记，则无穷妙绪，皆如雨珠落大海矣"②。这就是说，平日读书思考的心得、体会，如果不及时记载下来，就如同雨点落入大海，无处可寻。他以顾炎武的《日知录》为典范，指出大学者案头翻书，每日必有所记，日后提炼升华而成专门著作。所以他说："札记之功，逐日不可间断。看书有触即笔于书，而所笔必当参以所见，自作一番小议论，既以炼笔，且以炼其聪明。夫聪明如水银流走不定者也，炼久成识，则自有家数矣，亦如水银既炼成丹砾也。"③

札记还是"读书练识"的一种重要手段，"读书服古，时有会心，方臆测而未及为文，即札记所见，以存于录。日有积焉，月有汇焉，久之又久，充满流动，然后发为文辞，浩乎沛然，将有不自识其所以者矣。此则文章家之所谓集义而养气也。《易》曰：'神以知来，知以藏往。'存记札录，藏往以蓄知也；词锋论议，知来以用神也。不有藏

---

① 章学诚著，仓修良编注：《文史通义新编新注》内篇三《辨似》，浙江古籍出版社2005年版，第158页。（按：本书所引《文史通义》诸篇皆为此版本。）

② 《文史通义新编新注》外篇三《家书一》，第815页。

③ 《文史通义新编新注》外篇三《与朱少白书》，第787页。

往，何以遂知来乎！"①可见，"存记札录"是积累知识、读书炼识、"藏往以蓄知"的重要手段，是做学问的重要基本功。要做好它，既要手勤，多做札记，又要脑子勤，多做思考，善于发现问题，从而进一步研究和解决问题。读书中若发现不了任何问题，那做学问也就无从着手了。

　　当然，既然要多读、多记、多思考，那就需要足够的时间和精力，章学诚在这方面深有体会，他希望有志于做学问的青年人，要抓紧眼前点滴时间从事自己的研究，不要把有限的时间和精力"分于声色与一切世俗酬应"，更不要把自己的研究事业寄托于遥远的将来。他在《假年》一文中指出，有这种思想的人"非愚则罔"。他奉劝那些有志青年，不要羡慕毫无意义的虚名，要能顶得住来自世俗各方的毁誉，不居功，不为名，不管天资如何，不论别人是否顾盼，勤勤恳恳数十年，就一定能够有所成就。要注意的是，立定志向后，不能动摇，更不要随意变更研究方向，为迎合社会风气而随波逐流。他告诫大家："大抵文章学问，善取不如善弃。天地之大，人之所知所能，必不如其所不知所不能，故有志于不朽之业，宜度己之所长而用之，尤莫要于能审己之所短而谢之。是以舆薪有所不顾，而秋毫有所必争，诚贵乎其专也。"②要想在学术领域做出成就，没有这种"善弃"的精神，很难在专精方面作出贡献。人的精力是有限的，不分主次样样都去研究，贪多务得，结果将是一事无成。所以必须发挥自己长处，避开自己短处，集中精力，珍惜光阴，这是治学中不可忽视的重要经验。

　　章学诚在做学问上最重要的特点就是具有独创精神，他说："吾于史学，贵其著述成家，不取方圆求备，有同类纂。"③作为浙东史学殿军，他在《浙东学术》一文中指出："浙东贵专家，浙西尚博雅，各因其习而习也。"浙东学派贵独创精神的专门之学，贵创造发明，不停留

---

①《文史通义新编新注》外篇二《跋〈香泉读书记〉》，第587页。

②《文史通义新编新注》外篇三《与周次列举人论刻先集》，第752页。

③《文史通义新编新注》外篇三《家书三》，第819页。

在单纯为前人的著作注释考订上，亦不为前人所定下的条例所束缚。章学诚在这一方面的表现尤为突出，敢于发前人所不敢发。当时人批评南宋郑樵疏漏，他却十分推崇郑樵，特地写了《申郑》《答客问》等文为之辩论。如何处理好博与约的关系，是治学过程中一个重大问题，章学诚提出"学必求其心得，业必贵于专精"①的主张。要成一家之说，首先必须有渊博的知识为基础，然后方能择一而专，而拥有广博知识的最终目的亦是为了专精，因此博与约看起来似乎矛盾，实际上是对立统一关系，相辅相成。章学诚批评了专事"骛博以炫人"的做法，人生有限，书籍无穷，博览载籍，终归是为专精服务，立学成家，则是其最终归宿。为了说明问题，章学诚还作了形象的比喻："大抵学问文章，须成家数，博以聚之，约以收之，载籍浩博难穷，而吾力所能有限，非有专精致力之处，则如钱之散积于地，不可绳以贯也。"②章学诚还一再说明，功力不等于学问。

尽管一生颠沛流离、坎坷潦倒，但章学诚几乎将全部精力用在治学上面。正因为有如此执着敬业的精神，他才能在学术上取得巨大成就。他放着县官不做，仅此一点，今天又有多少人能做到？虽然是通过为人修志来解决生活费用，但他在地方志的编修中实践史学理论，因此，他所修的每一部方志，从体例到内容，都是经过深思熟虑的，而不是为了混饭吃而已。为了能够在学业上取得不朽的成就，不论生活上多么艰苦，精神受到多大刺激，他都能以惊人的毅力坚持下来。正因如此，他才能为我们留下如此丰富的哲学、史学、文学、方志学、教育学和校雠学等方面的理论。这种矢志不渝、孜孜以求的敬业精神，不仅值得我们敬佩，更值得我们学习，并很好地加以发扬。

面对乾嘉时期不良学术风气和社会风气，章学诚敢于大胆批判，特别是对宋学那种舍器求道的不良之风深恶痛绝。他多次对宋儒轻视

---

① 《文史通义新编新注》内篇二《博约下》，第120页。
② 《文史通义新编新注》外篇三《与林秀才》，第741页。

考据、忽视文辞的所谓"玩物丧志""工文则害道"的荒谬观点进行批判，指出这种观点是学术发展的大敌。面对社会上各种不良的学术风气，章学诚从各个角度进行批评，把挽救时风流弊视为自己不可推卸的责任。但是他的行动并不为当时社会所认可，他也知道逆时趋而进是十分危险的，但为了坚持真理，发扬正确的学术风气，就必须和不良的学风作斗争。为此，他一再大声疾呼，"所贵君子之学术，为能持世而救偏"①，"天下事凡风气所趋，虽善必有其弊。君子经世之学，但当相弊而救其偏，转不重初起之是非"②，"人心风俗不能历久而无弊，犹羲和、保章之法不能历久而不差也。因其弊而施补救，犹历家之因其差而议更改也"③。在他看来，作为一位真正的学者，应当去扶持好的社会风气和学术风气，不要为不良的社会风气和学术风气推波助澜。

2. 哲学思想

章学诚不仅是一位杰出的文史理论家，还是一位具有朴素唯物论思想的哲学思想家。他远继先秦诸子朴素自然的天道观，近承明末清初进步思想家尤其是浙东学派前辈黄宗羲等人的唯物论思想，对哲学史上存在和意识的关系问题、认识论问题以及人生观、伦理观等一系列重大问题，都提出了自己的看法。章学诚旗帜鲜明地提出了"道不离器""道因器显"的命题，并且阐发了一些独特见解，进而指出世界的物质性。他从唯物主义认识论的名实关系论出发，强调实是首要，名乃其次。他意识到认识对象的客观性和主观认识对客观事物的依赖性，强调人的"行事"实践对检验认识的重要性，书本知识最终还要通过"效法成象"加以检验。章学诚对于人生的看法，同样表现了其朴素的唯物论。他强调人生在世要不断地自我奋斗，发展和完善"自

---

① 《文史通义新编新注》内篇二《原学下》，第112页。

② 《文史通义新编新注》外篇一《〈淮南子洪保〉辨》，第381页。

③ 《文史通义新编新注》内篇六《天喻》，第332页。

我",主张为人处世要正直、坦诚。他一生穷困潦倒、坎坷曲折,备尝人世间的冷暖,却能不屈不挠,同险恶的命运抗争,默默无闻地辛勤耕耘,生命不息,著述不止,这与他所持有的正确的人生观是分不开的。

3.文学理论

《文史通义》是一部纵论文史、品评古今学术的理论著作,其中有诸多篇章专门谈论文学理论,而更多的时候是文史兼论,提出了许多别具一格的文论标准。章学诚继承和发扬"文以载道"的优良传统,提出了"文贵明道""文期用世"的创作目的论,认为文学创作必须反映现实社会,起到应有的社会作用,即使写应酬文章,也要能明道经世。章学诚在文学创作态度和文学批评态度方面倡导"文德",从而使"文德论"与"史德论"一样,成为他文史批评理论的两大创见之一。他说:"凡为古文辞者,必敬以恕。临文必敬,非修德之谓也;论古必恕,非宽容之谓也。敬非修德之谓者,气摄而不纵,纵必不能中节也;恕非宽容之谓者,能为古人设身而处地也。嗟乎!知德者鲜,知临文之不可无敬恕,则知文德矣。"①所谓的"临文必敬",指的是作者要通过"修德""养气",最终在"心平"的情态下去从事创作,才能合于"法度"。所谓"论古必恕",指的是文学评论者应根据作品产生的时代和作者个人的处境、写作背景等来分析评价,既不可苛求古人,也不能无原则地"宽容",即要"知人论世""能为古人设身而处地"。章学诚强调文学创作和批评的原则态度应该是"敬"和"恕",端正"心术"。他认为文学创作要遵循本身的规律,提出"文理""文心""文性""文情""文例"等概念,力主"文贵有物""中有所见""有所发明"。他坚决反对那种无病呻吟、机械模仿古文辞的不良风气,特作《古文十弊》一文,对当时的文坛弊端予以深刻批判。关于文学的形式

---

① 《文史通义新编新注》内篇二《文德》,第136页。

与内容的关系，他又强调"清真""自然""文如其质""因质施文"。所谓"清真"，是要求文学创作达到艺术形式上的纯洁不杂和思想内容上的意味深长，也就是做到形式与内容的完美统一。他还提出"文生于质"，文章的形式是由内容事实决定的，反对模拟古人和形式主义的文风。章学诚在文学理论上的主张以及对于当时文风的批评，都具有现实的进步意义。

4. 史学理论

首先是经世致用论。乾嘉时代，学者们埋头考据，闭口不言现实，章学诚却大声疾呼学术必须经世致用。他说："文章经世之业，立言亦期有补于世，否则古人称述已厌其多，岂容更益简编，撑床叠架为哉！"[1]又举例论证说："人生不饥，则五谷可以不艺也；天下无疾，则药石可以不聚也。学问所以经世，而文章期于明道，非为人士树名地也。"[2]可见，做学问不是为了个人名利，而是期于"经世""明道"，史学研究更要于世有用。

他对史学经世致用的宗旨作了深刻阐发，明确指出："史学所以经世，固非空言著述也。且如六经，同出于孔子，先儒以为其功莫大于《春秋》，正以切合当时人事耳。后之言著述者，舍今而求古，舍人事而言性天，则吾不得而知之矣。学者不知斯义，不足言史学也。"[3]也就是说，史家写史要以孔子《春秋》为榜样，记载国家兴亡、生民休戚、人物善恶，使人可以从中得到借鉴垂诫。在他看来，"史家之书，非徒纪事，亦以明道也。如使《儒林》《文苑》不能发明道要，但叙学人才士一二行事，已失古人命篇之义矣"[4]。史书不只是记事记人，更要起到"明道"的作用，能"激切于人心，而有裨风教"。如果脱离现

---

① 《文史通义新编新注》外篇三《与史余村》，第686页。
② 《文史通义新编新注》内篇四《说林》，第226页。
③ 《文史通义新编新注》内篇二《浙东学术》，第122页。
④ 《文史通义新编新注》外篇五《〈永清县志·前志列传〉序例》，第983页。

实、空谈理论或专务考索，就无法起到有益于社会的资治教诚作用。从事史学研究和著述的人，不懂得为社会服务这一宗旨，就没有资格来谈论史学。

章学诚还提出，研究历史要有效发挥作用，必须坚持详近略远的优良传统，注重研究当代史。他说："历观前史记载，每详近而略于远事，刘知几所谓班书倍增于马，势使然也。"① 又说："史家详近略远，自古以然。"② 此外，"君子经世之学，但当相弊而救其偏"③，应当根据不同的社会特点，使研究符合时代需要，要敢于开风气之先，千万不可为世风所囿。对于历史考据，他既揭露其偏弊，又肯定其价值与成绩，指出："学业将以经世，当视世所忽者而施挽救焉，亦轻重相权之义也"，"今之学者，虽趋风气，兢尚考订，多非心得；然知求实而不蹈于虚，犹愈于掉虚文而不复知实学也"④。考订名物虽然实用价值不大，但其求实精神优于"掉虚文而不复知实学"。这就是说，做学问，博古是为了通今，通晓当代典章制度才是最重要的实学，空谈经术没有实用价值。在章氏著述中，始终贯彻经世致用这一治学宗旨。在考据之风盛极一时的乾嘉时代，学者不敢正视和研究现实，而大搞训诂名物，章学诚能不为此风所囿，高唱学术研究必须经世致用，希望改变学术研究脱离社会现实的不良学风，实属不易。可悲的是，他的思想与当时潮流不合，竟被视为异端邪说。

其次，六经皆史论。章学诚在《文史通义》的卷首开宗明义，第一句就提出"六经皆史"这个论断，而在书中其他许多篇章又一再论述"六经皆史""六经皆器""六经皆先王之政典"，这成为他史学思想中重要组成内容。"六经皆史"命题在明中叶已经出现，虽非章学诚首创，但他针对时弊，对这一命题进行了系统论述。

---

① 《章氏遗书》卷十七《刘氏三世家传》。

② 《文史通义新编新注》外篇三《为毕制军与钱辛楣宫詹论续鉴书》，第653页。

③ 《文史通义新编新注》外篇一《〈淮南子洪保〉辨》，第381页。

④ 《文史通义新编新注》外篇三《答沈枫墀论学》，第714、715页。

　　为什么说"六经皆史"呢？他从多方面进行论证。首先，"古人不著书；古人未尝离事而言理，六经皆先王之政典"①。其次，古代根本无经史之别，六经皆由史官所掌管，而不仅仅《尚书》与《春秋》如此。②再者，"三代学术，知有史而不知有经，切人事也"③。这就是说，古代都重视人事，所记皆有事实内容，因而人们也就不知道还有什么空洞说教的经。既然六经都是先王的旧典，孔子只不过是根据这些"典章""政典"加以整理，删订成书，在当时不会像后世那样尊奉为神圣不可侵犯的经典，这是显而易见的。至于尊奉为经，他在《经解》篇作了详尽的论证，指出"六经之名起于孔门弟子"，"儒家者流乃尊六艺而奉以为经"④。他还进一步指出，经之本意，并非尊称，当时诸子著书，往往自分经传，"自以其说相经纬""有经以贯其传"，都乃平常之事，从而说明"经"之尊称，本出于儒者之吹捧。这一系列论述，就把六经的老底与称经的来历一一揭示了出来。这在历史上找不出第二个学者。

　　至于章学诚"六经皆史"说的意义，主要是在政治上将这几部儒家著作拉到与史并列的地位，从而抹去了千百年来笼罩在它们上面的神圣光圈，恢复了它们作为史的本来面貌，并依据历史观点，将六经作为古代典章制度的源流演进来研究，使其成为研究古代社会历史的重要对象。此外，这一说法扩大了历史研究、史料搜集的范围，因为六经既然都是先王的"政教典章"，那么无疑是研究当时社会政治制度的重要史籍。这里所讲的"史"，首先它应当是史料，因为六经是先王的政教典章，当然是历史资料。再从著书体例来看，章学诚再三强调，"夫子述而不作""夫子未尝著述"，故六经是选辑、是掌故、是记注，而不是著述。他在《报孙渊如书》中说："愚之所见，以为盈天地间，

----

①《文史通义新编新注》内篇一《易教上》，第1页。

②《文史通义新编新注》外篇一《论修史籍考要略》，第433页。

③《文史通义新编新注》内篇二《浙东学术》，第121页。

④《文史通义新编新注》内篇一《经解上》，第76页。

凡涉著作之林，皆是史学，六经特圣人取此六种之史以垂训者耳。子集诸家，其源皆出于史。"①就是说，充满天地之间的一切著作，都是史料，都是历史学家编著史书时搜集研究的对象。既然如此，六经自然也不例外。他所修之《史籍考》，把经部、子部、集部诸书也引入其中。史料本身无不包含有史义，绝不会有脱离史料的抽象史义。反之，也没有不具史义的史料，否则就将不成其为史料。

当然，"六经皆史"的"史"，又具有"经世"之史的内容。他指出孔子删订六经，目的在于"存道""明道""以训后世"，让后人从先王政典中得知治国平天下的道理。"先圣先王之道不可见，六经即其器之可见者也。后人不见先王，当据可守之器而思不可见之道，故表章先王政教，与夫官司典守以示人。"②唯其如此，因而章学诚认为，在研究六经时，应从六经具体事实中去领会其精神实质，为当前政治服务，切不可死守经句、泥于古义，专搞名物训诂而脱离当今之人事。

第三，史义论。史义（又作"史意"）相对于史事（历史事实）、史文（历史文笔）而言，是指史家写史的观点和见识，并用此观点来总结历史经验，探索历史规律。章学诚与唐代刘知幾同为史学评论大家，但评论重点则并不相同，他说："刘言史法，吾言史意；刘议馆局纂修，吾议一家著述。截然两途，不相入也。"③

为什么要重视史义呢？他说："史所贵者义也，而所具者事也，所凭者文也。"④又说："载笔之士，有志《春秋》之业，固将惟义之求，其事与文，所以藉为存义之资也。"⑤这就是说，史义是历史观点，反映作史者政治主张与政治立场；事是指对历史事实的记载，而文则是根据历史事实所写成的文章，它是观点与事实的表现形式。三者相比，

① 《文史通义新编新注》外篇三，第721页。
② 《文史通义新编新注》内篇二《原道中》，第101页。
③ 《文史通义新编新注》外篇三《家书二》，第817页。
④ 《文史通义新编新注》内篇五《史德》，第265页。
⑤ 《文史通义新编新注》内篇四《言公上》，第202页。

显然观点最为重要，它通过具体史实来体现，史实也要借文辞来表达。总的来说，事和文只不过是作为存义的材料和工具，三者有轻重主次之别，不能等同视之。他还举例说明："国史、方志，皆《春秋》之流别也。譬之人身，事者其骨，文者其肤，义者其精神也。"①他提出"作史贵知其意"，"孔子作《春秋》，盖曰其事则齐桓、晋文，其文则史，其义则孔子自谓有取乎尔。夫事，即后世考据家之所尚也；文，即后世辞章家之所重也。然夫子所取，不在彼而在此，则史家著述之道，岂可不求义意所归乎"②。这就要求史家在作史时，必须观点明确地总结历史经验，探讨历史规律。在他看来，"史氏之宗旨"是"取其义而明其志，而事次文篇，未尝分居立言之功也"。③重视史义的研究，并从理论上进行反复探讨，这在古代史家当中还不多见，章学诚应该是第一人。

第四，史德论。一位优秀的历史学家，究竟应当具备哪些条件？刘知幾提出才、学、识三长说，章学诚又增加了一个"史德"标准，从而完善了古代史家修养理论。什么是"史德"呢？就是"著书者之心术"，指史家作史，能否忠实于客观史实，做到善恶褒贬务求公正的一种品德。史德与史识是两个不同概念。史识是指对历史发展、历史事件、历史人物是非曲直的观察、鉴别和判断能力，是观点问题、识断问题，而史德则是史家思想修养问题。章学诚指出："盖欲为良史者，当慎辨于天人之际，尽其天而不益以人也。尽其天而不益以人，虽未能至，苟允知之，亦足以称著书者之心术矣。"④历史学家应当慎辨主观认识与史实客观之间的关系，尽量尊重客观史实、如实反映客观史实，不要随心所欲地把自己的主观意图掺杂到客观史实中去。只要抱着这个态度去努力，即使还有不足之处，也可以称得上有"著书

① 《文史通义新编新注》外篇四《方志立三书议》，第829页。

② 《文史通义新编新注》内篇四《申郑》，第250页。

③ 《文史通义新编新注》内篇四《言公上》，第202页。

④ 《文史通义新编新注》内篇五《史德》，第265页。

者之心术"了。当然,章学诚也深知史学家在历史事实面前不能没有自己的想法和看法,看到史实中的是非得失盛衰消息不能不动感情,问题在于如何以理性制约感情,使感情符合于事理。只要朝这个方向努力,就可以努力做到"尽其天而不益以人"。

第五,史书编纂论。章学诚史学评论的重点在于阐发"史意",但他在史书编纂理论上也很有建树。他对纪传、编年二体的长短得失均有论述,肯定南宋袁枢所创立的纪事本末体,起到了化臭腐为神奇的作用,指出:"本末之为体也,因事命篇,不为常格,非深知古今大体,天下经纶,不能网罗隐括,无遗无滥。文省于纪传,事豁于编年,决断去取,体圆用神,斯真《尚书》之遗也。"①对于纪传体的各种体裁的性质、内容及其写法,章学诚都有自己的见解,如本纪是按时间顺序编排的大事纪,强调书志、图表的作用;倡议正式设立书部,重视史注与史家自注的价值。此外,他在史书编纂体裁、体例、方法、文笔等方面,都有许多真知灼见:

其一,提出改造旧史籍,创立新史体。新史体由本纪(按年编排的大事纪要)、因事命篇的纪事本末、图表三部分组成,纲举目张、图文并茂。这种新史体的优点,在于"较之左氏翼经,可无局于年月后先之累;较之迁《史》之分列,可无歧出互见之烦。文省而事益加明,例简而义益加精"②。他还提出用互注、别录法以弥补编年、纪传的缺陷,以方便人们阅读研究。倡议纪传体史书应增立《史官传》,记载史家生平与学术渊源、史书编纂过程、方法,等等。

其二,主张编写通史。通史编写要"纲纪天人,推明大道。所以通古今之变而成一家之言"③。就是说,一部通史,不仅要能揭示出人与自然的关系,更重要的是说明历史的发展和变化,即"通古今之变"。章学诚在《释通》篇中,提出编修通史有六便:免重复、均类

---

① 《文史通义新编新注》内篇一《书教下》,第38页。
② 同上,第39页。
③ 《文史通义新编新注》内篇四《答客问上》,第252页。

例、便铨配、平是非、去牴牾、详邻事；有二长：具剪裁、立家法。①
总之，通史之修，不仅可以做到"事可互见，文无重出"，而且历代人
物、学术典制皆可依照时代"约略先后，以次相比"。这样，"制度相
仍""时世盛衰"均"可因而见矣"。

其三，将史籍按内容和功能分为记注（为著作提供材料的资料汇
编）和撰述（著作之书）两类。他在《书教下》篇里说："撰述欲其圆
而神，记注欲其方以智也。夫智以藏往，神以知来，记注欲往事之不
忘，撰述欲来者之兴起，故记注藏往似智，而撰述知来拟神也。藏往
欲其赅备无遗，故体有一定而其德为方；知来欲其决择去取，故例不
拘常，而其德为圆。"②撰述是具有一定创造性的著作活动，应当有观
点，有材料、有分析、有组织，并且要能够体现出史义和史识，而记
注只不过原始资料的记录、整理、选辑、汇编而已，实际上就是"掌
故令史之孔目，簿书记注之成格，其原虽本柱下之所藏，其用止于备
稽检而供采择，初无他奇也。然而独断之学，非是不为取裁；考索之
功，非是不为按据"。③因此，记注本身只能反映做学问的"功力"，而
不能看作成家的学问；撰述是经过整理加工的高级产品，应当别识心
裁，具有独创精神。两者性质、作用不相同。章学诚把撰述比作韩信
用兵，记注比作萧何转运粮饷，两者缺一不可。

其四，扩大了史料收集范围。章学诚在《报孙渊如书》里已经提
出，充满天地之间，凡涉著作之林者皆是史学的主张。在《论修史籍
考要略》一文中，他曾拟议例十五条，明确提出"经部宜通""子部宜
择""集部宜裁""方志宜选""谱牒宜略"，作为该书内容取舍之原则。
此外，他还重视官府案牍、金石图谱、私家著作的史料价值。他在
《韩柳二先生年谱书后》一文中直接提出："文集者，一人之史也；家

① 《文史通义新编新注》内篇四，第238—239页。
② 《文史通义新编新注》内篇一，第36页。
③ 《文史通义新编新注》内篇四《答客问中》，第257页。

史、国史与一代之史，亦将取以证焉，不可不致慎也。"①章学诚十分注重年谱的作用，认为这是知人论世之学，不能将其局限于考一人文集而已。

值得一提的是，章学诚不仅扩大了史料搜集范围，而且还为辨别史料真伪贡献了宝贵意见。他在《金君行状书后》一文中提出八点审核办法，都是经验之谈，对于分辨私人著作真伪有很大帮助。随着社会向前发展，人们采用的史料范围越来越广泛，有文献，有口碑，有实物，有官府案牍，亦有私家文集野史、民间歌谣谚语，等等。生活在乾嘉时代的章学诚，能够认识并高度重视广泛搜集史料的重要性，应当说是难能可贵的。

其五，文人不能修史，文士作文，可以凭借自己想象加以创作，可以虚构夸张；而史家著作必有所本，绝不可以私意妄作增删。文人不能修史，是长期以来社会分工不同所造成的，而不是因为个人聪明才智有所不及。既有分工，就必然有所专长，文人不能参与修史工作，也是理所当然之事。

5.方志学理论

章学诚论述了方志的起源、性质和作用，提出了"志属信史"的主张，认为"志乘为一县之书，即古者一国之史也"。②因此，方志就是一个地方的历史，既不属于地理类，又有别于唐宋以来的图经，而是"国史羽翼"，故其价值亦应与国史相同。他从"志为史体"的角度出发，认为春秋战国时期那些记载各地方诸侯国的史书，如晋之《乘》、楚之《梼杌》、鲁之《春秋》等，就是最早的方志。既然如此，则内容的记载、体裁的形式，都必须束之以史法，而不能仅限于地理沿革的考证。方志的性质既属史体，就要起到垂鉴、惩劝和教育的作

---

① 《文史通义新编新注》外篇二，第557页。
② 《文史通义新编新注》外篇五《〈永清县志·前志列传〉序例》，第986页。

用，并负有为朝廷修国史提供资料的任务。然而，以前修志诸家未辨清方志的性质，把方志当作地理之书，变成文人游戏、应酬文字或私家墓志寿文的汇集。这样一来，方志当然起不到"善恶惩创"的作用，也无从为编修国史提供资料。章学诚在当时强调"志属信史"，目的在于提高方志的地位，在人们对方志性质和体例认识混乱、众说纷纭的时候，自然具有积极作用。但时至今日，方志已经成为一门独立学问，有些理论显然就不合时宜了，特别是地方志就是地方史的说法，在今天看来就不确切了。

为了阐发方志编纂理论，章学诚创立了一套完整的修志义例，提出了方志分立三书的主张，这是他在方志理论上的杰出贡献。三书当中，志是主体，仿纪传正史之体而作，"掌故"如同会要、会典，"文征"则类似文鉴、文类。章氏所撰诸志，包括纪、传、书（考）、表、图，诸体俱备。

关于修志的断限问题，章学诚认为"修志者，非示观美，将求其实用"，不必每部都从古修起。各类方志有各自内容范围，也有各自撰写方法与要求，切不可简单任意分合，否则将不成为书。这在方志发展史上又是一大贡献。

章学诚还建议州县设立志科，专门掌管搜集乡邦文献，为编好各类方志创造条件。章学诚之所以能够建立起一整套丰富的方志理论体系，并使之发展成为方志学，绝非出于偶然。史学理论是他建立方志学的重要源泉，他又通过修志实践经验不断丰富其方志理论，且善于总结吸取前人修志经验和教训，三者融会贯通，终成一家之学。

6.谱牒学理论

章学诚于谱学亦颇有贡献，其论述散见于《文史通义》以及其他著述中。对谱学一些至关重要的问题，如谱学的性质和定义，谱学与方志学、史学的关系，谱学产生、发展和演变的历史，谱学编纂理论以及谱学的功用等，他都做了深入的探讨。不止如此，他还有不断的修谱实践活动，力图把自己的谱学理论运用到实践中去。谱学编纂理论是章学诚整个史学理论、方志学理论的有机组成部分。无论是对谱牒图表作用的重视，还是对谱传的强调，也无论是对立文征篇的主张，还是对谱牒书法和语言繁简的见解，都是其史学理论在谱学上的体现。根据这些丰富的理论所编成的谱牒，实际上就是一部表牒相间、图文并茂、繁简攸当、内容确凿的史学著作。他一方面指出谱牒严重失实的缺点，另一方面仍然强调它是史书，作史志时应参考。在他看来，撰谱者不能因噎废食，但要具史学修养，能直书其事，努力克服失实曲笔之处，如此才能使它成为信史。这不仅提醒人们要慎引谱牒，更有引导谱学趋向史学记实正轨之特殊意义。章学诚对谱学的最大贡献，便在于此。

四、选目与凡例

　　章学诚《文史通义》的内容博大精深，阅读难度大。白寿彝先生在《〈文史通义校注〉书后》一文开头便说："《文史通义》是在史学史上占有重要地位的一部书，也是我喜欢阅读的一部书，但这书也确实不好读。我喜欢阅读，是因为它有功力，有见识，提出来的问题耐人寻味。说它不好读，因为它涉及的学术领域相当广泛，它有多方面学术渊源的继承关系，还有作者所处时代之特定的政治环境和学术环境以及作者所特有的表达形式和语言。"[1]因此，近百年间，各种《文史通义》注本应运而生，主要有：章锡琛的《文史通义选注》（学生国学丛书），商务印书馆1933年版；叶长青的《文史通义注》，商务印书馆1935年版；朱葆龄的《文史通义注》，民国时期抄本；叶瑛的《文史通义校注》，完成于1948年，中华书局1983年版；严杰、武秀成的《文史通义全译》，贵州人民出版社1997年版；罗炳良的《文史通义》全注

---

[1] 白寿彝：《〈文史通义校注〉书后》，《史学史研究》1988年第2期，第73页。

全译本，中华书局 2012 年版；钱茂伟、童杰、陈鑫的《文史通义》注译本，中州古籍出版社 2012 年版；陈其泰解读的《文史通义》节选本，国家图书馆出版社 2022 年版；等等。由于《文史通义》版本不一，各注释本、翻译本选取内容也不一致。

仓修良先生编撰的《文史通义新编新注》，浙江古籍出版社 2005 年出版，全书 83 万余字。注释部分对每篇文章的主题思想或写作宗旨作了说明，并对书名、人名作了考释，可以说是迄今为止《文史通义》内容最广泛、最详尽的注本，商务印书馆又有 2017 年、2023 年版。

"大家读浙学经典"丛书中的《文史通义》选注课题，由仓修良先生与弟子鲍永军共同承担，鲍永军具体负责编选注释工作。根据丛书有关篇幅与注释要求，从《文史通义新编新注》中选取具有重要学术价值的代表性文章 56 篇，内容涉及哲学、史学、方志学、谱牒学、文学、教育学等各领域，文体包括评论、书后、序文、书信等。全书体例，先有导读，对章学诚生平事迹、学术思想、《文史通义》写作过程及其目的、内容与版本流传、选目凡例等作总体说明。其次，每篇文章前面有解题，简要介绍文章写作年代、篇目安排。正文对选文进行校勘、标点，对人名、书名、典故、疑难字词出注。文末有解析，对所选文章的主题思想、写作宗旨、学术价值等作点评，以期帮助读者更好理解章学诚学术思想。众所周知，古籍注释工作相当复杂，涉及知识面广，只能尽力去做好。在注释中，参考了以往学者的校勘、注释、翻译本，在此一并表示感谢！在注释工作开展期间，仓修良先生不幸于 2021 年 3 月病逝，未能亲自对本书进行审定，深为遗憾。注释中疏漏不当之处，在所难免，敬请读者批评指正。

选　注

易教上

◎解题

章学诚在殿试卷中自称"习《易经》",《易教上》《易教中》《易教下》三篇,是其深入阐发"六经皆史"理论之作。他在嘉庆元年(1796)的《上朱中堂世叔》中说:"近刻数篇呈诲,题似说经,而文实论史,议者颇讥小子攻史而强说经,以为有意争衡,此不足辨也。……古人之于经史,何尝有彼疆此界,妄分孰轻孰重哉!小子不避狂简,妄谓史学不明,经师即伏、孔、贾、郑,只是得半之道。《通义》所争,但求古人大体,初不知有经史门户之见也。"据北京大学图书馆藏《文史通义》自刻本,这里的"近刻数篇",包括《易教》三篇、《书教》三篇、《诗教》两篇,故云"题似说经,而文实论史"。

六经[1]皆史也。古人不著书,古人未尝离事而言理,六经皆先王之政典也。或曰:《诗》《书》《礼》《乐》《春秋》,则既闻命矣;《易》以道阴阳,愿闻所以为政典而与史同科之义焉。曰:闻诸夫子[2]之言矣:"夫《易》开物成务,冒天下之道","知来藏往,吉凶与民同患"。其道盖包政教典章之所不及矣。象天法地,"是兴神物,以前民用"。其教盖出政教典章之先矣。《周官》[3]太卜掌"三易"[4]之法,夏曰《连山》,殷曰《归藏》,周曰《周易》,各有其象与数,各殊其变与占,不相袭也。然"三易"各有所本,《大传》[5]

所谓庖羲、神农与黄帝、尧、舜[6]是也。《归藏》本庖羲，《连山》本神农，《周易》本黄帝。由所本而观之，不特三王不相袭，三皇五帝[7]亦不相沿矣。盖圣人首出御世，作新视听，神道设教，以弥纶乎礼乐刑政之所不及者，一本天理之自然；非如后世托之诡异妖祥、谶纬术数，以愚天下也。夫子曰："我观夏道，杞不足征，吾得夏时焉；我观殷道，宋不足征，吾得坤乾焉。"夫夏时，夏正书[8]也；坤乾，《易》类也。夫子憾夏、商之文献无所征矣，而坤乾乃与夏正之书同为观于夏、商之所得，则其所以厚民生与利民用者，盖与治宪明时同为一代之法宪，而非圣人一己之心思，离事物而特著一书，以谓明道也。夫悬象设教与治宪授时，天道也；《礼》《乐》《诗》《书》与刑政、教令，人事也。天与人参，王者治世之大权也。韩宣子[9]之聘鲁也，观书于太史[10]氏，得见《易》象、《春秋》，以为周礼在鲁。夫《春秋》乃周公[11]之旧典，谓周礼之在鲁可也。《易》象亦称周礼，其为政教典章，切于民用而非一己空言，自垂昭代而非相沿旧制，则又明矣。夫子曰："《易》之兴也，其于中古乎！作《易》者，其有忧患乎！"顾氏炎武[12]尝谓《连山》《归藏》，不名为《易》，太卜所谓"三易"，因《周易》而牵连得名。今观八卦起于伏羲，《连山》作于夏后，而夫子乃谓《易》兴于中古，作《易》之人独指文王，则《连山》《归藏》不名为《易》，又其征矣。或曰：文王[13]拘幽，未尝得位行道，岂得谓之作《易》以垂政典欤？曰：八卦为"三易"所同，文王自就八卦而系之辞。商道之衰，文王与民同其忧患，故反复于处忧患之道而要于无咎，非创制也。周武[14]既定天下，遂名《周易》而立一代之典教，非文王初意所计及也。夫子生不得位，不能创制立法以前民用，因见《周易》之于道法，美善无可复加，惧其久而失传，故作《彖》《象》《文言》诸传以申其义蕴，所谓述而不作，非力有所不能，理势固有所不可也。

[1] 六经：指《诗》《书》《易》《礼》《乐》《春秋》六部儒家著作，汉武帝时尊奉为儒家经典，成为封建社会言行的最高准则。《诗》，亦称《诗经》或《诗三百》，是我国第一部诗歌总集。所收作品上起西周初年，下至春秋中期，现存诗歌三百零五篇。相传最早有三千篇，后经孔子整理删订而成今日规模。内容按音乐特点分成三大类：即《风》《雅》《颂》。《书》，亦称《尚书》，意思是"上古之史书"，又称《书经》。相传为孔子删定，最初为百篇，是我国最早的文献汇编。内容是商、周两代帝王讲话、命令的记录以及春秋战国时期根据传说追记的有关夏、商事迹的记载。秦始皇焚书时，伏生将此书藏于壁中，汉建立后，取出时仅残存二十八篇，后又得一篇，因用当时通行的隶书抄写，故称《今文尚书》，以别于后出的《古文尚书》。《易》，原称《周易》，亦称《易经》。作者不可考，传说伏羲氏画八卦，周文王演而为六十四卦，是我国古代最古老的一部算卦之书。其内容学术界说法不一，一说专指经的部分，一说经传都包含在内，前者可信。其成书年代学术界主要有三说：西周初说，西周末说，战国初说。对书的名称亦有两说：一说"周"指周朝，"易"者简便，是周朝简易卜筮之书；一说"周"指普遍，"易"者变化，是讲普遍变化之书。作为经的内容有六十四卦，每卦首列卦形，卦形下面是卦名，然后是卦辞。卦辞后则有爻辞。它的形成，乃是古人卜筮时，将认为比较灵验的卦记录下来，编集成册，供以后参考，便形成这部经书。《礼》，亦称《礼经》，汉时还称《士礼》，《汉书·艺文志》则称《礼古经》，至晋代改称《仪礼》，它与《周礼》《礼记》合称"三礼"。旧说周公所作，孔子所定，都不可信。至今尚无定论，有说成书于东周，有说是战国儒家著述，经汉儒所定。这是一部记载周朝贵族实行的各种礼节仪式之著作，包括冠婚、乡射、朝聘、丧祭等。今传《仪礼》的编次，是东汉郑玄采用刘向《别录》所定的次序，共十七篇。《乐》，亦称《乐经》。古文家认为《乐经》亡于秦始皇焚书时，而今文家则谓乐本无经，只是附于《诗经》的一种乐谱。故《汉书·艺文志》著录古书，《六艺略》于《易》《书》《诗》《礼》《春秋》五类，均注明经若干卷，唯有《乐》类，其下著录《乐记》二十三篇，不言经。《春秋》，孔子以鲁国的史书《鲁春秋》为基础，参以周游列国所采集的史料，修成流传至今日的我国第一部编年体史书。内容以鲁国历史为主，按鲁国十二君次序编排，故于鲁国内政特详，而涉及列国的朝聘、盟会、战争等均有记载。记事上起鲁隐公元年（周平王四十九年，前722），下讫鲁哀公十四年（周敬王三十九年，前481），共记242年历史。

[2] 夫子：古代对男子的敬称，这里特指孔子。孔子的门人都称孔子为夫子，后来大家也就习惯作如此称呼。孔子（前551—前479），春秋末年思想家、教

育家、儒家创始人。名丘，字仲尼，鲁昌平乡陬邑（今山东曲阜）人。为了宣传政治主张，曾周游列国。主张有教无类，晚年讲学洙泗，及门弟子达三千人，其中才华出众者有七十二人。　　[3]《周官》：亦称《周礼》，又称《周官经》，是"三礼"之一。相传为周公所作，今人研究实为战国时所作，作者无考。内容共六篇：《天官》掌邦治，《地官》掌邦教，《春官》掌邦礼，《夏官》掌邦政，《秋官》掌邦刑，《冬官》掌邦事。《冬官》早亡佚，汉人取《考工记》补之。　　[4] 三易：相传《连山》《归藏》是上古最早之易书，与《周易》合称"三易"，后亡佚。如今流传的《古三坟书》所载之伏羲氏《连山》、神农氏《归藏》乃宋人伪作。　　[5]《大传》：《易大传》的简称，亦称《易传》。传统说法是孔子所作。当前学术界普遍否认此说，认为并非一时一人所作。这是最早专门解释《周易》的著作，共有七个部分十篇，故称"十翼"，意思是说这十篇是《易经》的羽翼。十篇是：《彖传》（上下篇）、《象传》（上下篇）、《文言》、《系辞》（上下篇）、《说卦》、《序卦》、《杂卦》。每篇成书时代不尽相同。　　[6] 庖羲、神农与黄帝、尧、舜：庖羲，即伏羲氏，古史传说中人物。一作虙羲、虙戏、伏羲。史又称庖犠、庖羲等。《帝王世纪》云风姓，号羲皇。相传他创八卦、造书契、作琴瑟、正姓氏，并开始定甲历、四时，结绳为网，教民佃渔畜牧。神农，古史传说中人物，亦作烈山氏、连山氏、伊耆氏、大庭氏等。或说即炎帝，以火德王天下，姜姓，少典之元子。又称"人皇"。相传他用木制作耒、耜，教民种五谷，被奉为"神农"；尝百草，作医书以疗民疾，发明医药，后世传为《神农本草》；开始饲养家畜；"耕而作陶"，从事原始制陶业；"织而衣"，进行纺织操作；设立集市，交易有无；作五弦之琴；演八卦为六十四卦，名之曰"归藏"。黄帝，姬姓，号轩辕氏，亦作有熊氏。在涿鹿攻杀九黎族首领蚩尤，又在阪泉（今河北涿鹿东南）打败炎帝，被推为炎黄部落联盟首领。这一部落联盟发展成后来华夏族的前身，因此，中华民族奉他为人文初祖，"黄帝"称号遂成为华夏民族团结奋进的旗帜。其时创造发明很多，如仓颉造字，嫘祖养蚕，共鼓、货狄作船，羲和占日，常仪占月，臾区占星气，隶首作算数，容成造历，伶伦、荣将作音律等。故后人称赞他"能成命百物"，赋予帝王形象。尧，传说中远古人物。姓伊祁氏，一作伊耆氏，名放勋，号陶唐。曾为黄帝嫡裔高唐氏部落长，故史称唐尧。原居冀北（今河北唐县一带），继居晋阳（今山西太原），不断扩大势力，成为黄河下游强大部落联盟首领。后又迁至平阳（今山西临汾），命羲和掌管天文、历象，设四岳（四时之官）敬授民时，又命鲧治理洪水。在确定继承人选时，广泛征求意见，最后确定舜为继承人。舜，传说中远古人物。姚姓，一说妫姓，名重华。史称"虞舜""虞帝"。初为有虞氏部落，后威望不断提高，成为黄河中下游强大的部落联盟首领。尧死后，他继承了尧的职位，剪除四凶，命禹平水土，契管人民，益掌山林，皋陶为大理，扩大设官分职。后在巡狩中死于苍梧之野（今湖南、广西交界处）。 [7] 三皇：《史记·秦始皇本纪》以天皇、地皇、泰皇为三皇；《世本》和《帝王世纪》以伏羲、神农、黄帝为三皇；《白虎通》以伏羲、神农、祝融为三皇；《风俗通义》一书中就有两种说法，即一为伏羲、神农、燧人，一为伏羲、女娲、神农；《通鉴外纪》又以伏羲、神农、共工为三皇；《史记·补三皇本纪》则以天皇、地皇、人皇为三皇。实际上都是些象征性人物。其中伏羲、神农、燧人一说，反映了我国原始社会经济生活的发展情况。五帝：《史记·五帝本纪》以黄帝、颛顼、帝喾、唐尧、虞舜合称五帝；《礼记·月令》则以太暤（伏羲）、炎帝（神农）、黄帝、少暤、颛顼为五帝；《帝王世纪》以少昊（暤）、颛顼、高辛（帝喾）、唐尧、虞舜为五帝；《易·系辞下》以伏羲（太暤）、神农（炎帝）、黄帝、尧、舜为五帝。其实都是中国原始社会末期部落联盟首领。 [8] 夏正书：指《夏小正》。相传为夏代历书，据考订为战国时所作，至今仍保存在《大戴礼记》中，戴德为之作传，是我国现存最早的一部记录农事的历书，按一年十二个月，分别记载每月的物候、气象、星象和有关政事、农事。 [9] 韩宣子（？—前514）：春秋时晋国正卿，名起，《左传》又作"士起"。献子之子。晋悼公七年（前566）继卿位，旋徙居州（今河南沁阳东南），晋顷公十二年（前514）卒，谥宣子。 [10] 太史：西周、春秋时朝廷大臣，掌管起草文书以及策命诸侯、卿大夫，记载史册，编写史书，兼管国家典籍、天文、历法、祭祀等。 [11] 周公：姬姓，名旦，周文王之子，武王之弟。采邑在周，故称周公。曾佐武王灭商，辅翼左右。武王死，成王年幼，由他摄政。在这期间，制定以宗法制为核心的一整套典章制度及礼仪乐舞，摄政七年后，还政于成王，对于巩固西周统治立下大功。 [12] 顾氏炎武：即顾炎武（1613—1682），明末清初著名学者，江苏昆山人，字宁人。搜集明代以前历朝经济和自然环境资料，编成《天下郡国利病书》和《肇域志》。于天文、历算、舆地、音韵、金石、考古等均有研究，为清代朴学开山之祖。其治学重在经世致用。著作丰富，《日知录》为其代表作。 [13] 文王：周文王，商朝时周国国君。姬姓，名昌，受商封为西伯，故又称伯昌。一度为纣王囚于羑里。相传被囚期间，曾推演《易》八卦为六十四卦，探究天人之理，在位五十年，奠定了武王灭商基础。武王建立西周后，追尊为文王。 [14] 周武：周武王，西周王朝建立者。姬姓，名发。即位后以吕尚为师，周公为辅，联合诸侯，一举灭商，正式建立了西周王朝。约在灭商后二年病卒，谥武。

　　后儒拟《易》，则亦妄而不思之甚矣！彼其所谓理与数者，有以出《周易》之外邪？无以出之，而惟变其象数法式，以示与古不相袭焉，此王者宰制天下，作新耳目，殆如汉制所谓色黄数五，事与改正朔而易服色者为一例也。扬雄[1]不知而作，则以九九八十一者变其八八六十四矣。后代大儒，多称许之，则以其数通于治历，而蓍揲[2]合其吉凶也。夫数乃古今所共，凡明于历学者皆可推寻，岂必《太玄》[3]而始合哉！蓍揲合其吉凶，则又阴阳自然之至理，诚之所至，探筹钻瓦，皆可以知吉凶，何必支离其文，艰深其字，然后可以知吉凶乎！《元包》[4]妄托《归藏》，不足言也。司马《潜虚》[5]又以五五更其九九，不免贤者之多事矣。故六经不可拟也，先儒所论，仅谓畏先圣而当知严惮耳；此指扬氏《法言》[6]、王氏《中说》[7]，诚为中其弊矣。若夫六经，皆先王得位行道，经纬世宙之迹，而非托于空言，故以夫子之圣，犹且述而不作。如其不知妄作，不特有拟圣之嫌，抑且蹈于僭窃王章之罪也，可不慎欤！

　　[1] 扬雄（前53—18）：亦作杨雄，西汉著名辞赋家、哲学家、语言学家，字子云，蜀郡成都（今四川成都）人。少时好学，博览群书。推崇司马相如之赋，每自作赋，常模仿司马相如。每读《离骚》，慨然流涕，乃模拟《离骚》之文，作《反离骚》，投江以吊屈原。仿《论语》作《法言》，仿《易经》作《太玄》。撰有《训纂编》《方言》，为研究古代语言文字学的重要资料。
　　[2] 蓍揲（shī shé）：蓍，草名，古代常以其茎用作占卜。揲，古代数蓍草以占卜吉凶。　　[3] 《太玄》：是扬雄模仿《周易》而作的卜筮之书。全文五千字，模仿卦爻辞。又有《首》《冲》《错》《测》《摘》《莹》《数》《文》《掜》《图》《告》十一篇，分别模仿《周易》有关内容，是对《太玄》的解说。其内容构成以三、四、九为基本数的体系，共为"三方、九州、二十七部、八十一家、三百四十三表、七百二十九赞"。这就是变《周易》八八六十四卦为九九八十一家。　　[4] 《元包》：陈振孙《直斋书录解题》"易类"著录云：《元包》十卷，唐卫元嵩撰。武功苏源明传，赵郡李江注。"其书以八卦为八篇首，

而'一世'至'归魂'各附其下。先《坤》，次《乾》，次《兑》《艮》《离》《坎》《巽》《震》。《坤》曰太阴，《乾》曰太阳，余方子有孟、仲、少之目，每卦之下，各为数语，用意僻怪，文意险涩，不可深晓也。" 　［5］司马《潜虚》：司马光（1019—1086），北宋陕州夏县（今属山西夏县）涑水人，字君实，号迂叟，世称涑水先生，我国著名政治家和历史学家。学识渊博，史学之外，音乐、律历、天文、书数无所不通，著作除《资治通鉴》外，尚有《稽古录》《涑水纪闻》《潜虚》等。《直斋书录解题》云：《潜虚》"言万物皆祖于虚，《玄》以准《易》，《虚》以准《玄》"。晁公武《郡斋读书志》云："此书以五行为本，五行相乘为二十五。"故称"五五"。用"五五"来变更扬雄《太玄》的九九八十一首。 　［6］《法言》：扬雄作，十三篇。其书模仿《论语》，内容是对诸子违反儒家言论进行批评。据《汉书》本传引自序云，扬雄认为诸子之书大多非毁圣人，就连司马迁《史记》，也是"不与圣人同，是非颇谬于经"。主要是讲人生、政治诸问题，亦包含一些进步思想，如反对天人感应论，实际是一部哲学著作。晋李轨作《扬子法言注》，清末汪荣宝作《法言义疏》。《直斋书录解题》曰："篇各有序，本在卷末，如班固《叙传》，然今本分冠篇首，自宋咸始也。"今通行的《诸子集成》本，各序又移至各篇末。［7］王氏《中说》：王通（584—617），字仲淹，隋朝哲学家，绛州龙门（今山西河津）人。学术上主张儒、佛、道三教归一，以适应全国统一形势，而以儒家为其基本立足点。《直斋书录解题》著录："《中说》十卷，隋河汾王通仲淹撰。《唐志》五卷，今本第十卷有《文中子世家》《房魏论礼乐事》《书关子明事》及《王氏家书杂录》。旧传以此为前后序，非也。案晁公武《读书志》，是书系王通之门人共集其师之语。"

易教中

孔仲达[1]曰："夫《易》者，变化之总名，改换之殊称。"先儒之释《易》义，未有明通若孔氏者也。得其说而进推之，《易》为王者改制之巨典，事与治历明时相表里，其义昭然若揭矣。许叔重[2]

释"易"文曰:"蜥易,守宫;象形。秘书说:'日月为易,象阴阳也。'"《周官》太卜,掌"三易"之法。郑氏[3]注:"易者揲蓍变易之数可占者也。"朱子[4]以谓《易》"有交易、变易之义"。是皆因文生解,各就一端而言,非当日所以命《易》之旨也。"三易"之名,虽始于《周官》,而《连山》《归藏》可并名《易》,《易》不可附《连山》《归藏》而称为三连三归者,诚以《易》之为义,实该羲、农以来不相沿袭之法数也。易之初见于文字,则《帝典》[5]之"平在朔易"也。孔《传》[6]谓"岁改易,而周人即取以名揲卦之书",则王者改制更新之大义,显而可知矣。《大传》曰:"生生之谓易。"韩康伯[7]谓"阴阳转易以成化生",此即朱子"交易变易之义"所由出也。"三易"之文虽不传,今观《周官》太卜有其法,《左氏》[8]记占有其辞,则《连山》《归藏》皆"有交易、变易之义",是羲、农以来,《易》之名虽未立,而《易》之意已行乎其中矣。上古淳质,文字无多,固有具其实而未著其名者。后人因以定其名,则彻前后而皆以是为主义焉,一若其名之向著者,此亦其一端也。

[1] 孔仲达(574—648):名颖达,冀州衡水(今河北衡水)人,唐朝著名学者,为唐太宗"十八学士"之一。精通经学,尤明《左传》《尚书》《易》《毛诗》《礼记》,兼善历法,奉命与颜师古等撰《五经正义》,是书融合南北经学家见解,成为经学注疏定本和科举考试的准则。 [2] 许叔重(约58—约147):名慎,汝南召陵(今河南漯河市召陵区)人,是东汉著名经学家、文字学家。少博学经籍,曾从贾逵受古学,马融常推敬之。时人有"五经无双许叔重"之美誉。著有《五经异义》《淮南鸿烈解诂》《说文解字》等书。 [3] 郑氏:指郑玄(127—200),字康成,北海高密(今山东高密西南)人,是东汉著名经学家。博通群经,聚众讲学。曾遍注群经,以古文经学为主,兼采今文经学,成为汉代经学集大成者,世称"郑学"。平生著述达百万余字,所注以《毛诗笺》《三礼注》影响最大,又作《六艺论》《驳五经异义》。 [4] 朱子:指朱熹(1130—1200),字元晦,号晦庵,徽州婺源(今江西婺源)人,侨寓建阳(今福建建阳)。生平以讲学著书为职业,对经学、史学、文学、乐

律以至自然科学都有贡献。为理学之集大成者，其学说被视为理学正宗，对后世影响极大。著有《通鉴纲目》《宋名臣言行录》《四书章句集注》《楚辞集注》《太极图解说》《周易本义》《通书解说》等。后人辑有《朱子大全》《朱子语类》等。　　[5]《帝典》：指《尚书》中的《尧典》。　　[6] 孔《传》：指孔安国为《古文尚书》所作之传。孔安国，字子国，鲁（今山东曲阜）人，孔子十二世孙，西汉经学家。相传汉武帝时，鲁共王扩宅，坏孔子旧宅壁，发现壁中藏有《尚书》《论语》《孝经》等用先秦文字写成的古文经书。当时无人懂得，遂由他整理，并奉诏作《书传》，定《尚书》为五十八篇。又作《古文孝经传》《论语训解》。古文经书遂得以流传。今存《尚书孔氏传》乃后人伪托，故一般称为"伪传"。　　[7] 韩康伯：名伯，东晋学者。颍川长社（今河南长葛东北）人。殷浩之外甥，少家贫，长而留心文艺，通玄理。官至吏部尚书、领军将军。作《辩谦》。今传《周易注》，是他与王弼合撰。《直斋书录解题》云："魏尚书郎山阳王弼辅嗣注上、下《经》，撰《略例》。晋太常颍川韩康伯注《系辞》《说》《序》《杂卦》。"　　[8]《左氏》：指《左氏春秋》，亦称《春秋左氏传》，简称《左传》。相传为左丘明作，不可信。顾炎武在《日知录》卷四《春秋阙疑之书》中指出："左氏之书，成之者非一人，录之者非一世。"《左传》是我国最早最完整的编年体史书，因为《春秋》虽早，但太简单。

钦明之为敬也，允塞之为诚也，历象之为历也，历象之历，作推步解，非历书之名。皆先具其实而后著之名也。《易·革·象》曰："泽中有火，君子以治历明时。"其《彖》曰："天地革而四时成，汤[1]、武革命，顺乎天而应乎人。"历自黄帝以来，代为更变，而夫子乃为取象于泽火，且以天地改时，汤、武革命为《革》之卦义，则《易》之随时废兴，道岂有异乎！《易》始羲、农而备于成周；历始黄帝而递变于后世，上古详天道而中古以下详人事之大端也。然卦气之说，虽创于汉儒，而卦序卦位，则已具函其终始。则疑大挠未造甲子以前，羲、农即以卦画为历象，所谓天人合于一也。《大传》曰："古者庖羲氏之王天下也，仰则观象于天，俯则观法于地，观鸟兽之文与地之宜，近取诸身，远取诸物，于是始作八卦，以通神明之德，以类万物之情。"此黄帝未作干支之前所创造也。观于羲和[2]分命，则象法文宜，其道无所不备，皆用以为授人时也。是知上古圣人，开天创制，立法以治天下，作《易》之与造历，同出一源，未可强分孰先孰后。故《易》曰："开物成务，冒天下之道。"《书》曰："平秩敬授，作、讹、成、易。"皆一理也。夫子曰："加我数年，五十以学《易》，可以无大过矣。"又曰："吾学周礼，今用之，吾从周。"学《易》者，所以学周礼也。韩宣子见《易·象》《春秋》，以为周礼在鲁。夫子学《易》而志《春秋》，所谓学周礼也。

[1] 汤：商朝开国国君。卜辞作"唐"，子姓，名履、天乙、太乙，灭夏后又称"武汤""成汤""殷汤"。契之后裔。原为商部落首领，后得伊尹之辅佐，经过十一战而灭夏。在位期间，重视生产，安抚民心，扩大了统治区域，巩固了统治。　　[2] 羲和：羲与和是同族两氏，分别为重与黎的后代，相传重黎氏世掌天地之官，故尧使其后代中的贤能者继续担任此职务。

夫子语颜渊[1]曰："行夏之时，乘殷之辂，服周之冕，乐则《韶》舞。"是斟酌百王，损益四代，为万世之圭臬也。历象递变，而夫子独取于夏时；筮占不同，而夫子独取于《周易》；此三代以后，至今循行而不废者也。然三代以后，历显而《易》微，历存于官守而《易》流于师传，故儒者敢于拟《易》而不敢造历也。历之薄蚀盈亏，有象可验，而《易》之吉凶悔吝，无迹可拘，是以历官不能穿凿于私智，而《易》师各自为说，不胜纷纷也。故学《易》者，不可以不知天。观此益知《太玄》《元包》《潜虚》之属，乃是万无可作之理，其故总缘不知为王制也。

[1] 颜渊（前521—前490）：春秋时鲁国人。字子渊，亦作颜渊，孔子门人。以好学而深得孔子喜爱，重德行，恪守"仁"。虽箪食瓢饮，贫居陋巷而不改其乐，以贤为孔子所称道。引文出自《论语·述而》。

易教下

《易》之象也，《诗》之兴也，变化而不可方物矣；《礼》之官也，《春秋》之例也，谨严而不可假借矣。夫子曰："天下同归而殊途，一致而百虑。"君子之于六艺[1]，一以贯之斯可矣。物相杂而为之文，事得比而有其类。知事物名义之杂出而比处也。非文不足以达之，非类不足以通之。六艺之文，可以一言尽也。夫象欤，兴欤，例欤，官欤，风马牛之不相及也，其辞可谓文矣，其理则不过曰通于类也。故学者之要，贵乎知类。

[1] 六艺：古代六经亦称"六艺"。《史记·孔子世家》："中国言六艺者折中于夫子，可谓至圣矣！"又《史记·太史公自序》："夫儒者以六艺为法。六艺经传以千万数，累世不能通其学，当年不能究其礼。"《七略》和《汉书·艺文志》分类，均有"六艺"类，著录六经之类著作。

象之所包广矣，非徒《易》而已，六艺莫不兼之，盖道体之将形而未显者也。雎鸠之于好逑，樛[1]木之于贞淑，甚而熊蛇之于男女，象之通于《诗》也。五行之征五事，箕毕[2]之验雨风，甚而傅岩之入梦赍[3]，象之通于《书》也。古官之纪云鸟，《周官》之法天地四时，以至龙翟章衣，熊虎志射，象之通于《礼》也。歌协阴阳，舞分文武，以至磬念封疆，鼓思将帅，象之通于《乐》也。笔削不废灾异，左氏遂广妖祥，象之通于《春秋》也。《易》与天地准，故能弥纶天地之道，万事万物，当其自静而动，形迹未彰而象见矣。故道不可见，人求道而恍若有见者，皆其象也。

［1］樛（jiū）：枝向下弯曲的树。　　［2］箕毕：箕与毕为星宿名，据传箕星主风，毕星主雨。　　［3］傅岩之入梦赉（lài）：商王武丁梦见天帝赏赐辅相，于是在傅岩之地找到傅说，任命为相。赉，赏，赏赐。

有天地自然之象，有人心营构之象。天地自然之象，《说卦》[1]为天为圜诸条，约略足以尽之；人心营构之象，《睽》[2]车之载鬼，翰音之登天，意之所至，无不可也。然而心虚用灵，人累于天地之间，不能不受阴阳之消息。心之营构，则情之变易为之也。情之变易，感于人世之接构而乘于阴阳倚伏为之也。是则人心营构之象，亦出天地自然之象也。

［1］《说卦》：《周易大传》篇名，主要解说乾、坤、震、巽、坎、离、艮、兑大卦所代表的事物和所体现的原理。　　［2］《睽》：《周易》卦名，是六十四卦中第三十八卦。

《易》象虽包六艺，与《诗》之比兴，尤为表里。夫《诗》之流别，盛于战国人文，所谓长于讽喻，不学《诗》则无以言也。详《诗教》篇。然战国之文，深于比兴，即其深于取象者也。《庄》《列》[1]之寓言也，则触、蛮可以立国，蕉、鹿可以听讼；《离骚》[2]之抒愤也，则帝阙可上九天，鬼情可察九地。他若纵横驰说之士，飞箝揑阖之流，徙蛇引虎之营谋，桃梗土偶之问答，愈出愈奇，不可思议。然而指迷从道，固有其功，饰奸售欺，亦受其毒。故人心营构之象，有吉有凶，宜察天地自然之象而衷之以理，此《易》教之所以范天下也。

［1］《庄》《列》：指《庄子》《列子》两书。《庄子》为战国时学者庄周及其后学所著。此书分内篇、外篇、杂篇。大约为西汉学者刘向编校时所确定，亦有说乃汉以后事。其书十之八九用寓言形式而写，是研究庄子思想的重要史料。《列子》为周列御寇（亦作圄寇）所著。原书早亡佚，今传八篇乃魏晋人伪作，刘向之《序录》，也属伪撰。内容多为民间传说、寓言和神话故事，

思想比较复杂，其中亦保存一些先秦思想材料。　　[2]　《离骚》:《楚辞》的篇名，是屈原主要代表作，也是我国第一篇长诗，是其被放逐时期所作。诗人通过诗篇倾吐了政治思想，主张奉法守纪、选贤任能，反对贵族结党营私，反复说明自己受腐朽势力的妒忌、排挤，愤怒痛斥王室的昏庸和贵族的腐败贪婪、祸国殃民。由于它在《楚辞》中影响最大，后称"楚辞体"为"骚体"，并与《诗经·国风》并称"风骚"。

　　诸子百家，不衷大道，其所以持之有故而言之成理者，则以本原所出，皆不外于《周官》之典守。其支离而不合道者，师失官守，末流之学，各以私意恣其说尔，非于先王之道全无所得，而自树一家之学也。至于佛氏之学，来自西域，毋论彼非世官典守之遗，且亦生于中国，言语不通，没于中国，文字未达也。然其所言与其文字，持之有故而言之成理者，殆较诸子百家为尤盛。反复审之，而知其本原出于《易》教也。盖其所谓心性理道，名目有殊，推其义指，初不异于圣人之言；其异于圣人者，惟舍事物而别见有所谓道尔。至于丈六金身，庄严色相，以至天堂清明，地狱阴惨，天女散花，夜叉披发，种种诡幻，非人所见，儒者斥之为妄。不知彼以象教，不啻《易》之龙血玄黄，张弧载鬼。是以阎摩变相，皆即人心营构之象而言，非彼造作诳诬以惑世也。至于末流失传，凿而实之，夫妇之愚，偶见形于形凭于声者而附会出之，遂谓光天之下，别有境焉。儒者又不察其本末，攘臂以争，愤若不共戴天，而不知非其实也。令彼所学，与夫文字所指拟，但切入于人伦之所日用，即圣人之道也。以象为教，非无本也。

　　《易》象通于《诗》之比兴，《易》辞通于《春秋》之例。严天泽之分，则二多誉，四多惧焉。谨治乱之际，则阳君子，阴小人也。杜微渐之端，《姤》[1]一阴而已惕女壮，《临》[2]二阳而即虑八月焉。慎名器之假，五戒阴柔，三多危惕焉。至于四德尊元而无异称，亨有小亨，利贞有小利贞，贞有贞吉贞凶，吉有元吉，悔有悔亡，咎有无咎，一字出入，谨严甚于《春秋》。盖圣人于天人之际，以谓甚可畏也。《易》以天道而切人事，《春秋》以人事而协天道，其义例之见于文辞，圣人有戒心焉。

[1] 《姤》：《周易》卦名，是六十四卦中第四十四卦。　　[2] 《临》：《周易》卦名，是六十四卦中第十九卦。

◎ 研读

本文开宗明义第一句便说"六经皆史也"，这就是《易教》三篇的中心思想。只要仔细阅读，便可发现全篇都是围绕着这一中心思想展开论述。从悬象设教、治宪明时、王者改制，直到易象通于六艺，一步一步地在分析论述。如在《易教中》就明确提出，"《易》为王者改制之巨典，事与治历明时相表里"。又在下篇分别论述"《易》象通于《诗》之比兴，《易》辞通于《春秋》之例""《易》以天道而切人事，《春秋》以人事而协天道，其义例之见于文辞，圣人有戒心焉"，其意都在说明《易》属于史的范畴的原因。

需要说明的是，最早提出"六经皆史"说者并不是章学诚，而是明代学者王守仁。明清之际持此说者甚众，实际已经形成一种社会思潮。尽管如此，只有章学诚通过反复论述才将此说真正含义讲清楚，在《文史通义》中有许多篇都对此有所论述，不像其他学者只是偶尔论及。特别是他在《报孙渊如书》中说"愚之所见，以为盈天地间，凡涉著作之林，皆是史学，六经特圣人取此六种之史以垂训者耳"。胡适在《章实斋先生年谱》中就曾对此发过议论，认为"我们必须先懂得'盈天地间，一切著作皆史也'这一总纲，然后可以懂得'六经皆史也'这一子目"。这句话说得非常有道理。

应当看到，章氏当时之所以要不厌其烦地论述"六经皆史"，是有其针对性的。一则是反对宋儒空谈心性，指出六经"皆先王之政典"，是研究古代历史的依据——史料，而不必将其宣扬得神秘而不可知；再则是为挽救学术界的不良风气，针对汉学"风气所趋，竞为考订"的流弊，说明"六经皆史"的"史"同时又具有"经世"之史的内容。他指出孔子删订六经，目的在于"存道""明道"，"以训后世"，让后人从先王政典中得知治国平天下的道理。章学诚"六经皆史"的"史"，既具有"史料"之史的内容，又具"史意"之史的含义。那种认为只具"史意"而不具"史料"的说法，是绝对错误的，持此说者是丢掉了"盈天地间，凡涉著作之林，皆是史学"这句话的精神，而只顾按自己的意图在做文章，自然不可能符合章学诚论"六经皆史"的本意。

书教上

◎解题

　　乾隆五十七年（1792），章学诚在《与邵二云论修〈宋史〉书》中说："近撰《书教》之篇，所见较前似有进境，与《方志三书》之议，同出新著。"可见《书教》篇亦作于是年，此时他已五十五岁。《书教》三篇，阐述《尚书》对中国古代史学体裁发展的作用与影响，提出将史籍区分为记注与撰述两大类、创新史书体裁的设想，反映了章学诚晚年思想成熟时期重要的史学见解，是中国传统历史编纂学理论的代表作。

　　《周官》外史，掌三皇五帝之书，今存虞、夏、商、周之策而已，五帝仅有二，而三皇无闻焉。左氏所谓《三坟》《五典》[1]，今不可知，未知即是其书否也。以三王之誓、诰、贡、范[2]诸篇，推测三皇诸帝之义例，则上古简质，结绳未远，文字肇兴，书取足以达微隐，通形名而已矣。因事命篇，本无成法，不得如后史之方圆求备，拘于一定之名义者也。夫子叙而述之，取其疏通知远，足以垂教矣。世儒不达，以谓史家之初祖实在《尚书》，因取后代一成之史法纷纷拟《书》者，皆妄也。

　　[1]《三坟》《五典》：相传为古代书名，文献中从未见过有记载关于此二书之确切内容性质，汉魏以来有些人都在乱猜。杨伯峻先生在《春秋左传注》中说："古今解此四种（引者注：除《三坟》《五典》外，还有《八索》《九丘》）书者甚多，其书既早已只字无存，臆说何足据？"　　[2]誓、诰、

贡、范：皆《书》体之名称，如《甘誓》《汤誓》《康诰》《酒诰》《禹贡》《洪范》等。

三代以上之为史，与三代以下之为史，其同异之故可知也。三代以上，记注有成法，而撰述无定名；三代以下，撰述有定名，而记注无成法。夫记注无成法，则取材也难，撰述有定名，则成书也易。成书易，则文胜质矣；取材难，则伪乱真矣。伪乱真而文胜质，史学不亡而亡矣。良史之才，间世一出，补偏救弊，愈且不支，非后人学识不如前人，《周官》之法亡，而《尚书》之教绝，其势不得不然也。

《周官》三百六十，具天下之纤析矣。然法具于官，而官守其书。观于六卿联事之义，而知古人之于典籍，不惮繁复周悉，以为记注之备也。即如六典之文，繁委如是，太宰掌之，小宰副之，司会、司书、太史又为各掌其贰，则六典[1]之文，盖五倍其副贰，而存之于掌故焉。其他篇籍，亦当称是。是则一官失其守，一典出于水火之不虞，他司皆得藉征于副策，斯非记注之成法详于后世欤！汉至元成之间，典籍可谓备矣。然刘氏《七略》[2]，虽溯六典之流别，亦已不能具其官。而律令藏于法曹，章程存于故府，朝仪守于太常者，不闻石渠、天禄别储副贰，以备校司之讨论，可谓无成法矣。汉治最为近古，而荒略如此，又何怪乎后世之文章典故，杂乱而无序也哉！

[1] 六典：《周礼·天官》载大宰掌建邦之六典：治典、教典、礼典、政典、刑典、事典。　　[2] 《七略》：我国古代第一部目录著作，为刘向、刘歆父子所作。许多学术著作仅著刘歆所作。其实刘向从河平三年（前26）受命开始校书时，已将全部图书分为六大类，经过近二十年努力，到刘向死时，校书编目工作已经基本完成，六大类中包括的主要图书都校定了新本，每一新本又都作了叙录。刘歆正是在此基础上，继承其父未竟事业，才可能在两年之内完成《七略》编辑工作，故此乃刘氏父子共同劳动成果。该书为我国第一部

有提要的系统图书目录，总结了古代图书目录工作的优良方法和经验，系统分类著录了西汉末年以前的重要文化典籍，反映了当时社会政治经济发展和科学文化成就的水平及各种学术思想体系和流派的发展概况。书名之称《七略》，因将全部图书分为六艺、诸子、诗赋、兵书、术数、方技六大类，再加全书总录《辑略》。略者，简略之意，提要式简介各书。此书早已散佚。

孟子[1]曰："王者之迹息而《诗》亡，《诗》亡然后《春秋》作。"盖言王化之不行也，推原《春秋》之用也。不知《周官》之法废而《书》亡，《书》亡而后《春秋》作，则言王章之不立也，可识《春秋》之体也。何谓《周官》之法废而《书》亡哉？盖官礼制密而后记注有成法，记注有成法而后撰述可以无定名。以谓纤悉委备，有司具有成书，而吾特举其重且大者笔而著之，以示帝王经世之大略。而典、谟、训、诰、贡、范、官、刑[2]之属，详略去取，惟意所命，不必著为一定之例焉。斯《尚书》之所以经世也。至官礼废，而记注不足备其全，《春秋》比事以属辞，而左氏不能不取百司之掌故与夫百国之宝书，以备其事之始末，其势有然也。马、班[3]以下，演左氏而益畅其支焉。所谓记注无成法而撰述不能不有定名也。故曰：王者迹息而《诗》亡，见《春秋》之用；《周官》法废而《书》亡，见《春秋》之体也。

[1] 孟子：姬姓，孟孙氏，名轲，字子舆，邹（今山东邹城）人，战国时著名思想家。齐宣王任为客卿，居稷下，为学者推为祭酒。晚年回邹，讲学著述而终。代表孔门嫡系正传，被后世尊为"亚圣"。今传之《孟子》，是其门弟子公孙丑、万章等编成后，再经他本人审阅文饰而成。《汉书·艺文志》著录为十一篇，今仅传七篇。记载了孟子以及他和当时人或弟子相问答的言行，集中反映了孟子政治主张。提出君主治国要行"仁政"；发表"民为贵，社稷次之，君为轻"的言论。全书文辞气势充沛，长于譬喻，说理雄辩而富有鼓动性。不仅是研究孟子政治思想的重要资料，而且对研究先秦史，特别是先秦政治思想史有着重要价值。汉文帝时，它和《论语》都被列为"传记博士"之一，地位仅次于《论语》。南宋朱熹以《论语》《孟子》与《大学》《中庸》并

列为《四书》，成为士人必读之书，并成为科举考试的根据。　[2] 典、谟、训、诰、贡、范、官、刑：皆为《尚书》各种体裁之名。如《尧典》《皋陶谟》。训则是统治者的训话，《书》中的《盘庚》则是盘庚迁殷前对国人的训话。《周官》，言周朝设官分职用人之法。《吕刑》，是周穆王命吕侯制定的刑法典。　[3] 马、班：指司马迁、班固。司马迁（约前145或前135—?），西汉夏阳（今陕西韩城）人。名迁，字子长，我国伟大的史学家。幼年从父司马谈耕牧于家乡，年十岁能诵古文，尝从董仲舒学公羊派《春秋》，又从孔安国学《尚书》。尽阅史官所藏旧史及皇家档案文书。二十而游历，足迹遍及名山大邑，探访古迹，考察风俗，采集传说，备他日写史之用。元鼎六年（前111）奉命出使巴蜀，安抚少数民族。次年受父遗命，准备撰写《史记》。元封三年（前108）继父任太史令。太初元年（前104）始撰《史记》，同年与唐都共订《太初历》。在此期间还多次从汉武帝出巡，至长城、黄河等地。天汉二年（前99），因就李陵败降匈奴发表自己看法，触怒武帝而下狱，处死刑。为实现著史理想，而忍辱受宫刑。出狱后，任中书令。因而对政治抱沉默态度，发愤著书。约于太始四年（前93）基本完成全书著述。时称《太史公书》，魏晋后始称《史记》。是我国第一部纪传体通史，分本纪、世家、表、书、列传五大类，计一百三十篇，内容丰富，记载翔实。创立一种前所未有的组织完备的新体裁——纪传体，把我国史学发展推向新阶段，在史学上树立一块不朽的丰碑。班固（32—92），东汉著名史学家、文学家。字孟坚，扶风安陵（今陕西咸阳东北）人，班彪之子。十六岁入洛阳太学，二十三岁父死归乡里，潜心修史。明帝永平五年（62）被人诬私改国史而下狱。其弟班超上书力辩得释。出任兰台令史，转迁为郎，典校秘书。积二十余年，撰成《汉书》。文辞渊雅，叙事详赡，继司马迁《史记》之后，整齐了纪传体史书形式，开创了"包举一代"的断代史体例，后世奉为规范。书中《艺文志》主要是根据刘向、刘歆父子的《七略》而创立，虽然只是一种书目，但它不仅反映了西汉官府藏书的基本情况，更重要的还为研究学术发展史上各个学派的源流、盛衰及其长短得失提供了重要资料。以后正史中大都立有《艺文志》。刘向、刘歆父子的《七略》后来失传，但《汉书·艺文志》却为我们保存了许多古代典籍目录，在目录学史上具有很重要的地位。

《记》[1] 曰："左史记言，右史记动。"其职不见于《周官》，其书不传于后世，殆礼家之衍文欤？后儒不察，而以《尚书》分属记言,《春秋》分属记事,则失之甚也。夫《春秋》不能舍传而空存其事目,则左氏所记之言,不啻千万矣。《尚书》典、谟之篇,记事而言亦具焉;训、诰之篇,记言而事亦见焉。古人事见于言,言以为事,未尝分事言为二物也。刘知几以二典、贡、范诸篇之错出,转讥《尚书》义例之不纯,毋乃因后世之空言而疑古人之实事乎!《记》曰:"疏通知远,《书》教也。"岂曰记言之谓哉?

[1] 《记》:指《礼记》。此书是由战国至汉初著作选录而成,皆为孔子弟子及再传弟子记载讲习礼仪的著作。汉宣帝时戴德选定八十五篇,称《大戴礼记》,其侄戴圣又选定四十九篇,称《小戴礼记》。成帝时,刘向校书编定为一百三十一篇,世间便将此本称作《礼记》,并与《仪礼》《周礼》合称"三礼"。《仪礼》是记各种礼节仪式,《周礼》讲百官职务,《礼记》则重在阐明礼的作用和意义。在儒家经典中,它对后世的影响仅次于《论语》。其中《檀弓》《礼运》《学记》《中庸》《儒行》《大学》等篇,是讲述"修身""齐家""治国""平天下"的道理,故为历代统治者所重视。到了明代,在"五经"中取代了《仪礼》的地位。

六艺并立,《乐》亡而入于《诗》《礼》,《书》亡而入于《春秋》,皆天时人事,不知其然而然也。《春秋》之事则齐桓、晋文,而宰孔之命齐侯,王子虎之命晋侯,皆训、诰之文也;而左氏附传以翼经,夫子不与《文侯之命》[1]同著于编,则《书》入《春秋》之明证也。马迁绍法《春秋》,而删润典、谟以入纪传;班固承迁有作,而《禹贡》取冠《地理》[2],《洪范》特志《五行》[3],而《书》与《春秋》不得不合为一矣。后儒不察,又谓纪传法《尚书》而编年法《春秋》,是与左言右事之强分流别,又何以异哉!

[1] 《文侯之命》:是《尚书》的一篇,而"命"也是《尚书》文体名之一。本文是说申侯联合犬戎攻杀幽王,并和诸侯一起拥立平王。在这次政变中,晋文侯起了很大作用,因此对晋文侯辅助王室的功劳加以褒奖。 [2] 《地理》:指《汉书·地理志》。是我国第一部以疆域政区为主体的地理专著,内容不单限于西汉地理,上自《禹贡》的九州,下至秦汉郡县封国建置由来和变

革，以及西汉王朝的疆域政区、领土面积、郡县户口、垦田数字、山川方位、重要物产、城邑关塞、祠庙古迹等都有详细记载，篇末还对各地区的经济、文化、风俗习惯及海外交通作了综合的叙述，所以它也可称为是我国一部较早的历史地理著作。《禹贡》是《尚书》中的一篇，是我国最早的一篇地理文献，写成于战国时代，将全国划分为九州，但并不是夏代的行政区划。　　［3］《五行》：指《汉书·五行志》。西汉后期，社会上讲灾异之风十分盛行，并且都用五行说加以附会，班固在《汉书·五行志》中如实地反映这一社会现象，这本来是无可非议的，但他本人也相信这一套思想，并力图利用天人感应思想来为巩固汉王朝统治服务，于是就在《五行志》中用阴阳五行说的论述附会人事。所以后来刘知幾在《史通》中曾立专篇对此加以批驳。当然该志里也记录了自然灾害、地震和日食等，保存了科学史的史料。《洪范》是《尚书》中的一篇，因文中曾有论述阴阳灾异之变，并认为这是天对人事的感应，于是刘向曾作《洪范五行传论》、夏侯始昌作《洪范五行传》，讲阴阳，说灾异，宣扬天人感应。

书教中

《书》无定体，故易失其传；亦惟《书》无定体，故托之者众。周末文胜，官礼失其职守，而百家之学，多争托于三皇五帝之书矣。艺植托于神农，兵法医经托于黄帝，好事之徒，传为《三坟》之逸书而《五典》之别传矣。不知书固出于依托，旨亦不尽无所师承。官礼政举而人存，世氏师传之掌故耳。惟三、五之留遗，多存于《周官》之职守，则外史所掌之书，必其籍之别具，亦如六典各存其副之制也。《左氏》之所谓《三坟》《五典》，或其概而名之，或又别为一说，未可知也；必欲确指如何为三皇之坟，如何为五帝之典，则凿矣。

《逸周书》[1] 七十一篇，多《官礼》之别记与《春秋》之外篇，殆治《尚书》者杂取以备经书之旁证耳。刘、班[2]以谓孔子所论百篇之余，则似逸篇，初与典、谟、训、诰同为一书，而孔子为之删彼存此耳。毋论其书文气不类，醇驳互见，即如《职方》[3]《时训》[4]诸解，明用经记之文；《太子晋解》[5]，明取春秋时事，其为外篇别记，不待繁言而决矣。而其中实有典言宝训，识为先王誓、诰之遗者，亦未必非百篇之逸旨，而不可遽为删略之余也。夫子曰："信而好古。"先王典、诰，衰周犹有存者，而夫子删之，岂得为好古哉？惟《书》无定体，故《春秋》《官礼》之别记外篇，皆得从而附合之，亦可明《书》教之流别矣。

[1]《逸周书》：亦称《周书》，是古代历史文献汇编。古人认为是儒家整理《尚书·周书》时的逸篇，故称《逸周书》。其实是几篇周代文献，加上战国时期各学派撰写的和汉代及晋以后从古文献中补缀的几篇，才构成现今所见之《逸周书》。《汉书·艺文志》载《周书》七十一篇，但到唐时只存四十五篇。　　[2] 刘、班：指刘向和班固。刘向（前77—前6），西汉著名学者，本名更生，字子政，沛（今江苏沛县）人。楚元王刘交四世孙。二十岁任谏大夫。元帝时任散骑宗正给事中。因弹劾外戚宦官专权，遭排挤打击，曾两次入狱，罢官数年。成帝即位，复被起用，官至中垒校尉。博及群书，兼善绘画。撰有《说苑》《新序》，分类编纂先秦至汉朝史事。还撰有《列女传》。奉命整理国家藏书，并撰成《别录》《七略》（与子刘歆共同完成），为我国目录学之祖。另有词赋三十三篇。　　[3]《职方》：为《逸周书》第六十二篇，称《职方解》，实与《周礼·夏官·职方氏》相类，故《史通·六家》云："至若《职方》之言，与《周官》无异。"言职方氏之掌，兼及九州地理与九服之制。　　[4]《时训》：为《逸周书》第五十二篇，称《时训解》，实与《礼记·月令》相类，故《史通·六家》云："《时训》之说，比《月令》多同。"记述每年夏历十二个月的时令及相关事物。　　[5]《太子晋解》：为《逸周书》第六十四篇。晋平公先后使叔誉、师旷入周见太子晋，全文记师旷与太子晋问答。

《书》无定体，故附之者杂。后人妄拟《书》以定体，故守之也拘。古人无空言，安有记言之专书哉？汉儒误信《玉藻》[1]记文，而以《尚书》为记言之专书焉。于是后人削趾以适屦，转取事文之合者，削其事而辑录其文，以为《尚书》之续焉，若孔氏《汉魏尚书》[2]、王氏《续书》[3]之类，皆是也。无其实而但貌古人之形似，譬如画饼饵之不可以充饥。况《尚书》本不止于记言，则孔衍、王通之所拟，并古人之形似而不得矣。刘知幾[4]尝患史策记事之中，忽间长篇文笔，欲取君上诏诰、臣工奏章，别为一类，编次纪传史中，略如书志之各为篇目，是刘亦知《尚书》折而入《春秋》矣。然事言必分为二，则有事言相贯、质与文宣之际，如别自为篇，则不便省览；如仍然合载，则为例不纯。是以刘氏虽有是说，后人迄莫之行也。至如论事章疏，本同口奏，辨难书牍，不异面论，次于纪传之中，事言无所分析，后史恪遵成法可也。乃若扬、马[5]之辞赋，原非政言；严、徐[6]之上书，亦同献颂；邹阳、枚乘[7]之纵横，杜钦、谷永[8]之附会，本无关于典要；马、班取表国华，削之则文采灭如，存之则纪传猥滥，斯亦无怪刘君之欲议更张也。

[1]《玉藻》：《礼记》篇名。记天子诸侯衣服、饮食、居住之制，兼记礼节容貌称谓。《礼记》中于古代名物制度，此篇为最详。　[2] 孔氏《汉魏尚书》：孔衍（268—320），东晋学者，字舒元，鲁国（今山东曲阜）人。孔子二十二世孙。年十二，能通《诗》《书》。晋元帝引为安东将军，专掌记室。后补中书郎，领太子中庶子。因受排挤，出为广陵郡守。以博览著称，撰述百余万言，并撰有《汉尚书》《后汉尚书》《魏尚书》。《史通·六家》载："晋广陵相鲁国孔衍，以为国史所以表言行，昭法式，至于人理常事，不足备列。乃删汉、魏诸史，取其美辞典言足为龟镜者，定以篇第，纂成一家。由是有《汉尚书》《后汉尚书》《汉魏尚书》，凡为二十六卷。"《新唐书·艺文志》的"杂史类"皆著录。　[3] 王氏《续书》：指王通《续尚书》。《新唐书·艺文上·王勃传》："初，祖通，隋末居白牛溪，教授门人甚众。尝起汉、魏尽晋作书百二十篇，以续古《尚书》，后亡其序，有录无书者十篇，勃补完阙逸，定著二十五篇。"　[4] 刘知幾（661—721）：字子玄，徐州彭城（今江苏铜山）人，是我国古代杰出的史学评论家。代表作《史通》，对我国古代史书体裁、历史学家和各类史书作了全面而系统的评论。该书与章学诚《文史通义》并称为我国历史上史学理论的"双璧"。他还参与编修《三教珠英》《姓族系

录》《则天实录》《中宗实录》《高宗实录》等，并撰有《刘氏家史》和《刘氏谱考》等书。　[5] 扬、马：指扬雄、司马相如。扬雄的赋在《汉书》本传中有《甘泉》《河东》《长杨》《羽猎》等。司马相如（前179—前118），西汉文学家，字长卿，蜀郡成都（今四川成都）人。原名犬子，因慕蔺相如而更名。善辞赋，在临邛（今四川邛崃）都亭，遇卓王孙之女卓文君，私奔成都。《汉书》本传载有《上林赋》《子虚赋》《大人赋》《哀二世》等赋，以前二首尤为著名。　[6] 严、徐：指严安、徐乐二人。严安，西汉临淄（今山东淄博市临淄区）人，原姓庄，后人避汉明帝刘庄讳改严。汉武帝初为丞相史。元光中，上书陈击匈奴之非利，武帝有相见恨晚之叹，拜为郎中，终官骑马令。徐乐，西汉燕无终（今天津蓟州区）人。汉武帝时，曾上疏言世务，讽劝君主安民，辩知闳达，溢于文辞，官拜郎中。　[7] 邹阳、枚乘：邹阳，西汉临淄人，著名文学家。汉景帝时，仕于吴，以文学著名于世。吴王濞欲谋反，他上书规劝，吴王不听。乃离吴赴梁，为梁孝王客。曾遭梁臣羊胜等谗言，下狱。于狱中上书梁王以自辩，孝王乃释之而用为上客。《汉书·艺文志》著录其文七篇，入纵横家，今多散佚，尚有《上吴王书》《狱中上梁王书》保存在《汉书》本传之中。枚乘（？—约前140），西汉淮阴（今江苏淮安市淮阴区）人，字叔，著名辞赋家。初为吴国郎中。吴王濞欲谋反，他上书谏止，吴王不听。乃离吴至梁，被孝王命为郎中，后辞官还乡。景帝三年（前154）吴楚七国举兵，他又上书谏吴王，吴王仍不听。七国之乱平后，由是知名当时。景帝召拜弘农都尉，因不乐为郡吏，以病辞官。复游梁，与著名辞赋家邹阳等交游，同为梁孝王宾客。孝王客皆善属赋，而他的赋号为最上。孝王死，回归淮阴。武帝为太子时早闻其名，即位后，以安车蒲轮征召。因年老，死于途中。《汉书·艺文志》著录有《枚乘赋》九篇。　[8] 杜钦、谷永：杜钦，西汉南阳杜衍（今河南南阳西南）人，字子夏，杜延年次子。少好经学，家富而一目盲，故士人称他为"盲杜子夏"。他喜戴小冠，高宽仅二寸，由是京城又称他为"小冠杜子夏"。成帝时为大将军王凤荐为武库令。后因侄子与皇太后妹私通，惧而自免居家。又受征诣大将军幕府，国家政谋，王凤常与他计之。还称举贤士韦安士、王骏，解救冯野王、王尊、胡常。是时善政，多出于他谋划。又见王凤权重，劝其功成身退。以寿终。谷永（？—约前8）西汉长安（今陕西西安西北）人，原名并，改名永，字子云。少为长安小吏，博学经书，御史大夫繁延寿闻其名，举为太常丞。成帝时，依附大将军王凤，得擢为光禄大夫。后出为长安太守。历任凉州刺史、太中大夫、光禄大夫给事中。时成帝近幸小臣，喜微服外游，他曾以天变而切谏之。元延元年（前12）出任北地太守，后得王根所荐，征入为大司农，以病免，旋卒。其于经学，颇为泛达，尤精于《天官》《京氏易》，善言灾异。前后封奏四十余事，今存文二十余篇，多为奏议对策。

　　杜氏《通典》[1]，为卷二百，而《礼典》乃八门之一，已占百卷。盖其书本《官礼》之遗，宜其于礼事加详也。然叙典章制度，不异诸史之文，而礼文疑似，或事变参差，博士经生，折中详议，或取裁而径行，或中格而未用，入于正文，则繁复难胜，削而去之，则事理未备。杜氏并为采辑其文，附著礼门之后，凡二十余卷，可谓穷天地之际，而通古今之变者矣。史迁之书，盖于《秦纪》[2]之后，存录秦史原文，惜其义例未广，后人亦不复踵行。斯并记言记事之穷，别有变通之法，后之君子，所宜参取者也。

　　[1] 杜氏《通典》：杜佑（735—812），唐京兆万年（今陕西西安）人，字君卿。以荫补济南郡参军、剡县丞。后入朝为工部郎中，充江淮青苗使，转为抚州刺史等。杨炎为相，任他为工部、金部二郎中，并充任水陆转运使，改度支郎中，兼和籴等使。卢杞当政时，出为苏州刺史。贞元三年（787），征为尚书左丞，旋又任陕州观察使、淮南节度使等职。积官至同中书门下平章事，封岐国公。先后历事玄、肃、代、德、顺、宪六朝，堪称"出入将相"，"以功名始终"。他生活的时代，正是唐朝由盛变衰时期，杜佑写作《通典》的目的，就是从对历代典章制度的研究中寻求"富国安民之策"，挽救危机。全书共二百卷，分食货、选举、职官、礼、乐、兵、刑、州郡、边防九门，历时三十六年完成。　　[2]《秦纪》：秦国最早的一部史书，从书名看，可知为编年体。《史记·秦始皇本纪》后录襄公以下立年及葬处，《索隐》云："此已下重序列秦之先君立年及葬处，皆当据《秦纪》为说，与正史小有不同，今取异说重列于后。"

　　滥觞流为江河，事始简而终巨也。东京以还，文胜篇富，史臣不能概见于纪传，则汇次为《文苑》之篇。文人行业无多，但著官阶贯系，略如《文选》人名之注、试榜履历之书，本为丽藻篇名，转觉风华消索，则知一代文章之盛，史文不可得而尽也。萧统《文选》[1]以还，为之者众。今之尤表表者，姚氏之《唐文粹》[2]，吕氏之《宋文鉴》[3]，苏氏之《元文类》[4]，并欲包括全代，与史相辅，此则转有似乎言事分书，其实诸选乃是春华，正史其秋实尔。史与《文选》，各有言与事，故仅可分华与实，不可分言与事。

[1] 萧统《文选》：萧统（501—531），南朝梁时南兰陵（今江苏常州西北）人，字德施，著名文学家。梁武帝长子，武帝天监元年（502）立为太子，未及即位而卒，谥昭明，亦称昭明太子。生前信佛能文，曾招聚文学之士编集《文选》三十卷，亦称《昭明文选》。此书将经、史、子和文学区别开来，排除在文学之外，史书中唯"综辑辞采""错比文华"的论赞，方可入选。书中楚辞、汉赋和六朝骈文占相当比重，诗歌多选对偶严谨的作品。可视为各家代表作之总集。古代曾为士人必修之课本。唐李善注本较为有名。　[2] 姚氏之《唐文粹》：姚铉（968—1020），宋庐州（今安徽合肥）人，字宝之。官至两浙路转运使。善文辞，藏书富。大中祥符四年（1011），采唐代诗文一百卷，分门类编纂为《文粹》，今称《唐文粹》。此人崇尚韩、柳古文，去取谨严，为萧统《文选》后又一总集。　[3] 吕氏之《宋文鉴》：吕祖谦（1137—1181），南宋婺州（今浙江金华）人，字伯恭。其祖吕好问封东莱郡侯，学者因称祖谦为东莱先生。官至著作郎兼国史院编修官。提倡经世致用之学，为金华学派创始人，并开浙东学派之先声。奉命编纂《皇朝文鉴》（今称《宋文鉴》）一百五十卷，分六十一门类。　[4] 苏氏之《元文类》：苏天爵（1294—1352），元真定（今河北正定）人，字伯修。出身国子学生，曾三任史官，官至翰林待制。他以私人之力，费时约二十年，于元顺帝元统二年（1334）完成此书。全书七十卷，所录诗文八百余篇，起自元初，迄于延祐，按文体分为四十三类，故名《文类》。原名《国朝文类》，《四库全书》本改称今名。编选时注意选录"有系于政治，有补于世教"，或"足以辅翼史氏"的作品。故全书收录诏制、奏议、碑传行状多达二百三十余篇，是研究元代史事的重要资料。它与《唐文粹》《宋文鉴》形成"鼎立而三"。

　　四部既分，集林大畅。文人当诰，则内制外制之集自为编矣。宰相论思，言官白简，卿曹各言职事，阃外料敌善谋，陆贽[1]奏议之篇，苏轼[2]进呈之策，又各著于集矣。萃合则有《名臣经济》[3]，策府议林，连编累牍，可胜数乎！大抵前人著录，不外别集、总集二条，盖以一人文字观也。其实应隶史部，追源当系《尚书》，但训、诰乃《尚书》之一端，不得如汉人之直以记言之史目《尚书》耳。名臣章奏，隶于《尚书》，以拟训、诰，人所易知。撰辑章奏之人，宜知训、诰之记言，必叙其事以备所言之本末，故《尚书》无一空言，有言必措诸事也。后之辑章奏者，但取议论晓畅，情辞慨切，以为章奏之佳也，不备其事之始末，虽有佳章，将何所用？文人尚华之习见，不可语于经史也。班氏董、贾二传[4]，则以《春秋》之学为《尚书》也。即《尚书》折入《春秋》之证也。其叙贾、董生平行事，无意求详，前后寂寥数言，不过为政事诸疏、天人三策备始末尔。贾、董未必无事可叙，班氏重在疏策，不妨略去一切，但录其言，前后略缀数语，备本末耳，不似后人作传，必尽生平，斤斤求备。噫！观史裁者必知此意，而始可与言《尚书》《春秋》之学各有其至当，不似后世类钞征事，但知方圆求备而已也。

[1] 陆贽（754—805）：唐苏州嘉兴（今浙江嘉兴）人，字敬舆，政论家。唐德宗初年，任翰林学士，参与机谋。建中四年（783），朱泚叛乱时，随德宗奔奉天（今陕西乾县），时朝廷文件诏令，均由他起草。所代拟德宗罪己诏，河北叛卒闻之无不感泣。德宗还京，转中书舍人。贞元八年（792）为中书侍郎、同平章事。为相期间，指陈弊政，废除两税法外一切苛敛，并建议积谷边境，改进防务等。后被裴延龄构陷，罢相，贬为忠州别驾。顺宗即位，欲诏还，诏未至而卒。《陆宣公奏议》一书今流传。　[2] 苏轼（1037—1101），北宋眉州眉山（今四川眉山）人。字子瞻，一字和仲，号东坡居士。北宋文学家、书画家。治平间，入判登闻鼓院，诏试得直史馆。历判官告院、开封府推官。熙宁中上书反对王安石变法，因出为杭州通判，徙知密、徐、湖三州。元丰二年（1079）因作诗讽刺新法，下御史狱，责授黄州团练副使。后先后任翰林学士知制诰，兵部、礼部尚书兼端明、翰林侍读两学士。历州郡多有惠政。学识渊博，与欧阳修一起参加诗文革新运动，为"唐宋八大家"之一。其文纵横恣肆，挥洒畅达；其诗清新雄放，善用夸张比喻；其词豪气四溢，开豪放先声；书法长于行、楷，与蔡襄、黄庭坚、米芾并称"宋四家"。著作甚丰，有《东坡七集》《东坡易传》《东坡乐府》《东坡书传》等。

[3]《名臣经济》:《名臣经济录》,明黄训编,五十三卷,辑录洪武至嘉靖九朝名臣经世之言。黄训,歙县人,嘉靖八年(1529)进士,官至副都御史。该书《四库全书总目提要》卷五十五《史部·诏令奏议类》收入。　　[4] 董、贾二传:指《汉书》中《董仲舒传》和《贾谊传》。董仲舒(前179—前104),西汉今文经学派创始人,儒家公羊学派大师,广川(今河北景县西南)人。汉武帝时以贤良对策,大为武帝所赏识。在策文中提出一套"天人感应""君权神授"思想,将儒家思想神学化,并创立"三纲五常"的伦理体系。《汉书·董仲舒传》中全录其《贤良对策》三篇,亦称《天人三策》。贾谊(前200—前168),雒阳(今河南洛阳)人。西汉政论家。十八岁即通百家之书,以文才名于郡中。二十岁被文帝召为博士,一年后升太中大夫。主张改礼制,并亲自起草仪礼之法奏上。文帝欲以为公卿,遭周勃、灌婴等大臣反对,诬以专权乱事,贬为长沙王太傅,后为梁怀王太傅。多次上书,力倡削弱诸侯王势力,加强中央集权,劝农立本。政论文有《过秦论》《陈政事疏》《论积贮疏》等。《汉书·贾谊传》全录其《陈政事疏》,亦称《治安策》。

书教下

　　《易》曰:"筮之德圆而神,卦之德方以智。"间尝窃取其义以概古今之载籍,撰述欲其圆而神,记注欲其方以智也。夫智以藏往,神以知来,记注欲往事之不忘,撰述欲来者之兴起,故记注藏往似智,而撰述知来拟神也。藏往欲其赅备无遗,故体有一定而其德为方;知来欲其决择去取,故例不拘常,而其德为圆。《周官》三百六十,天人官曲之故,可谓无不备矣。然诸史皆掌记注,而未尝有撰述之官,祝史命告,未尝非撰述,然无撰史之人。如《尚书》誓、诰,自出史职,至于帝典诸篇,并无应撰之官。则传世行远之业,不可拘于职司,必待其人而后行;非圣哲神明,深知二帝三王精微之极致,不足以与此。此《尚书》之所以无定法也。

《尚书》《春秋》，皆圣人之典也。《尚书》无定法，而《春秋》有成例，故《书》之支裔折入《春秋》，而《书》无嗣音。有成例者易循，而无定法者难继，此人之所知也。然圆神方智，自有载籍以还，二者不偏废也。不能究六艺之深耳，未有不得其遗意者也。史氏继《春秋》而有作，莫如马、班，马则近于圆而神，班则近于方以智也。

《尚书》一变而为左氏之《春秋》，《尚书》无成法而左氏有定例，以纬经也；左氏一变而为史迁之纪传，左氏依年月，而迁书分类例，以搜逸也；迁书一变而为班氏之断代，迁书通变化，而班氏守绳墨，以示包括也。就形貌而言，迁书远异左氏，而班史近同迁书，盖左氏体直，自为编年之祖，而马、班曲备，皆为纪传之祖也。推精微而言，则迁书之去左氏也近，而班史之去迁书也远。盖迁书体圆用神，多得《尚书》之遗，班氏体方用智，多得《官礼》之意也。

迁书纪、表、书、传，本左氏而略示区分，不甚拘拘于题目也。《伯夷列传》[1]，乃七十篇之序例，非专为伯夷传也；《屈贾列传》[2]，所以恶绛、灌[3]之谗，其叙屈之文，非为屈氏表忠，乃吊贾之赋也。《仓公》[4]录其医案，《货殖》[5]兼书物产，《龟策》[6]但言卜筮，亦有因事命篇之意，初不沾沾为一人具始末也。《张耳陈余》[7]，因此可以见彼耳。《孟子荀卿》[8]，总括游士著书耳。名姓标题，往往不拘义例，仅取名篇，譬如《关雎》[9]、《鹿鸣》[10]，所指乃在嘉宾淑女，而或且讥其位置不伦，如孟子与三邹子[11]。或又摘其重复失检。如子贡[12]已在《弟子传》，又见于《货殖》。不知古人著书之旨，而转以后世拘守之成法，反訾古人之变通，亦知迁书体圆而用神，犹有《尚书》之遗者乎！

[1] 《伯夷列传》：为《史记》七十列传之首篇。伯夷，西周武王时人。名元，字公信，夷为谥号。商朝孤竹君墨胎氏之长子。父立其弟叔齐，叔齐让

位给他，不从，两人先后都逃到周国。周武王伐纣，两人叩马谏阻。武王灭商后，两人耻食周粟，隐居首阳山，采薇而食，饿死在山里。　　[2]《屈贾列传》：《史记》七十列传之第二十四。由于屈原、贾谊有类似遭遇，故司马迁将两人合传。屈原（约前340—前278），战国时楚国大臣、文学家。芈姓，屈氏，名平，字原，又字灵均。楚宗族，楚怀王时任左徒，主张改革政治，遭令尹子兰、大夫靳尚等诬害，徙为三闾大夫。后被贬，流放汉北。顷襄王立，再度被流放江南。因忧伤国事，发愤作《离骚》。楚都郢为秦军攻破，投汨罗江自尽。著作尚有《橘颂》《九歌》《九章》《天问》等，对后世文学有巨大影响。　　[3] 绛、灌：指周勃与灌婴。周勃（？—前169），西汉沛（今江苏沛县）人，汉初大臣。刘邦起兵后，一直跟随刘邦，西进灭秦时，每战必先锋，封威武侯。汉朝建立后，平定几次叛乱，改封绛侯。刘邦甚重之，临终前遗言，认为此人"重厚少文"，然安刘氏者必此人。吕后卒，他与陈平合谋，一举尽诛诸吕，迎立文帝，任右丞相。晚年被人告发欲谋反，被捕下狱，得贵戚重臣援救得释，病卒。灌婴（？—前176），西汉开国功臣，睢阳（今河南商丘南）人。秦末追随刘邦，因屡次建功，先封为昌文侯，高祖六年（前201）又封颍阴侯。吕后死后，和周勃配合，诛灭诸吕，拥立代王为文帝，拜为太尉。文帝前元三年（前177）代周勃为丞相。　　[4]《仓公》：指《史记·仓公列传》。仓公（约前205—？），西汉著名医学家。姓淳于，名意，人称"淳于公"，因曾任齐太仓长之职，故又称为"仓公"，或"太仓公"。齐临淄（今山东淄博临淄区）人。为人治病，重视脉法，探明病因，疗法多样，针药并用，疗效显著，决死生多验。他是医学史上反对服五石求仙的先驱者。
[5]《货殖》：指《史记·货殖列传》。司马迁在此传及《平准书》中，论述国家经济和社会财富生产状况。在该列传中他分析人类社会物质生活资料生产发展情况，指出物质生产有其自身规律可循，同时又指出社会分工是由生产和交换的需要而去从事工作的结果。同时肯定人们对物质利益的要求是合理的，谋求个人利益，是人的"天性"。因而得出了"仓廪实而知礼节，衣食足而知荣辱""礼生于有而废于无"的光辉结论。　　[6]《龟策》：指《史记·龟策列传》。该列传讲述自古以来帝王要建立国家，承受天命，大多用卜筮来助成善事。汉武帝也信奉这一套，聚集了很多太卜官，对有些人赏赐甚至达到几千万。各级官吏也都说此灵验。后来太卜官奸谋败露，被诛灭三族。　　[7]《张耳陈余》：指《史记·张耳陈余传》。张耳（？—前202）秦汉之际诸侯王。大梁（今河南开封）人。战国末为魏国游士。陈胜起义后，他与陈余前去投奔，任校尉。项羽入关，被封为常山王。汉王二年（前205），又投汉反楚，被刘邦

封为赵王。陈余（？—前204），秦汉之际诸侯王。大梁（今河南开封）人。与张耳为刎颈交。陈胜起义后，往投之。劝胜莫称王，胜不听。遂自领兵略赵地，自任都尉。项羽大封诸侯，张耳封为常山王，但陈余仅食南皮三县，大怨。于是借兵于齐王田荣袭逐张耳，自立为代王。汉王三年（前204），汉将韩信击赵，他率二十万军迎战，为韩信所破，被杀。　　[8]《孟子荀卿》：指《史记·孟子荀卿列传》。荀卿（约前313—前238），战国思想家、教育家。通称"荀子"，名况，时人尊而号为卿。后人避汉宣帝刘询讳，称为"孙卿"，或"孙卿子"。赵国人，年五十始游学于齐，在稷下（今山东淄博东北）三为祭酒。曾入见秦昭王，与临武君在赵孝成王前议论兵法。赴楚，春申君以为兰陵（今山东临沂市兰陵县）令。因遭诽谤，离楚归赵，赵用为上卿。后复归楚，仍任兰陵令。春申君死后遭免官，因居兰陵，著述而终。韩非、李斯皆其弟子。提倡礼治、德治、法治相结合来治理天下。主张尚贤使能，平政爱民。著有《荀子》一书，其中《赋论》对汉赋兴起有一定影响。　　[9]《关雎》：《诗经·周南》的首篇，也是《国风》的首篇。这是一首歌咏男女恋爱的诗，全诗共三章。　　[10]《鹿鸣》：《诗经·小雅》的首篇。这是周朝国君大宴宾客和群臣时所演奏的一首乐歌。全诗分三章。叙述国君对宾客群臣既饮食之，又有币帛相送，以使忠臣嘉宾得尽其心。　　[11] 三邹子：指《史记·孟子荀卿列传》中讲到的邹忌、邹衍和驺奭（shì）三人。邹忌（？—约前341），战国时齐国大臣。一作"驺忌""驺忌子"。田齐桓公时任大夫。田齐桓公五年（前371），秦、魏攻韩，桓公欲救韩，他献计袭燕并取得燕桑丘（今河北保定北）。威王即位后立志改革，他以鼓琴游说威王而取得信任，并任相，封下邳（今江苏邳州市西）称成侯。主张革新政治，选贤任能。曾献计围魏救赵，使齐有桂陵大捷。邹衍（约前305—前240），战国时学者，阴阳家代表人物。一作"驺衍"，又称"驺子"。齐国人。魏惠王招贤，曾至魏，惠王郊迎，筑碣石宫，待以师礼。齐宣王时，居稷下，为上大夫，因学究天人，雄于口辩，号"谈天衍"。燕昭王即位，自齐往燕，受昭王信任。晚年为齐使赵，平原君接待竟不敢正坐。曾面折公孙龙，名重一时。其学说以"五行相生"为序，开"月令""十二纪"之门，借以论述天地的发生和发展；又据当时地理知识，详述九州山川物产，扩大人们的空间观念；并以"五行相胜"为基础，创"五德终始"之说。《汉书·艺文志》著录《邹子》四十九篇，《邹子终始》五十六篇。驺奭，战国时齐国阴阳家。《七略》作"驺赫子"，也称"驺子"。据说他善于用邹衍之思想而修饰其文，若雕镂龙文，故号"雕龙奭"。曾游学齐之稷下，与淳于髡、慎到、田骈等齐名。约卒于齐襄王时。《汉书·艺文志》

著录有《骈枝子》十二篇。 [12] 子贡（前520—?）：春秋时卫国人，名端木赐，字子贡。孔子门人，善于辞令，以言语见称。曾于卫、鲁做官，又游说于齐、吴等国。弃官经商于曹、鲁之间，家累万金，后死于齐国。《弟子传》指《史记·仲尼弟子列传》，此传将孔门著名弟子全部列上。

迁《史》不可为定法，固《书》因迁之体而为一成之义例，遂为后世不祧之宗[1]焉。三代以下，史才不世出，而谨守绳墨，待其人而后行，势之不得不然也。然而固《书》本撰述而非记注，则于近方近智之中，仍有圆且神者以为之裁制，是以能成家而可以传世行远也。后史失班史之意，而以纪、表、志、传，同于科举之程式、官府之簿书，则于记注、撰述，两无所似，而古人著书之宗旨不可复言矣。史不成家而事文皆晦，而犹拘守成法，以谓其书固祖马而宗班也，而史学之失传也久矣！

[1] 不祧（tiāo）之宗：祧，将世数远隔之祖宗的神主迁入远祖之庙。只有始祖的神主永远不迁。

历法久则必差，推步后而愈密，前人所以论司天也，而史学亦复类此。《尚书》变而为《春秋》，则因事命篇、不为常例者，得从比事属辞为稍密矣。《左》《国》[1]变而为纪传，则年经事纬不能旁通者，得从类别区分为益密矣。纪传行之千有余年，学者相承，殆如夏葛冬裘，渴饮饥食，无更易矣。然无别识心裁，可以传世行远之具，而斤斤如守科举之程式，不敢稍变；如治胥吏之簿书，繁不可删。以云方智，则冗复疏舛，难为典据；以云圆神，则芜滥浩瀚，不可诵识，盖族史但知求全于纪、表、志、传之成规，而书为体例所拘；但欲方圆求备，不知纪传原本《春秋》，《春秋》原合《尚书》之初意也。《易》曰："穷则变，变则通，通则久。"纪传实为三代以后之良法，而演习既久，先王之大经大法，转为末世拘守之纪传所蒙，曷可不思所以变通之道欤！

[1] 《左》《国》：指《左传》《国语》。《国语》，是一部国别史，学术界公认成书于战国时代，作者虽有几种说法，实际无考。它的编纂特点，是把周王朝与诸侯国的历史合编在一起，按每个国家顺序，而一国之内再按年代编次。全书二十一卷，按周、鲁、齐、晋、郑、楚、吴、越分国编辑，起自周穆王，终于鲁悼公。内容以记言为主，偏重记述人物的言辞议论。为研究春秋时期历史的重要史料。

左氏编年，不能曲分类例，《史》《汉》纪、表、传、志，所以济类例之穷也。族史转为类例所拘，以致书繁而事晦；亦犹训诂注疏所以释经，俗师反溺训诂注疏而晦经旨也。夫经为解晦，当求无解之初；史为例拘，当求无例之始。例自《春秋》左氏始也，盍求《尚书》未入《春秋》之初意欤？

神奇化臭腐，臭腐复化为神奇，解《庄》书者，以谓天地自有变化，人则从而奇腐云耳。事屡变而复初，文饰穷而反质，天下自然之理也。《尚书》圆而神，其于史也，可谓天之至矣。非其人不行，故折入左氏，而又合流于马、班。盖自刘知幾以还，莫不以谓《书》教中绝，史官不得衍其绪矣。又自隋《经籍志》[1]著录，以纪传为正史，编年为古史，历代依之，遂分正附，莫不甲纪传而乙编年。则马、班之史，以支子而嗣《春秋》，荀悦[2]、袁宏[3]，且以左氏大宗而降为旁庶矣。司马《通鉴》[4]，病纪传之分而合之以编年；袁枢《纪事本末》[5]，又病《通鉴》之合而分之以事类。按本末之为体也，因事命篇，不为常格，非深知古今大体、天下经纶，不能网罗隐括，无遗无滥。文省于纪传，事豁于编年，决断去取，体圆用神，斯真《尚书》之遗也。在袁氏初无其意，且其学亦未足与此，书亦不尽合于所称，故历代著录诸家，次其书于杂史，自属纂录之家便观览耳。但即其成法，沉思冥索，加以神明变化，则古史之原，隐然可见。书有作者甚浅，而观者甚深，此类是也。故曰：神奇化臭腐而臭腐复化为神奇，本一理耳。

　　[1] 隋《经籍志》：指《隋书·经籍志》。　　[2] 荀悦（148—209）：东汉史学家。字仲豫，颍川颍阴（今河南许昌）人。灵帝时托疾隐居。献帝时为黄门侍郎，迁秘书监、侍中。因有感于时政，作《申鉴》五篇，主张去除伪、私、放、奢四患。提倡兴农桑、审好恶、宣文教、立武备、明赏罚五政。建议重视史官，随时记载善恶成败。献帝以《汉书》文繁难省，命其按编年删改，历五年而成《汉纪》三十卷。　　[3] 袁宏（328—376）：东晋史学家。字彦伯，陈郡夏阳（今河南太康）人。少孤贫，以文才出众。曾作《咏史诗》为安西将军谢尚赏识，引为参军。后任桓温大司马府记室，掌书记。出为东阳太守。仿荀悦《汉纪》而撰《后汉纪》三十卷。另有《竹林名士传》《三国名臣颂》等书。　　[4]《通鉴》：《资治通鉴》，北宋司马光编著，全书二百九十四卷，目录三十卷，考异三十卷。所记史事上起周威烈王二十三年（前403），下讫周世宗显德六年（959），计一千三百六十二年历史。总共计三百万字，为我国古代编年体巨著。　　[5] 袁枢《纪事本末》：袁枢（1131—1205），南宋史学家。字机仲，建州建安（今福建建瓯）人。隆兴进士，历官温州判官、严州教授、处州知州、国史院编修官、大理少卿、工部侍郎兼国子祭酒，被劾罢归。任严州教授期间，"喜诵司马光《资治通鉴》，苦其浩博，乃区别其事而贯通之"（《宋史》本传）。《纪事本末》即《通鉴纪事本末》，它把《通鉴》全书内容区分门类，以类排纂，综括一千三百六十二年史迹，分隶二百九十三目，另有附录六十六事，总计大小三百零五件重要事情，始自三家分晋，终于周世宗征淮南，每事一篇，自为起讫，故名"本末"，从而创立了纪事本末史体。

　　夫史为记事之书，事万变而不齐，史文屈曲而适如其事，则必因事命篇，不为常例所拘，而后能起讫自如，无一言之或遗而或溢也。此《尚书》之所以神明变化，不可方物。降而左氏之传，已不免于以文徇例，理势不得不然也。以上古神圣之制作，而责于晚近之史官，岂不悬绝欤！不知经不可学而能，意固可师而仿也。且《尚书》固有不可尽学者也。即《纪事本末》，不过纂录小书，亦不尽取以为史法，而特以义有所近，不得以辞害意也。斟酌古今之史，而定文质之中，则师《尚书》之意，而以迁《史》义例通左氏之裁制焉，所以救纪传之极弊，非好为更张也。

　　纪传虽创于史迁，然亦有所受也。观于《太古年纪》[1]、《夏殷春秋》[2]、《竹书纪年》[3]，则本纪编年之例，自文字以来即有之矣。《尚书》为史文之别具，如用左氏之例而合于编年，即传也。以《尚书》之义为《春秋》之传，则左氏不致以文徇例，而浮文之刊落者多矣。以《尚书》之义，为迁《史》之传，则八书、三十世家不必分类，皆可仿左氏而统名曰传。或考典章制作，或叙人事终始，或究一人之行，即列传本体。或合同类之事，或录一时之言，训诰之类。或著一代之文，因事命篇，以纬本纪。则较之左氏翼经，可无局于年月后先之累；较之迁《史》之分列，可无歧出互见之烦。文省而事益加明，例简而义益加精，岂非文质之适宜，古今之中道欤！至于人名事类，合于本末之中，难于稽检，则别编为表以经纬之；天象、地形、舆服、仪器，非可本末该之，且亦难以文字著者，别绘为图以表明之。盖通《尚书》《春秋》之本原，而拯马《史》、班《书》之流弊，其道莫过于此。至于创立新裁，疏别条目，较古今之述作，定一书之规模，别具《圆通》之篇，此不具言。

[1] 《太古年纪》：《汉书·艺文志》的《六艺略·春秋类》著录有《太古以来年纪》二篇，金毓黻《中国史学史》云："当为三代以往之纪年，为《史记》所本。"大约即指此书。 [2] 《夏殷春秋》：刘知幾在《史通·六家》云："《春秋》家者，其先出于三代，案《汲冢琐记》记太丁时事，目为《夏殷春秋》。" [3] 《竹书纪年》：本称《纪年》，西晋武帝时在汲郡战国魏襄王墓中发现大批竹简，此为其中之一种，故名。因发现于墓中，又称《汲冢纪年》。原有十三篇，记事起自黄帝，至周幽王为犬戎所灭，以晋事接之，三家分晋后，专述魏事，止于魏襄王二十年（前299），故知为魏国史书。其中若干事可纠正《史记》之误。大约两宋时亡佚，其后有人杂采各书，成《今本竹书纪年》。清朱右曾以其不可信，乃广辑群籍所引，辑成《汲冢纪年存真》，王国维加以补正，成《古本竹书纪年辑校》。

邵氏晋涵云："纪传史裁，参仿袁枢，是貌同心异。以之上接《尚书》家言，是貌异心同。是篇所推，于六艺为支子，于史学为大宗，于前史为中流砥柱，于后学为蚕丛开山。"

◎研读

《书教》三篇既谈论了史书的分类，又讲述了史体的发展和演变，根据各种史体的利弊得失，最后提出了自己欲创立一种新史体的设想。关于新的史体，从其文中可窥其大略。它是由三部分组成：一是本纪，实际上相当于按年编排的大事纪要；二是因事命篇的纪事本末，"略如袁枢《纪事》之有题目"，因为"史为记事之书，事万变而不齐，史文屈曲而适如其事，则必因事命篇，不为常例所拘"，如"考典章制作""叙人事终始""合同类之事""著一代之文"等；三是图表，"人名事类，合于本末之中，难于稽检，则别编为表以经纬之；天象、地形、舆服、仪器，非可本末该之，且亦难以文字著者，别绘为图以表明之"。在这三个部分当中，后两者又是共同"以纬本纪"。

章氏认为，这种新史体的长处，"较之左氏翼经，可无局于年月后先之累，较之迁《史》之分列，可无歧出互见之烦。文省而事益加明，例简而义益加精"。他很自负地说："盖通《尚书》《春秋》之本原，而拯马《史》班《书》之流弊，其道莫过于此。"至于具体办法，自云"别具《圆通》之篇"。可惜的是，由于他过早地去世，《圆通》篇未能留下。对于这个新史体，其好友邵晋涵说："纪传史裁，参仿袁枢，是貌同心异。以之上接《尚书》家言，是貌异心同。是篇所推，于六艺为支子，于史学为大宗，于前史为中流砥柱，于后学为蚕丛开山。"其评价之高于此可见。胡适在《章实斋先生年谱》中亦说："先生这个主张，在我们今日见惯了西洋史学书的看来，固然不算新奇，但在当时，这确是一个很新奇的见解。"可见《书教》三篇，不仅是研究章氏史学理论必不可少的重要文章，也是中国传统史学理论的高水平之作。

原道上

◎ **解题**

　　乾隆五十四年（1789）四五月间，章学诚在安徽太平使院为学政编修宗谱，撰成《文史通义》二十三篇，《原道上》《原道中》《原道下》三篇就在其中。这三篇文章"推求道之本原"，论述社会历史发展理论，是研究章氏哲学思想特别是历史哲学的重要文章。他的"道不离器"命题，之前在《与朱沧湄中翰论学书》中已经提出，而《原道》三篇论述得更加系统与完整。

　　"道之大原出于天"，天固谆谆然命之乎？曰：天地之前，则吾不得而知也。天地生人，斯有道矣，而未形也；三人居室，而道形矣，犹未著也；人有什伍而至百千，一室所不能容，部别班分，而道著矣。仁义忠孝之名，刑政礼乐之制，皆其不得已而后起者也。

　　人之生也，自有其道，人不自知，故未有形。三人居室，则必朝暮启闭其门户，饔飧[1]取给于樵汲，既非一身，则必有分任者矣。或各司其事，或番易其班，所谓不得不然之势也，而均平秩序之义出矣。又恐交委而互争焉，则必推年之长者持其平，亦不得不然之势也，而长幼尊卑之别形矣。至于什伍千百，部别班分，亦必各长其什伍而积至于千百，则人众而赖于干济，必推才之杰者理其繁，势纷而须于率俾[2]，必推德之懋者司其化，是亦不得不然之势也；而作君、作师，画野、分州，井田、封建、学校之意著矣。故道者，非圣人智力之所能为，皆其事势自然，渐形渐著，不得已而出之，故曰"天"也。

[1] 饔飧（yōng sūn）：早饭和晚饭，也指做饭。　[2] 率俾：率，统领。俾，使任。相率而使。

《易》曰："一阴一阳之谓道。"是未有人而道已具也。继之者善，成之者性。是天著于人而理附于气。故可形其形而名其名者，皆道之故而非道也。道者，万事万物之所以然，而非万事万物之当然也。人可得而见者，则其当然而已矣。人之初生，至于什伍千百，以及作君、作师、分州、画野，盖必有所需而后从而给之，有所郁而后从而宣之，有所弊而后从而救之，羲、农、轩、颛[1]之制作，初意不过如是尔。法积美备，至唐、虞而尽善焉；殷因夏监，至成周而无憾焉。譬如滥觞积而渐为江河，培塿[2]积而至于山岳，亦其理势之自然，而非尧、舜之圣过乎羲、轩，文、武之神胜于禹、汤也。后圣法前圣，非法前圣也，法其道之渐形而渐著者也。三皇无为而自化，五帝开物而成务，三王立制而垂法，后人见为治化不同有如是尔。当日圣人创制，只觉事势出于不得不然，一似暑之必须为葛，寒之必须为裘，而非有所容心，以谓吾必如是而后可以异于前人，吾必如是而后可以齐名前圣也。此皆一阴一阳往复循环所必至，而非可即是以为一阴一阳之道也。一阴一阳，往复循环者，犹车轮也；圣人创制，一似暑葛寒裘，犹轨辙也。

[1] 羲、农、轩、颛：指太皞伏羲氏、炎帝神农氏、黄帝轩辕氏、颛顼高阳氏。高阳氏，炎黄部落联盟首领之一。名颛顼，号高阳氏，黄帝之孙，昌意之子。其部落活动于帝丘（今河南濮阳东南）一带，曾在夺权斗争中击败共工氏。重视人事治理，发展农业，命南正重、火正黎掌管祭祀天神及民事。死后由帝喾继其位。　[2] 培塿（péi lǒu）：小土丘。

道有自然，圣人有不得不然，其事同乎？曰：不同。道无所为而自然，圣人有所见而不得不然也。故言圣人体道可也，言圣人与道同体不可也。圣人有所见，故不得不然；众人无所见，则不知其然而然。孰为近道？曰：不知其然而然，即道也。非无所见也，不可见也。不得不然者，圣人所以合乎道，非可即以为道也。圣人求道，道无可见，即众人之不知其然而然，圣人所藉以见道者也。故不知其然而然，一阴一阳之迹也。学于圣人，斯为贤人；学于贤人，斯为君子；学于众人，斯为圣人。非众可学也，求道必于一阴一阳之迹也。自有天地而至唐、虞、夏、商，迹既多而穷变通久之理亦大备。周公以天纵生知之圣，而适当积古留传道法大备之时，是以经纶制作，集千古之大成，则亦时会使然，非周公之圣智能使之然也。盖自古圣人，皆学于众人之不知其然而然，而周公又遍阅于自古圣人之不得不然而知其然也。周公固天纵生知之圣矣，此非周公智力所能也，时会使然也。譬如春夏秋冬各主一时，而冬令告一岁之成，亦其时会使然，而非冬令胜于三时也。故创制显庸[1]之圣，千古所同也。集大成者，周公所独也。时会适当然而然，周公亦不自知其然也。

[1] 创制显庸：庸，即"用"。创立制度，显用于天下。

孟子曰："孔子之谓集大成。"今言集大成者为周公，毋乃悖于孟子之指欤？曰：集之为言，萃众之所有而一之也。自有天地而至唐、虞、夏、商，皆圣人而得天子之位，经纶治化，一出于道体之适然。周公成文、武之德，适当帝全王备，殷因夏监，至于无可复加之际，故得藉为制作典章，而以周道集古圣之成，斯乃所谓集大成也。孔子有德无位，即无从得制作之权，不得列于一成，安有大成可集乎？非孔子之圣逊于周公也，时会使然也。孟子所谓集大成者，乃对伯夷、伊尹、柳下惠[1]而言之也。意谓伯夷、尹、惠皆古圣人，恐学者疑孔子之圣与三子同，公孙丑氏尝有"若是其班"之问矣。故言三子之偏与孔子之全，无所取譬，譬于作乐之大成也。故孔子大成之说，可以对三子，而不可以尽孔子也。以之尽孔子，反小孔子矣。何也？周公集羲、轩、尧、舜以来之大成，周公固学于历圣而集之，无历圣之道法，则固无以成其周公也。孔子集伯夷、尹、惠之行事，孔子固未尝学于伯夷、尹、惠，且无伯夷、尹、惠之行事，岂将无以成其孔子乎？夫孟子之言，各有所当而已矣，岂可以文害意乎！

[1] 伊尹、柳下惠：伊尹，商朝大臣。名挚，亦称"阿衡"。原为商汤妃有莘氏之媵臣，受汤赏识，任以国政，佐汤灭夏，建立商朝。后又辅佐外丙、中壬二朝。中壬卒，他立太甲为商王，述政教，言法度。太甲立三年，暴戾而乱汤法，他遂放逐太甲，并摄国政。三年后，太甲悔过自责，乃迎其复位。至帝沃丁时卒，一说太甲放逐后，七年返都，将他杀死。柳下惠，春秋时鲁国大夫，即展禽，名获，字禽。食邑在柳下，谥惠，故称"柳下惠"。曾任士师（刑狱官）。僖公二十六年（前634），齐伐鲁，他曾派人劝齐退兵。以善于讲究贵族礼节著称，深受孔子赞赏。

达巷党人曰："大哉孔子！博学而无所成名。"今人皆嗤党人不知孔子矣；抑知孔子果成何名乎？以谓天纵生知之圣，不可言思拟议而为一定之名也，于是援天与神，以为圣不可知而已矣。斯其所见，何以异于党人乎？天地之大，可以一言尽；孔子之大，亦天地也，独不可以一言尽乎？或问何以一言尽孔子？则曰：学周公而已矣。周公之外别无所学乎？曰：非有学而孔子有所不至；周公既集群圣之成，则周公之外，更无所谓学也。周公集群圣之大成，孔子学而尽周公之道，斯一言也，足以蔽孔子之全体矣。"祖述尧、舜"，周公之志也；"宪章文、武"，周公之业也。一则曰："文王既没，文不在兹。"再则曰："甚矣吾衰，不复梦见周公。"又曰："吾学周礼，今用之。"又曰："郁郁乎文哉，吾从周。"哀公问政，则曰："文、武之政，布在方策。"或问"仲尼焉学"，子贡以谓"文、武之道，未坠于地"。"述而不作",周公之旧典也;"好古敏求",周公之遗籍也。党人生同时而不知,乃谓无所成名,亦非全无所见矣。后人观载籍而不知夫子之所学,是不如党人所见也,而犹嗤党人为不知,奚翅百步之笑五十步乎!故自古圣人,其圣虽同,而其所以为圣不必尽同,时会使然也。惟孔子与周公,俱生法积道备至于无可复加之后,周公集其成以行其道,孔子尽其道以明其教,符节吻合,如出于一人,不复更有毫末异同之致也。然则欲尊孔子者,安在援天与神而为恍惚难凭之说哉!

或曰:孔子既与周公同道矣,周公集大成,而孔子独非大成欤?曰:孔子之大成,亦非孟子仅对夷、尹、惠之谓也;又不同于周公之集也。孟子曰:"集大成也者,金声而玉振之也。"窃取其义以拟周、孔,周公其玉振之大成,孔子其金声之大成欤!周公集羲、轩、尧、舜以来之道法,而于前圣所传,损益尽其美善,玉振之收于其后者也;孔子尽周公之道法,不得行而明其教,后世纵有圣人,不能出其范围,金声之宣于前者也。盖君师分而治教不能合于一,气数之出于天者也。周公集治统之成,而孔子明立教之极,皆事理之不得不然,而非圣人故欲如是以求异于前人,此道法之出于天者也。故隋唐以前,学校并祀周、孔,以周公为先圣,孔子为先师,盖言制作之为圣,而立教之为师。故孟子曰:"周公、仲尼之道,一也。"然则周公、孔子以时会而立统宗之极,圣人固藉时会欤?宰我[1]以谓"夫子贤于尧、舜",子贡以谓"生民未有如夫子",有若[2]以夫子较古圣人则谓"出类拔萃",三子得毋阿所好欤?曰:朱子之言尽之矣:"语圣则不异,事功则有异也。"然而治见实事,教则垂空言矣。立言必折衷夫子,大贤而下,其言不能不有所偏矣。宰我、子贡、有若,孟子并引其言,以谓知足知圣矣。子贡之言固无弊,而宰我"贤于尧、舜",且曰"远",使非朱子疏别为事功,则无是理也。夫尊夫子者,莫若切近人情,虽固体于道之不得不然,而已为生民之所未有矣。盖周公集成之功在前王，而夫子明教之功在万世也；若歧视周、孔而优劣之，则妄矣。故欲知道者，在知周、孔之所以为周、孔。

[1] 宰我（前522—前458）：春秋时鲁国人，孔子弟子。字子我，名宰予，又作宰我。善于言辞，利口能辩。但孔子不以为然，曾说："以言取人，失之宰予。"仕于齐，任临淄大夫。后参与田常反对齐简公活动，事败被诛。《索隐》以为《左传》无宰予参与作乱之文，然有监止亦字子我，与宰予之字同，因而参与反对齐简公并遭族诛者可能就是监止。　　[2] 有若：春秋时鲁国人，孔子弟子，字子有，亦称"有子"。孔子卒，众弟子思念，因其状似孔子，被拥立为师。后有弟子问，不能解答，遂被责为"此非子之座也"而罢之。

原道中

韩退之[1]曰："由周公而上，上而为君，故其事行；由周公而下，下而为臣，故其说长。"夫说长者道之所由明，而说长者亦即道之所由晦也。夫子尽周公之道而明其教于万世，夫子未尝自为说也。表章六籍，存周公之旧典，故曰："述而不作，信而好古。"又曰："盖有不知而作之者，我无是也"，"子所雅言，《诗》《书》执《礼》"。所谓明先王之道以导之也。非夫子推尊先王，意存谦牧[2]而不自作也，夫子本无可作也。有德无位，即无制作之权。空言不可以教人，所谓"无征不信"也。教之为事，羲、轩以来，盖已有之。观《易·大传》之所称述，则知圣人即身示法，因事立教，而未尝于敷政出治之外，别有所谓教法也。虞廷之教，则有专官矣，司徒之所敬敷，典乐之所咨命，以至学校之设通于四代，司成、师保之职详于《周官》。然既列于有司,则肄业存于掌故,其所习者,修齐治平之道,而所师者,守官典法之人。治教无二,官师合一,岂有空言以存其私说哉!儒家者流,尊奉孔子,若将私为儒者之宗师,则亦不知孔子矣。孔子立人道之极,未可以谓立儒道之极也。儒也者,贤士不遇明良之盛,不得位而大行,于是守先王之道,以待后之学者,出于势之无可如何尔。人道所当为者,广矣,大矣,岂当身皆无所遇,而必出于守先待后,不复涉于人世哉!学《易》原于羲画,不必同其卉服野处也;观《书》始于《虞典》[3],不必同其呼旻号泣也。以为所处之境,各有不同也。然则学夫子者,岂曰屏弃事功,预期道不行而垂其教邪?

[1] 韩退之(768—824):即韩愈,唐代文学家、思想家、哲学家,"唐宋八大家"之首。字退之,河南河阳(今河南省孟州市)人,自称郡望昌黎,世称韩昌黎、昌黎先生。贞元八年(792)进士,官至吏部侍郎,谥号文,故称韩文公。有《韩昌黎集》传世。 [2] 谦牧:语出《周易·谦卦》:"谦谦君子,卑以自牧也。"牧,修养。 [3] 《虞典》:《尚书》组成部分之一。相传为记载唐尧、虞舜事迹之书,今传本无此篇。

《易》曰:"形而上者谓之道,形而下者谓之器。"道不离器,犹影不离形。后世服夫子之教者自六经,以谓六经载道之书也,而不知六经皆器也。《易》之为书,所以开物成务,掌于《春官》太卜,则固有官守而列于掌故矣。《书》在外史,《诗》领太师,《礼》自宗伯,《乐》有司成,《春秋》各有国史。三代以前,《诗》、《书》、六艺,未尝不以教人,非如后世尊奉六经,别为儒学一门,而专称为载道之书者。盖以学者所习,不出官司典守、国家政教,而其为用,亦不出于人伦日用之常,是以但见其为不得不然之事耳,未尝别见所载之道也。夫子述六经以训后世,亦谓先圣先王之道不可见,六经即其器之可见者也。后人不见先王,当据可守之器而思不可见之道,故表章先王政教,与夫官司典守以示人,而不自著为说,以致离器言道也。夫子自述《春秋》之所以作，则云"我欲托之空言，不如见诸行事之深切著明"。则政教典章人伦日用之外，更无别出著述之道，亦已明矣。秦人禁偶语《诗》《书》，而云"欲学法令，以吏为师"。夫秦之悖于古者，禁《诗》《书》耳。至云学法令者以吏为师，则亦道器合一，而官师治教未尝分歧为二之至理也。其后治学既分，不能合一，天也。官司守一时之掌故，经师传授受之章句，亦事之出于不得不然者也。然而历代相传，不废儒业，为其所守先王之道也。而儒家者流，守其六籍，以谓是特载道之书耳。夫天下岂有离器言道，离形存影者哉！彼舍天下事物人伦日用，而守六籍以言道，则固不可与言夫道矣。

《易》曰："仁者见之谓之仁，智者见之谓之智，百姓日用而不知。"道之所由隐也。夫见亦谓之，则固贤于日用不知矣。然而不知道而道存，见谓道而道亡。大道之隐也，不隐于庸愚，而隐于贤智之伦者纷纷有见也。盖官师治教合，而天下聪明范于一，故即器存道，而人心无越思；官师治教分，而聪明才智不入于范围，则一阴一阳入于受性之偏，而各以所见为固然，亦势也。夫礼司乐职，各守专官，虽有离娄之明、师旷之聪，不能不赴范而就律也。今云官守失传，而吾以道德明其教，则人人皆自以为道德矣。故夫子述而不作，而表章六艺，以存周公之旧典也，不敢舍器而言道也。而诸子纷纷则已言道矣。庄生譬之为耳目口鼻，司马谈[1]别之为六家，刘向区之为九流，皆自以为至极，而思以其道易天下者也。由君子观之，皆仁智之见而谓之，而非道之果若是易也。夫道因器而显，不因人而名也。自人有谓道者，而道始因人而异其名矣。仁见谓仁，智见谓智是也。人自率道而行，道非人之所能据而有也。自人各谓其道而各行其所谓，而道始得为人所有矣。墨者之道，许子[2]之道，其类皆是也。夫道自形于三人居室，而大备于周公、孔子，历圣未尝别以道名者，盖犹一门之内，不自标其姓氏也。至百家杂出而言道，而儒者不得不自尊其所出矣。一则曰尧、舜之道，再则曰周公、仲尼之道，故韩退之谓"道与德为虚位"也。夫"道与德为虚位"者，道德之衰也。

[1] 司马谈（？—前110）：西汉时史学家。姓司马，名谈，夏阳（今陕西韩城）人。尝从唐都学天文，从杨何受《易》，从黄子习道家之论。建元时任太史丞，官至太史令。著《论六家要旨》，对儒、墨、名、法、阴阳、道德各家进行了分析和评论，认为诸家各有短长，唯道家兼有各家之长。又以继先祖周太史论著为己任，发愤撰史。元封元年（前110），汉武帝封禅泰山，他因病滞留周南，不得从行，忧愤而死，临终嘱其子司马迁继承其事业。
[2] 许子：指许行，战国思想家。楚国人，与孟子同时，农家代表人物。晚年到滕国（今山东滕州西南）游说，鼓吹"贤者与民并耕而食"，其思想是提倡人人平等劳动，物物等价交换。从学者数十人，皆穿粗衣，靠打草鞋和编席为生。

原道下

人之萃处也，因宾而立主之名；言之庞出也，因非而立是之名。自诸子之纷纷言道而为道病焉，儒家者流乃尊尧、舜、周、孔之道以为吾道矣。道本无吾而人自吾之，以谓庶几别于非道之道也。而不知各吾其吾，犹三军之众可称我军，对敌国而我之也；非临敌国，三军又各有其我也。夫六艺者，圣人即器而存道，而三家之《易》[1]，四氏之《诗》[2]，攻且习者，不胜其入主而出奴也。不知古人于六艺，被服如衣食，人人习之为固然，未尝专门以名家者也。后儒但即一经之隅曲，而终身殚竭其精力，犹恐不得一当焉，是岂古今人不相及哉？其势有然也。古者道寓于器，官师合一，学士所肄，非国家之典章，即有司之故事，耳目习而无事深求，故其得之易也；后儒即器求道，有师无官，事出传闻而非目见，文须训故而非质言，是以得之难也。夫六艺并重，非可止守一经也；经旨闳深，非可限于隅曲也。而诸儒专攻一经之隅曲，必倍古人兼通六艺之功能，则去圣久远，于事固无足怪也。但既竭其心思耳目之智力，则必于中独见天地之高深，因谓天地之大，人莫我尚也，亦人之情也。而不知特为一经之隅曲，未足窥古人之全体也。训诂章句，疏解义理，考求名物，皆不足以言道也。取三者而兼用之，则以萃聚之力补遥溯之功，或可庶几耳。而经师先已不能无牴牾，传其学者又复各分其门户，不啻儒墨之辨焉，则因宾定主而又有主中之宾，因非立是而又有是中之非，门径愈歧而大道愈隐矣。

[1] 三家之《易》：指施雠、孟喜、梁丘贺三家为《易经》所作的传。施雠，西汉学者，字长卿，沛郡（治今安徽濉溪西）人。少从田王孙学《易》，田王孙任博士，他亦徙家长陵（今陕西咸阳东北），得卒业。后经同学梁丘贺固请，方授《易》于张禹、梁丘临等。宣帝时任博士，曾参与甘露三年（前51）石梁阁讲论五经异同。注释过《易经》，并作《章句》二篇。张禹又授淮阳彭宣，传施氏之学，于是施家有张、彭之学。孟喜，西汉学者。字长卿，东海兰陵（今属山东临沂）人。曾从田王孙受《易》。好自称誉，尝得《易》家候阴阳灾变之书，诈言为师田生所独传，同门梁丘贺曾正其伪。举孝廉为郎，任曲台署长，病免。又复为丞相掾。时博士阙，众人荐他，宣帝闻其改师法，遂不得用。授《易》白光、翟牧，于是《易》有孟、白、翟之学。梁丘贺，西汉学者。字长翁，琅邪诸县（今山东诸城）人。初以能心计，为武骑，从杨何弟子太中大夫京房学《易》，后京房出任齐郡太守，又从田王孙。宣帝时，任宗正属官都司空令，后坐事，免为庶人。后宣帝闻京房治《易》著名，乃求其门人，他被召入宫，为诸侍中讲经，颇得赏识，拜为郎，历官太中大夫、给事中、少府。为人小心周密，老死于任上。其子临亦精《易》，于是梁丘氏之《易》形成学派。 [2] 四氏之《诗》：指《鲁诗》《齐诗》《韩诗》《毛诗》四家。西汉初传《诗》者，先是鲁人申培公传《鲁诗》，齐人辕固生传《齐诗》，燕人韩婴传《韩诗》。后毛亨治《诗》作《诗故训传》而称《毛诗》。王应麟《汉艺文志考证》云："《齐》《鲁》以其国所传，皆众人之说，《毛》《韩》以其姓所传，乃专门之学也。"申培公，西汉学者。姓申，名培，亦称申公、申功，鲁（今山东曲阜）人。治《诗》，亦治《穀梁传》。从政受挫，返鲁

隐居，收弟子授《诗》。其弟子千余人，为博士者十余人，其中孔安国、夏宽等最著名，其《诗》学影响很大，为《鲁诗》创始人。辕固生，西汉学者。姓辕，名固，"生"则为读书人之通称。齐（在今山东）人，以治《诗》著称于世。景帝时为博士，帝以其廉直，令任清河王刘乘太傅，后因病辞免。武帝即位，以贤良被征，时年已九十余。所授弟子甚多，齐地凡言《诗》者皆出其门下。韩婴，西汉学者。燕人。以治《诗》著称于时，作《内外传》数万言，在燕、赵一带广为流传，为汉初治《诗》之一宗。又通《易》。文帝时为博士，景帝时出任常山王刘舜太傅，故又被称为"韩太傅"。武帝时，与董仲舒辩论经义，条理分明，深得武帝称赏。毛亨，西汉学者。鲁（今山东曲阜）人。治《诗》自谓得子夏所传，作《诗故训传》以授毛苌，时人谓之为大毛公。其书为现今所传最完整之《诗传》。

　　"上古结绳而治，后世圣人易之以书契，百官以治，万民以察。"夫文字之用，为治为察，古人未尝取以为著述也。以文字为著述，起于官师之分职、治教之分途也。夫子曰："予欲无言。"欲无言者，不能不有所言也；孟子曰："予岂好辨哉？予不得已也。"后世载笔之士，作为文章，将以信今而传后，其亦尚念"欲无言"之旨与夫"不得已"之情，庶几哉，言出于我，而所以为言者，初非由我也。夫道备于六经，义蕴之匿于前者，章句训诂足以发明之。事变之出于后者，六经不能言，固贵约六经之旨，而随时撰述以究大道也。"太上立德，其次立功，其次立言"。立言与功德相准，盖必有所需而后从而给之，有所郁而后从而宣之，有所弊而后从而救之，而非徒夸声音采色，以为一己之名也。《易》曰："神以知来，智以藏往。"知来，阳也；藏往，阴也。一阴一阳，道也。文章之用，或以述事，或以明理。事溯已往，阴也；理阐方来，阳也。其至焉者，则述事而理以昭焉，言理而事以范焉，则主适不偏，而文乃衷于道矣。迁、固之史，董、韩之文，庶几哉有所不得已于言者乎？不知其故而但溺文辞，其人不足道已。即为高论者，以谓文贵明道，何取声情色采以为愉悦，亦非知道之言也。夫无为之治而奏薰风，灵台之功而乐钟鼓，以及弹琴遇文，风雩言志，则帝王致治，贤圣功修，未尝无悦目娱心之适，而谓文章之用，必无咏叹抑扬之致哉？但溺于文辞之末，则害道已。

子贡曰："夫子之文章，可得而闻也；夫子之言性与天道，不可得而闻也。"盖夫子所言，无非性与天道，而未尝表而著之曰，此"性"，此"天道"也。故不曰"性与天道不可得闻"，而曰"言性与天道不可得闻"也。所言无非性与天道，而不明著此性与天道者，恐人舍器而求道也。夏礼能言，殷礼能言，皆曰"无征不信"，则夫子所言，必取征于事物，而非徒托空言以为明道也。曾子[1]真积力久，则曰"一以贯之"，子贡多学而识，则曰"一以贯之"，非真积力久与多学而识，则固无所据为一之贯也。训诂名物，将以求古圣之迹也，而侈记诵者如货殖之市矣；撰述文辞，欲以阐古圣之心也，而溺光采者如玩好之弄矣。异端曲学，道其所道而德其所德，固不足为斯道之得失也。记诵之学，文辞之才，不能不以斯道为宗主，而市且弄者之纷纷忘所自也。宋儒起而争之，以谓是皆溺于器而不知道也。夫溺于器而不知道者，亦即器而示之以道斯可矣。而其弊也，则欲使人舍器而言道。夫子教人"博学于文"，而宋儒则曰"玩物而丧志"；曾子教人"辞远鄙倍"，而宋儒则曰"工文则害道"。夫宋儒之言，岂非末流良药石哉！然药石所以攻脏腑之疾耳，宋儒之意，似见疾在脏腑，遂欲并脏腑而去之。将求性天，乃薄记诵而厌辞章，何以异乎？然其析理之精，践履之笃，汉、唐之儒未之闻也。孟子曰："义理之悦我心，犹刍豢之悦我口。"义理不可空言也，博学以实之，文章以达之，三者合于一，庶几哉周、孔之道虽远，不啻累译而通矣。顾经师互诋，文人相轻，而性理诸儒，又有朱、陆[2]之同异，从朱从陆者之交攻，而言学问与文章者又逐风气而不悟，庄生所谓"百家往而不反，必不合矣"，悲夫！

[1] 曾子：曾参（前505—前434），春秋时鲁国南武城（今山东费县西

南）人，字子舆，孔子弟子。曾任小吏，俸禄不过釜钟，而自乐其职，孝养父母。后南游于越，得尊官。年五十余卒于鲁，孔子誉其能通孝道。曾作《孝经》，后世尊称为"述圣"。 [2] 朱、陆：指朱熹、陆九渊。陆九渊（1139—1193），南宋理学家。字子静，号存斋。曾讲学象山（今江西贵溪西南），学者称之象山先生，抚州金溪（今江西金溪）人。乾道进士，任静安县、崇安县主簿，国子正，官至奉议郎知荆门军。晚年知荆门军，卒于官。提出"宇宙便是吾心，吾心便是宇宙"的"心即理"说，因而天理、人理、物理全在"吾心"之中，要认识宇宙本来面目，只要认识本心，是典型的主观唯心主义思想。与朱熹长期争论不休，在鹅湖之会上，当面作了辩论。到明代，陈献章、王守仁加以继承发展，形成"陆王学派"。于是程朱与陆王之争，一直延续到明清两代的学术界。

◎研读

《原道》三篇详细论述了"道不离器，犹影不离形"的命题，这表明章学诚继承了荀子、柳宗元、王夫之等许多唯物主义思想家的哲学体系。"道不离器"，就是说事物的理或规律，是不能离开客观事物而存在的。这一命题，反映了"存在决定意识"的唯物观点。

文章系统论述了人类社会的"道"，是随着人类社会的产生而产生，随着人类社会的发展而发展的。在人类社会产生之前，有关人类社会的各种道是根本不存在的。有了人类的活动，才有了人类活动的道。随着人类社会从"三人居室"发展到"一室所不能容"，而必须"部别班分"，道就出现了。再向前发展，则"作君、作师，画野、分州，井田、封建、学校"等也都出现了。这样一来，有关人类社会的礼法制度也都纷纷产生了。随着社会向前发展，道也自然在变化，典章制度、礼教风俗也随之变化。章学诚就是通过这些通俗形象的比喻，来论说道与器的关系。

在文章中，章氏还试图探寻历史发展的规律，由于阶级和时代的局限，在当时他并没有找到。因而社会为什么会这么变化，他只能说是"时会使然"而"不得不然"，这在当时已经是了不起的论断。因为他认为历史发展的必然趋势并不是上天或神所主宰，也不是圣君贤相所决定。根据这个观点，他进而论证典章制度的演变和学术文化的发展，也都取决于社会发展的必然趋势，随着时代条件的变化而必然发生变化。

原学上

◎ 解题

《原学上》《原学中》《原学下》三篇，作于乾隆五十四年（1789）。文章旨在论述《原道》篇未尽之意，批评学而不思和思而不学两种不良学风。关于这一点，章学诚在《与陈鉴亭论学》一文中讲得很清楚："《原学》之篇，即申《原道》未尽之意，其以学而不思为俗学之因缘，思而不学为异端之底蕴，颇自喜其能得要领。"

《易》曰："成象之谓乾，效法之谓坤。"学也者，效法之谓也；道也者，成象之谓也。夫子曰："下学而上达。"盖言学于形下之器，而自达于形上之道也。"士希贤，贤希圣，圣希天。"希贤希圣，则有其理矣。"上天之载，无声无臭。"圣如何而希天哉？盖天之生人，莫不赋之以仁义礼智之性，天德也；莫不纳之于君臣、父子、夫妇、兄弟、朋友之伦，天位也。以天德而修天位，虽事物未交隐微之地，已有适当其可，而无过与不及之准焉，所谓成象也。平日体其象，事至物交，一如其准以赴之，所谓效法也。此圣人之希天也，此圣人之下学上达也。伊尹曰："天之生斯民也，使先知觉后知，使先觉觉后觉也。"人生禀气不齐，固有不能自知适当其可之准者，则先知先觉之人从而指示之，所谓教也。教也者，教人自知适当其可之准，非教之舍己而从我也。故士希贤，贤希圣，希其效法于成象，而非舍己之固有而希之也。然则何以使知适当其可之准欤？何以使知成象而效法之欤？则必观于生民以来，备天德之纯而造天位之极者，求其前言往行，所以处夫穷变通久者而多识之，而后有以自得所谓成象者，而善其效法也。故效法者，必见于行事。《诗》《书》诵读，所以求效法之资，而非可即为效法也。

然古人不以行事为学，而以《诗》《书》诵读为学者，何邪？盖谓不格物而致知，则不可以诚意，行则如其知而出之也。故以诵读为学者，推教者之所及而言之，非谓此外无学也。子路[1]曰："有民人焉，有社稷焉，何必读书，然后为学？"夫子斥以为佞者，盖以子羔[2]为宰，不若是说；非谓学必专于诵读也。专于诵读而言学，世儒之陋也。

[1] 子路（前542—前480）：春秋时鲁官吏，孔子弟子。名仲由，字子路，又字季路，卞（今山东泗水）人。性勇而直，闻过则喜，事亲至孝。曾问政、问勇于孔子。任过鲁国季氏宰及卫国大夫孔悝的邑宰。周敬王四十年（前480），流落在晋国的蒯聩与卫国孔伯姬勾结，逐走卫出公辄，他闻讯前往阻止，被蒯聩党徒杀死。 [2] 子羔（前521—？）：春秋时卫国大夫，孔子弟子。名高柴，字子羔。比孔子小三十岁，身长不盈五尺，其貌不扬，受业于孔子，孔子以为愚。

原学中

古人之学，不遗事物，盖亦治教未分，官师合一，而后为之较易也。司徒敷五教，典乐教胄子，以及三代之学校皆见于制度。彼时从事于学者，入而申其占毕，出而即见政教典章之行事，是以学皆信而有征，而非空言相为授受也。然而其知易入，其行难副，则从古已然矣。尧之斥共工[1]也，则曰"静言庸违"，夫静而能言，则非不学者也。试之于事而有违，则与效法于成象者异矣。傅说[2]之启高宗[3]也，则曰"非知之艰，行之惟艰"，高宗旧学于甘盘[4]，久劳于外，岂不学者哉？未试于事，则恐行之而未孚也。又曰"人求多闻，时惟建事，学于古训乃有获"，说虽出于古文，其言要必有所受也。夫求多闻而实之以建事，则所谓学古训者非徒诵说，亦可见矣。夫治教一而官师未分，求知易而实行已难矣；何况官师分，而学者所肄皆为前人陈迹哉！

[1] 共工：相传为尧、舜时大臣。名穷奇，共工为水官名。其行果邪僻，与驩兜、三苗及鲧称为"四罪"，被舜流放于幽州。 [2] 傅说：商朝武丁时相。相传他原是在傅险（亦作傅岩，今山西平陆东）地方从事版筑（即土木建筑）的奴隶。武丁即位后，渴望得贤人辅佐，其被选拔为相，遂以傅险为姓，号曰傅说。在他辅佐下，武丁修德行政，天下大治，将商朝推向全盛时期。 [3] 高宗（？—前1192）：商朝第二十三代君主。子姓，又称帝武丁，庙号高宗。小乙之子，祖庚之父。传说武丁年少时，小乙曾使其久居民间，"劳足稼穑，与小人从事"，又曾派他率师"役于外"。约在前1250年前嗣位，先以甘盘为相，后又得傅说于傅岩，用以为相。修政行德，并对北方的鬼方、西方的羌用兵，又南击荆蛮。其妻妇好曾统兵攻羌方。商统治地区有很大发展。在位五十五年，一说五十九年，是商朝鼎盛时期。 [4] 甘盘：商朝高宗武丁大臣，相传曾为武丁之师，后任为相，辅佐武丁治国有政声，世称贤臣。

夫子曰："学而不思则罔，思而不学则殆。"又曰："吾尝终日不食，终夜不寝，以思，无益，不如学也。"夫思，亦学者之事也。而别思于学，若谓思不可以言学者，盖谓必习于事而后可以言学，此则夫子诲人知行合一之道也。诸子百家之言，起于徒思而不学也，是以其旨皆有所承禀而不能无敝耳。刘歆[1]所谓某家者流，其源出于古者某官之掌，其流而为某家之学，其失而为某事之敝。夫某官之掌，即先王之典章法度也；流为某家之学，则官守失传，而各以思之所至，自为流别也；失为某事之敝，则极思而未习于事，虽持之有故，言之成理，而不能知其行之有病也。是以三代之隆，学出于一，所谓学者，皆言人之功力也。统言之，十年曰幼学，是也；析言之，则十三学乐，二十学礼，是也。国家因人功力之名而名其制度，则曰乡学、国学，学则三代共之，是也。未有以学属乎人，而区为品诣之名者。官师分而诸子百家之言起，于是学始因人品诣以名矣，所谓某甲家之学，某乙家之学是也。学因人而异名，学斯舛矣。是非行之过而至于此也，出于思之过也。故夫子言学思偏废之弊，即继之曰："攻乎异端，斯害也已。"夫异端之起，皆思之过而不习于事者也。

［1］ 刘歆（公元前50—公元23）：字子骏，京兆郡长安县（今陕西省西安市）人，西汉经学家。随父刘向整理校订国家藏书。历任中垒校尉、侍中、太中大夫。地皇三年（22），图谋诛杀王莽，事败自杀。与父亲刘向编订《山海经》。编制《三统历谱》，编成我国第一部综合性图书分类目录《七略》。《七略》计七卷，其《辑略》为全书的叙录，其余六卷，有《六艺略》《诸子略》《诗赋略》《兵书略》《术数略》《方技略》，"辨章学术，考镜源流"，影响深远。

原学下

诸子百家之患，起于思而不学；世儒之患，起于学而不思；盖官师分而学不同于古人也。后王以谓儒术不可废，故立博士，置弟子，而设科取士，以为诵法先王者劝焉。盖其始也，以利禄劝儒术；而其究也，以儒术徇利禄，斯固不足言也。而儒宗硕师由此辈出，则亦不可谓非朝廷风教之所植也。

夫人之情不能无所歆而动，既已为之，则思力致其实而求副乎名，中人以上可以勉而企焉者也。学校科举，奔走千百才俊，岂无什一出于中人以上者哉？去古久远，不能学古人之所学，则既以诵习儒业，即为学之究竟矣。而攻取之难，势亦倍于古人。故于专门攻习儒业者，苟果有以自见而非一切庸俗所可几，吾无责焉耳。学博者长于考索，侈其富于山海，岂非道中之实积？而骛于博者，终身敝精劳神以徇之，不思博之何所取也。才雄者健于属文，矜其艳于云霞，岂非道体之发挥？而擅于文者，终身苦心焦思以构之，不思文之何所用也。言义理者似能思矣，而不知义理虚悬而无薄，则义理亦无当于道矣。此皆知其然而不知所以然也。程子^[1]曰："凡事思所以然，天下第一学问。"人亦盍求所以然者思之乎！

[1] 程子：北宋程颢、程颐兄弟，后世对其均称程子，两人同受业于周敦颐，世称其兄弟二人之学术为"洛学"，两人言论和著作，后人编为《二程全书》，内有《二程遗书》《二程外书》《二程粹言》等，为程朱理学重要创始人。

天下不能无风气，风气不能无循环，一阴一阳之道，见于气数者然也。所贵君子之学术，为能持世而救偏，一阴一阳之道，宜于调剂者然也。风气之开也，必有所以取，学问、文辞与义理，所以不无偏重畸轻之故也；风气之成也，必有所以敝，人情趋时而好名，徇末而不知本也。是故开者虽不免于偏，必取其精者为新气之迎；敝者纵名为正，必袭其伪者为末流之托。此亦自然之势也。而世之言学者，不知持风气，而惟知徇风气，且谓非是不足邀誉焉，则亦弗思而已矣。

◎ 研读

章学诚论"道不离器"，进而论述学习与行事之关系，指出"故效法者，必见于行事。《诗》《书》诵读，所以求效法之资，而非可即为效法也"，强调必须从行事中学习，才能深刻把握道的内涵。他认为古代是官师合一，学在官府，"三代之隆，学出于一，所谓学者，皆言人之功力也"。到了后来，"官师分而诸子百家之言起，于是学始因人品诣以名矣"，"官守失传，而各以思之所至，自为流别也"。自从诸子百家出现，学术上形成各种不同的学术流派。当然，他说"诸子百家之言，起于徒思而不学也"，恐怕未必妥当，特别是将"异端之起"，归之于"皆思之过"，似乎过于绝对。

他讲下学上达、学不遗事之目的，在于批评世儒之患，批评当时的不良学风，"专于诵读而言学，世儒之陋也""诸子百家之患，起于思而不学；世儒之患，起于学而不思"。对于后者，他在许多文章里都作了批评，"风气所趋，竞为考订"。为此，他在文中提出"所贵君子之学术，为能持世而救偏"。可是"世之言学者，不知持风气，而惟知徇风气"，他认为"天下不能无风气"，任何一种风气，时间一久，必然产生流弊，作为一位正直的学者，就必须具有持世而救偏的勇气和精神，他自己也正是这么做的。而《原学》三篇，正是针对当时学术界不良学风而作。

在我国教育史上，从孔子到明代王阳明，一直提倡"知行合一"之教。章学诚也不例外，他认为，"知行合一"之教是孔子所创立的古代教育的优良传统，也是今人所不可须臾放弃的教学原则。他说："古人之学，不遗事物，盖亦治教未分，官师合一，而后为之较易也。司徒敷五教，典乐教胄子，以及三代之学校皆见于制度。彼时从事于学者，入而申其占毕，出而即见政教典章之行事，是以学皆信而有征，而非空言相为授受也。"这就是说，知行合一，是保证教学不流于空疏的前提，教学要与实际相结合，与社会相联系。故他进而阐述："谓必习于事而后可以言学，此则夫子诲人知行合一之道也。"其实，这一教学思想，也是其道不离器这一哲学思想的反映。

博约上

◎ **解题**

《博约》上、中、下三篇，作于乾隆五十四年（1789），地点也在安徽太平使院。《博约》篇是章学诚因沈枫墀问学而作，针对当时考据学风流弊，阐述学者做学问过程中博与约的关系，主张学贵自得，"道欲通方而业须专一，其说并行而不悖"。

沈枫墀[1]以书问学，自愧通人广座，不能与之问答。余报之以学在自立，人所能者，我不必以不能愧也。因取譬于货殖，居布帛者不必与知粟菽，藏药饵者不必与闻金珠，患己不能自成家耳。譬市布而或阙于衣材，售药而或欠于方剂，则不可也。或曰：此即苏子瞻之教人读《汉书》法也，今学者多知之矣。余曰：言相似而不同，失之毫厘，则谬以千里矣。

[1] 沈枫墀：沈业富之子，名在廷，字枫墀。乾隆四十八年（1783）举人，官内阁中书。有《经余书屋诗钞》。沈业富，字既堂，号方谷，江苏高邮州人。乾隆进士，官翰林院编修，公正清廉，与张曾敞、翁方纲、朱筠并称"四金刚"。据《章实斋先生年谱》载：乾隆三十年章氏三至京师，"应顺天乡试，沈业富（既堂）与分校，荐先生之文于主司，不录。沈大愧惜，馆先生于其家，俾从事铅椠，益力于学"。又《章实斋先生年谱》乾隆五十四年六月，章氏"自太平返亳，道经扬州，访沈业富，留扬州几一月，沈先生令人钞存先生文稿四卷"。十一月有《答沈枫墀论学》一文，其义可与《博约》相发明。

　　或问苏君曰："公之博赡，亦可学乎？"苏君曰："可。吾尝读《汉书》矣，凡数过而尽之，如兵、农、礼、乐，每过皆作一意求之，久之而后贯彻。"因取譬于市货，意谓货出无穷而操贾有尽，不可不知所择云尔。学者多诵苏氏之言以为良法，不知此特寻章摘句，如近人之纂类策括者尔。问者但求博赡，固无深意。苏氏答之，亦不过经生决科之业，今人稍留意于应举业者，多能为之，未可进言于学问也。而学者以为良法，则知学者鲜矣。夫学必有所专，苏氏之意，将以班书为学欤？则终身不能竟其业也，岂数过可得而尽乎？将以所求之礼、乐、兵、农为学欤？则每类各有高深，又岂一过所能尽一类哉？就苏氏之所喻，比于操贾求货，则每过作一意求，是欲初出市金珠，再出市布帛，至于米粟药饵，以次类求矣。如欲求而尽其类欤？虽陶朱、猗顿[1]之富，莫能给其贾也。如约略其贾，而每种姑少收之，则是一无所成其居积也。苏氏之言，进退皆无所据，而今学者方奔走苏氏之不暇，则以苏氏之言，以求学问则不足，以务举业则有余也。举业比户皆知诵习，未有能如苏氏之所为者，偶一见之，则固矫矫流俗之中，人亦相与望而畏之；而其人因以自命，以谓是学问，非举业也，而不知其非也。苏氏之学，出于纵横，其所长者，揣摩世务，切实近于有用，而所凭以发挥者，乃策论也。策对必有条目，论锋必援故实，苟非专门夙学，必须按册而稽。诚得如苏氏之所以读《汉书》者尝致力焉，则亦可以应猝备求，无难事矣。

　　[1] 陶朱、猗顿：陶朱，原名范蠡，字少伯，楚国宛（今河南南阳）人。任越国大夫，越为吴所败，曾赴吴为人质二年。回越后，与句践深谋二十多年，终于灭亡吴国。称上将军，并决计离越游齐国，改名鸱夷子皮。齐人闻其贤，以为相。他竟归相印，尽散其财，间行以去，止于陶（今山东定陶西北），又改名陶朱公，以经商致富，资累巨万。猗顿，春秋时鲁国人。初家贫，闻陶朱公富，问其致富之术，陶朱公教其经营畜牧，乃迁居西河，大养牛羊于猗氏（今山西临猗南）之南。十年而成巨富，驰名天下，因其兴富于猗氏，故以为

姓。一说他以治盐为业，富可比王者。又以善识别玉著称。《尸子·治天下篇》云："相玉而借猗顿。"《淮南子·氾论训》高诱注亦云："猗顿，鲁之富人，能知玉理。"

韩昌黎曰："记事者必提其要，纂言者必钩其玄。"钩玄提要，千古以为美谈；而韩氏所自为玄要之言，不但今不可见，抑且当日绝无流传，亦必寻章摘句，取备临文摭拾者耳。而人乃欲仿钩玄提要之意而为撰述，是亦以苏氏类求误为学问，可例观也。或曰：如子所言，韩、苏不足法欤？曰：韩、苏用其功力，以为文辞助尔，非以此谓学也。

博约中

或曰：举业所以觇[1]人之学问也。举业而与学问科殊，末流之失耳。苟有所备以俟举，即《记》之所谓博学强识以待问也，宁得不谓之学问欤？余曰：博学强识，儒之所有事也。以谓自立之基，不在是矣。学贵博而能约，未有不博而能约者也。以言陋儒荒俚，学一先生之言以自封域，不得谓专家也。然亦未有不约而能博者也。以言俗儒记诵，漫漶[2]至于无极，妄求遍物，而不知尧、舜之知所不能也。博学强识，自可以待问耳。不知约守而只为待问设焉，则无问者，儒将无学乎？且问者固将闻吾名而求吾实也；名有由立，非专门成学不可也。故未有不专而可成学者也。

[1] 觇（chān）：观测。　　[2] 漫漶（huàn）：模糊不可辨别，迷茫不清。

或曰：苏氏之类求，韩氏之钩玄提要，皆待问之学也，子谓不足以成家矣。王伯厚[1]氏搜罗摘抉，穷幽极微，其于经传子史，名物制数，贯串旁骛，实能讨先儒所未备。其所纂辑诸书，至今学者资衣被焉，岂可以待问之学而忽之哉？答曰：王伯厚氏盖因名而求实者也。昔人谓韩昌黎因文而见道，既见道则超乎文矣。王氏因待问而求学，既知学，则超乎待问矣。然王氏诸书，谓之纂辑可也，谓之著述则不可也；谓之学者求知之功力可也，谓之成家之学术则未可也。今之博雅君子，疲精劳神于经传子史，而终身无得于学者，正坐宗仰王氏，而误执求知之功力，以为学即在是尔。学与功力，实相似而不同。学不可以骤几，人当致攻乎功力则可耳。指功力以谓学，是犹指秫[2]黍以谓酒也。夫学有天性焉，读书服古之中，有入识最初而终身不可变易者是也。学又有至情焉，读书服古之中，有欣慨会心而忽焉不知歌泣何从者是也。功力有余而性情不足，未可谓学问也。性情自有而不以功力深之，所谓有美质而未学者也。

[1] 王伯厚（1223—1296）：南宋学者。伯厚是其字，名应麟，号深宁居士，一号厚斋。先世居浚仪（今河南开封），至其祖乃定居庆元（今浙江宁波）。淳祐进士。正直敢言，先后触犯丁大全、贾似道、留梦炎，因而屡遭罢斥。官至礼部尚书兼给事中。后辞官归里，专事著述二十年，所著有二十余种，其中《困学纪闻》和类书《玉海》两书，至今仍为学者所征引，尤其是《困学纪闻》，为考订性札记，贯串古今，搜罗甚广，为后世所推崇。
[2] 秫（shú）：高粱。

夫子曰："发愤忘食，乐以忘忧，不知老之将至。"不知孰为功力，孰为性情，斯固学之究竟，夫子何以致是？则曰："好古敏以求之者也。"今之俗儒，且憾不见夫子未修之《春秋》，又憾戴公得《商颂》[1]而不存七篇之缺目，以谓高情胜致，互相赞叹。充其僻见，且似夫子删修，不如王伯厚之善搜遗逸焉。盖逐于时趋，而误以襞绩补苴[2]谓足尽天地之能事也。幸而生后世也，如生秦火未毁以前，典籍具存，无事补辑，彼将无所用其学矣。

[1] 戴公得《商颂》：戴公指宋戴公（？—前766），春秋时宋国国君。子姓，宋哀公之子。哀公卒，他继位为国君，在位三十四年卒，谥戴。周公灭商后，封微子于宋，修其礼乐，以奉商后。其后礼乐放失，至戴公时，其大夫正考父校得《商颂》十二篇于周太师。至孔子编诗，又亡七篇。《国语·鲁语》："昔正考父校商之名《颂》十二篇于周太师，以《那》为首。"《毛诗序》："微子至于戴公，其间礼乐废坏，有正考父者，得《商颂》十二篇于周太师，以《那》为首。"郑司农云："自考父至孔子，又亡其七篇，故余五耳。"（《国语》韦昭注引）　[2] 襞（bì）绩补苴（jū）：襞绩，原指衣褶，引申为修饰、缝缀。苴，鞋里的草垫。形容烦琐无用的行为。

博约下

或曰：子言学术，功力必兼性情，为学之方，不立规矩，但令学者自认资之所近与力能勉者，而施其功力，殆即王氏良知[1]之遗意也。夫古者教学，自数与方名[2]，诵诗舞勺[3]，各有一定之程，不问人之资近与否，力能勉否。而子乃谓人各有能有所不能，不相强也，岂古今人有异教与？答曰：今人为学，不能同于古人，非才不相及也，势使然也。自官师分而教法不合于一，学者各以己之所能私相授受，其不同者一也。且官师既分，则肄习惟资简策，道不著于器物，事不守于职业，其不同者二也。故学失所师承，六书九数[4]，古人幼学皆已明习，而后世老师宿儒、专门名家，殚毕生精力求之，犹不能尽合于古，其不同者三也。

[1] 王氏良知：指王守仁"致良知"说。王守仁（1472—1529），明朝理学家。字伯安，曾因讲学于阳明洞，故称阳明先生，亦称王阳明。余姚（今浙江余姚）人。弘治进士，历任刑部、兵部主事，正德元年（1506）忤宦官刘

瑾，谪贵州龙场驿丞。瑾败，迁庐陵知县。又擢右佥都御史，巡南康、赣州，先后镇压福建、江西等地农民起义。正德十四年，宁王朱宸濠叛，他征集湖广、南赣兵三十万，生擒宸濠，以功封新建伯，官至南京兵部尚书。王守仁提倡"心学"，称"心即理，心外无理，心外无物"；又提出"致良知"说，"吾心之良知，即所谓天理"，要人们"去私欲，存天理"；发展了陆九渊学说，形成"陆王学派"。认为"破山中贼"易，"破心中贼"难。有《王文成公全集》三十八卷传世。　　[2] 数与方名：记数和四方名称。　　[3] 诵诗舞勺：诵读诗与学习勺舞。　　[4] 六书九数：六书是古人解说汉字的结构和使用方法，其中象形、指事、会意、形声是造字法，转注、假借指的是文字使用方式。九数指方田、粟米、差分、少广、商功、均输、方程、赢不足、旁要等九种计算方法。

天时人事，今古不可强同，非人智力所能为也。然而六经大义，昭如日星，三代损益，可推百世。高明者由大略而切求，沉潜者循度数而徐达。资之近而力能勉者，人人所有，则人人可自得也，岂可执定格以相强欤！王氏"致良知"之说，即孟子之遗言也。良知曰致，则固不遗功力矣。朱子欲人因所发而遂明，孟子所谓察识其端而扩充之，胥是道也。而世儒言学，辄以良知为讳，无亦惩于末流之失，而谓宗指果异于古所云乎？

或曰：孟子所谓扩充，固得仁义礼智之全体也。子乃欲人自识所长，遂以专其门而名其家，且戒人之旁骛焉，岂所语于通方之道欤？答曰：言不可以若是其几也。道欲通方而业须专一，其说并行而不悖也。圣门身通六艺者七十二人，然自颜、曾、赐、商[1]，所由不能一辙。再传而后，荀卿言《礼》，孟子长于《诗》《书》，或疏或密，途径不同，而同归于道也。后儒途径所由寄，则或于义理，或于制数，或于文辞，三者其大较矣。三者致其一，不能不缓其二，理势然也。知其所致为道之一端，而不以所缓之二为可忽，则于斯道不远矣。徇于一偏而谓天下莫能尚，则出奴入主，交相胜负，所谓物而不化者也。是以学必求其心得，业必贵于专精，类必要于扩充，道必抵于全量，性情喻于忧喜愤乐，理势达于穷变通久，博而不杂，约而不漏，庶几学术醇固，而于守先待后之道，如或将见之矣！

[1] 颜、曾、赐、商：指颜回、曾参、端木赐、卜商，都是孔子弟子。

◎ 研读

章学诚认为，"博详反约，原非截然分界"。博本来就是为约而设，为约而求博，则博的目的性才更加明确；反之，约也只有在博的基础上才能实现。故两者是治学过程中相互依存的统一体。因此，他强调："博学强识，儒之所有事也。以谓自立之基，不在是矣。学贵博而能约，未有不博而能约者也。以言陋儒荒俚，学一先生之言以自封域，不得谓专家也。然亦未有不约而能博者也。"又说："名有由立，非专门成学不可也。故未有不专而可成学者也。"治学目的，最终是为了成学，要成学就必须先专精，所以他最后提出"学必求其心得，业必贵于专精"。

要成一家之说，首先必须以渊博的知识为基础，然后方能择一而专，而积累广博知识的最终目的也是为了专精。乾嘉时代的学风是贪多求全，一意以渊博来炫耀于人，于是就有"一物不知，儒者所耻"的说法。章学诚批评了专事"骛博以炫人"的做法，他说："天下闻见不可尽，而人之好尚不可同，以有尽之生而逐无穷之闻见，以一人之身而逐无端之好尚，尧、舜有所不能也。"①人生有限，学海无涯，博览载籍，是为专精服务，立学成家则是最终的目的。为了说明问题，章学诚还作了形象的比喻："大抵学问文章，须成家数，博以聚之，约以收之，载籍浩博难穷，而吾力所能有限，非有专精致力之处，则如钱之散积于地，不可绳以贯也。"②做学问

---

① 《文史通义新编新注》内篇六《假年》，第338页。
② 《文史通义新编新注》外篇三《与林秀才》，第741页。

只是漫无边际的泛览，而无专精之处，则如铜钱散于地而不可收拾，所看到的不过满地皆钱而已。

在这些文章中，他又提出了另一个议题，"学与功力，实相似而不同"，这也是前人从未谈过的。这就是说，即使你掌握的各种知识相当丰富，也并不能说明你有学问，只是说明你在为学问积累知识而已，只有当你产生了心得体会，有了自己独到见解，方才有真正学问，否则你就不过是储藏知识的容器而已。对此，他在《又与正甫论文》中讲得非常具体："功力之与学问，实相似而不同。记诵名数，搜剔遗逸，排纂门类，考订异同，途辙多端，实皆学者求知所用之功力尔！即于数者之中，能得其所以然，因而上阐古人精微，下启后人津逮，其中隐微可独喻，而难为他人言者，乃学问也。"

他在《与汪龙庄书》中指出："近日学者风气，征实太多，发挥太少，有如桑蚕食叶而不能抽丝。"正所谓"学而不思则罔，思而不学则殆"，为了讲清问题，他还作了比喻：秫黍可以造酒，但秫黍本身并不是酒，要通过酿造加工，方能得到芳香的美酒；功力可以达到学问，但本身还不是学问，同样需要通过头脑的冶炼加工，才可产出独到的学问。他认为，南宋学者王应麟所纂辑诸书，"谓之纂辑可也，谓之著述则不可也；谓之学者求知之功力可也，谓之成家之学术则未可也。今之博雅君子，疲精劳神于经传子史，而终身无得于学者，正坐宗仰王氏，而误执求知之功力，以为学即在是尔"。章学诚非常强调做学问中做札记的重要性，但这种札记显然并不就是学问，在《与林秀才》中就这样写道："为今学者计，札录之功必不可少……然存为功力，而不可以为著作。"在章学诚看来，考据不过是做学问过程中所采用的一种手段、一个环节、一种途径，是求得学问的一种功力。

这些确实都是在做学问过程中必然会遇到的问题。他的观点，对我们今天治学也有借鉴意义。

浙东学术

本文作于嘉庆五年（1800），这年章学诚已六十三岁，是其去世前一年所作，应该是《文史通义》中写作最晚的一篇，系统总结浙东学术发展脉络和特点。此文是最早讲"浙东学派"的一篇文章，特别是"浙东史学"，可以说前人从未谈过，是研究浙东学派必读之经典。

浙东之学，虽出婺源[1]，然自三袁[2]之流，多宗江西陆氏，而通经服古，绝不空言德性，故不悖于朱子之教。至阳明王子，揭孟子之良知，复与朱子牴牾。蕺山刘氏[3]，本良知而发明慎独，与朱子不合，亦不相诋也。梨洲黄氏[4]，出蕺山刘氏之门，而开万氏弟兄[5]经史之学，以至全氏祖望[6]辈尚存其意，宗陆而不悖于朱者也。惟西河毛氏[7]，发明良知之学，颇有所得，而门户之见，不免攻之太过，虽浙东人亦不甚以为然也。

世推顾亭林氏为开国儒宗，然自是浙西之学。不知同时有黄梨洲氏出于浙东，虽与顾氏并峙，而上宗王、刘，下开二万，较之顾氏，源远而流长矣。顾氏宗朱，而黄氏宗陆，盖非讲学专家各持门户之见者，故互相推服而不相非诋。学者不可无宗主，而必不可有门户，故浙东、浙西，道并行而不悖也。浙东贵专家，浙西尚博雅，各因其习而习也。

[1] 婺源：这里指朱熹，南宋徽州婺源（今属江西）人。　　[2] 三袁：指袁燮、袁肃、袁甫父子三人。袁燮（1144—1224），南宋学者。庆元鄞县（今浙江宁波）人，字和叔，学者称絜斋先生。淳熙进士。曾师事陆九渊，又师事吕祖谦，"所得益富"。"永嘉陈公傅良，明旧章，达世变，公与从容考订，细大靡遗。"（《宋元学案》卷七十五）官至国子祭酒、礼部侍郎。因议和事，被史弥远劾罢。长子袁肃，号晋斋，庆元五年（1199）进士，官至少卿。次子袁甫，字广微，嘉定七年（1214）进士，官至权兵部尚书，著有《蒙斋中庸讲义》。　　[3] 蕺山刘氏：刘宗周（1578—1645），晚明学者。字起东，号念台，晚更号克念子，晚年因讲学蕺山，故学者又称蕺山先生。山阴（今浙江绍兴）人。为官期间，因多次上言痛陈时事，两度被贬为民。明福王监国时，起用后再度痛陈时事，抗疏论劾马士英等，又力斥阮大铖不可用，为奸党不容，告归。清兵破杭州，绝食二十三日卒。其学宗陆、王，提倡"慎独"，对良知说杂入禅学持批判态度。曾参与东林书院、首善书院讲习，并创建证人书院，讲学蕺山。著有《刘子全书》《刘子全书遗编》。　　[4] 梨洲黄氏：黄梨洲（1610—1695），明末清初学者。名宗羲，字太冲，号南雷，学者称梨洲先生。浙江余姚人。初参与复社反宦官权贵斗争，惨遭迫害。刘宗周讲学蕺山，黄氏从之游。清兵南下，与钱肃乐诸人立"世忠营"，据四明山结寨防守。明鲁王任为左都御史。明亡，闭门著述，清廷屡次征辟，皆辞不就。学识渊博，上下古今、天文地理、九流百家，无不精研。所著《明夷待访录》，抨击君主专制制度，尤具卓识。其治史，留意于当代文献与乡邦掌故，实开清代浙东史学之先河。搜集南明史料，成《行朝录》九种，又编《明史案》二百四十卷。所著《南雷文集》，以碑、志、传、状之作为多，于明季忠烈之士多所表彰，足以补正史传。清开明史馆，为保存一代信史，支持门人万斯同以布衣参史局。编撰中凡遇重大疑难问题，总裁千里贻书，乞其审正而后定。著作多至六十余种，其中《明儒学案》《明文海》《明文案》诸书尤为巨著。　　[5] 万氏弟兄：指万斯同、万斯大兄弟。万斯大（1633—1683），明末清初学者。字充宗，号跛翁，学者称褐夫先生。浙江宁波人。黄宗羲弟子，立志传其师经学，因而一生精于经学，主张"非通诸经不能通一经"，对《春秋》《三礼》尤有研究。著有《学春秋随笔》《学礼质疑》《仪礼商》《礼记偶笺》等。万斯同（1638—1702），明末清初学者。字季野，号石园。明鲁王监国时，授户部主事。少从黄宗羲受业，熟读二十一史及明各朝实录，名重一时，明亡守节不仕，以纂修明史为己任。康熙十七年（1678）诏征博学鸿儒，力辞得免。次年开局修《明史》，总裁徐元文荐入史局，辞不就。后在黄宗羲支持下，乃以布衣参史局，不署衔，

不受俸，并住徐元文家，而史稿皆由其删削审定。历时十多年，成《明史稿》五百卷。另有《历代史表》《历代宰辅汇考》《儒林宗派》等十多种著作。因客死京邸，遗著大多散失。　[6] 全氏祖望：全祖望（1705—1755），清代学者。字绍衣，号谢山，自署鲒埼亭长，浙江宁波人。乾隆元年（1736）进士，选庶吉士。因忤首辅张廷玉，散馆以知县用，遂辞官归里，绝意仕途。主讲蕺山、端溪书院；读书著述，至老不辍。在翰林院时，曾与李绂借读《永乐大典》，并从中抄录佚书，卷帙虽少，从此引起学者对《大典》之重视，实开清代辑佚学之先河。他生平私淑黄宗羲，于南明史广为搜讨，贡献很大。所著《鲒埼亭集》，强半皆为明、清间掌故，其中有关明末人士碑表志状，详尽核实，足补史传之阙；于清初著名学者，亦详加稽访，予以表彰。该集不仅可视为明清之际史料之汇集，即考论三百年来学术流别者亦不可不读。他尝用十年之功，续补《宋元学案》，又三笺《困学纪闻》，七校《水经注》，皆足见其汲古之深。　[7] 西河毛氏：指毛奇龄（1623—1713），明末清初学者。字大可，一字齐于，号初晴，又以郡望为西河，世称西河先生。浙江萧山人。康熙十八年（1679）以廪生举博学鸿词，授翰林院检讨，充明史馆纂修官。康熙二十四年寻假归，遂不复出。博学雄辩，能诗词，通音律。然好为驳辩，门户之见较深，学术上好唱反调。阎若璩著《古文尚书疏证》，确定《古文尚书》是伪书，他则著《古文尚书冤词》为之辩驳。另有著作多种，后人编为《西河全集》。

天人性命之学，不可以空言讲也，故司马迁本董氏天人性命之说，而为经世之书。儒者欲尊德性，而空言义理以为功，此宋学之所以见讥于大雅也。夫子曰："我欲托之空言，不如见诸行事之深切著明也。"此《春秋》之所以经世也。圣如孔子，言为天铎，犹且不以空言制胜，况他人乎？故善言天人性命，未有不切于人事者。三代学术，知有史而不知有经，切人事也。后人贵经术，以其即三代之史耳。近儒谈经，似于人事之外，别有所谓义理矣。浙东之学，言性命者必究于史，此其所以卓也。

朱、陆异同，干戈门户，千古桎梏[1]之府，亦千古荆棘之林也。究其所以纷纭，则惟腾空言而不切于人事耳。知史学之本于

《春秋》，知《春秋》之将以经世，则知性命无可空言，而讲学者必有事事，不特无门户可持，亦且无以持门户矣。浙东之学，虽源流不异而所遇不同。故其见于世者，阳明得之为事功，蕺山得之为节义，梨洲得之为隐逸，万氏兄弟得之为经术史裁，授受虽出于一，而面目迥殊，以其各有事事故也。彼不事所事，而但空言德性，空言问学，则黄茅白苇，极面目雷同，不得不殊门户以为自见地耳。故惟陋儒则争门户也。

[1] 桎梏（zhì gù）：脚镣和手铐，比喻束缚人的事物。

或问：事功气节，果可与著述相提并论乎？曰：史学所以经世，固非空言著述也。且如六经，同出于孔子，先儒以为其功莫大于《春秋》，正以切合当时人事耳。后之言著述者，舍今而求古，舍人事而言性天，则吾不得而知之矣。学者不知斯义，不足言史学也。整辑排比，谓之史纂；参互搜讨，谓之史考，皆非史学。

◎研读

本文追溯"浙东学术"的渊源时，只讲朱熹和陆九渊，以下则提王阳明和刘宗周，既未提吕祖谦，也未提陈傅良、陈亮等人。因而有人解释时便提出浙东学术有两个学派，其实这是误解。因为章氏讲"浙东学术"源于两个系统，一则是朱熹，另一则是陆九渊，实际上是讲思想渊源。这也说明浙东学派不搞门户之见，对于各个学派的有益思想乃兼收并蓄。朱、陆长期纷争不休，在著名的鹅湖之会上，吕祖谦特地让朱、陆二人都参加，以便在会上协调两家纷争，指出两家都有长处亦都有短处，应当取长补短，相互学习。陆氏弟子朱泰卿会后曾盛赞吕祖谦说："伯恭虑朱、陆议论犹有异同，欲会归于一，其意甚善。"对于吕祖谦这一美好的愿望与做法，今人著作中大都称为"调和"或"折衷"。这实际上只看到现象上的"调和",而没有看到吕氏的本意,还不如全祖望抓住了问题实质:"兼取其长"。朱、陆之学无疑都有长处,"兼取其长"有什么不好呢?而这两个系统细讲起来则又都与陈傅良、叶适、吕祖谦有着密不可分的关系。朱熹在永嘉的门人,有的又师事叶适;而三袁中之主要人物袁燮,既师事陆九渊,又曾师事吕祖谦而与陈傅良交游。所以不能只从现象来看。

本文告诉人们,浙东学术的核心精神就在于"言性命者必究于史,此其所以卓也"。我们应当以此精神来理解其所述渊源。现在讲起浙东学派,将许多不相关的人也牵涉进来,这些人只讲性命之学而并不"究于史",显然是不合于章氏所说的标准。文章还向人们展示了"浙东学派"或"浙东史学"所具有的三大特点,即不可有门户之见、贵专家之学、学术应当经世致用,分析极为精辟。

文 德

◎解题

◎解题

本文作于嘉庆元年（1796），与《史德》《质性》两篇相为表里，相互发明。与前人论文德不同，章学诚不讲文辞与道德修养，专论作者的撰作态度，阐发"临文必敬"和"论古必恕"两大原则，将传统文德论推进到新高度。

凡言义理，有前人疏而后人加密者，不可不致其思也。古人论文，惟论文辞而已矣。刘勰[1]氏出，本陆机氏说而昌论文心；苏辙[2]氏出，本韩愈氏说而昌论文气；可谓愈推而愈精矣。未见有论文德者，学者所宜深省也。夫子尝言"有德必有言"，又言"修辞立其诚"，孟子尝论"知言""养气"，本乎"集义"，韩子亦言"仁义之途""《诗》《书》之源"，皆言德也。今云未见论文德者，以古人所言，皆兼本末，包内外，犹合道德文章而一之；未尝就文辞之中言其有才、有学、有识，又有文之德也。

[1] 刘勰（约465—约532）：南朝梁学者。字彦和，原籍东莞莒县（今山东莒县），世居京口（今江苏镇江）。早孤，笃志好学，家贫不婚娶，依沙门僧祐居处十余年，博通佛教经论。天监中以东宫通事舍人迁步兵校尉，深为昭明太子萧统所爱重。晚年撰经于定林寺，出家为僧，法名慧地。所撰《文心雕龙》，论古今文体及文之工拙，为我国古代文学理论批评之巨著。　[2] 苏辙（1039—1112）：宋代文学家。字子由，一字同叔，号颍滨老人，眉州眉山（今四川眉山）人。嘉祐进士，历官中书舍人、户部侍郎、翰林学士知制诰、

御史中丞等。文学上与父苏洵、兄苏轼合称"三苏"，均为"唐宋八大家"。有《春秋集解》《栾城集》《诗集传》。

凡为古文辞者，必敬以恕。临文必敬，非修德之谓也；论古必恕，非宽容之谓也。敬非修德之谓者，气摄而不纵，纵必不能中节也；恕非宽容之谓者，能为古人设身而处地也。嗟乎！知德者鲜，知临文之不可无敬恕，则知文德矣。

昔者陈寿《三国志》[1]，纪魏而传吴、蜀，习凿齿为《汉晋春秋》[2]，正其统矣；司马《通鉴》仍陈氏之说，朱子《纲目》又起而正之。"是非之心，人皆有之"，不应陈氏误于先，而司马再误于其后，而习氏与朱子之识力偏居于优也。而古今之讥《国志》与《通鉴》者，殆于肆口而骂詈，则不知起古人于九原，肯吾心服否邪？陈氏生于西晋，司马生于北宋，苟黜曹魏之禅让，将置君父于何地？而习与朱子，则固江东南渡之人也，惟恐中原之争天统也。此说前人已言。诸贤易地则皆然，未必识逊今之学究也。是则不知古人之世，不可妄论古人文辞也。知其世矣，不知古人之身处，亦不可遽论其文也。身之所处，固有荣辱、隐显、屈伸，忧乐之不齐，而言之有所为而言者，虽有子不知夫子之所谓，况生千古以后乎！圣门之论恕也，"己所不欲，勿施于人"，其道大矣。今则第为文人论古必先设身，以是为文德之恕而已尔。

[1] 陈寿《三国志》：陈寿（233—297），字承祚，巴西郡安汉县（今四川南充）人。三国时蜀汉及西晋时著名史学家，历官蜀汉、西晋。历经艰辛完成纪传体史学巨著《三国志》，全书共六十五卷，完整记叙汉末至晋初近百年间历史，与《史记》《汉书》《后汉书》合称"前四史"。　[2] 习凿齿为《汉晋春秋》：习凿齿（？—384），东晋历史学家。字彦威，襄阳（今湖北襄阳）人。以文笔著称。初为荆州刺史，桓温辟为从事，累迁别驾，以忤温旨出为荣阳太守。退而撰《汉晋春秋》。《晋书》本传称："时温觊觎非望，凿齿在郡，著《汉晋春秋》以裁正之。"书中讲述三国历史，以蜀汉为正统，以曹魏为篡逆，深得后世正统论者所赞许，朱熹作《通鉴纲目》即承其说。另著有

《襄阳耆旧记》。

韩氏论文，"迎而拒之，平心察之"，喻气于水，言为浮物。柳氏[1]之论文也，"不敢轻心掉之"，"怠心易之"，"矜气作之"，"昏气出之"。夫诸贤论心论气，未即孔、孟之旨，及乎天人性命之微也。然文繁而不可杀，语变而各有当。要其大旨，则临文主敬，一言以蔽之矣。主敬则心平而气有所摄，自能变化从容以合度也。夫史有三长，才、学、识也。古文辞而不由史出，是饮食不本于稼穑也。夫识，生于心也；才，出于气也；学也者，凝心以养气，炼识而成其才者也。心虚难恃，气浮易弛，主敬者，随时检摄于心气之间，而谨防其一往不收之流弊也。夫缉熙敬止[2]，圣人所以成始而成终也，其为义也广矣。今为临文检其心气，以是为文德之敬而已尔。

[1] 柳氏：柳宗元（773—819），唐代文学家。字子厚，祖籍河东解县（今山西运城西南）。贞元进士，授校书郎，调蓝田尉，后升监察御史。参与王叔文等人革新运动，失败后先后贬为邵州刺史、永州司马，后迁柳州刺史。在此期间，写作大量诗文，抒发个人感情和政治、哲学观点。与韩愈同倡古文运动，为"唐宋八大家"之一。其《天说》《天对》《非国语》《封建论》都是重要哲学论著，有《河东先生集》。　　[2] 缉熙敬止：语出《诗经·大雅·文王》："穆穆文王，於缉熙敬止。"缉熙：光明。敬：诚敬。止：语气助词。意即心地光明恭敬。

◎研读

有人对章氏之"文德说"不以为然，认为是窃取前人的观点，这实际上是只看表面，而未究实质。尽管北齐人杨遵彦也写过《文德论》，但许多学者已经指出，两者虽同论"文德"，却具有不同的内容。前者是在谈作者应具备一定的道德修养，后者则重在谈作家和评论家应具备的态度问题，即所谓"临文必敬"和"论古必恕"。同时还特别指出"临文必敬，非修德之谓也"。而对于前人有关论点，作者在文章开头一一列举，说明"有前人疏而后人加密"，"可谓愈推而愈精矣"。从文学理论发展来看，事实也的确如此。因此，章氏写此文的宗旨是要人们在写文章时尽量做到心平气和，而在评论前人的论著时，则应当做到"知人论世"，千万不要过分苛求前人。

文　理

　　本文作于乾隆五十四年（1789）三月，作者馆安徽学使徐立纲署中，"因见左良宇案上的《史记》录本而作"。明代归有光用五色笔圈点《史记》，这个本子被清代"桐城派"奉为圭臬。《文理》一篇正是由此引发而作，对这种机械模仿古人的做法提出了批评，是章氏文学批评理论的重要著作。

　　偶于良宇[1]案间见《史记》录本，取观之，乃用五色圈点，各为段落。反复审之，不解所谓。询之良宇，哑然失笑，以谓己亦厌观之矣。其书云出前明归震川[2]氏，五色标识，各为义例，不相混乱。若者为全篇结构，若者为逐段精彩，若者为意度波澜，若者为精神气魄，以例分类，便于拳服[3]揣摩，号为古文秘传。前辈言古文者，所为珍重授受，而不轻以示人者也。又云："此如五祖传灯[4]，灵素受箓[5]，由此出者，乃是正宗；不由此出，纵有非常著作，释子所讥为'野狐禅'[6]也。余幼学于是，及游京师，闻见稍广，乃知文章一道，初不由此。然意其中或有一二之得，故不遽弃，非珍之也。"

　　[1]　良宇：左眉字良宇，号静庵，安徽桐城人。著有《静庵文集》《静庵诗集》《尚书蔡传正讹》。　　[2]　归震川（1507—1571）：明代文学家，名有光，字熙甫，又字开甫，号震川，昆山（今江苏昆山）人。嘉靖进士。少年时尽通五经、三史等书，但八次会试落第，六十岁始成进士。初授长兴（今浙江

长兴）知县，隆庆中始授南京太仆寺丞，卒于官。文学上反对王世贞、李攀龙诸人"文必秦汉"的观点，与唐顺之、茅坤等又形成"唐宋派"，主张学习唐宋文章法度，反对王、李等人的复古与模拟。著有《震川先生文集》《三吴水利录》等。　　[3] 拳服：语出《礼记·中庸》："得一善，则拳拳服膺而弗失之矣。"意即诚心信服。　　[4] 五祖传灯：五祖指佛教禅宗五位祖师，即达摩、慧可、僧璨、道信、弘忍。传灯，传授佛法。　　[5] 灵素受箓（lù）：林灵素字通叟，北宋道士，浙江温州人。宋徽宗赐号"通真达灵先生"，门徒甚众，后贬归。受箓，传承道统。　　[6] 野狐禅：佛教禅宗称外道异端为野狐禅。

余曰：文章一道，自元以前，衰而且病，尚未亡也。明人初承宋、元之遗，粗存规矩，至嘉靖、隆庆之间，晦蒙否塞，而文几绝矣。归震川氏生于是时，力不能抗王、李之徒[1]而心知其非，故斥凤洲以为庸妄，谓其创为秦、汉伪体，至并官名、地名而改用古称，使人不辨作何许语，故直斥之曰文理不通，非妄言也。然归氏之文，气体清矣，而按其中之所得，则亦不可强索。故余尝书识其后，以为先生所以砥柱中流者，特以文从字顺，不汩没于流俗，而于古人所谓阂中肆外，言以声其心之所得，则未之闻尔。然亦不得不称为彼时之豪杰矣。但归氏之于制艺，则犹汉之子长、唐之退之，百世不祧之大宗也。故近代时文家之言古文者，多宗归氏。唐宋八家之选，人几等于五经四子，所由来矣。惟归、唐[2]之集，其论说文字，皆以《史记》为宗；而其所以得力于《史记》者，乃颇怪其不类。盖《史记》体本苍质，而司马才大，故运之以轻灵。今归、唐之所谓疏宕顿挫，其中无物，遂不免于浮滑，而开后人以描摩浅陋之习。故疑归、唐诸子得力于《史记》者，特其皮毛，而于古人深际，未之有见。今观诸君所传五色订本，然后知归氏之所以不能至古人者，正坐此也。

[1] 王、李之徒：指王世贞、李攀龙。王世贞（1526—1590），明代文学家、史学家。字元美，号凤洲，又号弇州山人，太仓（今江苏太仓）人。嘉靖进士，授刑部主事，历官至南京刑部尚书。学问渊博，著作繁富，博通经史，

长于诗文。但在当时文坛上是复古主义代表人物，主持文坛达三四十年之久，是"后七子"的领袖，提出"文必西汉，诗必盛唐"的主张。文学代表作为《艺苑卮言》，史学代表作则为《弇山堂别集》。另有《嘉靖以来首辅传》《弇州山人四部稿》等。李攀龙（1514—1570），明代文学家。字于麟，号沧溟，历城（今山东济南）人。嘉靖进士，授刑部主事，累官至河南按察使。文学上主张复古，与王世贞并称"王李"，同为"后七子"人物，所作诗文多摹拟古人。著有《古今诗删》《沧溟集》等。 [2] 归、唐：指归有光、唐顺之。唐顺之（1507—1560），明代文学家。字应德，一字义修，人称荆川先生，武进（今江苏常州）人。嘉靖进士，由庶吉士授兵部主事，后任编修，参校累朝《实录》。曾参与抗倭斗争，最后死于通州（今江苏南通）。文学上他是"唐宋派"代表人物之一，与复古派的"后七子"主张相左。

夫立言之要，在于有物。古人著为文章，皆本于中之所见，初非好为炳炳烺烺[1]，如锦工绣女之矜夸采色已也。富贵公子，虽醉梦中不能作寒酸求乞语；疾痛患难之人，虽置之丝竹华宴之场，不能易其呻吟而作欢笑。此声之所以肖其心，而文之所以不能彼此相易，各自成家者也。今舍己之所求而摩古人之形似，是杞梁之妻[2]善哭其夫，而西家偕老之妇亦学其悲号；屈子自沉汨罗，而同心一德之朝，其臣亦宜作楚怨也，不亦颠[3]乎！至于文字，古人未尝不欲其工。

[1] 炳炳烺烺：光亮鲜明，形容文章辞采声韵优美。 [2] 杞梁之妻：杞梁，春秋时期齐国大夫。古书附会其战死后，妻子迎丧痛哭十日，城墙崩塌。后世据此演化出孟姜女哭长城故事。 [3] 颠（diān）：颠倒，错乱。

孟子曰："持其志，无暴其气。"学问为立言之主，犹之志也；文章为明道之具，犹之气也。求自得于学问，固为文之根本；求无病于文章，亦为学之发挥。故宋儒尊道德而薄文辞，伊川先生谓工文则害道，明道先生谓记诵为玩物丧志，虽为忘本而逐末者言之；然推二先生之立意，则持其志者不必无暴其气，而出辞气之远于鄙倍，辞之欲求其达，孔、曾皆为不闻道矣。但文字之佳胜，正贵读者之自得，如饮食甘旨，衣服轻暖，衣且食者之领受，各自知之，而难以告人。如欲告人衣食之道，当指脍炙而令其自尝，可得旨甘，指狐貉而令其自被，可得轻暖，则有是道矣。必吐己之所尝而哺人以授之甘，搂人之身而置怀以授之暖，则无是理也。

韩退之曰："记事者必提其要，纂言者必钩其玄。"其所谓钩玄提要之书，不特后世不可得而闻，虽当世籍、湜[1]之徒亦未闻其有所见，果何物哉？盖亦不过寻章摘句，以为撰文之资助耳。此等识记，古人当必有之。如左思十稔而赋《三都》，门庭藩溷，皆著纸笔，得即书之。今观其赋，并无奇思妙想，动心骇[2]魄，当藉十年苦思力索而成。其所谓得即书者，亦必标书志义，先掇古人菁英，而后足以供驱遣尔。然观书有得，存乎其人，各不相涉也。故古人论文，多言读书养气之功，博古通经之要，亲师近友之益，取材求助之方，则其道矣。至于论及文辞工拙，则举隅反三，称情比类，如陆机《文赋》[3]，刘勰《文心雕龙》，钟嵘《诗品》[4]，或偶举精字善句，或品评全篇得失，令观之者得意文中，会心言外，其于文辞思过半矣。至于不得已而摘记为书，标识为类，是乃一时心之所会，未必出于其书之本然。比如怀人见月而思，月岂必主远怀？久客听雨而悲，雨岂必有愁况？然而月下之怀，雨中之感，岂非天地至文？而欲以此感此怀藏为秘密，或欲嘉惠后学，以谓凡对明月与听霖雨，必须用此悲感方可领略，则适当良友乍逢及新昏宴尔之人，必不信矣。

[1]　籍、湜（shí）：指张籍、皇甫湜。张籍（约767—830），唐朝诗人，字文昌，原籍吴郡（今江苏苏州），后移居和州乌江（今安徽和县乌江）。唐德宗贞元十五年（799）进士，历官太常寺太祝、水部员外郎，终国子司业，故世称张水部，或张司业。因家境贫苦，官职低微，较多接触下层社会生活，故其诗多能同情人民疾苦，为白居易诸人所推崇。乐府诗与王建齐名，称"张王乐府"。生平交游中，与韩愈最密，韩称得上是他的良师益友。韩愈临终时，

还接受其托付后事。著有《张司业集》。皇甫湜（约777—约835），唐朝文学家。字持正，睦州新安（今浙江淳安西）人。元和进士，官至工部郎中。从韩愈学古文，与李翱、张籍齐名。为文奇僻险奥，今传《皇甫持正文集》乃宋人所编。　　[2] 骇（hài）：同"骇"，惊异。　　[3]《文赋》：是陆机所作的一篇以赋的体裁来论文的作品，评论十种文体，是我国文论史上第一篇创作论，对文章的内容与形式、继承与创新、文章结构及文体分类都有论及。　　[4] 钟嵘《诗品》：钟嵘，南朝梁学者。字仲伟，颍川长社（今河南长葛东）人。齐时官至司徒行参军。入梁，历任中军临川王行参军和衡阳王、晋安王记室。所著《诗品》，为我国古代诗歌理论批评著作，将两汉至梁作家分为上、中、下三品进行评论，对于诗歌创作、欣赏、批评等方面及诗歌产生、发展历史都有论述。

　　是以学文之事，可授受者规矩方圆，其不可授受者心营意造。至于纂类摘比之书，标识评点之册，本为文之末务，不可揭以告人，只可用以自志。父不得而与子，师不能以传弟，盖恐以古人无穷之书，而拘于一时有限之心手也。

　　律诗当知平仄，古诗宜知音节。顾平仄显而易知，音节隐而难察，能熟于古诗，当自得之。执古诗而定人之音节，则音节变化，殊非一成之诗所能限也。赵伸符[1]氏取古人诗为《声调谱》，通人讥之，余不能为赵氏解矣。然为不知音节之人言，未尝不可生其启悟，特不当举为天下之式法尔。时文当知法度，古文亦当知有法度。时文法度显而易言，古文法度隐而难喻，能熟于古文，当自得之。执古文而示人以法度，则文章变化，非一成之文所能限也。归震川氏取《史记》之文，五色标识，以示义法，今之通人，如闻其事，必窃笑之，余不能为归氏解也。然为不知法度之人言，未尝不可资其领会，特不足据为传授之秘尔。据为传授之秘，则是郢人宝燕石[2]矣。

　　[1] 赵伸符（1662—1744）：清朝诗人。名执信，字伸符，号秋谷、怡山，山东益都（今山东青州）人。康熙进士，官右赞善。王士禛甥婿，士禛论

诗主"神韵说"，他则作《谈龙录》与之争论。诗主严肃，力去浮靡，所作诗有些能反映社会现实，同情劳动人民。著有《饴山堂集》《声调谱》等。
[2] 郢人宝燕石："郢人"当作"宋人"。古籍记载，宋国一愚人把燕地的一块石头当作宝石珍藏，成为后世笑柄。

夫书之难以一端尽也，仁者见仁，智者见智。诗之音节，文之法度，君子以谓可不学而能，如啼笑之有收纵，歌哭之有抑扬，必欲揭以示人，人反拘而不得歌哭啼笑之至情矣。然使一己之见，不事穿凿过求，而偶然浏览，有会于心，笔而志之，以自省识，未尝不可资修辞之助也。乃因一己所见，而谓天下之人，皆当范我之心手焉，后人或我从矣，起古人而问之，乃曰："余之所命，不在是矣。"毋乃冤欤！

◎研读

这篇文章针对"桐城派"的弊病而发，认为他们评点和总结出来的古文创作手法，虽不乏对文章艺术的细致分析和归纳，可以给后人以一定的示范和启发，但将这些方法作为一成不变的程式而到处生搬硬套，自然是流弊百出。

章学诚强调文学创作最基本的要求是言之有物，能表达出真情实感，贵创造而反对因袭模仿。他认为文章的好坏，要看内容是否充实，能否表达作者真实的感情，提出："立言之要，在于有物。古人著为文章，皆本于中之所见。"这就是说，写文章必须有内容、有价值。他在文中还特别举例："富贵公子，虽醉梦中不能作寒酸求乞语；疾痛患难之人，虽置之丝竹华宴之场，不能易其呻吟而作欢笑。"可见没有如此经历，写不出如此好的文章。

古文十弊

◎解题

本文作于嘉庆元年（1796）。章学诚从事文史校雠，辨章学术，考镜源流，探讨古今文章利弊得失是其研究重点内容。"然多论古人，鲜及近世"，而这篇文章则是现身说法，针砭当时文人写作十个方面的弊病。

余论古文辞义例，自与知好诸君书，凡数十通；笔为论著，又有《文德》《文理》《质性》《黠陋》《俗嫌》《俗忌》[1]诸篇，亦详哉其言之矣。然多论古人，鲜及近世。兹见近日作者所有言论与其撰著，颇有不安于心，因取最浅近者条为十通，思与同志诸君相为讲明。若他篇所已及者不复述，览者可互见焉。此不足以尽文之隐，然一隅三反，亦庶几其近之矣。

[1] 《俗忌》：今传章氏文章中并无此篇，疑为《贬俗》篇之旧题。

一曰：凡为古文辞者，必先识古人大体，而文辞工拙又其次焉。不知大体，则胸中是非不可以凭，其所论次未必俱当事理。而事理本无病者，彼反见为不然而补救之，则率天下之人而祸仁义矣。有名士投其母氏行述，请大兴朱先生作志，叙其母之节孝，则谓乃祖衰年病废卧床，溲便无时，家无次丁，乃母不避秽亵，躬亲薰濯[1]，其事既已美矣。又述乃祖于时蹙然不安，乃母肃然对曰：

"妇年五十，今事八十老翁，何嫌何疑？"呜呼！母行可嘉，而子文不肖甚矣。本无芥蒂，何有嫌疑？节母既明大义，定知无是言也。此公无故自生嫌疑，特添注以斡旋其事，方自以谓得体，而不知适如冰雪肌肤剜成疮痏[2]，不免愈濯愈痕瘢矣。人苟不解文辞，如遇此等，但须据事直书，不可无故妄加雕饰。妄加雕饰，谓之"剜肉为疮"，此文人之通弊也。

[1] 薰濯（zhuó）：薰香，清洗。　　[2] 疮痏（wěi）：疮疡，伤痕。

二曰：《春秋》书内不讳小恶。岁寒知松柏之后凋，然则欲表松柏之贞，必明霜雪之厉，理势之必然也。自世多嫌忌，将表松柏而又恐霜雪怀惭，则触手皆荆棘矣。但大恶讳，小恶不讳，《春秋》之书内事，自有其权衡也。江南旧家，辑有宗谱。有群从先世，为子聘某氏女，后以道远家贫，力不能婚，恐失婚时，伪报子殇，俾女别聘，其女遂不食死，不知其子故在。是于守贞殉烈两无所处，而女之行事实不愧于贞烈，不忍泯也。据事直书，于翁诚不能无歉然矣。第《周官》媒氏禁嫁殇，是女本无死法也。《曾子问》[1]，娶女有日，而婿父母死，使人致命女氏，注谓恐失人嘉会之时，是古有辞昏之礼也。今制，婿远游，三年无闻，听妇告官别嫁，是律有远绝离昏之条也。是则某翁诡托子殇，比例原情，尚不足为大恶而必须讳也。而其族人动色相戒，必不容于直书，则匿其辞曰："书报幼子之殇，而女家误闻以为婿也。"夫千万里外，无故报幼子殇，而又不道及男女昏期，明者知其无是理也，则文章病矣。人非圣人，安能无失？古人叙一人之行事，尚不嫌于得失互见也。今叙一人之事，而欲顾其上下、左右、前后之人，皆无小疵，难矣！是之谓"八面求圆"，又文人之通弊也。

[1] 《曾子问》：《礼记》的一篇，记载了孔子与曾子关于礼仪的对话，体现了孔子对婚礼、葬礼、祭祀等礼仪规范的深刻理解。

三曰：文欲如其事，未闻事欲如其文者也。尝见名士为人撰志，其人盖有朋友气谊，志文乃仿韩昌黎之志柳州[1]也，一步一趋，惟恐其或失也。中间感叹世情反复，已觉无病费呻吟矣。末叙丧费出于贵人，及内亲竭劳其事。询之其家，则贵人赠赙[2]稍厚，非能任丧费也，而内亲则仅一临穴而已，亦并未任其事也。且其子俱长成，非若柳州之幼子孤露，必待人为经理者也。诘其何为失实至此，则曰：仿韩志柳墓，终篇有云："归葬费出观察使裴君行立[3]，又舅弟卢遵[4]，既葬子厚，又将经纪其家。"附纪二人，文情深厚，今志欲似之耳。余尝举以语人，人多笑之。不知临文摹古，迁就重轻，又往往似之矣。是之谓"削趾适屦"，又文人之通弊也。

[1] 柳州：因柳宗元曾为柳州刺史，故世称柳柳州。　　[2] 赠赙（fù）：赠送财物以助治丧。　　[3] 裴君行立：裴行立，唐朝官吏，绛州稷山（今山西稷山）人。历官沁州刺史、卫尉少卿、河东令、蕲州刺史、安南经略使、桂管观察使、安南都护。召还时卒于途中，时年四十七岁。　　[4] 卢遵：涿（今河北涿州）人，因葬子厚（柳宗元）并经纪其家而留名。

四曰：仁智为圣，夫子不敢自居；瑚琏名器[1]，子贡安能自定？称人之善，尚恐不得其实；自作品题，岂宜夸耀成风耶？尝见名士为人作传，自云："吾乡学者，鲜知根本，惟余与某甲，为功于经术耳。"所谓某甲，固有时名，亦未见必长经术也。作者乃欲援附为名，高自标榜，恶[2]矣！又有江湖游士，以诗著名，实亦未足副也。然有名实远出其人下者，为人作诗集序，述人请序之言曰："君与某甲齐名，某甲既已弁言[3]，君乌得无题品？"夫齐名本无其说，则请者必无是言。而自诩齐名，藉人炫己，颜颊不复知忸怩矣！且经援服、郑[4]，诗攀李、杜[5]，犹曰高山景仰；若某甲之经，某甲之诗，本非可恃，而犹藉为名。是之谓"私署头衔"，又文人之通弊也。

［1］瑚琏（liǎn）名器：瑚、琏，宗庙礼器。用以比喻治国安邦之才。

［2］恧（nǜ）：惭愧。　［3］弁（biàn）言：弁：古代的一种帽子。弁言指序言，序文。　［4］服、郑：指服虔、郑玄。服虔，东汉经学家。字子慎，河南荥阳人，大约与郑玄同时代，官至九江太守。著《春秋左氏解谊》《春秋左氏音》《汉书音训》等。　［5］李、杜：指李白、杜甫。李白（701—762），唐朝大诗人。字太白，号青莲居士。祖籍陇西成纪（今甘肃静宁西南），幼时随父迁居绵州昌隆（今四川江油）青莲乡。唐玄宗时命供奉翰林。我国历史上名声最著的一位浪漫主义诗人，后世誉为"诗仙"，存诗九百九十余首，有《李太白文集》。杜甫（712—770），唐朝大诗人。字子美，祖籍襄阳（今湖北襄阳），曾祖时迁居巩县（今河南巩义西南），肃宗时任左拾遗，故世称杜拾遗，后又为检校工部员外郎，故又称杜工部。因出身寒微，曾流离漂泊，深感社会黑暗、人民痛苦，写下许多反映社会现实的诗篇，被誉为"诗史"，他则被后人推尊为"诗圣"，有《杜少陵集》。

五曰：物以少为贵，人亦宜然也。天下皆圣贤，孔孟亦弗尊尚矣。清言自可破俗，然在典午[1]，则滔滔皆是也。前人讥《晋书》，列传同于小说，正以采掇清言，多而少择也。立朝风节，强项敢言，前史侈为美谈。明中叶后，门户朋党，声气相激，谁非敢言之士？观人于此，君子必有辨矣，不得因其强项申威，便标风烈，理固然也。我宪皇帝澄清吏治，裁革陋规，整饬官方，惩治贪墨，实为千载一时。彼时居官，大法小廉，殆成风俗，贪冒之徒，莫不望风革面，时势然也。今观传志碑状之文，叙雍正年府州县官，盛称杜绝馈遗，搜除积弊，清苦自守，革除例外供支，其文洵不愧于《循吏传》矣。不知彼时逼于功令，不得不然，千万人之所同，不足以为盛节，岂可见奄寺而颂其不好色哉？山居而贵薪木，涉水而宝鱼虾，人知无是理也，而称人者乃独不然。是之谓"不达时势"，又文人之通弊也。

［1］典午：此为隐语，典，司。午，生肖马。典午，指司马。晋皇室为司马氏，后因以指代晋朝。

六曰：史既成家，文存互见。有如《管晏列传》[1]，而勋详于《齐世家》，张耳分题而事总于《陈余传》，非惟命意有殊，抑亦详略之体所宜然也。若夫文集之中，单行传记，凡遇牵联所及，更无互著之篇，势必加详，亦其理也。但必权其事理，足以副乎其人，乃不病其繁重尔。如唐平淮西，《韩碑》[2] 归功裴度[3]，可谓当矣。后中谗毁，改命于段文昌[4]，千古为之叹惜。但文昌徇于李愬[5]，愬功本不可没，其失犹未甚也。假令当日无名偏裨，不关得失之人，身后表阡，侈陈淮西功绩，则无是理矣。朱先生尝为编修蒋君撰志[6]，中叙国家前后平定准、回要略，则以蒋君总修方略，独力勤劳，书成身死，而不得叙功故也。然志文雅健，学者慕之。后见某中书舍人死，有为作家传者，全袭《蒋志》原文，盖其人尝任分纂数月，于例得列衔名者耳，其实于书未寓目也。是与无名偏裨居淮西功，又何以异？而文人喜于摭事，几等军吏攘功，何可训也！是之谓"同里铭旌"。昔有夸夫，终身未膺一命，好袭头衔，将死，遍召所知，筹计铭旌题字。或徇其意，假藉例封、待赠、修职、登仕诸阶，彼皆掉头不悦。最后有善谐者，取其乡之贵显，大书勋阶、师保、殿阁、部院、某国某封某公同里某人之枢，人传为笑。故凡无端而影附者，谓之"同里铭旌"，不谓文人亦效之也，是又文人之通弊也。

[1] 《管晏列传》：与下文《齐世家》《陈余传》均是《史记》篇名。
[2] 《韩碑》：指韩愈的《平淮西碑》，内容叙述裴度之事，载《昌黎先生集》卷三十。　　[3] 裴度（765—839）：唐朝大臣。字中立，河东闻喜（今山西闻喜）人。贞元时进士，历任监察御史、起居舍人、中书舍人、御史中丞、同中书门下平章事等。元和十二年（817）督师攻破蔡州，擒吴元济，河北藩镇大惧，相继臣服，使藩镇割据一度平息，封晋国公，故韩愈作《平淮西碑》以志其事。曾数度为相，晚年因宦官专权，辞官退居洛阳，不预政事。　　[4] 段文昌（773—835）：唐朝官吏。字墨卿，西河（今山西汾阳）人。先后任监察御史、祠部员外郎。元和十一年（816）为翰林学士；十四年，加知制诰；十五年，正拜中书舍人，寻拜中书侍郎、平章事。史称"出入将相，洎二十

年"。有文集三十卷。 [5] 李愬（773—821）：唐朝将军。字符直，洮州临潭（今甘肃临潭）人。元和九年（814），吴元济据申、光、蔡三州叛变。唐兴兵连年不克，愬上表自请参战。十一年被命为唐、隋、邓节度使，上任后利用有利形势，次年冬乘雪夜袭蔡州，俘吴元济，成为战争史上奇袭之范例。以功封凉国公，又历任武宁、昭义、魏博等节度使。 [6] "朱先生"句：朱筠曾为蒋雍植撰写墓志铭，即《编修蒋君墓志铭》，载《笥河文集》卷十二。铭文开头曰："君讳雍植，字秦树，辛巳以二甲第一人赐进士，改庶吉士，充平定准噶尔方略馆纂修官。总裁诸公皆倚重之，令总办方略一书。"

七曰：陈平[1]佐汉，志见社肉；李斯[2]亡秦，兆端厕鼠。推微知著，固相士之玄机；搜间传神，亦文家之妙用也。但必得其神志所在，则如图画名家，颊上妙于增毫；苟徒慕前人文辞之佳，强寻猥琐以求其似，则如见桃花而有悟，遂取桃花作饭，其中岂复有神妙哉？又近来学者喜求征实，每见残碑断石，余文剩字，不关于正义者，往往藉以考古制度，补史缺遗，斯固善矣。因是行文贪多务得，明知赘余非要，却为有益后世，推求不惮辞费。是不特文无体要，抑思居今世而欲备后世考征，正如董泽矢材，可胜既乎！夫传人者文如其人，述事者文如其事，足矣。其或有关考征，要必本质所具，即或闲情逸出，正为阿堵传神。不此之务，但知市菜求增，是之谓"画蛇添足"，又文人之通弊也。

[1] 陈平（？—前178）：西汉大臣，汉初功臣，阳武（今河南原阳东南）人。少时家贫，习黄老之术。陈胜起义，他先后投奔魏王咎和项羽，后背楚投汉，成为刘邦重要谋士，曾屡出奇计，多次立功，被封为曲逆侯。惠帝即位，曾任左丞相。吕后死，他与周勃合谋，诛诸吕，立文帝，独任丞相。文帝二年（前178）病卒。 [2] 李斯（？—前208）：秦朝政治家。楚上蔡（今河南上蔡西南）人。初为郡小吏，尝从荀卿学帝王之术。战国末入秦，秦相吕不韦任以为郎，上《谏逐客书》，受到秦王赏识，任为客卿，官至廷尉。辅助秦始皇统一六国，为丞相。建议废分封，定郡县，下禁书令。又作小篆，对统一我国文字有一定贡献。始皇死后，赵高用事，遭忌，被腰斩于咸阳。除《谏逐客书》外，尚有《仓颉篇》。

八曰：文人固能文矣，文人所书之人，不必尽能文也。叙事之文，作者之言也，为文为质，惟其所欲，期如其事而已矣；记言之文，则非作者之言也，为文为质，期于适如其人之言，非作者所能自主也。贞烈妇女，明诗习礼，固有之矣。其有未尝学问，或出乡曲委巷，甚至佣妪鬻婢，贞节孝义，皆出天性之优，是其质虽不愧古人，文则难期于儒雅也。每见此等传记，述其言辞，原本《论语》《孝经》，出入《毛诗》《内则》[1]，刘向之《传》[2]，曹昭之《诫》[3]，不啻自其口出，可谓文矣。抑思善相夫者，何必尽识鹿车、鸿案[4]；善教子者，岂皆熟记画荻、丸熊[5]！自文人胸有成竹，遂致闺修皆如板印。与其文而失实，何如质以传真也！由是推之，名将起于卒伍，义侠或奋阎闾，言辞不必经生，记述贵于宛肖。而世有作者，于斯多不致思，是之谓"优伶演剧"。盖优伶歌曲，虽耕氓役隶，矢口皆叶宫商[6]，是以谓之戏也。而记传之笔，从而效之，又文人之通弊也。

[1]　《内则》：《礼记》篇名。《礼记注疏》引郑《目录》云："《内则》者，以其记男女居室，事父母姑舅之法，闺门之内，轨仪可则，故曰内则。"
[2]　刘向之《传》：刘向作《列女传》，全书分母仪、贤明、仁智、贞顺、节义、辩通、孽嬖七类，每类十五人，共一百零五人。宣扬贤妻良母的封建教育，最初供宫廷中妇女阅读，后来在社会上影响很大。　[3]　曹昭之《诫》：即班昭所作之《女诫》。　[4]　鹿车，古代一种人力推车。"鹿车共挽"成语出自《后汉书》卷114《列女传》，记载鲍宣妻桓少君退回嫁妆，与丈夫拉着鹿车回乡，安贫乐道。鸿案：语出《后汉书》卷113《逸民传》，记载梁鸿与妻子孟氏"举案齐眉"的故事。后世以鹿车、鸿案作为夫妻恩爱互敬的典故。
[5]　画荻：语出《宋史》卷319《欧阳修传》，记其幼孤家贫，其母以荻（兼草）画地教其学书。丸熊：语出《新唐书》卷163《柳仲郢传》，记其母用熊胆和药为丸，使夜咀咽以助学。后世以画荻、丸熊作为贤母教子典范。
[6]　矢口皆叶（xié）宫商：矢口，随口。叶，通"协"，和洽。宫商，宫音与商音，泛指音律。语意为随口唱歌都符合音调。

　　九曰：古人文成法立，未尝有定格也。传人适如其人，述事适如其事，无定之中有一定焉。知其意者，旦暮遇之；不知其意，袭其形貌，神弗肖也。往余撰和州故给事《成性志传》[1]，性以建言著称，故采录其奏议。然性少遭乱离，全家被害，追悼先世，每见文辞，而《猛省》之篇尤沉痛，可以教孝，故于终篇全录其文。其乡有知名士赏余文曰："前载如许奏章，若无《猛省》之篇，譬如行船，鹢首[2]重而舵楼轻矣。今此婪尾[3]，可谓善谋篇也！"余戏诘云："设成君本无此篇，此船终不行耶？"盖塾师讲授《四书》文义，谓之时文，必有法度以合程式。而法度难以空言，则往往取譬以示蒙学。拟于房室，则有所谓间架结构；拟于身体，则有所谓眉目筋节；拟于绘画，则有所谓点睛添毫；拟于形家，则有所谓来龙结穴。随时取譬，习陋成风。然为初学示法，亦自不得不然，无庸责也。惟时文结习，深锢肠腑，进窥一切古书古文，皆此时文见解，动操塾师启蒙议论，则如用象棋枰布围棋子，必不合矣。是之谓"井底天文"，又文人之通弊也。

　　[1]《成性志传》：章学诚作《和州志》时为当地人成性所作之传，此传今收入《章氏遗书》外篇。成性，字我存，初名宗儒，号率庵，顺治四年（1647）入国子监，次年授秘书院试中书舍人，不久举顺天乡试，成进士，改中书舍人。后因病回归故里，于康熙十七年（1678）卒，终年五十八。著书十余万言，《猛省》乃成性所作之文篇名。　　[2]鹢（yì）首：鹢，大鸟。鹢首指船头，古代画鹢鸟于船头，故称。　　[3]婪尾：宴饮时巡酒至末座为"婪尾"。此指文章结尾。

　　十曰：时文可以评选，古文经世之业，不可以评选也。前人业评选之，则亦就文论文可耳。但评选之人，多非深知古文之人。夫古人之书，今不尽传，其文见于史传。评选之家，多从史传采录。而史传之例，往往删节原文以就隐括，故于文体所具，不尽全也。评选之家，不察其故，误谓原文如是，又从而为之辞焉。于引端不具而截中径起者，诩谓发轫之离奇；于刊削余文而遽入正传者，诧为篇终之崭峭[1]。于是好奇而寡识者，转相叹赏，刻意追摹，殆如左氏所云"非子之求，而蒲之爱"[2]矣。有明中叶以来，一种不情不理，自命为古文者，起不知所自来，收不知所自往，专以此等出人思议夸为奇特，于是坦荡之途生荆棘矣。夫文章变化，侔[3]于鬼神，斗然而来，戛然而止，何尝无此景象，何尝不为奇特！但如山之岩峭，水之波澜，气积势盛，发于自然；必欲作而致之，无是理矣。文人好奇，易于受惑，是之谓"误学邯郸"[4]，又文人之通弊也。

[1] 崭峭：山势陡峭，比喻文章收笔突兀。　　[2] 非子之求，而蒲之爱：语出《左传·宣公十二年》，谓知庄子不去营救儿子而喜欢选取好箭，比喻舍本逐末。蒲：蒲柳，制作箭杆的材料。　　[3] 侔：相等。　　[4] 误学邯郸：语出《庄子·秋水》，亦作邯郸学步，比喻错误地模仿。

◎研读

　　章学诚针对当时文坛上盛行模仿古代和形式主义等风气提出批评，认为文学作品必须具有实质内容，真实反映自己的思想感情，而不能作无病呻吟式的模仿。他在文中具体列出了文坛上存在的十大弊病："剜肉为疮""八面求圆""削趾适屦""私署头衔""不达时势""同里铭旌""画蛇添足""优伶演剧""井底天文""误学邯郸"，描述形象生动。他在批判的同时表述了自己的文学主张，而不是单纯地停留在批判上面，这是其可贵之处。

针 名

◎ 解题

古人重视探讨名实关系问题，章学诚为了防止欺世盗名之辈危害学术与社会，特地发声，强调"实至而名归"，反对"徇名而忘实"。

名者，实之宾，实至而名归，自然之理也，非必然之事也。君子顺自然之理，不求必然之事也。君子之学，知有当务而已矣，未知所谓名，安有见其为实哉？好名者流，徇名而忘实，于是见不忘者之为实尔。识者病之，乃欲使人后名而先实也。虽然，犹未忘夫名实之见者也。君子无是也。君子出处当由名义。先王所以觉世牖民[1]，不外名教，伊古以来，未有舍名而可为治者也。何为好名乃致忘实哉？曰：义本无名，因欲不知义者由于义，故曰名义；教本无名，因欲不知教者率其教，故曰名教。揭而为名，求实之谓也。譬犹人不知食，而揭树艺之名以劝农，人不知衣而揭盆缲[2]之名以劝蚕，暖衣饱食者不求农蚕之名也。今不问农蚕而但以饱暖相矜耀，必有辍耕织而忍饥寒，假借糠秕以充饱，隐裹败絮以伪暖，斯乃好名之弊矣。故名教名义之为名，农蚕也；好名者之名，饱暖也。必欲骛饱暖之名，未有不强忍饥寒者也。然谓好名者丧名，自然之理也，非必然之事也。昔介之推[3]不言禄，禄亦弗及；实至而名归，名亦未必遽归也。

[1] 牖（yǒu）民：诱导人民。　　[2] 盆缲（sāo）：语出《礼记·祭义》："夫人缲，三盆手。"盆，浸淹，指浸泡蚕丝。缲，缫丝。　　[3] 介之推：春秋时晋国人，早年随晋文公出亡，文公返晋为君后，遍赏随从而不及他，遂携母隐居于帛系上（今山西介休东南），文公派人寻求不得，将帛系上作为他名义上的封地。

天下之名，定于真知者，而羽翼于似有知而实未深知者。夫真知者，必先自知。天下鲜自知之人，故真能知人者不多也，似有知而实未深知者则多矣。似有知，故可相与为声名；实未深知，故好名者得以售其欺。又况智干术驭，竭尽生平之思力，而谓此中未得一当哉？故好名者往往得一时之名，犹好利者未必无一时之利也。且好名者固有所利而为之者也，如贾之利市焉，贾必出其居积，而后能获利；好名者亦必浇漓其实，而后能徇一时之名也。盖人心不同如其面[1]，故务实者不能尽人而称善焉。好名之人，则务揣人情之所向，不必出于中之所谓诚然也。且好名者必趋一时之风尚也，风尚循环，如春兰秋菊之互相变易而不相袭也。人生其间，才质所优，不必适与之合也。好名者则必屈曲以徇之，故于心术多不可问也。唇亡则齿寒，鲁酒薄而邯郸围[2]，此言势有必至，理有固然也。

[1] 人心不同如其面：语出《左传·襄公三十一年》："人心之不同，如其面焉。吾岂敢谓子面如吾面乎？"意思是人的内心世界各不相同，就好像他们的面貌各不相同一样。章学诚在论著中多次提及这句话。　　[2] 鲁酒薄而邯郸围：据史载，楚王会诸侯，鲁、赵俱献酒，鲁酒薄而赵酒厚，楚之主酒吏索酒于赵，赵不与。吏怒，以赵厚酒易鲁薄酒。楚王以赵酒薄，发兵围邯郸。

学问之道，与人无忮忌，而名之所关，忮忌有所必至也。学问之道，与世无矫揉，而名之所在，矫揉有所必然也。故好名者，德之贼也。若夫真知者，自知之确，不求人世之知之矣。其于似有知实未深知者，不屑同道矣。或百世而上得一人焉，吊其落落无与侪也，未始不待我为后起之援也；或千里而外得一人焉，怅其遥遥未接迹也，未始不与我为比邻之洽也。以是而问当世之知，则寥寥矣，而君子不以为患焉。浮气息，风尚平，天下之大，岂无真知者哉？至是而好名之伎亦有所穷矣。故曰：实至而名归，好名者皆名，皆自然之理也，非必然之事也，卒之事亦不越于理矣。

◎ 研读

章学诚揭露争名者的目的实质上就在于争利，"务揣人情之所向""必趋一时之风尚"，心术不正，违背名教思想。在学术界有些人为了争名，甚至不择手段，"好名者，德之贼也"。他在给朱少白的信中就曾指出："好名之习，渐为门户，而争胜之心，流为忮险。学问本属光明坦途，近乃酿成一种枳棘险隘，诡谲霠昧，殆于不可解释者。"做学问本应光明正大，而当时却出现树立门户、勾心斗角以追名逐利的不良风气，所以他在《答沈枫墀论学》中大声疾呼："为学之要，先戒名心；为学之方，求端于道。"当然，他也告诫人们："名者，实之宾，实至而名归，自然之理也。"这就是说，只要你做出成就，名自然会随之而来。

言公上

◎解题

《言公》上、中、下三篇，作于乾隆四十八年（1783），当时章学诚在河北永平敬胜书院主讲。文章主旨在于揭示古今学术立言宗旨的变化，在《再答周筤谷论课蒙书》中，自认为"其言实有开凿鸿蒙之功，立言家于是必将有取"，果然得到后世学者的好评。胡适在《章实斋先生年谱》中曾指出，《言公》三篇乃章氏得意之作。

古人之言，所以为公也，未尝矜于文辞而私据为己有也。志期于道，言以明志，文以足言。其道果明于天下，而所志无不申，不必其言之果为我有也。《虞书》[1]曰："敷奏以言，明试以功。"[2]此以言语观人之始也。必于试功而庸服[3]，则所贵不在言辞也。誓、诰之体，言之成文者也。苟足立政而敷治，君臣未尝分居立言之功也。周公曰："王若曰多方。"诰四国之文也。说者以为周公将王之命，不知斯言固本于周公，成王[4]允而行之，是即成王之言也。盖圣臣为贤主立言，是谓贤能任圣，是亦圣人之治也。曾氏巩[5]曰："典、谟载尧、舜功绩，并其精微之意而亦载之，是岂寻常所及哉？当时史臣载笔，亦皆圣人之徒也。"由是观之，贤臣为圣主述事，是谓贤能知圣，是亦圣人之言也。文与道为一贯，言与事为同条，犹八音相须而乐和，不可分属一器之良也；五味相调而鼎和，不可标识一物之甘也。故曰：古人之言，所以为公也，未尝矜于文辞而私据为己有也。

[1] 《虞书》：《尚书》的组成部分。《尚书》是由《虞书》《夏书》《商书》《周书》四部分组成。在今文《尚书》二十八篇中，《虞书》有《尧典》《皋陶谟》两篇，内容是讲尧舜时代事迹。　　[2] 敷奏以言，明试以功。语出《尚书·舜典》，诸侯向天子述职，天子考察他们的政绩。　　[3] 庸服：语出《尚书·舜典》。庸，功劳。赐予车马、衣服以表彰功劳。　　[4] 成王：西周第二代王，姬姓，名诵，武王之子。即位时年幼，由叔父周公旦摄政。七年还政，在位三十七年，谥成。　　[5] 曾氏巩：即曾巩。

司马迁曰："《诗》三百篇，大抵贤圣发愤所为作也。"是则男女慕悦之辞，思君怀友之所托也；征夫离妇之怨，忠国忧时之所寄也。必泥其辞而为其人之质言，则《鸱鸮》[1]实鸟之哀音，何怪鲋鱼忿诮于庄周[2]；《苌楚》[3]乐草之无家，何怪雌风慨叹于宋玉[4]哉！夫诗人之旨，温柔而敦厚，主文而谲谏[5]，言之者无罪，闻之者足戒；舒其所愤懑而有裨于风教之万一焉，是其所志也。因是以为名，则是争于艺术之工巧，古人无是也。故曰：古人之言，所以为公也，未尝矜于文辞而私据为己有也。

[1] 《鸱鸮（chī xiāo）》：《诗经·豳风》的一篇。鸱鸮，猫头鹰。通篇以母鸱鸮的口吻，描绘出既丧爱雏、复遭巢破的伤痛，周公借此向成王表达自己摄政遭猜疑而光明磊落的心迹。　　[2] 鲋鱼忿诮于庄周：《庄子·外物》记叙："庄周家贫，故往贷粟于监河侯。监河侯曰：'诺，我将得邑金，将贷子三百金，可乎？'庄周忿然作色曰：'周昨来，有中道而呼者。周顾视车辙中，有鲋鱼焉。周问之曰：'鲋鱼来，子何为者邪？'对曰：'我东海之波臣也，君岂有斗升之水而活我哉？'周曰：'诺。我且南游吴越之王，激西江之水而迎子，可乎？'鲋鱼忿然作色曰：'吾失我常与，我无所处，吾得斗升之水然活耳。君乃言此，曾不如早索我于枯鱼之肆。'"　　[3] 《苌楚》：《诗经·桧风》的一篇。苌楚，即羊桃。此诗采用赋兴及呼告的手法，表达对苌楚生机盎然、无思虑、无家室之累的羡慕之情，感叹人活得不如苌楚。　　[4] 雌风慨叹于宋玉：宋玉，战国时楚国辞赋家。后于屈原，或称是屈原弟子。鄢（今河南鄢陵西北）人。事楚顷襄王为大夫。其代表作有《九辩》等，《汉书·艺文

志》著录宋玉赋十六篇，大多散佚。他在《风赋》中采用夸张的手法，通过对楚襄王之"雄风"和"庶人之雌风"的对比描写，揭露社会生活中的不平等现象。　　[5] 谲（jué）谏：委婉地规谏。

　　夫子曰："述而不作。"六艺皆周公之旧典，夫子无所事作也。《论语》则记夫子之言矣。"不恒其德"，证义巫医，未尝明著《易》文也；"不忮不求"之美季路[1]，"诚不以富"之叹夷、齐，未尝言出于《诗》也；"允执厥中"[2]之述尧言，"玄牡昭告"[3]之述《汤誓》[4]，未尝言出于《书》也。墨子引《汤誓》。《论语》记夫子之微言，而《诗》《书》初无识别，盖亦述作无殊之旨也。王伯厚常据古书出孔子前者，考证《论语》所记夫子之言，多有所本。古书或有伪托，不尽可凭。要之古人引用成说，不甚拘别。夫子之言见于诸家之称述，诸家不无真伪之参，而子思、孟子之书，所引精粹之言，亦多出于《论语》所不载。而《论语》未尝兼收，盖亦详略互托之旨也。夫六艺为文字之权舆，《论语》为圣言之荟萃，创新述故，未尝有所庸心；盖取足以明道而立教，而圣作明述，未尝分居立言之功也。故曰：古人之言，所以为公也，未尝矜其文辞而私据为己有也。

　　[1]"不忮（zhì）不求"之美季路：忮，愤恨。求，贪婪。季路，孔子弟子仲由之字，又字子路。语出《论语·子罕》。　　[2] 允执厥中：言行不偏不倚，符合中正之道。　　[3] 玄牡昭告：玄牡，古代祭天地用的黑色公牛。昭告，明白地告知。　　[4]《汤誓》：《尚书》篇名，是商汤一篇誓师词。

　　周衰文弊，诸子争鸣，盖在夫子既殁，微言绝而大义之已乖也。然而诸子思以其学易天下，固将以其所谓道者，争天下之莫可加，而语言文字未尝私其所出也。先民旧章存录而不为识别者，《幼官》《弟子》[1]之篇，《月令》《土方》[2]之训是也。《管子·地圆》《淮南·地形》，皆土训之遗。辑其言行，不必尽其身所论述者，管仲之述其身死后事，韩非之载其李斯驳议是也。《庄子·让王》《渔父》之篇，苏氏谓之伪托；非伪托也，为庄氏之学者所附益尔。《晏子春秋》，柳氏以谓墨者之言，非以晏子为墨，为墨学者述晏子事以名其书，犹孟子之《告子》《万章》名其篇也。《吕氏春秋》，先儒与《淮南鸿烈》之解同称，盖谓集众宾客而为之，不能自命专家，斯固然矣。然吕氏、淮南未尝以集众为讳，如后世之掩人所长以为己有也。二家固以裁定之权自命家言，故其宗旨未尝不约于一律，吕氏将为一代之典要，刘安托于道家之支流。斯又出于宾客之所不与也。诸子之奋起，由于道术既裂，而各以聪明才力之所偏，每有得于大道之一端，而遂欲以之易天下。其持之有故而言之成理者，故将推衍其学术而传之其徒焉。苟足显其术而立其宗，而援述于前与附衍于后者，未尝分居立言之功也。故曰：古人之言，所以为公也，未尝矜其文辞而私据为己有也。

[1]　《幼官》《弟子》：均为《管子》篇名，今传《管子》中均有。
[2]　《土方》：《周礼》夏官之属有土方氏。

夫子因鲁史而作《春秋》，孟子曰"其事齐桓、晋文，其文则史"，孔子自谓窃取其义焉耳。载笔之士，有志《春秋》之业，固将惟义之求，其事与文，所以藉为存义之资也。世之讥史迁者，责其裁裂《尚书》《左氏》《国语》《国策》之文，以谓割裂而无当；出苏明允《史论》[1]。世之讥班固者，责其孝武以前之袭迁书，以谓盗袭而无耻，出郑渔仲《通志》。此则全不通乎文理之论也。迁《史》断始五帝，沿及三代、周、秦，使舍《尚书》《左》《国》，岂将为凭虚亡是之作赋乎？必谓《左》《国》而下为迁所自撰，则陆贾之《楚汉春秋》，高祖、孝文之传，皆迁之所采摭，其书后世不传，而徒以所见之《尚书》《左》《国》，怪其割裂焉，可谓知一十而不知二五者矣。固《书》断自西京一代，使孝武以前不用迁《史》，岂将为经生决科之同题而异文乎？必谓孝武以后为固之自撰，则冯商[2]、扬雄之纪，刘歆、贾护[3]之书，皆固之所原本，其书后人不见，而徒以所见之迁《史》，怪其盗袭焉，可谓知白出而不知黑入者矣。以载言为翻空欤？扬、马词赋，尤空而无实者也。马、班不为"文苑传"，藉是以存风流文采焉，乃述事之大者也。以叙事为征实欤？年表传目，尤实而无文者也。《屈贾》《孟荀》《老庄申韩》[4]之标目，《同姓侯王》《异姓侯王》[5]之分表，初无发明而仅存题目，褒贬之意默寓其中，乃立言之大者也。作史贵知其意，非同于掌故，仅求事文之末也。夫子曰："我欲托之空言，不如见诸行事之深切著明也。"此则史氏之宗旨也。苟足取其义而明其志，而事次文篇，未尝分居立言之功也。故曰：古人之言，所以为公也，未尝矜其文辞而私据为己有也。

[1] 苏明允《史论》：苏明允即苏洵（1009—1066），北宋文学家，字明允，号老泉，眉州眉山（今四川眉山）人。与子轼、辙合称"三苏"，为"唐宋八大家"之一。著有《史论》上下篇，载《嘉祐集》第八卷。 [2] 冯商：西汉学者。阳陵（一说长安）人。字子高。治《易》，初事五鹿充宗，后事刘向。曾续写《太史公书》十余篇。 [3] 贾护：西汉儒生，字季君，黎阳（今河南浚县东）人。从胡常学《左传》，汉哀帝时待诏为郎。 [4]《屈贾》《孟荀》《老庄申韩》：均为《史记》篇名之省称，即《屈原贾生列传》《孟子荀卿列传》《老子韩非列传》。 [5]《同姓侯王》《异姓侯王》：即《汉书》中之《诸侯王表》和《异姓诸侯王表》。

汉初经师，抱残守缺，以其毕生之精力，发明前圣之绪言，师授渊源，等于宗支谱系；观弟子之术业，而师承之传授，不啻凫鹄黑白[1]之不可相淆焉，学者不可不尽其心也。公、穀之于《春秋》，后人以谓假设问答以阐其旨尔。不知古人先有口耳之授而后著之竹帛焉，非如后人作经义，苟欲名家，必以著述为功也。商瞿[2]受《易》于夫子，其后五传而至田何，施、孟、梁丘，皆田何之弟子也。然自田何而上，未尝有书，则三家之《易》著于《艺文》，皆悉本于田何以上口耳之学也。是知古人不著书，其言未尝不传也。治《韩诗》者不杂齐、鲁，传伏《书》[3]者不知孔学，诸家章句训诂，有专书矣。门人弟子援引称述，杂见传、纪、章、表者，不尽出于所传之书也，而宗旨卒亦不背乎师说。则诸儒著述成书之外，别有微言绪论口授其徒，而学者神明其意，推衍变化，著于文辞，不复辨为师之所诏与夫徒之所衍也。而人之观之者，亦以其人而定为其家之学，不复辨其孰为师说，孰为徒说也。盖取足以通其经而传其学，而口耳竹帛，未尝分居立言之功也。故曰：古人之言，所以为公也，未尝矜于文辞而私据为己有也。

[1] 凫（fú）鹄（hú）黑白：《庄子·天运》："夫鹄不日浴而白，乌不日黔而黑。"凫，野鸭，此处当作"乌"，乌鸦。鹄，天鹅。 [2] 商瞿（前522—？）：春秋时鲁国人，孔子弟子。子姓，商氏，名瞿，字子木。鲁哀公时，齐欲伐鲁，孔子曾使其劝说齐止兵，未成。受《易》于孔子，而成一家之言。 [3] 伏《书》：指伏胜所传之《尚书》。伏胜，西汉儒生，名胜，字子贱，有时亦称伏生。济南（今山东济南章丘西）人。秦时为博士，精《尚书》。秦始皇焚书，他藏《尚书》于壁里，至汉立，从壁中取出，仅残留二十九篇，即依此在齐、鲁一带施教。文帝立，求天下精通《尚书》者召之。因其年已九十有余，行动不便，文帝即召太常掌故晁错前往接受面授，遂有《今文尚书》传布。相传他作《尚书传》四十一篇，实际系西汉时《今文尚书》博士集体所作。

言公中

呜呼！世教之衰也，道不足而争于文，则言可得而私矣；实不充而争于名，则文可得而矜矣。言可得而私，文可得而矜，则争心起而道术裂矣。古人之言，欲以喻世；而后人之言，欲以欺世。非心安于欺世也，有所私而矜焉，不得不如是也。古人之言，欲以淑人；后人之言，欲以炫己。非古人不欲炫而后人偏欲炫也，有所不足与不充焉，不得不如是也。孟子曰："矢人岂不仁于函人哉？操术不可不慎也。"古人立言处其易，后人立言处其难。何以明之哉？古人所欲通者，道也。不得已而有言，譬如喜于中而不得不笑，疾被体而不能不呻，岂有计于工拙敏钝而勉强为之效法哉？若夫道之所在，学以趋之；学之所在，类以聚之。古人有言，先得我心之同然者，即我之言也。何也？其道同也。传之其人，能得我说而变通者，即我之言也。何也？其道同也。穷毕生之学问思辨于一定之道，而上通千古同道之人以为之藉，下俟千古同道之人以为之辅，其立言也，不易然哉！惟夫不师之智，务为无实之文，则不喜而强为笑貌，无病而故为呻吟，已不胜其劳困矣；而况挟恐见破之私意，窃据自擅之虚名，前无所藉，后无所援，处势孤危而不可安也，岂不难哉？夫外饰之言与中出之言，其难易之数可知也；不欲争名之言与必欲争名之言，其难易之数又可知也；通古今前后而相与公之之言，与私据独得必欲己出之言，其难易之数又可知也。立言之士，将有志于道而从其公而易者欤？抑徒竞于文而从其私而难者欤？公私难易之间，必有辨矣。呜呼！安得知言之士而与之勉进于道哉！

　　古未有窃人之言以为己有者，伯宗、梁山之对[1]，既受无后之诮，而且得蔽贤之罪[2]矣；古未有窃人之文以为己有者，屈平属草稿未定，上官大夫见而欲夺，既思欺君而且以谗友矣。窃人之美，等于窃财之盗，老氏言之，断断如也，其弊由于自私其才智而不知归公于道也。向令伯宗荐辇者之贤，而用缟素哭祠之成说，是即伯宗兴邦之言也，功不止于梁山之事也；上官大夫善屈平，而赞助所为宪令焉，是即上官造楚之言也，功不止于宪令之善也。韩琦[3]为相而欧阳修为翰林学士，或谓韩公无文章。韩谓："琦相而用修为学士，天下文章孰大于琦？"呜呼！若韩氏者，可谓知古人言公之旨矣。

[1] 伯宗（？—前577）：春秋时晋国大夫。好直谏，厉公五年为三郤所谮，被杀。《左传·成公五年》载，晋国梁山崩塌，晋侯召见伯宗。伯宗在途中遇见一位驾车人，告以应对之道云："山有朽壤而崩，可若何？国主山川。故山崩川竭，君为之不举，降服，乘缦，彻乐，出次，祝币，史辞以礼焉。"伯宗以告景公，景公欣然从之。　　[2] 既受无后之诮，而且得蔽贤之罪：汉代韩婴《韩诗外传》卷八记载："君问伯宗何以知之，伯宗不言受辇者，诈以自知。孔子闻之曰：'伯宗其无后！攘人之善。'"　　[3] 韩琦（1008—1075）：北宋大臣。字稚圭，号赣叟，相州安阳（今河南安阳）人。天圣进士，任右司谏，上书抨击宰相王随、陈尧佐和参知政事韩亿、石中立，使四人同日罢相。后出任陕西安抚使等职，庆历三年（1043）被召入相，任枢密副使，支持"庆历新政"，新政失败又出知扬、定等州。英宗时继续为相，封魏国公，著有《安阳集》。

　　窃人之所言以为己有者，好名为甚，而争功次之；功欺一时而名欺千古也。以己之所作伪托古人者，奸利为甚，而好事次之；好事则罪尽于一身，奸利则效尤而蔽风俗矣。齐丘窃《化书》于谭峭[1]，郭象[2]窃《庄》注于向秀[3]，君子以谓儇薄[4]无行矣。作者如有知，但欲其说显白于天下，而不必明之自我也。然而不能不恫心于窃之者，盖穿窬肤箧[5]之智，必有窜易更张以就其掩著，而因以失其本指也。刘炫之《连山》[6]，梅赜之《古文尚书》，应诏入献，将以求禄利也。侮圣人之言而窃比河间、河内之蒐讨，君子以为罪不胜诛矣。夫坟典既亡，而作伪者之搜辑补苴，如古文之采辑逸书，散见于记传者，几无遗漏。亦未必无什一之存也。然而不能不深恶于作伪者，遗篇逸句附于阙文而其义犹存，附会成书而其义遂亡也。向令易作伪之心力而以采辑补缀为己功，则功岂下于河间之《礼》[7]，河内之《书》[8]哉？王伯厚之《三家诗考》[9]，吴草庐之《逸礼》[10]，生于宋、元之间，去古浸远，而尚有功于经学；六朝古书不甚散亡，其为功较之后人，必更易为力。惜乎计不出此，反藉以作伪。郭象《秋水》《达生》[11]之解义，非无精言名理可以为向之亚也。向令推阐其旨，与秀之所注相辅而行，观者亦不辨其孰向孰郭也，岂至遽等穿窬之术哉？不知言公之旨而欲自私自利以为功，大道隐而心术不可复问矣。

[1] 齐丘窃《化书》于谭峭：《化书》，亦称《齐丘子》，原著录齐丘作。宋濂在《诸子辩》中云："《齐丘子》六卷，一名《化书》，言道、术、德、仁、食、俭六化为甚悉。世传为伪唐宋齐丘子嵩作"；"是书之作非齐丘也，终南山隐者谭峭景升也，齐丘窃之者也"。任继愈主编的《中国哲学史》亦认为此书系五代时谭峭所作。宋齐丘（887—959），南唐官吏。字子嵩，豫章（今江西南昌）人。因佐李昇得江南有功，累官至丞相。后不得意，归九华山，赐号九华先生，封青阳公。后周显德五年为李景所杀。谭峭：五代时人，字景升，泉州人。不应科举，为道士，居住于嵩山与衡山。著《化书》六卷。
[2] 郭象（252—312）：西晋学者。字子玄，河南洛阳（今河南洛阳东）人。好老庄，善玄谈，所作《庄子注》，为现存最早《庄子》注本。其书就向秀所注述而广之，故《世说新语·文学》说其书乃窃取向秀成果。另撰有《论语体略》和《碑论》十二篇，均已佚。   [3] 向秀（约227—272）：西晋玄学名士。字子期，河内郡怀县（今河南武陟西南）人。好老庄之学，与嵇康、阮籍等交游，为"竹林七贤"之一。开当时玄谈之风。所作《庄子隐解》已佚。
[4] 儇薄（xuān báo）：巧佞轻佻。   [5] 穿窬（yú）胠（qū）箧：穿窬，翻墙头或钻墙洞盗窃。胠箧，撬开箱子。指偷盗行为。   [6] 刘炫之《连山》：刘炫（约546—约613），隋朝经学家。字光伯，河间景城（今河北沧县西）人。文帝开皇中参与撰写隋史及天文律历。时牛弘奏请购求遗书，他伪造《连山易》《鲁史记》等百余卷送官，领赏而去。后被人揭发除名。著有《论语述议》《春秋述议》《尚书述议》《毛诗述议》《五经正名》等。   [7] 河间之《礼》：河间指河间献王刘德（？—前130），景帝之子。好古学，爱藏书，凡遗散民间之古籍，必重金收购。《隋书·经籍志》："汉初，有高堂生传十七篇，又有古经出于淹中，而河间献王，好古爱学，收集余烬，得而献之，合五十六篇，并威仪之事。""有李氏得《周官》……上于河间献王，独缺《冬官》一篇。献王购以千金不得，遂取《考工记》以补其处，合成六篇奏之。""又得仲尼弟子及后学者所记一百三十一篇献之，时亦无传之者。"   [8] 河内之《书》：王充《论衡·正说篇》："孝宣帝之时，河内女子发老屋，得逸《易》《礼》《尚书》各一篇奏之，宣帝下示博士，然后《易》《礼》《尚书》各益一篇，而《尚书》二十九篇始定矣。"《隋书·经籍志》："河内女子得《泰誓》一篇，献之。"   [9] 《三家诗考》：指王应麟搜集齐、鲁、韩三家诗说，成书

三卷。 　[10] 吴草庐之《逸礼》：吴澄（1249—1333），元朝理学家，字幼清，学者称为草庐先生。抚州崇仁（今江西崇仁）人。元英宗时，曾为翰林学士。后主修《英宗实录》。曾撰《仪礼逸经传》二卷，搜拾逸经，以补《仪礼》之遗。还著有《吴文正公集》《草庐精语》等。 　[11] 《秋水》《达生》：指郭象所注《庄子》之两篇篇名。但据《世说新语·文学》所讲，应为《秋水》《至乐》二篇。

　　学者莫不有志于不朽，而抑知不朽固自有道乎？言公于世，则书有时而亡，其学不至遽绝也。盖学成其家而流衍者长，观者考求而能识别也。孔氏《古文》[1]虽亡，而史迁问故于安国，今迁书具存，而孔氏之《书》未尽亡也；韩氏之《诗》[2]虽亡，而许慎治《诗》兼韩氏，今《说文》具存，而韩婴之《诗》未尽亡也；刘向《洪范五行传》[3]与《七略》《别录》[4]虽亡，而班固史学出刘歆，歆之《汉记》，《汉书》所本。今《五行》《艺文》二志具存，而刘氏之学未亡也。亦有后学托之前修者，褚少孙[5]之藉灵于马迁，裴松之[6]之依光于陈寿，非缘附骥，其力不足自存也。又有道同术近，其书不幸亡逸，藉同道以存者，《列子》残阙，半述于庄生；杨朱书亡，多存于《韩子》；盖庄、列同出于道家，而杨朱为我，其术自近名法也。又有才智自骋，未足名家，有道获亲，幸存斧琢之质者，告子杞柳湍水之辨[7]，藉孟子而获传；惠施白马三足之谈[8]，因庄生而遂显；虽为射者之鹄，亦见不羁之才，非同泯泯也。又有琐细之言，初无高论，而幸人会心，竟垂经训。孺子濯足之歌，通于家国；时俗苗硕之谚，证于身心。其喻理者即浅可深，而获存者无俗非雅也。凡若此者，非必古人易而后人难也，古人巧而后人拙也，古人是而后人非也。名实之势殊，公私之情异，而有意于言与无意于言者，不可同日语也。故曰：无意于文而文存，有意于文而文亡。

　　[1] 孔氏《古文》：指孔安国《古文尚书》。 　[2] 韩氏之《诗》：韩婴，西汉学者，燕人。以治《诗》著名，作《内外传》数万言，在燕、赵一带广为

流传，为汉初传《诗》之一宗。又通《易》。武帝时与董仲舒辩论经义，深得武帝称赏。　　[3]《洪范五行传》：据古籍记载，刘歆与其父刘向均作有《洪范五行传论》，皆亡佚。　　[4]《别录》：刘向作。汉成帝河平三年（前26），令刘向组织人员整理天下群书，每部书校毕，刘向便写"叙录"一篇，如同后世解题、提要之类，最初是每篇"叙录"，写在本书上面，后来又将群书"叙录"抄集在一起，成为一部总的叙录汇编，以便别行于世，所以又称《别录》。可惜早亡佚。　　[5] 褚少孙：西汉史学家。颍川（今河南禹州市）人。早年寓居沛（今江苏沛县），曾受业于著名儒生王式。元帝、成帝间任博士。号称褚先生。因司马迁《史记》流传中发生残缺，他多方搜集史料，为之补撰。补撰篇数，今人说法不一。　　[6] 裴松之（372—451）：东晋历史学家，字世期，河东闻喜（今山西闻喜）人。东晋武帝时，历官殿中将军、员外散骑侍郎。刘宋建立后官中书侍郎，司、冀二州大中正，并被封为西乡侯。宋文帝以《三国志》过于简略，命其作注，裴注大大地丰富了《三国志》的内容，引书达二百种以上，而所引之书，今已十不存一，因而裴注就显得更加宝贵。　　[7] 告子杞柳湍水之辨：《孟子·告子上》记载了告子与孟子用杞柳、湍水做比喻的辩论。　　[8] 惠施白马三足之谈：惠施（约前370—前310），宋国人，名家的代表人物，即惠子。他提出"卵有毛""鸡三足"等命题。"白马"非惠施之论，《公孙龙子》以为"白马非马"。

今有细民之讼，两造[1]具辞，有司受之，必据其辞而赏罚其直枉焉。所具之辞，岂必乡曲细民能自撰哉？而曲直赏罚，不加为之辞者而加之讼者，重其言之之意[2]，而言固不必计其所出也。墓田陇亩，祠庙宗支，履勘碑碣，不择鄙野，以谓较论曲直，舍是莫由得其要焉。岂无三代钟鼎，秦、汉石刻，款识奇古，文字雅奥，为后世所不可得者哉？取辨其事，虽庸而不可废；无当于事，虽奇而不足争也。然则后之学者，求工于文字之末而欲据为一己之私者，其亦不足与议于道矣。

[1] 两造：诉讼双方，即原告和被告。　　[2] 重其言之之意：注重状词的内容。

或曰：指远辞文，《大传》之训也；辞远鄙背，贤达之言也；"言之不文，行之不远"，辞之不可以已也！今曰求工于文字之末者非也，其何以为立言之则欤？曰：非此之谓也。《易》曰："修辞立其诚。"诚不必于圣人至诚之极致，始足当于修辞之立也。学者有事于文辞，毋论辞之如何，其持之必有其故，而初非徒为文具者，皆诚也。有其故而修辞以副焉，是其求工于是者，所以求达其诚也。"《易》奇而法，《诗》正而葩"，"《易》以道阴阳"，《诗》以道性情也。其所以修而为奇与葩者，则固以谓不如是，则不能以显阴阳之理与性情之发也。故曰：非求工也。无其实而有其文，即六艺之辞犹无所取，而况其他哉！

文，虚器也；道，实指也。文欲其工，犹弓矢欲其良也。弓矢可以御寇，亦可以为寇，非关弓矢之良与不良也；文可以明道，亦可以叛道，非关文之工与不工也。陈琳为袁绍[1]草檄，声曹操[2]之罪状，辞采未尝不壮烈也。他日见操，自比矢之不得不应弦焉。使为曹操檄袁绍，其工亦必犹是尔。然则徒善文辞而无当于道，譬彼舟车之良，洵便于乘者矣，适燕与粤，未可知也。

[1] 袁绍（？—202）：东汉末世族豪强。字本初，汝南汝阳（今河南商水西北）人。在董卓专权时，他在冀州（今河北中南部）号召发兵讨卓，成为关东军盟主。在混战中，他据有冀、青、幽、并四州，形成地广兵多的割据势力，并想消灭曹操势力，但在官渡之战中被曹操击败，不久病死。　[2] 曹操（155—220）：东汉末政治家、军事家、文学家。字孟德，小名阿瞒，沛国谯县（今安徽亳州）人。以镇压黄巾起义起家，建安元年（196）迎汉献帝于许都（今河南许昌东），兴办屯田，整训部队，十三年进位丞相。后受封魏王。精通兵法，著《孙子略解》《兵书接要》等。善诗歌，今存诗二十余首。曹丕称帝后，追尊为魏武帝。

圣人之言，贤人述之而或失其指；贤人之言，常人述之而或失其指。人心不同，如其面焉。而曰言托于公，不必尽出于己者，何也？盖谓道同而德合，其究终不至于背驰也。且赋诗断章，不啻若自其口出，而本指有所不拘也；引言互辨，与其言意或相反，而古人并存不废也。前人有言，后人援以取重焉，是同古人于己也；前人有言，后人从而扩充焉，是以己附古人也。仁者见仁，知者见知，言之从同而异、从异而同者，殆如秋禽之毛不可遍举也。是以后人述前人而不废前人之旧也，以为并存于天壤，而是非失得自听知者之别择，乃其所以为公也。君子恶夫盗人之言，而遽铲去其迹以遂掩著之私也。若夫前人已失其传，不得已而取裁后人之论述，是乃无可如何。譬失祀者得其族属而主之，亦可通其魂魄尔。非喻言公之旨，不足以知之。

言公下

于是泛滥文林，回翔艺苑，离形得似，弛羁脱鞴[1]，上窥作者之指，下挹时流之撰。口耳之学既微，竹帛之功斯显。窟巢托足，遂启璇雕[2]；毛叶御寒，终开组纂[3]；名言忘于太初，流别生于近晚。譬彼鼊沸酌于觞窦[4]，斯褰裳以厉津[5]；堤防拯于横流，必方舟而济乱。推言公之宗旨，得吾道之一贯。惟日用而不知，鸮炙忘乎飞弹[6]。试一揽夫沿流，蔚春畦之葱蒨[7]。

［1］弛羁（jī）脱鞴（xiǎn）：羁，马笼头。鞴，驾车时套在牲口腹部的皮带。意指摆脱束缚。　［2］窟巢托足，遂启璇雕：起初在洞穴草房中安身，后来营建玉雕的宫室。　［3］毛叶御寒，终开组纂：用兽皮树叶御寒，最终编织出精美的丝织品。　［4］鼊（bì）沸酌于觞（shāng）窦：鼊沸，泉水涌出。觞窦，仅能泛起酒杯的小水沟。　［5］褰（qiān）裳以厉津：褰，撩起，揭起。厉，涉水。津，渡口。意为提起衣裳涉水过河。　［6］鸮

炙忘乎飞弹：《庄子·齐物论》："且女亦大早计，见卵而求时夜，见弹而求鸮炙。"时夜，指鸡。鸮炙，炙鸮鸟为食。此句意思是为得到烤炙鸮肉而丢弃弹弓。　　[7] 葱蒨（qiàn）：草木青翠茂盛。

　　若乃九重高拱，六合[1]同风；王言纶绰[2]，元气寰中[3]。秉钧燮鼎[4]之臣，襄谟殿柏；珥[5]笔执简之士，承旨宸枫[6]。于是西掖挥麻[7]，北门视草[8]。天风四方，渊雷八表[9]。敷洋溢之德音，述忧勤之怀抱。崇文则山《韶》海《濩》[10]，厉武则泰秝汃驱[11]，敷政则云龙就律[12]，恤灾则鸠鹄回腴[13]。斯并石室金縢[14]，史宬[15]尊藏掌故，而缥函缃轴[16]，学士辑为家书。左史右史之纪，王者无私；内制外制之集，词臣非擅。虽木天清闳[17]，公言自有专官；而竹簜[18]茅檐，存互何妨于外传也。制诰之公。

　　[1] 六合：指上下和四方，泛指天地或宇宙。　　[2] 王言纶绰（lún fú）：《礼记·缁衣》："王言如丝，其出如纶；王言如纶，其出如绰。"纶绰，皇帝的诏令。　　[3] 寰中：寰宇之内，指天下。　　[4] 秉钧燮（xiè）鼎：钧，古代制作陶器所用的转轮。秉钧比喻官居要职，执掌政权。燮，调和。燮鼎，比喻治国理政。　　[5] 珥（ěr）：插。　　[6] 宸枫：宫殿。　　[7] 西掖挥麻：西掖，中书或中书省的别称。麻，麻纸，指诏书。　　[8] 北门视草：北门，北门学士。视草，文臣起草诏书。　　[9] 天风四方，渊雷八表：如天风吹遍天下，沉雷震动远方。八表，极远之地。　　[10] 山《韶》海《濩》：《庄子·天下篇》："黄帝有《咸池》、尧有《大章》、舜有《大韶》、禹有《大夏》、汤有《大濩》、文王有《辟雍》之乐。武王、周公作《武》。"疏曰："以上是五帝三王乐名也。"　　[11] 厉武则泰秝汃（bīn）驱：《尔雅·释地》："东至于泰远，西至于邠国。"泰，东方极远之地。秝，粮草。邠，《说文》作"汃"，西方极远之地。驱，驰使。此句意思是宣扬武威就驱使远方供应粮草。　　[12] 云龙就律：云从龙，比喻君臣和谐。　　[13] 鸠鹄回腴：鸠，鸠形，胸骨突出。鹄，鹄面，容颜枯瘦。形容人因饥饿而身体瘦削、面容憔悴。腴，丰腴，肥胖。　　[14] 石室金縢（téng）：指国家藏书之处。金縢，用金属制的带子将收藏书契的柜封存。　　[15] 史宬（chéng）：皇史宬，是中国明清两代的皇家档案馆。　　[16] 缥（piǎo）函缃（xiāng）轴：缥，青白色的丝织品，缃，浅黄色的帛。常作书套、书衣，称为"缥缃"，成为书

籍的别称。　[17] 木天清閟（bì）：木天，指藏书的秘阁。閟，关闭，引申为幽静。　[18] 竹簟（diàn）：竹席。

　　至于右文稽古，购典延英。兰台述史，虎观谈经。议簧校帜[1]，六天、五帝、三统、九畴[2]之论，专家互执；《礼》仇《书》讼[3]，齐言、鲁故、孔壁、梁坟[4]之说，称制以平[5]。《正义》[6]定著乎一家，《晋史》约删以百卷，六百年之解诂章疏，《五经正义》，取两汉六朝专家之说而定于一。十八家之编年纪传。《晋史》一十八家。譬彼漳分江合，济伏河横，淮申沔曲，汨兮朝宗于谷王[7]；翡翠空青，蔚蓝芝紫，水碧砂丹，烂兮章施于采绚。凡以统车书而一视听，齐钧律[8]而抑邪滥，虽统名乎敕定，实举职于儒臣。领袖崇班，表进勒名首简；群工集事，一时姓氏俱湮。盖新庙献功，岂计众匠奔趋；而将作[9]用纪，明禋[10]成礼，何论庖人治俎而尸祝辞陈[11]！馆局之公。

　　[1] 议簧校帜：议论巧舌如簧，争辩服色德运。　[2] 六天、五帝、三统、九畴：六天，指大帝与太微官五帝。五帝，指青帝、赤帝、白帝、黑帝、黄帝。三统，指夏、商、周三代正统。九畴，指传说中天帝赐给禹治理天下的九类大法。《尚书·洪范》："天乃锡禹洪范九畴，彝伦攸叙。初一曰五行，次二曰敬用五事，次三曰农用八政，次四曰协用五纪，次五曰建用皇极，次六曰乂用三德，次七曰明用稽疑，次八曰念用庶征，次九曰向用五福、威用六极。"　[3] 《礼》仇《书》讼：指治《周礼》与《尚书》的各家互相仇视、争讼。　[4] 齐言、鲁故、孔壁、梁坟：齐言，齐地流传说法。鲁故，《汉书·艺文志》著录《鲁故》二十五卷。孔壁，西汉时从孔子宅墙壁中得到古文《尚书》等典籍。梁坟，西晋从魏襄王墓中发现《竹书纪年》《汲冢周书》等古籍。　[5] 称制以平：称制，行使皇帝权力。指皇帝出面平息纷争。[6] 《正义》：即原注中所云《五经正义》。顾炎武《日知录》卷十八《十三经注疏》云，唐太宗先令颜师古考定《五经》颁于天下，又命孔颖达与诸儒撰定《五经》义疏，凡一百七十卷，名曰《五经正义》。可见《五经正义》并非孔颖达一人所作。高宗永徽四年颁此书于天下，之后考试皆以此为依据。[7] 谷王：江海的别称。　[8] 钧律：钧，乐调。律，音律。　[9] 将

作：官名，掌管宫室、宗庙建筑。　　[10] 禋（yīn）：升烟祭天以求福，泛指祭祀。　　[11] 庖（páo）人治俎（zǔ）而尸祝辞陈：语出《庄子·逍遥游》："庖人虽不治庖，尸祝不越樽俎而代之矣。"庖人，官名，职掌供膳。尸祝：主持祝祷的人。俎，祭祀时放祭品的器物。

　　尔其三台八座，百职庶司，节镇统部，郡县分治。罗群星于秋旻[1]，苗百谷于东菑[2]。簿书稠匝，卷牒纷披。文昌武库[3]，礼司乐署之灿烂，若辐凑而运轴于车轮；甲兵犴讼[4]，钱货农田之条理，若棋置而列枰以方罫[5]。雁行进蓝田之牒，准令式而文行；牛耳招平原[6]之徒，奉故事而画诺[7]。是则命笔为刀，称书曰隶。遣言出自胥徒，得失归乎长吏。盖百官治而万民察，所以易结绳而为书契，昧者徒争于末流，知者乃通其初意。文移之公。

　　[1] 秋旻（mín）：秋季的天空。　　[2] 东菑（zī）：泛指田园。[3] 文昌武库：文昌，唐代尚书省别称。武库，掌管兵器的官署。　　[4] 犴（àn）讼：狱讼。犴，监狱。　　[5] 列枰（píng）以方罫（guǎi）：枰，棋盘。罫，围棋上的方格子。　　[6] 平原：指平原君赵胜（？—前251），战国时赵国宗室大臣。亦作"公子胜"。因其最早封地在平原（今山东平原西南），故又称平原君，是战国时"四大公子"之一。以礼贤下士著称，门下有宾客数千。长平大战后，秦军进围邯郸，形势危急。他尽散家财，鼓励士卒坚守，长达三年之久。后派使者向魏告急，并亲率宾客毛遂等赴楚求救。后魏、楚援兵至，方解邯郸之围。　　[7] 画诺：在文书上签字画押表示同意。

　　若夫侯王将相，岳牧[1]群公，铃阁[2]启事，戟门治戎。称崇高之富贵，具文武之威风。则有书记翩翩，风流名士，幕府宾客，文学掾史。鹗击海滨，仲连[3]飞书于沙漠；鹰扬河朔，孔璋[4]驰檄于当涂。王粲[5]慷慨而依刘[6]，赋传荆阙；班固倜傥以从窦，铭勒狼居。乌毁涂摧，死魄感惠连[7]之吊；莺啼花发，生魂归希范[8]之书。斯或精诚贯金石之坚，忠烈奋风云之气。输情则青草春生，腾说则黄涛夏沸，感幽则山鬼夜啼，显明则海灵朝霁[9]。并能追查入冥，传心达志。变化从人，曲屈如意。盖利禄之途既广，则揣摩之功微至。中晚文人之集，强半捉刀之技。既合驭而和鸾，岂分途而争帜？书记之公。

[1] 岳牧，传说中尧舜时四岳十二牧的简称，后指封疆大吏。　　[2] 铃阁（gé）：阁同"阁"。指翰林院以及将帅或州郡长官办事的地方。　　[3] 仲连：即鲁仲连，战国时齐国人。一称鲁连。好辩，善谋略。秦军攻赵都邯郸，魏国派游说之士潜入城中，劝赵孝成王尊秦昭王为帝，以缓急难。仲连适在城中，力主不可。赵王采其议，遂使军心稳定。不久魏公子无忌来救，秦军乃去。平原君赵胜嘉其功，欲予封号，他辞让不受。后齐将田单欲收复失地聊城，久攻不下，他修书燕将，用箭射入城中，晓以利害，使城不攻而下，田单欲赏以爵位，他逃隐海上。　　[4] 孔璋：陈琳的字。　　[5] 王粲（177—217）：东汉末文学家。字仲宣，山阳高平（今山东微山西北）人。"建安七子"之一。避难赴荆州，依刘表，后归附曹操，任丞相掾，赐爵关内侯。魏建立后，拜侍中。著诗、赋、论、议近六十篇。代表作《七哀诗》《登楼赋》。[6] 刘：指刘表（142—208），东汉末大臣。字景升，山阳高平人。少知名，为"八俊"之一。曾为荆州刺史。后为镇南将军、荆州牧，封成武侯。最后北据汉川，成一方诸侯，依违于曹操、袁绍之间，以观天下之变。建安十三年（208）病卒。　　[7] 惠连：谢惠连（397—433），南朝宋诗人。陈郡阳夏（今河南太康）人。谢灵运族弟。元嘉间，任彭城王刘义康司徒法曹参军，工于诗赋。有《谢惠连集》六卷，已佚。《文选·谢惠连·祭古冢文》："刍灵已毁，涂车既摧。"刍灵：用茅草扎成的人、马，送葬之物。涂车，送葬用的泥车。　　[8] 希范：即丘迟（464—508），南朝梁文学家。字希范，吴兴乌程（今浙江湖州）人。初仕齐，官至殿中郎。入梁，官至司空从事中郎。诗文以抒情写景见长。所作《与陈伯之书》，感情深厚，被后世视为优秀骈文而广为流传。有《丘迟集》十卷，至宋亡佚。　　[9] 霁（jì）：本意指雨雪停止，天空放晴，比喻怒气消散。

盖闻富贵愿足，则慕神仙。黄白之术[1]既绌，文章之尚斯专。度生人之不朽，久视弗若名传；既惩愚而显智，遂以后而胜前。则有爵擅七貂[2]，抑或户封十万，当退食之委蛇，或休沐之闲宴。耻汩没于世荣，乃雅羡乎述赞。于是西园集雅，东阁宾儒，列铅置槧[3]，纷墨披朱。求艺林之胜事，遂合力而并图。或抱荆山之璞，或矜隋侯之珠，或宝燕市之石，或滥齐门之竽。皆怀私而自媚，视匠指而奔趋。既取多而用闳[4]，譬峙粮而聚稿；藉大力以赅存，供善学之搜讨。立功固等乎立言，何尝少谢于专家之独造也哉！募集之公。

[1] 黄白之术：方士烧炼丹药点化金银的法术。　　[2] 爵擅七貂：萧统《文选》卷二十一《左太冲·咏史》："金张藉旧业，七叶珥汉貂。"七叶：七代。珥（ěr）：插。珥汉貂：汉代侍中、中常侍的帽子上，皆插貂尾。这句是说七代做高官。　　[3] 列铅置槧（qiàn）：铅，铅笔。槧，记事用的木板。[4] 闳（hóng）：宏大。

至如《诗》《骚》体变，乐府登场。《朱鹭》《悲翁》《上邪》《如张》[1]之篇题，学士无征于诠解；呼豨、瑟二、存吾、几令[2]之音拍，工师惟记乎铿锵。则有拟议形容，敷陈推表，好事者为之说辞，伤心人别有怀抱。金羁白马，酒市钗楼，年少之乐也；关山杨柳，行李风烟，离别之情也；草蓨禽肥，马骄弓逸，游猎之快也；陇水呜咽，塞日昏黄，征戍之行也。或以感愤而申征夫之怨，或以悒郁而抒去妾之悲，或以旷怀而恢游宴之兴，或以古意而托艳冶之词。盖传者未达其旨，遂谓《子夜》[3]乃女子之号，《木兰》[4]为自叙之诗。苟不背于六义之比兴，作者岂欲以名姓而自私！乐府之公。

[1] 《朱鹭》《悲翁》《上邪》《如张》：均为汉鼓吹铙歌十八曲之篇名，《悲翁》原为《思悲翁》，《如张》原为《艾如张》。原载《古今乐录》，已佚。《乐府诗集》有引。　　[2] 呼豨（xī）、瑟二、存吾、几令：乐府歌词中的衬字。　　[3] 《子夜》：即《子夜歌》。《宋书·乐志》一："《子夜歌》者，有女子名子夜，造此声。晋孝武太元中，琅邪王轲之家有鬼歌《子夜》。"[4] 《木兰》：即《木兰诗》，当系北朝时期民歌，后经唐人修改。同样始见于《古今乐录》、《乐府诗集》引。

别有辞人点窜，略仿史删。因袭成文，或稍加点窜，惟史家义例有然，诗文集中本无此例。间有同此例者，大有神奇臭腐之别，不可不辨。凤困荆墟，疾迷阳[1]于南国；庄子改《凤兮歌》。《鹿鸣》[2]萍野，诵《宵雅》[3]于《东山》[4]。魏武用《小雅》诗。女萝薜荔[5]，《陌上》[6]演《山鬼》之辞；绮纨流黄，《狭斜》[7]袭《妇艳》之故。乐府《陌上桑》与《三妇艳》之辞也。梁人改《陇头》[8]之歌，增减古辞为之。韩公删《月蚀》之句，删改卢仝[9]之诗。岂惟义取断章，不异宾延奏赋。歌古人诗，见己意也。以至河分冈势，乃联春草青痕；[10]宋诗僧用唐句。积雨空林，爱入水田白鹭[11]。譬之古方今效，神加减于刀圭；赵壁汉师，变旌旗于节度。艺林自有雅裁，条举难穷其数者也。苟为不然，效出于尤。仿《同谷》之七歌[12]，宋后诗人颇多。拟河间之《四愁》[13]，傅玄、张载尚且为之，大可骇怪。非由中以出话，如随声而助讴。直是孩提学语，良为有识所羞者矣。点窜之公。

[1] 迷阳：荆棘。 [2] 《鹿鸣》：《诗经·小雅》的首篇篇名。 [3] 《宵雅》：即《小雅》。宵，小也。 [4] 《东山》：《诗经·豳风》之诗篇名。 [5] 女萝薜（bì）荔：女萝，即松萝，多附生在松树上，成丝状下垂。薜荔，又名木莲，常绿藤本植物。 [6] 《陌上》：即乐府诗篇名《陌上桑》，据云此诗乃录自《九歌·山鬼》之辞。 [7] 《狭斜》：乐府诗篇名《长安有狭邪行》，齐人王融将其改为《三妇艳》而稍作变动（见《乐府诗集》卷三十五）。 [8] 《陇头》：南朝梁时《陇头流水歌辞》，取自《陇头歌辞》，见《乐府诗集》卷二十五。 [9] 卢仝（约795—835）：唐朝诗人。自号玉川子，范阳（治今河北涿州）人。初隐居嵩山，后移居洛阳。韩愈为河南尹，时予周济。性耿介，不愿仕进，自称"上不事天子，下不识侯王"。所作诗风格奇特，近于散文。《月蚀诗》借天文现象讥刺宦官专权，为时人称许。今传《玉川子诗集》。 [10] 宋朝学者刘攽《中山诗话》说："（宋）僧惠崇诗云：'河分冈势断，春入烧痕青。'而崇之弟子吟赠其师诗曰：'河分冈势司空曙，春入烧痕刘长卿；不是师偷古人句，古人诗句似师兄。'""河分冈势断""春入烧痕青"分别是唐代诗人司空曙、刘长卿之诗句。 [11] 积雨空林，爱入水田白鹭：王维《积雨辋川庄作》诗云："漠漠水田飞白鹭，阴阴夏木啭黄鹂。"李嘉祐有诗："水田飞白鹭，夏木啭黄鹂。"李嘉祐与王维同时代而稍晚，谁袭用谁的诗句，历来有争议。 [12] 《同谷》之七歌：杜甫于唐肃宗

乾元二年（759）自秦州赴同谷县，寓居同谷，作歌七首。　[13] 河间之
《四愁》：张衡作《四愁诗》。张衡（78—139），东汉科学家、文学家，字平子，
南阳西鄂（今河南南阳北）人。曾任太史令，掌管天象观测，创"浑天说"，
并作《灵宪》，首次正确解释月食成因；又创造了候风地动仪。永和初，出任
河间相，征为尚书。文学作品《二京赋》《归田赋》《四愁诗》等影响都很大，
特别是后者，张载还曾拟作。

又有诗人流别，怀抱不同。变韵言兮裁文体，拟古事兮达私衷，
旨原诸子之寓辞，文人沿袭而成风，后人不得其所自，因疑作伪而
相攻。盖伤心故国，斯传塞外之书；李陵《答苏武书》[1]，自刘知几以后，
众口一辞，以为伪作。以理推之，伪者何所取乎？当是南北朝时，有南人羁北，
而事类李陵，不忍明言者，拟此书以见志耳。灰志功名，乃托河边之喻。世
传鬼谷子《与苏秦张仪书》[2]，言河边之树，处非其地，故招翦伐，托喻以招二子
归隐，疑亦功高自危之人所托言也。读者以意逆志，不异骚人之赋。出之
本人，其意反浅，出之拟作，其意甚深，同于骚也。其后词科取士，用拟文
为掌故，庄严则诏诰章表，威猛则文檄露布[3]。作颂准于王褒，著
论裁于贾傅[4]。兹乃为矩为规，亦趋亦步，庶几他有心而予忖，亦
足阐幽微而互著。拟文之公。

[1] 李陵《答苏武书》：李陵（？—前74），西汉将领。字少卿，陇西成
纪（今甘肃静宁西南）人。名将李广之孙。武帝时，将步骑五千伐匈奴，以少
击众，虽力战，然因矢尽援绝而降，后死于匈奴。相传他写过《答苏武书》，
但自唐刘知几以来，皆认为是伪作。　[2] 鬼谷子《与苏秦张仪书》：苏、
张二人均为鬼谷子弟子。相传鬼谷子曾有《与苏秦张仪书》，其实亦后人之伪
作。　[3] 露布：不封口的文书，特指檄文、捷报等紧急文书。　[4] 贾
傅：指贾谊，因曾为长沙王太傅和梁怀王太傅，故称其为贾傅。所作《过秦
论》影响很大，后世作论者皆模仿。

又如文人假设，变化不拘。《诗》通比兴，《易》拟象初。庄入
巫咸之座[1]，屈造詹尹之庐[2]。楚太子疾，有客来吴。乌有、子虚

之徒，争谈于较猎[3]；凭虚、安处[4]之属，讲议于京都。《解嘲》《客难》《宾戏》之篇衍其绪，镜机、玄微、冲漠[5]之类瀎其途。此则寓言十九[6]，诡说万殊者也。乃其因事著称，缘人生义。譬若酒袭杜康[7]之名，钱用邓通[8]之字。空槐落火，桓温[9]发叹于仲文[10]之迁；庾信《枯树赋》[11]所借用者。其实殷仲文迁东阳，在桓温久卒之后。素月流天，王粲抽毫于应、刘[12]之逝。谢庄《月赋》[13]所借用者，其实王粲卒于应、刘之前。斯则善愁即为宋玉，岂必楚廷；旷达自是刘伶[14]，何论晋世？善读古人之书，尤贵心知其意，愚者介介[15]而争，古人不以为异也已。假设之公。

[1] 庄入巫咸之座：《庄子·应帝王》载："郑有神巫曰季咸，知人之死生存亡、祸福寿夭，期以岁月旬日，若神。郑人见之，皆弃而走。列子见之而心醉。"应为列子见巫咸，非庄子。　　[2] 屈造詹尹之庐：据《楚辞·卜居》："屈原既放，三年不得复见。竭知尽忠而蔽障于谗，心烦虑乱，不知所从，乃往见太卜郑詹尹曰：'余有所疑，愿因先生决之。'"　　[3] 较猎：较，通"角"。比赛打猎。　　[4] 凭虚、安处：皆张衡《西京赋》中虚构人物"凭虚公子""安处先生"。　　[5] 镜机、玄微、冲漠：前二者为曹植《七启》中虚构人物"镜机子""玄微子"，后者乃张协《七命》中虚构人物"冲漠公子"。　　[6] 十九：十分之九。　　[7] 杜康：相传为用高粱酿酒的发明者。《说文解字》称："古者少康初作箕帚、秫酒。少康，杜康也。"秫是高粱的一种。说明在夏朝少康已用高粱酿酒。　　[8] 邓通：西汉官吏。蜀郡南安（今四川乐山）人，以佞媚著称。文帝时，初为黄头郎，后得宠，官至上大夫，先后赏赐数十万钱。又赐与蜀郡严道铜矿，许自制铜钱，流遍全国，号"邓氏钱"，成为大富翁。景帝时失宠免官，没收家产，最后贫困而死。　　[9] 桓温（312—373）：东晋大将。字符子，谯国龙亢（今安徽怀远西北）人。晋明帝之婿。素有雄才大略，曾三次北伐，未能如愿，回朝后，愈擅权，欲受禅自立，未遂病死。　　[10] 仲文（？—407）：即殷仲文，东晋官吏。陈郡（今河南淮阳）人。初为会稽王道子引为骠骑参军，后为元显征虏长史，桓玄将为乱，以为侍中，领左卫将军。玄败，随玄西走。后投义军，为镇军长史，转尚书。迁东阳太守。安帝义熙三年被诛。善为文，为世所重。　　[11] 庾信《枯树赋》：庾信（513—581），南北朝诗人。字子山，南阳新野（今河南新野）人。初仕梁朝。奉梁元帝之命出使西魏，被迫留居长安。北周代魏，任骠骑大将

军、开府仪同三司、洛州刺史等。并封义城县侯。文帝、武帝并好文学，特受宠遇。虽位高名大，常有思乡之念，乃作《哀江南赋》《枯树赋》等，以抒故国身世之情。　　[12] 应、刘：指应玚与刘桢。应玚（？—217），字德琏，东汉汝南南顿（今河南项城西）人。东汉末年文学家，"建安七子"之一，擅长作赋，明人辑有《应德琏集》。刘桢（？—217），字公干，东平宁阳（今山东宁阳北）人。东汉末年名士、诗人，"建安七子"之一，与曹植并称为"曹刘"。《隋书·经籍志》著录有集四卷，《毛诗义问》十卷，已佚。　　[13] 谢庄《月赋》：谢庄（421—466），南朝宋文学家，字希逸，陈郡阳夏（今河南太康）人。历任吏部尚书、吴郡太守。明帝时封紫金光禄大夫。七岁能属文，善为诗赋。代表作有《月赋》及杂言诗《山夜忧吟》《怀园引》等。　　[14] 刘伶：西晋名士，字伯伦，沛国（今江苏沛县）人。"竹林七贤"之一。放性任情，常乘鹿车，携壶酒，使人荷锸相随，自谓醉死便埋。著有《酒德颂》，另有《北芒客舍》诗等。　　[15] 介介：耿耿于怀。

　　及夫经生制举[1]，演义为文[2]，虽源出于训故，实解主于餐新。截经书兮命题，制变化兮由人。长或连篇累章，短或片言只字，脱增减兮毫厘，即步移兮影徒，为圣贤兮立言，或庸愚兮申志。并欲描情摩态，设身处地。或语全而意半，或神到而形未。如云去而尚留，如马跃而未逝，纵收俄顷之间，刻画几希之际。水平剂量[3]，何足喻其充周；历算交躔[4]，曾莫名其微至。《易》奇《诗》正，《礼》节《乐》和，以至《左》夸、《庄》肆、《屈》幽、《史》洁之文理，无所不包；天人性命，经济阀通，以及儒纷、墨俭、名锹[5]、法深之学术，无乎不备。惟制颁于功令，而义得于师承。严民生之三事[6]，约智力于规绳，守共由之义法，申各尽之精能。体会为言，曾何嫌乎拟圣；因心作则，岂必纵己说而成名。制义之公。

[1] 制举：科举制度。　　[2] 演义为文：演绎四书五经大义。　　[3] 水平剂量：用水准器测量平度，铸造量具。　　[4] 历算交躔（chán）：躔，天体运行。此句意即用历法计算日月星辰运行。　　[5] 锹（pì）：破碎。[6] 民生之三事：据《国语·晋语一》："成闻之：民生于三，事之如一。父生之，师教之，君食之。非父不生，非食不长，非教不知生之族也，故壹

事之。"

凡此区分类别，鳞次部周。天华媚春，硕果酣秋，极浅深之殊致，标左右之分流。其匿也几括，其争也寇仇；其同也交誉，其异也互纠；其合也沾沾而自喜，其违也耿耿而孤忧。孰鸿鹄而高举，孰鷃雀而啁啾[1]；孰梧桐于高岗，孰茅苇于平洲？众自是而人非，喜伐异而党俦[2]。饮齐井而相捽[3]，曾不知伏泉之在幽。由大道而下览夫群言，奚翅激、谞、叱、吸、叫、嚎、突、咬之殊声，而酝酿于鼻、口、耳、枅、圈、臼、洼、污之异窍。厉风济而为虚[4]，知所据而有者，一土囊[5]之噫啸。能者无所竞其名，黠者无所事其剽，核者无所恃其辨，夸者无所争其耀。识言公之微旨，庶自得于道妙。或疑著述不当入辞赋，不知著述之体，初无避就，荀卿有《赋篇》[6]矣，但无实之辞赋，自不宜溷[7]著述尔。

[1] 鷃（yàn）雀而啁啾（zhōu jiū）：鷃雀，也作燕雀。啁啾，鸟鸣声。[2] 俦（chóu）：伴侣，同伴。　　[3] 捽（zuó）：揪头发。　　[4] 奚翅激、谞（xiāo）、叱、吸、叫、嚎、突（yǎo）、咬之殊声，而酝酿于鼻、口、耳、枅（jī）、圈、臼、洼、污之异窍。厉风济而为虚：《庄子·齐物论》载："山林之畏佳，大木百围之窍穴，似鼻，似口，似耳，似枅，似圈，似臼，似洼，似污者；激者，谞者，叱者，吸者，叫者，嚎者，突者，咬者。前者唱于，而随者唱喁。泠（líng）风则小和，飘风则大和，厉风济则众窍为虚。"激：激流声。谞，吹竹管声。叱，叱骂声。吸，呼吸声。突，深谷之声。咬：细语声。枅，柱上横木，此处指横木上的方孔。济，停止。林，通"陵"。畏佳，通"崀崔"，犹崀嵬，高峻。于、喁，相应和之声。前者指风，随者指孔穴。泠风，小风。　　[5] 土囊：大洞穴。　　[6]《赋篇》：《荀子·赋篇》有《礼》《知》《云》《蚕》《箴》五篇。　　[7] 溷（hùn）：混淆。

◎ **研读**

　　文章说明古人立言，在于明道，所以为公，未尝据为私有。故上篇有言："古人之言，所以为公也，未尝矜于文辞而私据为己有也。志期于道，言以明志，文以足言。其道果明于天下，而所志无不申，不必其言之果为我有也。"此言确实符合古代学术界情况，比如先秦典籍，往往没有作者姓名，一部《诗经》，绝大部分是无名氏的作品。先秦诸子著作，不少是出于其门生、宾客及其子孙后代之手。有些人为了实现自己政治、学术观点的推行或流传的目的，甚至写出书后托别人之名以行。

后世情况变了，学术成为追逐名利的工具，被人占为私有。所以章学诚在中篇指出："世教之衰也，道不足而争于文，则言可得而私矣；实不充而争于名，则文可得而矜矣。"比较"立言为公"与"私据己有"两种不同的治学风格与后果，高下立判。下篇为赋，论述各种文体之公，阐明言公明道之意。

释　通

◎解题

按《章实斋先生年谱》推论，本篇与《答客问》诸篇，同为乾隆五十五年（1790）所作。这是章氏论述历史编纂学特别是通史编修方面的一篇重要文章，近代学者刘咸炘认为此篇"乃先生学说之大本，亦即此书所以名为通义也"。

《易》曰："惟君子为能通天下之志。"说者谓君子以文明为德，同人之时[1]，能达天下之志也。《书》曰："乃命重、黎[2]，绝地天通。"说者谓人神不扰，各得其序也。夫先王惧人有匿志，于是乎以文明出治，通明伦类，而广同人之量焉；先王惧世有梦[3]治，于是乎以人官分职，绝不为通，而严畔援[4]之防焉。自六卿分典，五史治书，内史、外史、太史、小史、御史。学专其师，官守其法，是绝地天通之义也；数会于九，书要于六，杂物撰德[5]，同文共轨，是达天下志之义也。夫子没而微言绝，七十子丧而大义乖。汉氏之初，《春秋》分为五，《诗》分为四，然而治《公羊》者，不议《左》《穀》；业韩《诗》者，不杂齐、鲁。专门之业，斯其盛也。自后师法渐衰，学者聪明旁溢，异论纷起。于是深识远览之士，惧《尔雅》训诂之篇不足以尽绝代离辞、同实殊号[6]，而缀学[7]之徒无由汇其指归也，于是总五经之要，辨六艺之文，石渠《杂议》之属，班固《艺文志》：《五经杂议》十八篇。始离经而别自为书，则通之为义所由仿也。

刘向总校五经，编录三礼[8]，其于戴氏诸记，标分品目，以类相从，而义非专一，若《檀弓》《礼运》[9]诸篇，俱题通论，则通之定名所由著也。《隋志》有《五经通义》八卷，注：梁有九卷，不著撰人；《唐志》有刘向《五经通义》九卷，然唐以前记传无考。

[1] 以文明为德，同人之时：文德辉耀，与人和谐。 [2] 重、黎：传说中颛顼时司天地的官名。重，司天；黎，司地。本来各司其职，不相混淆，但到了少昊时候，九黎作乱，遂使民神杂糅，失去了神道尊严。颛顼时便命重主持天神，黎主持民间，恢复旧制。 [3] 棼（fén）：纷乱。 [4] 畔援：跋扈，专横暴戾。 [5] 杂物撰德：撰，列举。杂聚天下万物，列举众人美德。 [6] 绝代离辞、同实殊号：绝代，时间隔绝的古代。离辞，异词。同实殊号，实质相同而名称各异。 [7] 缀学：从事补缀前人旧文之学问。[8] 三礼：《周礼》《仪礼》《礼记》。 [9] 《檀弓》《礼运》：均为《礼记》篇名。

班固承建初之诏，作《白虎通义》[1]；《儒林传》称《通义》，固本传称《通德论》，后人去"义"字，称《白虎通》，非是。应劭愍时流之失，作《风俗通义》。盖章句训诂，末流浸失，而经解论议家言起而救之。二子为书，是后世标通之权舆也。自是依经起义，则有集解杜预[2]《左传》，范宁[3]《穀梁》，何晏[4]《论语》。集注荀爽[5]《九家易》，崔灵恩[6]《毛诗》，孔伦[7]、裴松之《丧服经传》。异同许慎《五经异义》、贺玚[8]《五经异同评》。然否何休[9]《公羊墨守》，郑玄《驳议》，谯周[10]《五经然否论》。诸名；离经为书，则有六艺郑玄论。圣证王肃[11]论。匡谬唐颜师古[12]《匡谬正俗》。兼明宋邱光庭[13]《兼明书》。诸目。其书虽不标通，而体实存通之义，经部流别不可不辨也。若夫尧、舜之典，统名《夏书》；《左传》称《虞书》为《夏书》，马融、郑玄、王肃三家，首篇皆题《虞夏书》。伏生《大传》，首篇亦题《虞夏传》。《国语》《国策》，不从周记；《太史》百三十篇，自名一子；本名《太史公书》，不名《史记》也。班固《五行》《地理》，上溯夏、周。《地理》始《禹贡》，《五行》合《春秋》，补司马迁之阙略，不必以汉为断也。古人一家之言，文成法立，离合铨配，惟理是视，固未尝别为标题，分其部次也。梁武帝以迁、固而下，断代为书，于是上起三皇，下讫梁代，撰为《通史》[14]一编，欲以包罗众史。史籍标通，此滥觞也。嗣是而后，源流渐别。总古今之学术，而纪传一规乎史迁，郑樵[15]《通志》作焉；《通志》精要，在乎义例。盖一家之言，诸子之学识，而寓于诸史之规矩，原不以考据见长也。后人议其疏陋，非也。统前史之书志，而撰述取法乎官礼，杜佑《通典》作焉；《通典》本刘秩《政典》[16]。合纪传之互文，纪传之文，互为详略。而编次总括乎荀、袁，荀悦《汉纪》三十卷，袁宏《后汉纪》三十卷，皆易纪传为编年。司马光《资治通鉴》作焉；汇公私之述作，而铨录略仿乎孔、萧，孔道道《文苑》百卷，昭明太子萧统《文选》三十卷。裴潾《太和通选》[17]作焉。此四子者，或存正史之规，《通志》是也。自《隋志》以后，皆以纪传一类为正史。或正编年之的，《通鉴》。或以典故为纪纲，《通典》。或以词章存文献，《通选》。史部之通，于斯为极盛也。大部总选，意存掌故者，当隶史部，与论文家言不一例。至于高氏《小史》[18]，唐元和中，高峻及子迥。姚氏《统史》[19]唐姚康复。之属，则搏节[20]繁文，自就隐括者也；罗氏《路史》[21]，宋罗泌。邓氏《函史》明邓元锡。之属，则自具别裁成其家言者也；谯周《古史考》、苏辙《古史》、马骕《绎史》[22]之属，皆采摭经传之书，与《通史》异。范氏《五代通录》[23]，宋范质以编年体，纪梁、唐、晋、汉、周事实。熊氏《九朝通略》[24]，宋熊克合吕夷简[25]《三朝国史》、王珪[26]《两朝国史》、李焘[27]、洪迈[28]等《四朝国史》，以编年体为九朝书。标通而限以朝代者也；易姓为代，传统为朝。李氏《南北史》，李延寿[29]。薛、欧《五代史》薛居正[30]、欧阳修俱有《五代史》。断代而仍行通法者也。已上二类，虽通数代，终有限断，非如梁武帝之《通史》统合古今。其余纪传故事之流，补辑纂录之策，纷然杂起，虽不能一律以绳，要皆仿萧梁《通史》之义而取便耳目，史部流别不可不知也。夫师法失传而人情怯于复古，末流浸失而学者囿于见闻。训诂流而为经解，一变而入于子部儒家，应劭《风俗通义》、蔡邕《独断》[31]之类。再变而入于俗儒语录，程、朱语录，记者有未别择处，及至再传而后，浸流浸失，故曰俗儒。三变而入于庸师讲章，蒙存、浅达之类，支离蔓衍，甚于语录。不知者习而安焉，知者鄙而斥焉，而不知出于经解之通而失其本旨者也。载笔汇而有通史，一变而流为史钞，小史、统史之类，但节正史，并无别裁，当入史钞，向来著录入于通史，非是。史部有史钞，始于《宋史》。再变而流为策士之类括，《文献通考》之类，虽仿《通典》，而分析次比，实为类书之学。书无别识通裁，便于对策敷陈之用。三变而流为兔园之摘比，《纲鉴合纂》[32]及《时务策括》之类。不知者习而安焉，知者鄙而斥焉，而不知出于史部之通而亡其大原者也。且《七略》流而为四部，类例显明，无复深求古人家法矣。然以语录讲章之混合，则经不为经，子不成子也。策括类摘之淆杂，则史不成史，集不为集也。四部不能收，九流无所别，纷纭杂出，妄欲附于通裁，不可不严其辨也。夫古人著书，即彼陈编，就我创制，所以成专门之业也。后人并省凡目，取便检阅，所以入记诵之陋也。夫经师但殊章句，即自名家；费直[33]之《易》，申培[34]之《诗》，《儒林传》言其别无著述训诂，而《艺文志》有《费氏说》《申公鲁诗》，盖即口授章句也。史书因袭相沿，无妨并见；如史迁本《春秋》《国策》诸书，《汉书》本史迁所记及刘歆所著者，当时两书并存，不以因袭为嫌。专门之业，别具心裁，不嫌貌似也。剿袭讲义，沿习久而本旨已非；明人修《大全》[35]，改先儒成说以就己意。摘比典故，原书出而舛讹莫掩。记诵之陋，漫无家法，易为剽窃也。然而专门之精与剽窃之陋，其相判也，盖在几希之间，则别择之不可不慎者也。

[1] 《白虎通义》：班固撰，四卷，亦称《白虎通》《白虎通德论》。汉章帝建初四年（79），召集诸儒于白虎观讲论五经异同，事后班固将辩论结果编集成书。　[2] 杜预（222—284）：西晋学者。字元凯，京兆杜陵（今陕西西安东南）人。司马懿之婿，多谋善断。曾任镇南大将军，全国统一后，在江南兴修水利，公私受益之田万余顷。平生博学多通，号"杜武库"，尤好《左传》，自称"《左传》癖"。著有《春秋左传经传集解》三十卷，为现存最早的《左传》注本，收入《十三经注疏》。　[3] 范宁（339—401）：晋学者，字武子，南阳顺阳（今河南淅川东南）人。初为余杭令，在位兴学校，养生徒。后迁临淮太守，封阳遂侯。又拜中书侍郎，遭忌免官。居家丹阳，犹勤经学，

终年不辍。著《春秋穀梁传集解》十二卷，为现存《穀梁传》最早注本，收入《十三经注疏》。 　[4] 何晏（约190—249）：三国魏玄学家，字平叔，南阳宛县（今河南南阳）人。东汉大将军何进之孙，其母严氏，曹操纳为夫人，自幼为曹操收养。以才秀知名，好老庄，始倡玄学，士大夫效之，形成风气。后为司马懿所杀。所作《道德论》及诸文赋数十篇均亡佚，而《论语集解》传世。 　[5] 荀爽（128—190）：东汉名士，字慈明，亦名谞，颍川颍阴（今河南许昌）人。年十二能通《春秋》《论语》。因党锢事件而隐居十余年，专事著述。献帝时拜司空。著有《礼易诗传》《尚书正经》《春秋条例》《汉语》《公羊问》等，均佚。 　[6] 崔灵恩：南朝梁学者。清河东武城（今山东武城西北）人。遍习五经，尤精三礼三传。曾仕北魏，为太常博士。后至梁，任步兵校尉，兼国子博士。聚徒讲学，听者常达数百人。著有《毛诗注》《周礼集注》《三礼义宗》《左氏经传义及条例》《公羊穀梁文句义》。 　[7] 孔伦：东晋官吏，会稽山阴（今浙江绍兴）人。曾任黄门郎、庐陵太守。著有《集注丧服经传》一卷。 　[8] 贺玚（451—510）：南朝梁官吏。字德琏，会稽山阴（今浙江绍兴）人。历太学博士、太常丞、步兵校尉。博通经史，著有《五经异同评》《宾礼仪注》等。 　[9] 何休（129—182）：东汉经学家，字邵公，任城樊（今山东兖州西南）人。笃志好学。党锢事件，休亦在禁锢之列，遂专事学术，历十七年，撰成《春秋公羊解诂》，并注《孝经》《论语》等书。[10] 谯周（约201—270）：三国时蜀名士，字允南，巴西西充国（今四川阆中西南）人。通经学，善书礼，晓天文。在蜀官至光禄大夫。后魏军兵临城下，谯周劝蜀主刘禅降魏，封阳城亭侯，入晋任散骑常侍。著有《法训》《五经论》《古史考》等，均佚。 　[11] 王肃（195—256）：三国时魏经学家，字子雍，东海郯（今山东郯城北）人。官至中领军，加散骑常侍。综贯群经，而精于贾逵、马融之学，不喜郑玄之说。他采会同异，为《尚书》《诗经》《论语》《左传》《国语》等作注。相传《孔子家语》系他伪托。 　[12] 颜师古（581—645）：唐朝学者。名籀，字师古，雍州万年（今陕西西安）人。累官中书舍人。太宗即位，官中书侍郎，命其考订五经文字，诸儒叹服，遂成颁行全国的标准读本。所作《汉书注》，长期来被认为是最佳注本。还曾参与《隋书》的撰述，另有《匡谬正俗》《急就篇注》等。 　[13] 邱光庭：五代乌程（今浙江湖州）人，官太学博士。《直斋书录解题》云其为“唐国子太学博士邱光庭”。《四库全书总目提要·子部》杂志类二则谓其由唐入五代，与罗隐有交往，《宋史·艺文志》经解类著录丘光庭《兼明书》三卷。古代邱、丘通用，但二十四史无此“邱”姓。 　[14] 《通史》：即梁武帝《通史》。梁武帝

（464—549），即萧衍，南朝梁开国君主。字叔达，南兰陵（今江苏常州西北）人。曾命吴均等撰写《通史》，成书六百卷，上起三皇，下讫南朝齐，并自作序、赞。　　[15] 郑樵（1104—1162）：字渔仲，自号溪西遗民，兴化军莆田县（今福建莆田）人，学者称"夹漈先生"，宋代史学家、校雠学家。郑樵不愿应科举而隐居于夹漈山中刻苦钻研经学、礼乐学、文字学、天文学、地理学、动植物学等方面共计三十年，一生著述颇丰，今存《通志》《夹漈遗稿》和《尔雅注》等数种。　　[16] 刘秩《政典》：刘秩，唐朝史学家，字祚卿，彭城（今江苏徐州）人，刘知幾之子。开元末任宪部员外郎。肃宗时迁给事中、尚书右丞、国子祭酒。他曾依照《周礼》六官的职掌，分门别类，编出《政典》三十五卷，分礼、户、吏、兵、刑、工六纲。还著有《止戈记》《至德新议》《指要》等。　　[17] 裴潾《太和通选》：《新唐书·艺文志》总集类著录裴潾《太和通选》三十卷。裴潾（？—838），唐朝官吏，河东闻喜（今山西闻喜）人。以荫入仕。元和初任右拾遗，大和四年（830）为汝州刺史，兼御史中丞。七年迁左散骑常侍，充集贤殿学士，集历代文章，续昭明太子《文选》，成书三十卷，曰《太和通选》。大和，唐文宗年号，亦作太和。[18] 高氏《小史》：高氏指高峻，唐朝史学家，勃海（今河北沧州市一带）人。曾任殿中丞、蒲州长史。著有《高氏小史》六十卷，系节抄《史记》至《隋书》及唐高祖至顺宗《实录》而成。其子高迥又编排增补，分为一百二十卷。宋人又补唐末部分，成一百三十卷。《新唐书·艺文志》《文献通考》均作一百二十卷。　　[19] 姚氏《统史》：姚氏指姚康复。《新唐书·艺文志》正史类著录姚康复《统史》三百卷，并注出"大中太子詹事"。　　[20] 撙（zǔn）节：抑制，节制。　　[21] 罗氏《路史》：罗氏指罗泌，南宋吉州庐陵（今江西吉安）人。字长源，少好学，绝意仕途。孝宗乾道六年（1170）著《路史》四十七卷，记述远古至汉末史事，内容分《前纪》《后纪》《国名纪》《发挥》《余论》五个部分。取材驳杂，许多则取自谶书及道家著作。[22] 马骕《绎史》：马骕（1621—1673），清朝史学家，字宛斯，山东邹平人。顺治进士，曾任淮安府推官、灵璧知县。一生精研上古史籍，时人称为"马三代"。著《绎史》一百六十卷，以纪事本末体记上古至秦亡之事，分一百六十目。又作《左传事纬》十二卷，附录八卷，将《左传》事实分列一百零八篇。　　[23] 范氏《五代通录》：范氏指范质（911—964），五代至北宋大臣。字文素，大名宗城（今河北清河西南）人。后唐长兴进士，历仕后唐、晋、汉、周四朝，宋初仍为宰相。著《通录》六十五卷，述五代的梁、唐、晋、汉、周历史。欧阳修的《新五代史》编修多所取材。　　[24] 熊氏《九朝通略》：熊氏指熊克，南宋史学家。建宁建阳（今属福建）人，字子复。孝宗时官至起居郎兼直学士院，出知台州。熟悉宋朝典故，著《九朝通略》一百六十八卷，记北宋九朝事迹。又著《中兴小纪》四十卷，记南宋高宗一朝事迹，前者已佚，后者今存。还有《诸子精华》，已佚。　　[25] 吕夷简（979—1044）：北宋大臣。字坦夫，寿州（今安徽凤台）人，咸平进士，历仕真宗、仁宗朝，为相二十年。反对范仲淹改革朝政，欧阳修等人劾奏其为相二十年，专事姑息，纲纪败坏，终以太尉致仕。　　[26] 王珪（1019—1085）：北宋大臣，字禹玉，成都华阳（今四川成都）人。庆历进士，典内外制十八年，朝廷典策，多出其手。自执政至宰相十六年，无所建明。曾监修《两朝国史》，著有《华阳集》。　　[27] 李焘（1115—1184）：南宋史学家，字仁甫，号巽岩，眉州丹棱（今四川丹棱）人。绍兴进士，官至敷文阁学士，以主持修史工作见长。搜集北宋一代史料，仿司马光作《通鉴》体例，编撰北宋九朝历史，全书九百八十卷，《举要》六十八卷，《总目》五卷，《修换事目》十卷。作者自谦不敢言续《通鉴》，故曰《续资治通鉴长编》。　　[28] 洪迈（1123—1202）：南宋学者，字景卢，号容斋，别号野处，鄱阳（今江西鄱阳）人。绍兴进士。曾出使金国，官至翰林学士。两度入史馆，修成《四朝国史》二百五十卷。著作甚多，有《容斋随笔》《夷坚志》《野处类稿》《万首唐人绝句》。还编有《史记法语》《南朝史精语》。　　[29] 李延寿：唐朝史学家，字退龄，相州（今河南安阳）人。贞观时，官太子典膳丞、崇文馆学士、迁符玺郎，兼修国史。先后参与编修《晋书》《五代史志》，并成《太宗政典》三十卷。利用修史之余暇，参酌杂史，奋笔十六年，撰成《南史》八十卷，《北史》一百卷，后都列入正史。　　[30] 薛居正（912—981）：北宋史学家，字子平，浚仪（今河南开封）人。后唐清泰进士，历晋、汉、周三朝，后周官至刑部侍郎。宋初，先后任户部、兵部、吏部侍郎，乾德初任参知政事。开宝六年（973）以宰相监修《五代史》，次年书成，共一百五十卷，记中原先后出现的梁、唐、晋、汉、周五个政权历史。原称《五代史》，又称《梁唐晋汉周书》。后因欧阳修也修了《五代史》，前者便冠一"旧"字，而称欧史为《新五代史》。　　[31] 蔡邕《独断》：蔡邕所作《独断》，记汉世制度、礼文、车服及诸帝世次，而兼及前代礼乐。　　[32] 《纲鉴合纂》：这类书从明万历年间就开始出现，据说唐顺元乃为始作俑者，此类书尽管很多，大多托名，如王世贞《纲鉴会纂》，今人已指出乃伪托，还有袁了凡《纲鉴会纂》、陈臣《纲鉴要编》等，明中叶以来，就出现二十多种。　　[33] 费直：西汉儒生，字长翁，又称费公，东莱（今山东莱州）人。以治《易》为郎，后迁单父（今山东单县）令，长于卦筮。东汉郑众、马融、郑玄等均传其学。 ［34］申培：西汉儒生，姓申名培，亦称申公、申培公，鲁（今山东曲阜）人。治《诗》，亦通《穀梁传》。其《诗》学影响很大，为今文《诗》学中"鲁诗"派开创者。清人马国翰辑有《鲁诗故》三卷。 ［35］明人修《大全》：指明永乐中命儒臣纂修《四书大全》，颁之学官。《日知录》卷十八对此有论述。

通史之修，其便有六：一曰免重复，二曰均类例，三曰便铨配，四曰平是非，五曰去牴牾，六曰详邻事。其长有二：一曰具剪裁，二曰立家法。其弊有三：一曰无短长，二曰仍原题，三曰忘标目。何谓免重复？夫鼎革[1]之际，人物事实，同出并见，胜国[2]亡征，新王兴瑞，即一事也。前朝草窃，新主前驱，即一人也。董卓、吕布[3]，范、陈各为立传；禅位册诏，《梁》《陈》并载全文，所谓复也。《通志》总合为书，事可互见，文无重出，不亦善乎！何谓均类例？夫马立《天官》，班创《地理》《齐志·天文》，不载推步；《唐书·艺文》，不叙渊源；伊古以来，参差如是。郑樵著《略》，虽变史志章程，自成家法，但《六书》《七音》[4]，原非沿革；《昆虫草木》，何尝必欲易代相仍乎？惟通前后而勒成一家，则例由义起，自就隐括。《隋书·五代史志》，[5]梁、陈、北齐、周、隋。终胜沈、萧、魏氏之书矣。沈约《宋志》，萧子显[6]《南齐志》，魏收《魏志》，皆参差不齐也。何谓便铨配？包罗诸史，制度相仍，惟人物挺生，各随时世。自后妃宗室，标题著其朝代。至于臣下，则约略先后，以次相比。《南北史》以宗室分冠诸臣之上，以为识别，欧阳《五代史》始标别朝代。然子孙附于祖父，世家会聚宗支，《南北史》王、谢诸传，不尽以朝代为断。一门血脉相承，时世盛衰，亦可因而见矣。即楚之屈原，将汉之贾生同传；周之太史，偕韩之公子同科。古人正有深意，相附而彰，义有独断。末学肤受，岂得从而妄议耶？何谓平是非？夫曲直之中，定于易代。然晋史终须帝魏，而周臣不立韩通[7]，虽作者挺生，而国嫌宜慎，则亦无可如何者也。惟事隔数代而衡鉴至公，庶几笔削平允而折衷定矣。何谓去牴牾？断代为书，各有裁制，详略去取，亦不相妨。惟首尾交错，互有出入，则牴牾之端，从此见矣。居摄[8]之事，班殊于范；二刘始末，刘表、刘焉[9]。范异于陈。统合为编，庶几免此。何谓详邻事？僭国[10]载纪，四裔[11]外国，势不能与一代同其终始，而正朔纪传，断代为编，则是中朝典故居全，而蕃国载纪乃参半也。惟南北统史，则后梁、东魏悉其端，而五代汇编，斯吴越、荆、潭终其纪也。凡此六者，所谓便也。何谓具翦裁？通合诸史，岂第括其凡例，亦当补其阙略，截其浮辞，平突填砌，乃就一家绳尺。若李氏《南》《北》二史，文省前人，事详往牒，故称良史。盖生乎后代，耳目闻见，自当有补前人，所谓凭藉之资易为力也。何谓立家法？陈编具在，何贵重事编摩？专门之业，自具体要。若郑氏《通志》，卓识名理，独见别裁，古人不能任其先声，后代不能出其规范；虽事实无殊旧录，而辨名正物，诸子之意寓于史裁，终为不朽之业矣。凡此二者，所谓长也。何谓无短长？纂辑之书，略以次比，本无增损，但易标题，则刘知幾所谓"学者宁习本书，怠窥新录"者矣。何谓仍原题？诸史异同，各为品目，作者不为更定，自就新裁。《南史》有《孝义》而无《列女》，详《列女》篇。《通志》称《史记》以作时代，《通志》汉、魏诸人，皆标汉、魏，称时代，非称史书也；而《史记》所载之人，亦标《史记》而不标时代，则误仍原书文也。一隅三反，则去取失当者多矣。何谓忘题目？帝王后妃，宗室世家，标题朝代，其别易见。臣下列传，自有与时事相值者，见于文词，虽无标别，但玩叙次，自见朝代。至于《独行》《方伎》《文苑》《列女》诸篇，其人不尽涉于世事，一例编次，若《南史》吴逵、韩灵敏[12]诸人，几何不至于读其书不知其世耶？凡此三者，所谓弊也。

[1] 鼎革：革故鼎新，革除旧的，建立新的。多指改朝换代。　[2] 胜国：被灭亡的国家，为今国所胜，故称"胜国"。后因以指前朝。　[3] 董卓、吕布：董卓（？—192），东汉末将领，字仲颖，陇西临洮（今甘肃岷县）

人。性粗猛，有谋略。桓帝末，从中郎将张奂为军司马。灵帝中平元年（184）拜东中郎将。灵帝末为并州牧。灵帝殁，乘机废少帝，而立陈留王为帝，是为献帝。遂专断朝政，迁太尉，领前将军事，改封郿侯。进为相。挟持献帝西迁长安，自任太师。初平三年（192），为王允、吕布所杀。吕布（？—199），东汉末董卓部将，字奉先，五原郡九原（今内蒙古包头西）人。初为并州刺史丁原部，任骑都尉，原改为主部。灵帝末，丁原受何进召，将兵诣洛阳，董卓诱布杀原而并其兵。卓甚信布，以为中郎将，行止常以布卫护。后又与王允合谋杀董卓，受任为奋威将军，封温侯，割据徐州，建安三年为曹操所杀。　[4]　《六书》《七音》：与下文《昆虫草木》均为《通志》二十略之篇名，即《六书略》《七音略》《昆虫草木略》。　　[5]　《隋书·五代史志》：唐太宗命史官修了梁、陈、齐、周、隋五部史书，于是唐人便将这五部史书合称"五代史"，后来为了区别梁、唐、晋、汉、周这五代史，学术界便将唐人修的称"唐前五代史"。当时所修的五部史书都没有志，到了贞观十五年（641）又诏修五代史志，历时十五年，到高宗显庆元年（656）修成。书成后俗呼为《五代史志》，最初是离五史而别行的。因为它是五代史的合志，故其内容与五代史纪传相配合，但详于隋而略于梁、陈、齐、周。从体例上说，又都以隋为主。五史既各自单行，而志又难割难分，加之在编撰时即按《隋书》的组成部分处理，同时隋以五史之末，后遂编入《隋书》，专称《隋志》。于是有些不知原委者误疑《隋志》为"失于断限"而乱发议论。　　[6]　萧子显（约489—537）：南朝史学家，字景阳，南兰陵（今江苏常州西北）人，齐高帝萧道成之孙。入梁，领国子博士，吏部尚书。梁天监中，修成《齐书》六十卷，现存五十九卷，本纪八卷，志十一卷，列传四十卷。为了有别于《北齐书》，故冠以"南"字。　　[7]　韩通（？—960）：后周将领，字仲达，太原（今山西太原）人。以勇力著称，初从汉祖为军校，累迁奉国指挥使。及太祖镇大名，奏为天雄军都校，委以心腹。后官至检校太尉，同平章事。宋太祖至陈桥，为诸军推戴。韩通闻变急归，为军校王彦升所害。欧阳修为避嫌，《新五代史》不为韩通立传。　　[8]　居摄：皇帝年幼，大臣摄政。　　[9]　刘焉（？—194）：东汉末大臣，字君郎，江夏竟陵（今湖北潜江西北）人。少以宗室拜中郎，未几去官。后历洛阳令、冀州刺史、南阳太守、宗正、太常。再后领益州牧，封阳城侯。献帝初平四年（193），以二子刘范、刘诞偷袭长安，以除董卓余党，计划失败，二子被杀，又遇益州治所大火，于次年即病卒。　　[10]　僭国：非正统政权。　　[11]　四裔：周边少数民族。　　[12]　吴逵、韩灵敏：吴逵，吴兴乌程（今浙江湖州）人。为人孝顺，太守王韶之擢补功曹史，逵以门寒，固辞不就，举为孝廉。韩灵敏，会稽剡（今浙江嵊州）人。早孤，有孝性，其见灵珍亡无子，其嫂守节不嫁，灵敏事之如母。

《说文》训通为达，自此之彼之谓也。通者，所以通天下之不通也。读《易》如无《书》，读《书》如无《诗》，《尔雅》治训诂，小学明六书，通之谓也。古人离合撰著，不言而喻。汉人以通为标目，梁世以通入史裁，则其体例盖有截然不可混合者矣。杜佑以刘秩《政典》为未尽而上达于三五，《典》之所以名通也；奈何魏了翁[1]取赵宋一代之掌故，亦标其名谓之《国朝通典》乎？既曰国朝，画代为断，何通之有？是亦循名而不思其义者也。六卿联事，职官之书，亦有通之义也。奈何潘迪[2]取有元御史之职守，亦名其书谓之《宪台通纪》[3]耶？又地理之学，自有专门，州郡志书，当隶外史。详《外篇·亳州志议》。前明改元代行省为十三布政使司，所隶府、州、县、卫，各有本志。使司幅员既广，所在府县，惧其各自为书未能一辙也，于是裒合所部，别为通志。通者，所以通府、州、县、卫之各不相通也。奈何修通志者，取府、州、县、山、川、人、物，分类为编，以府领县，以县领事实人文，摘比分标，不相联合。如是为书，则读者但阅府县本志可矣，又何所取于通哉？夫通史人文，上下千年，然而义例所通，则隔代不嫌合撰。使司所领不过数十州县，而斤斤分界，惟恐越畔为虞，良由识乏通材，遂使书同胥史[4]矣。

[1] 魏了翁（1178—1237）：南宋思想家，字华父，号鹤山。《直斋书录解题》典故类著录《国朝通典》二百卷，"不著名氏，或言魏鹤山所为，似方草创未成书"。 [2] 潘迪：元朝学者，元城（今河北大名东）人。博学能文，历官国子司业，集贤学士。著有《格物类编》《六经发明》等。 [3] 《宪台通纪》：钱大昕《元史·艺文志》卷二职官类载潘迪《宪台通纪》二十三卷。[4] 胥史：犹胥吏，官府中办理文书的小吏。此指胥史抄录的文档。

◎研读

　　《释通》篇主要论述历史编纂学，提出了通史的编修方法。文章先叙述通史的起源，列举了以"通"为名的著作，后阐述通史编纂的不同形式和发展变化。他还特别列举了通史编写的利弊得失，论断精辟。像这样全面系统论述通史编纂的理论文章，前人还不曾有过，郑樵主张编修通史，但过分强调通史的长处，而不谈其不足之处。因此，章学诚此文在历史编纂学上具有重要意义。

答客问上

◎ 解题

《答客问》上、中、下三篇，与《释通》同作于乾隆五十五年（1790），都是章学诚关于历史编纂学理论的重要文章。

癸巳在杭州，闻戴征君震与吴处士颖芳[1]谈次，痛诋郑君《通志》，其言绝可怪笑，以谓不足深辨，置弗论也。其后学者颇有訾謷[2]，因假某君叙说，辨明著述源流。自谓习俗浮议，颇有摧陷廓清[3]之功。然其文上溯马、班，下辨《通考》，皆史家要旨，不尽为《通志》发也。而不知者又更端以相诘难，因作《答客问》三篇。

[1] 吴处士颖芳：指吴颖芳（1702—1781），清朝文人，字西林，号树虚，浙江仁和（今杭州市）人。博览群籍，"常怪郑樵《通志》，务与先儒为难，于是取《六书》《七音》《乐略》，一一尊先儒而探其源，成《吹幽录》五十卷，《说文理董》四十卷，《音韵讨论》四卷，《文字源流》六卷，《金石文释》六卷"。又有《临江乡人诗集》四卷。　[2] 訾謷（áo）：攻讦，诋毁。　[3] 摧陷廓清：唐李汉《昌黎先生集序》中有"先生于文，摧陷廓清之功，比于武事，可谓雄伟不常者矣"。摧陷：摧毁。廓清：肃清。意思是攻破敌阵，彻底肃清残敌，比喻写文章打破陈规。

客有见章子《续通志叙书后》[1]者，问于章子曰：《通志》之不可轻议，则既闻命矣。先生之辨也，文繁而不可杀[2]，其推论所及，进退古人，多不与世之尚论者同科，岂故为抑扬以佐其辨欤？

抑先生别有说欤？夫学者皆称二十二史，著录之家，皆取马、班而下至于元、明而上，区为正史一门矣。今先生独谓唐人整齐晋、隋故事，亦名其书为一史，而学者误承流别，不复辨正其体焉。岂晋、隋而下，不得名为一史欤？观其表志成规，纪传定体，与马、班诸史未始有殊，开局设监，集众修书，亦时势使然耳，求于其实，则一例也。今云学者误承流别，敢问晋、隋而下，其所以与陈、范而上截然分部者安在？

[1]《续通志叙书后》：据胡适《章实斋先生年谱》，这是《申郑》篇最初篇名。　[2] 杀（shài）：减省。

章子曰：史之大原本乎《春秋》，《春秋》之义昭乎笔削。笔削之义，不仅事具始末、文成规矩已也。以夫子"义则窃取"之旨观之，固将纲纪天人，推明大道。所以通古今之变而成一家之言者，必有详人之所略，异人之所同，重人之所轻，而忽人之所谨，绳墨之所不可得而拘，类例之所不可得而泥，而后微茫杪忽[1]之际有以独断于一心。及其书之成也，自然可以参[2]天地而质鬼神，契[3]前修而俟后圣，此家学之所以可贵也。陈、范以来，律以《春秋》之旨，则不敢谓无失矣。然其心裁别识，家学具存。纵使反唇相议，至谓迁书退处士而进奸雄，固书排忠节而饰主阙，要其离合变化，义无旁出，自足名家学而符经旨；初不尽如后代纂类之业，相与效子莫之执中，求乡愿之无刺，侈然自谓超迁轶[4]固也。若夫君臣事迹，官司典章，王者易姓受命，综核前代，纂辑比类，以存一代之旧物，是则所谓整齐故事之业也。开局设监，集众修书，正当用其义例，守其绳墨，以待后人之论定则可矣，岂所语于专门著作之伦乎？

[1] 微茫杪（miǎo）忽：微茫，隐约模糊。杪忽，细微。　[2] 参：参合。　[3] 契：符合。　[4] 轶（yì）：超过。

《易》曰："苟非其人，道不虚行。"史才不世出，而时世变易不可常，及时纂辑所闻见，而不用标别家学，决断去取为急务，岂特晋、隋二史为然哉？班氏以前，则有刘向、刘歆、扬雄、贾逵[1]之《史记》；范氏以前，则有刘珍、李尤、蔡邕、卢植、杨彪之《汉记》[2]。其书何尝不遵表志之成规，不用纪传之定体。然而守先待后之故事与笔削独断之专家，其功用足以相资而流别不能相混，则断如也。溯而上之，百国宝书之于《春秋》，《世本》《国策》之于《史记》，其义犹是耳。唐后史学绝而著作无专家，后人不知《春秋》之家学，而猥以集众官修之故事，乃与马、班、陈、范诸书并列正史焉。于是史文等于科举之程式，胥吏之文移，而不可稍有变通矣。间有好学深思之士，能自得师于古人，标一法外之义例，著一独具之心裁；而世之群怪聚骂，指目牵引为言词，譬若猵狙[3]见冠服，不与龁[4]决毁裂至于尽绝不止也。郑氏《通志》之所谤，凡以此也。

[1] 贾逵（30—101）：东汉经学家，字景伯，扶风平陵（今陕西咸阳西北）人。博通经史，永平中进献《春秋左氏传解诂》及《国语解诂》，为明帝所重。并奉旨作《神雀颂》，以博物多识拜为郎，与班固并校秘书。章帝时，受诏讲学于北宫白虎观、南宫云台，世称通儒。　[2] "则有刘珍"句：刘珍（？—126），东汉学者，一名宝，字秋孙，蔡阳（今湖北枣阳）人。曾奉诏与马融等人校定东观藏书，并参与撰《东观汉记》。永宁元年（120）奉诏作《建武以来名臣传》。李尤，东汉官吏，字伯仁，广汉郡雒县（今四川广汉）人。和帝时，诏试东观，受诏作赋，拜兰台令史。安帝时为谏议大夫，受诏参与编修《汉记》。卢植，东汉学者，字子干，涿郡涿县（今河北涿州）人。少与郑玄同事马融，学贵博通而不喜章句辞赋。灵帝建宁中，为博士。撰有《尚书章句》《三礼解诂》，曾与马日磾、蔡邕等在东观校定中书五经传记，补续《汉记》。杨彪（142—225），东汉末官吏，字文先，弘农华阴（今陕西华阴东）人。熹平时，以博学征拜议郎，迁侍中、京兆尹。中平六年（189）代董卓为司空，后又为司徒。曹丕称帝，欲以为太尉，辞不受，乃授光禄大夫。[3] 猵狙（biān jū）：一种类似猿猴的动物。　[4] 龁（hé）：咬。

嗟乎！道之不明久矣。六经皆史也。形而上者谓之道，形而下者谓之器。孔子之作《春秋》也，盖曰："我欲托之空言，不如见诸行事之深切著明。"然则典章事实，作者之所不敢忽，盖将即器而明道耳。其书足以明道矣，笾豆之事，则有司存[1]，君子不以是为琐琐也。道不明而争于器，实不足而竞于文，其弊与空言制胜华辩伤理者，相去不能以寸焉，而世之溺者不察也。太史公曰："好学深思，心知其意。"当今之世，安得知意之人而与论作述之旨哉！

[1] 笾（biān）豆之事，则有司存：语出《论语·泰伯》："笾豆之事，则有司存。"笾豆，祭祀或宴会时盛果实、干肉等的食器，笾为竹制，豆为木制。笾豆之事，代表祭祀和礼节仪式。有司，主管祭祀的官吏。

答客问中

客曰：孔子自谓："述而不作，信而好古。"又曰："好古敏以求之。"夏、殷之礼，夫子能言，然而无征不信，慨于文献之不足也。今先生谓作者有义旨[1]，而笾豆器数[2] 不为琐琐焉，毋乃悖于夫子之教欤？马氏《通考》之详备，郑氏《通志》之疏舛，三尺童子所知也。先生独取其义旨而不责其实用，遂欲申郑而屈马，其说不近于偏耶？

[1] 义旨：要义与宗旨。　[2] 器数：古礼中礼器、礼数的种种规定。

章子曰：天下之言，各有攸当；经传之言，亦若是而已矣。读古人之书，不能会通其旨，而徒执其疑似之说以争胜于一隅，则一隅之言不可胜用也。天下有比次之书，有独断之学，有考索之功，

三者各有所主而不能相通。六经之于典籍也，犹天之有日月也。读
《书》如无《诗》，读《易》如无《春秋》，虽圣人之籍，不能于一书
之中备数家之攻索也。《易》曰"不可为典要"，而《书》则偏言
"辞尚体要"焉。读《诗》不以辞害志，而《春秋》则正以一言定是
非焉。向令执龙血鬼车之象，而征粤若稽古[1]之文，托熊、蛇、
鱼、旐[2]之梦，以纪春王正月之令，则圣人之业荒而治经之旨悖
矣。若云好古敏求，文献征信，吾不谓往行前言可以灭裂也。多闻
而有所择，博学而要于约，其所取者有以自命，而不可概以成说相
拘也。大道既隐，诸子争鸣，皆得先王之一端，庄生所谓"耳目口
鼻，皆有所明，不能相通"者也。目察秋毫而不能见雷霆，耳辨五
音[3]而不能窥泰山，谓耳之有能有不能则可矣，谓耳闻目见之不足
为雷霆山岳，其可乎？

[1] 粤若稽古：语本《尚书·尧典》："曰若稽古帝尧。"汉代孔安国
《传》云："若，顺；稽，考也。能顺考古道而行之者帝尧。"指探求古圣先贤
之道。　　[2] 旐（zhào）：古代的一种旗子，上面画着龟蛇。　　[3] 五音：
即五声音阶，传统民族调式常用的五个主音，即宫、商、角、徵、羽。

由汉氏以来，学者以其所得，托之撰述以自表见者，盖不少矣。
高明者多独断之学，沉潜者尚考索之功，天下之学术不能不具
此二途。譬犹日昼而月夜，暑夏而寒冬，以之推代而成岁功[1]，则
有相需之益；以之自封而立畛域[2]，则有两伤之弊。故马、班史
祖，而伏、郑[3]经师，迁乎其地而弗能为良，亦并行其道而不相为
背者也。使伏、郑共注一经，必有牴牾之病；使马、班同修一史，
必有矛盾之嫌。以此知专门之学，未有不孤行其意，虽使同侪[4]争
之而不疑，举世非之而不顾，此史迁之所以必欲传之其人，而班固
之书所以必待马融受业于其女弟，然后其学始显也。迁书有徐广、
裴骃诸家传其业，固书有服虔、应劭诸家传其业，专门之学，口授
心传，不啻经师之有章句矣。然则《春秋》经世之意，必有文字之

所不可得而详，绳墨之所不可得而准。而今之学者，凡遇古人独断之著述，于意有不惬，嚣然纷起而攻之，亦见其好议论而不求成功矣。

[1] 岁功：一年的时序。　[2] 畛域：界限，范围。　[3] 伏、郑：伏生与郑玄。　[4] 同侪（chái）：同辈，同类。

若夫比次之书，则掌故令史之孔目[1]，簿书记注之成格，其原虽本柱下[2]之所藏，其用止于备稽检而供采择，初无他奇也。然而独断之学，非是不为取裁；考索之功，非是不为按据，如旨酒之不离乎糟粕，嘉禾之不离乎粪土，是以职官故事、案牍图牒之书，不可轻议也。然独断之学，考索之功欲其智，而比次之书欲其愚。亦犹酒可实尊彝[3]，而糟粕不可实尊彝；禾可登簠簋[4]，而粪土不可登簠簋，理至明也。

[1] 孔目：档案目录，也指职掌文书事务的小官吏。　[2] 柱下：藏书之所。　[3] 尊彝：均为酒器，两种古代祭祀礼器。　[4] 簠簋（fǔ guǐ）：两种盛黍稷稻粱之礼器。

古人云："言之不文，行之不远。""文不雅驯，荐绅先生难言之。"为职官故事、案牍图牒之难以萃合而行远也，于是有比次之法。不名家学，不立识解，以之整齐故事，而待后人之裁定，是则比次欲愚之效也。举而登诸著作之堂，亦自标名为家学，谈何容易邪！且班固之才，可谓至矣。然其与陈宗、尹敏之徒撰《世祖本纪》与《新市》《平林》[1]诸列传，不能与《汉书》并立，而必以范蔚宗书为正宗，则集众官修之故事，与专门独断之史裁不相缀属又明矣。自是以来，源流既失，郑樵无考索之功，而《通志》足以明独断之学，君子于斯有取焉。马贵与无独断之学，而《通考》不足以成比次之功，谓其智既无所取，而愚之为道又有未尽也。且其就《通典》

而多分其门类，取便翻检耳；因史志而衷集其论议，易于折衷耳。此乃经生决科之策括，不敢抒一独得之见，标一法外之意，而奄然^[2]媚世为乡愿，至于古人著书之义旨，不可得闻也。俗学便其类例之易寻，喜其论说之平善，相与翕然交称之，而不知著作源流之无似，此呕哑嘲哳^[3]之曲所以属和万人也。

[1]《新市》《平林》：据《后汉书·班固传》载，班固曾奉诏与陈宗、尹敏等人共撰《世祖本纪》，而班固本人又撰《新市》《平林》《公孙述》等列传载记二十八篇。陈宗，东汉官吏，曾任睢阳令。明帝时与班固等共成《世祖本纪》。尹敏，东汉初官吏，字幼季，南阳堵阳（今河南方城东）人。光武建武二年（26），上疏陈《洪范》消灾之术，待诏公车，拜郎中，辟大司空府，后三迁长陵令。　[2] 奄（yǎn）然：一致的样子。　[3] 呕哑嘲哳（ōu yā zhāo zhā）：呕哑，管弦声。嘲哳，声音嘈杂。意指管弦的嘈杂之音不堪入耳。

答客问下

客曰：独断之学与考索之功，则既闻命矣。敢问比次之书，先生拟之糟粕与粪土，何谓耶？

章子曰：斯非贬辞也。有璞^[1]而后施雕，有质而后运斤^[2]；先后轻重之间，其数易明也。夫子未删之《诗》《书》，未定之《易》《礼》《春秋》，皆先王之旧典也。然非夫子之论定，则不可以传之学者矣。李焘谓："左氏将传《春秋》，先聚诸国史记，国别为语，以备《内传》之采摭。"是虽臆度之辞，然古人著书未有全无所本者，以是知比次之业不可不议也。比次之道，大约有三：

[1] 璞：未经雕琢的玉石。　[2] 有质而后运斤：质，对象、目标。运斤，挥动斧子。

有及时撰集以待后人之论定者，若刘歆、扬雄之《史记》，班固、陈宗之《汉记》是也；

有有志著述，先猎群书以聚薪楰[1]者，若王氏《玉海》[2]、司马《长编》[3]之类是也；

[1] 薪楰（yǒu）：指木柴，比喻基础。　[2] 王氏《玉海》：宋代王应麟编的一部大型类书，全书二百卷。　[3] 司马《长编》：指司马光在编修《资治通鉴》时，先由三大助手刘恕、刘攽、范祖禹三人分头编写出初稿，称为《长编》，最后由司马光一手统稿删订成书。

有陶冶专家，勒成鸿业者，若迁录仓公[1]技术，固裁刘向《五行》之类是也。

[1] 仓公（约前205—？）：西汉著名医学家。姓淳于，名意，人称"淳于公"，曾任齐太仓长之职，故又被称仓公或太仓公，齐临淄（今山东淄博临淄区）人。《史记》记载了他的二十五例病案，为我国现存最早的珍贵病案资料。

夫及时撰集以待论定，则详略去取，精于条理而已；先猎群书以为薪楰，则辨同考异，慎于覈核而已；陶冶专家，勒成鸿业，则钩玄提要，达于大体而已。比次之业，既有如是之不同；作者之旨，亦有随宜之取辨。而今之学者，以谓天下之道，在乎较量名数之异同，辨别音训之当否，如斯而已矣；是何异观坐井之天，测坳堂[1]之水，而遂欲穷六合之运度，量四海之波涛，以谓可尽哉？夫汉帝春秋，年寿也。具于《别录》；臣瓒[2]注。伏生、文翁[3]之名，征于石刻；高祖之作新丰[4]，详于刘记；《西京杂记》[5]。孝武之好微行，著于外传；《汉武故事》[6]。而迁、固二书，未见采录，则比次之繁，不妨作者之略也。曹丕让表，详《献帝传》[7]；甄后懿行，盛称《魏书》[8]；哀牢之传，征于计吏[9]；见《论衡》。先贤之表，著于黄初；而陈、范二史不以入编，则比次之私，有待作者之公也。

[1] 坳（ào）堂：堂上的低洼处。　　[2] 臣瓒：西晋初年学者。曾为《汉书》作过注，而十二纪各帝之年寿，皆由臣瓒注明。　　[3] 文翁：西汉官吏，庐江舒县（今安徽庐江）人。通《春秋》，以郡县吏察举。为蜀郡守时，重视教育，修学官于成都市中，选下县弟子入学，学业优良者补为郡县吏。武帝时令天下郡县皆立学校，自他始，蜀吏民因此立祠纪念他。　　[4] 新丰：县名。汉高祖定都关中，太上皇居长安宫中，思乡心切，郁郁不乐。高祖乃依故乡丰邑街里房舍格局改筑骊邑，并迁来丰民，改称新丰。　　[5]《西京杂记》：东晋道士葛洪撰。葛洪（约281—341），字稚川，又名抱朴子，丹阳句容（今江苏句容）人。好神仙导养之术，从郑隐受炼丹术又兼通医学，为当时名医。著有《抱朴子》《肘后备急方》《神仙传》《本草注》和《西京杂记》。而《西京杂记》六卷，《隋书·经籍志》著录为二卷。内容杂载西汉逸事传闻，乃笔记性质，采摘甚富，可补史缺。《文选》《初学记》皆引其文。有人认为是吴均作，亦有传刘歆作，皆不可信。　　[6]《汉武故事》：亦作《汉武帝故事》，旧题班固撰。一说南朝齐王俭作，二卷。记述汉武帝自生于猗兰殿以至死葬茂陵的琐碎遗闻杂事，多神仙怪异之言，原书已残缺。　　[7]《献帝传》：裴松之注《三国志》多引此书，均不著撰人。据《三国志·明帝纪》青龙二年（234）注引《献帝传》载追谥山阳公为汉孝献皇帝一事，可知此书当成于是年之后。　　[8]《魏书》：西晋王沈撰。王沈（？—266），晋史学家。魏时曾典著作，时称文籍先生。后归附司马氏，任豫州刺史，封博陵侯。晋武帝即位，拜御史大夫，守尚书令，加给事中。与荀颙、阮籍等共撰《魏书》，后由王沈独自修撰而成。记三国时魏国史事，纪传体，无志，四十四卷，陈寿《三国志》多取其材，已早佚。　　[9] 哀牢之传，征于计吏：王充《论衡》卷二十《佚文篇》载："杨子山为郡上计吏，见三府为《哀牢传》不能成，归郡作上，孝明奇之，征在兰台。"杨终（约40—100），字子山，东汉蜀郡成都（今属四川成都）人。年十三为郡小吏，历官至郎中。著有《春秋外传》十二篇。哀牢，西南地区少数民族。计吏，汉代郡国送文书之使。

　　然而经生习业，遂纂典林；辞客探毫，因收韵藻。晚近浇漓之习，取便依检，各为兔园私册以供陋学之取携；是比次之业，虽欲如糟粕粪土，冀其化臭腐而出神奇，何可得哉！夫村书俗学[1]，既无良材，则比次之业难于凭藉者一矣。所征故实，多非本文，而好易字句，漓其本质，以致学者宁习原书，怠窥新录，则比次之业难于凭藉者二矣。比类相从，本非著作，而汇收故籍，不著所出何书，一似已所独得，使人无从征信，则比次之业难于凭藉者三矣。传闻异辞，记载别出，不能兼收并录以待作者之决择，而私作聪明，自定去取，则比次之业难于凭藉者四矣。图绘之学，不入史裁，金石之文，但征目录，后人考核，征信无从，则比次之业难于凭藉者五矣。专门之书，已成巨编，不为采录大凡[2]，预防亡逸，而听其孤行，渐致湮没，则比次之业难于凭藉者六矣。拘牵类例，取足成书，不于法律之外，多方购备，以俟作者之辨裁，一目之罗，得鸟无日[3]，则比次之业难于凭藉者七矣。凡此多端，并是古人未及周详，而后学尤所未悉。

[1] 村书俗学：村书，指古代农村儿童启蒙读物。俗学：世俗流行的浅薄学问。　[2] 大凡：概要。　[3] 一目之罗，得鸟无日：语出《淮南子·说山训》："有鸟将来，张罗而待之。得鸟者，罗之一目也。今为一目之罗，则无时得鸟矣。"罗，捕鸟的网。目，网眼。意思是罗网捕住鸟的地方只是一个网眼，但只有一个网眼的罗网就捕不到鸟。比喻局部所起的作用离不开整体。

苟有志于三月聚粮[1]，则讲习何可不豫？而一世之士，不知度德量力，咸嚣器以作者自命，不肯为是筌蹄[2]嚆矢[3]之功程，刘歆所谓"挟恐见破之私意，而无从善服义之公心"者也。术业如何得当？而著作之道何由得正乎？

[1] 三月聚粮：语出庄子《逍遥游》："适千里者，三月聚粮。"这里指收集资料准备编纂史书。　[2] 筌（quán）蹄：《庄子·外物》："筌者所以在鱼，得鱼而忘筌；蹄者所以在兔，得兔而忘蹄。"筌，捕鱼竹器；蹄，捕兔网。后以"筌蹄"比喻达到目的的手段或工具。　[3] 嚆（hāo）矢：响箭，因发射时声先于箭而到，故常用以比喻事物的开端或先行者。

◎研读

这三篇文章除了继续论述通史编修的目的和成功标准外，还重点提出了史籍分类的新观点和方法。长期以来，我国史籍大都按照史体进行分类，而章学诚在文中却提出了把史籍分为"撰述"（著作之书）和"记注"（为著作提供材料的资料汇编）的主张，这无疑是一种创见。

现代社会史籍分类其法不一，以分史著、史料两类为最新的方法。以往许多论著常认为这是西方史学传入后带来的影响，而不知早在两百多年前章学诚已作过详尽的论述，不必样样都归功于西方史学。这些认识是对我国历史编纂学理论的系统总结和重大贡献，值得借鉴。但是他说马端临"无独断之学"，因而肯定"《通考》不足以成比次之功"，于是归入"记注"一类，显然很不妥当。

史　德

◎**解题**

　　本篇作于乾隆五十六年（1791），他在《与史余村简》中云：
"近撰《史德》诸篇，所见较前有进，与《原道》《原学》诸篇足相
表里。而《原道》诸篇既不为人所可，此篇亦足下观之可耳，勿示
人也。"章氏史德论提出和论辩了史家治史的思想修养和态度问题，
这在史学理论上是个宝贵的贡献，对于史学有重要的意义。

　　才、学、识，三者得一不易，而兼三尤难，千古多文人而少良
史，职[1]是故也。昔者刘氏子玄，盖以是说谓足尽其理矣。[2]虽
然，史所贵者义也，而所具者事也，所凭者文也。孟子曰："其事则
齐桓、晋文，其文则史，义则夫子自谓窃取之矣。"非识无以断其
义，非才无以善其文，非学无以练其事，三者固各有所近也，其中
固有似之而非者也。记诵以为学也，辞采以为才也，击断以为识也，
非良史之才、学、识也。虽刘氏之所谓才、学、识，犹未足以尽其
理也。

　　[1] 职：因为，由于。　　[2]《旧唐书·刘子玄传》云："礼部尚书郑
惟忠尝问子玄曰：'自古已来，文士多而史才少，何也？'对曰：'史才须有三
长，世无其人，故史才少也。三长，谓才也，学也，识也。夫有学而无才，亦
犹有良田百顷，黄金满籝（yíng），而使愚者营生，终不能致于货殖者矣。如
有才而无学，亦犹思兼匠石，巧若公输，而家无楩（pián）枏（nán）斧斤，
终不果成其宫室者矣。犹须好是正直，善恶必书，使骄主贼臣，所以知惧，此

则为虎傅翼，善无可加，所向无敌者矣。脱苟非其才，不可叨居史任。自夐
（xiòng）古已来，能应斯目者，罕见其人。'时人以为知言。"

　　夫刘氏以谓有学无识，如愚估操金，不解贸化，[1] 推此说以证
刘氏之指，不过欲于记诵之间，知所决择以成文理耳。故曰：古人
史取成家，退处士而进奸雄，排死节而饰主阙，亦曰一家之道然也。
此犹文士之识，非史识也。能具史识者，必知史德。德者何？谓著
书者之心术也。夫秽史者所以自秽，谤书者所以自谤，素行为人所
羞，文辞何足取重！魏收之矫诬，沈约之阴恶，读其书者先不信其
人，其患未至于甚也。所患夫心术者，谓其有君子之心而所养未底
于粹也。

　　[1] 有学无识，如愚估操金，不解贸化：《新唐书·刘子玄传》云："夫
有学无才，犹愚贾操金，不能殖货。"愚估，即愚贾，不善经营的商人。贸化，
贸易之道。章学诚此处将"有学无才"误引作"有学无识"。

　　夫有君子之心而所养未粹，大贤以下所不能免也？此而犹患于
心术，自非夫子之《春秋》不足当也。以此责人，不亦难乎？是亦
不然也。

　　盖欲为良史者，当慎辨于天人之际，尽其天而不益以人也。尽
其天而不益以人，虽未能至，苟允知之，亦足以称著书者之心术矣。
而文史之儒，竞言才、学、识，而不知辨心术以议史德，乌乎可哉？
夫是尧、舜而非桀、纣，人皆能言矣；崇王道而斥霸功，又儒者之
习故矣。至于善善而恶恶[1]，褒正而嫉邪，凡欲托文辞以不朽者，
莫不有是心也。然而心术不可不虑者，则以天与人参，其端甚微，
非是区区之明所可恃也。夫史所载者事也，事必藉文而传，故良史
莫不工文，而不知文又患于为事役也。盖事不能无得失是非，一有
得失是非，则出入予夺相奋摩矣，奋摩不已而气积焉。事不能无盛

衰消息，一有盛衰消息，则往复凭吊生流连矣，流连不已而情深焉。

[1] 善善而恶恶（wù è）：称赞善事，憎恨邪恶。形容人区别善恶，爱憎分明。

凡文不足以动人，所以动人者，气也；凡文不足以入人，所以入人者，情也。气积而文昌，情深而文挚；气昌而情挚，天下之至文也。然而其中有天有人，不可不辨也。气得阳刚而情合阴柔，人丽[1]阴阳之间，不能离焉者也。气合于理，天也；气能违理以自用，人也。情本于性，天也；情能汩[2]性以自恣，人也。史之义出于天，而史之文不能不藉人力以成之。人有阴阳之患，而史文即忏于大道之公，其所感召者微也。

[1] 丽：附着。　[2] 汩（gǔ）：扰乱。

夫文非气不立，而气贵于平。人之气，燕居[1]莫不平也。因事生感，而气失则宕[2]，气失则激，气失则骄，毗[3]于阳矣。文非情不得，而情贵于正。人之情，虚置无不正也。因事生感，而情失则流，情失则溺，情失则偏，毗于阴矣。阴阳伏沴[4]之患，乘于血气而入于心知，其中默运潜移，似公而实逞于私，似天而实蔽于人，发为文辞，至于害义而违道，其人犹不自知也。故曰心术不可不慎也。

[1] 燕居：闲居。　[2] 宕（dàng）：放纵，不受拘束。　[3] 毗（pí）：损伤。　[4] 沴（lì）：天地四时之气不和而生的灾害。

夫气胜而情偏，犹曰动于天而参于人也。才艺之士，则又溺于文辞，以为观美之具焉，而不知其不可也。史之赖于文也，犹衣之需乎采，食之需乎味也。采之不能无华朴，味之不能无浓淡，势也。华朴争而不能无邪色，浓淡争而不能无奇味。邪色害目，奇味爽口，

177

起于华朴浓淡之争也。文辞有工拙，而族史方且以是为竞焉，是舍本而逐末矣。以此为文，未有见其至者；以此为史，岂可与闻古人大体[1]乎？

[1] 大体：事情的要领或有关大局的道理。

韩氏愈曰："仁义之人，其言蔼如。"仁者情之普，义者气之遂也。程子尝谓："有《关雎》《麟趾》[1]之意，而后可以行《周官》之法度。"吾则以谓通六义比兴之旨，而后可以讲春王正月之书，盖言心术贵于养也。史迁百三十篇，《报任安书》[2]所谓"究天地之际[3]，通古今之变，成一家之言"。自序以谓"绍名世，正《易传》，本《诗》《书》《礼》《乐》之际"，其本旨也。所云"发愤著书"，不过叙述穷愁而假以为辞耳。后人泥于发愤之说，遂谓百三十篇皆为怨诽所激发，王允[4]亦斥其言为谤书。于是后世论文，以史迁为讥谤之能事，以微文[5]为史职之大权，或从羡慕而仿效为之，是直以乱臣贼子之居心，而妄附《春秋》之笔削，不亦悖乎！今观迁所著书，如《封禅》[6]之惑于鬼神，《平准》之算及商贩，孝武[7]之秕政[8]也。后世观于相如之文，桓宽[9]之论，何尝待史迁而后著哉？《游侠》《货殖》诸篇，不能无所感慨，贤者好奇，亦洵有之。余皆经纬古今，折衷六艺，何尝敢于讪上哉？朱子尝言《离骚》不甚怨君，后人附会有过。吾则以谓史迁未敢谤主，读者之心自不平耳。夫以一身坎轲，怨诽及于君父，且欲以是邀千古之名，此乃愚不安分，名教中之罪人，天理所诛，又何著述之可传乎？

[1] 《关雎》《麟趾》：均为《诗经》篇名。 [2] 《报任安书》：是司马迁给他的朋友任安写的一封信。在信中告诉任安自己写《史记》的目的，是要"究天人之际，通古今之变，成一家之言"。信中透露了他这部书"为表十，本纪十二，书八章，世家三十，列传七十，凡百三十篇"的篇数和体例组成及上下断限。 [3] 究天地之际：《报任安书》作"究天人之际"。 [4] 王允（137—192）：东汉末大臣，字子师，太原祁（今山西祁县东南）人。灵帝

时，为侍御史，后拜豫州刺史，参加镇压黄巾军。献帝即位，拜太仆，迁尚书令。曾与吕布合谋诛杀董卓。　　[5] 微文：隐晦讽刺之文。　　[6]《封禅》：与下文《平准》《游侠》《货殖》均为《史记》篇名，即《封禅书》《平准书》《游侠列传》《货殖列传》。　　[7] 孝武：指汉武帝刘彻（前156—前87），西汉皇帝。景帝之子，七岁立为太子。景帝后元三年（前141）即帝位，在位五十四年，将西汉推向全盛时期。在位期间，不断发动抗击匈奴战争，保障边境安全；又派张骞出使西域，加强了与西域经济文化交流；还大力兴修水利，治理黄河，移民边境屯田，发展农业生产。他以即位之年号为“建元元年”，此后历代帝王皆相效法，为中国帝王以年号纪年之创始。　　[8] 秕（bǐ）政：弊政。　　[9] 桓宽：西汉学者，字次公，汝南（今河南上蔡西南）人。宣帝时举为郎，任庐江太守丞。自幼习《公羊春秋》，学识渊博通达，著有《盐铁论》六十篇，详细记录了昭帝始元年间国家盐铁专卖情况。主张治国以仁为本，以趋利为末；以农为本，以工商为末。

夫《骚》与《史》，千古之至文也。其文之所以至者，皆抗怀于三代之英[1]，而经纬乎天人之际者也。所遇皆穷，固不能无感慨。而不学无识者流，且谓诽君谤主，不妨尊为文辞之宗焉，大义何由得明，心术何由得正乎？

[1] 三代之英：夏、商、周三代的精英人物。

夫子曰：“《诗》可以兴。”说者以谓兴起好善恶恶之心也。好善恶恶之心，惧其似之而非，故贵平日有所养也。《骚》与《史》，皆深于《诗》者也。言婉多风[1]，皆不背于名教，而梏于文者不辨也。故曰必通六义比兴之旨，而后可以讲春王正月之书。

[1] 风：通“讽”，委婉劝谏。

◎研读

刘知幾曾提出良史必备才、学、识三长，千百年来这一直成为衡量优秀历史学家的重要标准。章学诚在《史德》篇中对此加以肯定，同时又指出单具此"三长"，还不足以称为良史，于是他又提出一个"史德"来。什么是"史德"呢？就是著书者之心术，指史家作史，能忠实于客观史实，做到"善恶必书，务求公正"的一种品德。他说："史之义出于天，而史之文不能不藉人力以成之"，"故曰心术不可不慎也"。这是章学诚在史学理论上的另一贡献，也是他"成一家之言"的具体体现。

史学界曾有人认为章学诚的"史德"已经包含在"史识"之中。这个看法显然是错误的。很明显，"识"是指史家对历史发展、历史事件、历史人物是非曲直的观察、鉴别和判断能力，这是观点问题、识断问题；而"史德"则是指忠于史实的品德，是史家的思想修养问题，还包含立场在内。观点与立场，既有联系，又有区别。即使从字面来看，识与德也是指不同的概念，前者是指识断能力，后者是指行为规范的品德。

对于章学诚的史德概念，历来有不同解释，有的认为只是封建伦理道德，有的理解为"贯彻主体性，避免主观性"，主流的解释则是指史家作史忠实于客观史实，从而做到善恶褒贬务求公正的一种品德。

章学诚在《史德》篇中指出："盖欲为良史者，当慎辨于天人之际，尽其天而不益以人也。尽其天而不益以人，虽未能至，苟允知之，亦足以称著书者之心术矣。"在他看来，"是尧、舜而非桀、纣""崇王道而斥霸功""善善而恶恶，褒正而嫉邪"这样的基本心术要求，"凡欲托文辞以不朽者，莫不有是心也"。"然而心术不可不虑者，则以天与人参，其端甚微"，"所患夫心术者，谓其有君子之心而所养未底于粹也"，"夫有君子之心而所养未粹，大贤以下所不能免也"。章学诚指出，要达到"尽其天而不益以人"的境界，"自非夫子之《春秋》不足当"。

　　那么，何谓"天""人"？他说："气合于理，天也；气能违理以自用，人也。情本于性，天也；情能泪性以自恣，人也。史之义出于天，而史之文不能不藉人力以成之。人有阴阳之患，而史文即忤于大道之公，其所感召者微也。"他又解释说："道，公也；学，私也。君子学以致其道，将尽人以达于天也。人者何？聪明才力，分于形气之私者也。天者何？中正平直，本于自然之公者也。"①史家通过撰写史文揭示史义，阐明大道之公，必须"尽人以达于天"。"天""人"是对立的两个概念，不是"天理"与个人或者"主体性"与主观性，而是客观事实与史家主观认识。史家要克制主观情感，平气正情，努力做到史实记载与价值评判"中正平直"，这就是"尽其天而不益以人"。

　　史德要求历史学家慎辨主观认识与客观史实之间的关系，尽量公正平允，不要随心所欲地把自己主观意图掺杂到历史记载中去。只要抱着这个态度去努力，即使达不到圣人修养高度，也可以称得上具备"著书者之心术"了。章学诚也深知史学家在历史事实面前，不能没有自己的想法和看法，看到史实的是非得失、盛衰消息，不能不动感情。问题在于如何以理性制约感情，使感情符合于事理，这需要不断提高学养。

　　当然，章学诚的史德论必须遵循纲常名教。对于才、学、识、德四者，在章学诚看来，史识、史德比史才、史学更为重要，前者是灵魂，后者是躯体。只有好的文笔和丰富的历史知识，但没有观察鉴别能力，对历史事件和人物就无法作出正确的判断；"著书者之心术不正"，没有史德，就不能分辨主观客观，任情褒贬的秽史、谤书，自然无法如实反映客观历史面貌。

---

① 《文史通义新编新注》内篇四《说林》，第221页。

史　释

◎解题

　　本篇作于乾隆五十四年（1789），文章说明史官职责在于保存掌故，以存先王道法，阐明史学经世致用理论。因此，这篇文章与《原道》《原学》诸篇都相互发明，可以参照阅读。

　　或问《周官》府史之史，与内史、外史、太史、小史、御史之史[1]，有异义乎？曰：无异义也。府史之史，庶人在官供书役者，今之所谓书吏是也。五史则卿、大夫、士为之，所掌图书、纪载、命令、法式之事，今之所谓内阁六科、翰林中书之属是也。官役之分，高下之隔，流别之判，如霄壤[2]矣。然而无异义者，则皆守掌故，而以法存先王之道也。

　　[1]　内史、外史、太史、小史、御史之史：这是《周礼·春官·宗伯》所提出的五史，实在是后人之构想，而无实事。当代学者黄云眉先生在《略论〈周礼〉五史与〈礼记〉左右史》中对此作了详尽的考订，最后结论是："准是以言：《周礼》五史，可信者惟大（太）史、内史；《礼记》二史，可信者惟左史，天子有大史、内史、左史等，诸侯皆有大史而不皆有内史、左史。其职掌亦不必与《周礼》《礼记》同。若其因大史而有小史，因内史而有外史，因左史而有右史，因《周礼》之无左右史，而以《礼记》之左右史，强与《周礼》之大史内史冶为一炉，皆为前人以理想构为制度，而后人以文字认为事实，故纷纷藉藉而终莫能通其说也。然则所谓粲然大备之周代史职，夷考其实，盖亦廑矣。"（载《史学杂稿订存》，齐鲁书社1980年版）章学诚确信五史之说，而他

的影响较大，特别是方志学界奉为经典，常用《周礼》五史之说为据来论述方志起源，故将黄云眉先生之结论加以摘引，因为原文很少有人能够见到。希望世人不要再奉子虚乌有之说而为经典，大谈什么"外史掌四方之志"而为方志之起源，学术研究必须实事求是。　　[2] 霄壤：天与地。比喻差距很大。

史守掌故而不知择，犹府守库藏而不知计也。先王以谓太宰制国用，司会质[1]岁之成，皆有调剂盈虚、均平秩序之义，非有道德贤能之选不能任也，故任之以卿、士、大夫之重。若夫守库藏者，出纳不敢自专，庶人在官，足以供使而不乏矣。然而卿、士、大夫讨论国计，得其远大，若问库藏之纤悉，必曰府也。

　　[1] 质：评判。

五史之于文字，犹太宰司会之于财货也。典、谟、训、诰，曾氏[1]以谓唐、虞、三代之盛，载笔而纪，亦皆圣人之徒，其见可谓卓矣。五史以卿、士、大夫之选，推论精微；史则守其文诰、图籍、章程、故事而不敢自专。然而问掌故之委折[2]，必曰史也。

　　[1] 曾氏：指曾巩。　　[2] 委折：原委曲折。

夫子曰："民可使由之，不可使知之。"先王道法，非有二也；卿、士、大夫能论其道，而府史仅守其法。人之知识，有可使能与不可使能尔，非府史所守之外，别有先王之道也。夫子曰："俎豆之事，则尝闻之矣。"曾子乃曰："君子所贵乎道者三，笾豆之事，则有司存。"非曾子之言异于夫子也，夫子推其道，曾子恐人泥其法也。子贡曰："文武之道，未坠于地，在人。夫子焉不学，亦何常师之有？""入太庙，每事问。"则有司、贱役、巫祝[1]、百工，皆夫子之所师矣。问礼问官，岂非学于掌故者哉？故道不可以空诠[2]，文不可以空著。三代以前，未尝以道名教，而道无不存者，无空理也；三代以前，未尝以文为著作，而文为后世不可及者，无空言也。盖自官师治教分，而文字始有私门之著述，于是文章学问，乃与官司掌故为分途，而立教者可得离法而言道体矣。《易》曰："苟非其人，道不虚行。"学者崇奉六经，以谓圣人立言以垂教。不知三代盛时，各守专官之掌故，而非圣人有意作为文章也。

　　[1] 巫祝：古代称事鬼神者为巫，祭主赞词者为祝。后连用以指掌占卜祭祀的人。　　[2] 诠：解释。

　　《传》曰："礼时为大。"又曰："书同文。"盖言贵时王之制度也。学者但诵先圣遗言而不达时王之制度，是以文为鞶帨绨绣[1]之玩，而学为斗奇射覆[2]之资，不复计其实用也。故道隐而难知，士大夫之学问文章，未必足备国家之用也。法显而易守，书吏所存之掌故，实国家之制度所存，亦即尧、舜以来因革损益之实迹也。故无志于学则已，君子苟有志于学，则必求当代典章以切于人伦日用，必求官司掌故而通于经术精微，则学为实事而文非空言，所谓有体必有用也。不知当代而言好古，不通掌故而言经术，则鞶帨之文，射覆之学，虽极精能，其无当于实用也审矣。

　　[1] 鞶帨（pán shuì）绨（chī）绣：鞶，腰带。帨，佩巾。绨，细葛布。　　[2] 射覆：古时的一种猜物游戏。

　　孟子曰："力能举百钧，而不足举一羽；明足察秋毫之末而不见舆薪。"难其所易而易其所难，谓失权度[1]之宜也。学者昧今而博古，荒掌故而通经术，是能胜《周官》卿士之所难，而不知求府史之所易也。故舍器而求道，舍今而求古，舍人伦日用而求学问精微，皆不知府史之史通于五史之义者也。

　　[1] 权度：权衡、比较。

以吏为师，三代之旧法也。秦人之悖于古者，禁《诗》《书》而仅以法律为师耳。三代盛时，天下之学，无不以吏为师。《周官》三百六十，天人之学备矣。其守官举职而不坠天工[1]者，皆天下之师资也。东周以还，君师政教不合于一，于是人之学术，不尽出于官司之典守。秦人以吏为师，始复古制，而人乃狃[2]于所习，转以秦人为非耳。秦之悖于古者多矣，犹有合于古者，以吏为师也。

[1] 天工：天的职司。古以为王者法天而建官，代天行职事。　　[2] 狃（niǔ）：因袭，拘泥。

孔子曰："生乎今之世，反[1]古之道，灾及其身者也。"李斯请禁《诗》《书》，以谓"儒者是古而非今"，其言若相近而其意乃大悖，后之君子不可不察也。夫三王不袭礼，五帝不沿乐，不知礼时为大而动言好古，必非真知古制者也。是不守法之乱民也，故夫子恶之。若夫殷因夏礼，百世可知。损益虽曰随时，未有薄尧、舜，而诋斥禹、汤、文、武、周公，而可以为治者。李斯请禁《诗》《书》，君子以谓愚之首也。后世之去唐、虞、三代，则更远矣。要其一朝典制，可以垂奕世[2]而致一时之治平者，未有不于古先圣王之道得其仿佛者也。故当代典章，官司掌故，未有不可通于《诗》《书》六艺之所垂。而学者昧于知时，动矜博古，譬如考西陵之蚕桑，讲神农之树艺[3]，以谓可御饥寒而不须衣食也。

[1] 反：通"返"。　　[2] 奕（yì）世：累世。　　[3] 树艺：种植，栽培。亦作"树蓺"。语出《周礼·地官·大司徒》："辨十有二壤之物，而知其种，以教稼穑树蓺。"贾公彦疏："教民春稼秋穑，以树其木，以蓺黍稷也。"

◎ 研读

章氏认为，史乃记事之书，由史官记载和保存，其目的在于

"皆守掌故,而以法存先王之道也"。因为这些掌故,"实国家之制度所存,亦即尧、舜以来因革损益之实迹也"。所以全篇文章都在阐述掌故的重要性,这是他借以论述"六经皆史"的重要观点和论据。他认为六经都是由先王治国平天下的事迹汇集起来的掌故,"孔子删订,存先王之旧典,所谓述而不作",从而也就再次为"道不离器"的观点提供了佐证。当然,文中他还批评了"但诵先圣遗言而不达时王之制度"的错误倾向,提出有志于学者,"必求当代典章以切于人伦日用,必求官司掌故而通于经术精微,则学为实事而文非空言"。

习　固

　　本篇作于乾隆五十四年（1789），阐明学贵真知，"习固然而言之易者""非真知"。胡适对这篇文章十分推崇，在《章实斋先生年谱》中说："《习固篇》教人以思辨之法，石破天惊，全书第一杰作。"该篇文章与《原学》篇相互发明，发《原学》篇未尽之义。

　　辨论乌乎起？起于是非之心也。是非之心乌乎起？起于嫌介疑似之间也。乌乎极？极于是尧非桀也。世无辨尧、桀之是非，世无辨天地之高卑也。目力尽于秋毫，耳力穷乎穴蚁。能见泰山，不为明目；能闻雷霆，不为聪耳。故尧、桀者，是非之名，而非所以辨是非也。嫌介疑似，未若尧、桀之分也，推之而无不若尧、桀之分，起于是非之微，而极于辨论之精也。故尧、桀者，辨论所极，而是非者，隐微之所发端也。

　　隐微之创见，辨者矜而宝之矣。推之不至乎尧、桀，无为贵创见焉。推之既至乎尧、桀，人亦将与固有之尧、桀而安之也。故创得之是非，终于无所见是非也。尧、桀，无推者也。积古今之是非而安之如尧、桀者，皆积古今人所创见之隐微而推极之者也。安于推极之是非者，不知是非之所在也；不知是非之所在者，非竟忘是非也，以谓固然而不足致吾意焉尔。

　　触乎其类而动乎其思，于是有见所谓诚然者，非其所非而是其所是，矜而宝之，以谓隐微之创见也。推而合之，比而同之，致乎其极，乃即向者安于固然之尧、桀也。向也不知所以，而今知其所以，故其所见有以异于向者之所见，而其所云实不异于向之所云也。故于是非而不致其思者，所矜之创见，皆其平而无足奇者也。酤家酿酒而酸，大书酒酸减直于门，以冀速售也。有不知书者，入饮其酒而酸，以谓主人未之知也。既去而遗其物，主家追而纳之，又谓主人之厚己也，屏[1]人语曰："君家之酒酸矣，盍减直而急售？"主人闻之而哑然也。故于是非而不致其思者，所矜之创见，乃告主家之酒酸也。

[1] 屏（bǐng）：摒弃，排除。

尧、桀固无庸辨矣。然被尧之仁，必有几，几于不能言尧者，乃真是尧之人也；遇桀之暴，必有几，几于不能数桀者，乃真非桀之人也。千古固然之尧、桀，犹推始于几，几不能言与数者，而后定尧、桀之固然也。

故真知是非者，不能遽言是非也。真知是尧非桀者，其学在是非之先，不在是尧非桀也。是尧而非桀，贵王而贱霸，遵周、孔而斥异端，正程、朱而偏陆、王[1]，吾不谓其不然也。习固然而言之易者，吾知其非真知也。

[1] 正程、朱而偏陆、王：程、朱、陆、王分别指北宋"二程"（程颢、程颐），南宋朱熹、陆九渊，明代王阳明。

◎ **研读**

文章言要获得真知，就不能墨守成规，但是由于习惯势力影响深远，做到这一点是很困难的。所以章学诚说："是尧而非桀，贵王而贱霸，遵周、孔而斥异端，正程、朱而偏陆、王，吾不谓其不然也。习固然而言之易者，吾知其非真知也。"当今学术界还是常见一些墨守现象，对于新的研究成果总是视而不见，充耳不闻。史学界有不同说法很正常，真理越辩越明，坚持真理，修正错误，此乃学术研究的重要准则，两者缺一不可。诸如方志起源于两汉地记，得到谭其骧、史念海等老一辈历史地理学家的赞同，但方志学界有些人仍然守着《周官》《山海经》《禹贡》等书不放，这能算是学术研究的应有态度吗？

师　说

◎**解题**

本篇作于乾隆五十四年（1789），进一步阐发《原学》之意，探讨为学成才之道，揭示师徒关系的本质。

韩退之曰："师者，所以传道授业解惑者也。"又曰："师不必贤于弟子，弟子不必不如师。""道之所存，师之所存也。"又曰："巫医百工之人，不耻相师。"而因怪当时之人以相师为耻，而曾巫医百工之不如。韩氏盖为当时之敝俗而言之也，未及师之究竟也。《记》曰："民生有三，事之如一，君、亲、师也。"此为传道言之也。授业解惑，则有差等矣。业有精粗，惑亦有大小，授且解者之为师，固然矣；然与传道有间也。巫医百工之相师，亦不可以概视也；盖有可易之师与不可易之师，其相去也不可同日语矣。知师之说者，其知天乎？盖人皆听命于天者也，天无声臭而俾君治之；人皆天所生也，天不物物[1]而生，而亲则生之；人皆学于天者也，天不谆谆而诲，而师则教之。然则君子而思事天也，亦在谨事三者而已矣。人失其道，则失所以为人，犹无其身，则无所以为生也。故父母生而师教，其理本无殊异。此七十子之服孔子，所以可与之死，可与之生，东西南北，不敢自有其身。非情亲也，理势不得不然也。

[1] 物物：对万物的支配。

若夫授业解惑，则有差等矣。经师授受，章句训诂，史学渊源，笔削义例，皆为道体所该。古人"书不尽言，言不尽意"。竹帛之外，别有心传，口耳转受，必明所自，不啻宗支谱系不可乱也。此则必从其人而后受，苟非其人，即己无所受也，是不可易之师也。学问专家，文章经世，其中疾徐、甘苦，可以意喻，不可言传。此亦至道所寓，必从其人而后受，不从其人即己无所受也，是不可易之师也。苟如是者，生则服勤，左右无方，没则尸祝、俎豆[1]，如七十子之于孔子可也。至于讲习经传，旨无取于别裁；斧正文辞，义未见其独立；人所共知共能，彼偶得而教我。从甲不终，不妨去而就乙；甲不我告，乙亦可询；此则不究于道，即可易之师也。虽学问文章，亦末艺耳。其所取法，无异梓人之慦琢雕[2]，红女[3]之传缔绣，以为一日之长，拜而礼之，随行隅坐[4]，爱敬有加可也。必欲严昭事[5]之三而等生身之义，则责者罔而施者亦不由衷矣。巫医百工之师，固不得比于君子之道，然亦有说焉。技术之精，古人专业名家，亦有隐微独喻，得其人而传，非其人而不传者，是亦不可易之师，亦当生则服勤而没则尸祝者也。古人饮食，必祭始为饮食之人，不忘本也。况成我道德术艺，而我固无从他受者乎？至于"弟子不必不如师，师不必贤于弟子"，则观所得为何如耳。所争在道，则技曲艺业之长，又何沾沾而较如不如哉？

[1] 生则服勤，左右无方，没则尸祝、俎豆：活着时竭力侍奉，事必躬亲而没有固定的规矩，去世以后则祝祷祭祀。　[2] 梓（zǐ）人之慦（jì）琢雕：梓人，木工。慦，教导。工匠教人雕刻。　[3] 红（gōng）女：工女。古指从事纺织缝纫等工作的妇女。　[4] 隅坐：坐于席角旁。古无椅，布席共坐于地，尊者正席，卑者坐于旁位。　[5] 昭事：勤勉地服事。

嗟夫！师道[1]失传久矣。有志之士，求之天下，不见不可易之师，而观于古今，中有怦怦动者，不觉辗然[2]而笑，索焉[3]不知涕之何从，是亦我之师也。不见其人，而于我乎隐相授受，譬则孤子见亡父于影像，虽无人告之，梦寐必将有警焉。而或者乃谓古人行事，不尽可法，不必以是为尸祝也。夫禹必祭鲧，尊所出也；兵祭蚩尤，宗创制也。若必选人而宗之，周、孔乃无遗憾矣。人子事其亲，固有论功德而祧祢以奉大父者邪[4]？

[1] 师道：从师学习的风尚。　　[2] 辴（chǎn）然：笑的样子。
[3] 索焉：涕泪流出的样子。　　[4] 固有论功德而祧（tiāo）祢（nǐ）以奉大父者邪：祧，迁庙，把隔了几代的祖宗的神位迁到远祖庙里。祢：对已在宗庙中立牌位的亡父的称谓。此句意思是：难道有根据功德把父亲的神主迁入祧庙而祭祀祖父的吗？

◎研读

　　文章开宗明义便引韩愈《师说》中的观点，认为韩愈大概是针对当时以相师为耻的陋俗发论，没有触及为师之道的根本问题。因此，章学诚也作一篇《师说》阐述自己对为师的看法。他认为"师"有"可易之师"与"不可易之师"的区别："可易之师"传授"人所共知共能"的普通知识；具有别识心裁、洞悉隐微独喻的专业名家，能教人以真知灼见，这才是"不可易之师"。文章最后感叹"师道失传久矣"，"求之天下，不见不可易之师"，那就可以向古人学习，以周公、孔子为师，努力成为德才兼备的人才。

博　杂

　　本篇与《博约》篇大概写作时间相近，都是论述博约的辩证关系。章学诚看到当时一些人做学问不仅泛无所主，而且"骛博以炫人""无所为而竞言考索""不求其当而惟古之存"，这种学术风气，显然不利于学术的发展，所以他再三提出批评。

　　传曰："博学之，审问之，慎思之，明辨之。"夫子曰："君子博学于文。"孟子曰："博学而详说之。"学之要于博也，所以为知类也。张罗求鸟，得鸟者不过一目，以一目为罗，则鸟不可得也。然则罗之多目，所以为一目地也。博文以为约礼之资，详说以为反约之具，博约非二事也。有所因而求焉，不得不如是也。有贱儒者，不知学问之为己而骛博以炫人焉，其为学也，泛无所主，以谓一物不知，儒者所耻，故不可以有择也。其为考索也，不求其理之当而但欲征引之富，以谓非是不足以折人之口也；其为纂述也，不顾其说之安而必欲贱而俱存，以谓刘歆有言，"与其过而废也，毋宁过而存之"，此说良所允也。此其为术，蠢愚钝拙，而其为说，亦窒戾不通之至矣。然而当世犹有称之者，学术不明，而驳杂丑记为流俗之所惊也。

　　夫学无所主，而耻一物之不知，是欲智过孔子也。孔子之大，如天之不可极，然而其学可以一言尽也。孔子所欲学者，周公也；

祖述尧、舜，周公之志也；宪章文、武，周公之事也。一则曰："吾学周礼。"再则曰："吾为东周。""甚矣吾衰，不复梦见周公。"则表章六籍以存周公之旧典，是则夫子生平之学也。今贱儒不知天下古今未有无主之学，而以无所不涉为博通，是夸父逐日、愚公移山之智也。且势有所尽，理有所止，虽圣人有所不能强也。删《书》断自唐、虞，制礼鉴于殷、夏，其有不可知则从略也。今谬托于好古，而曰夫子未删之《春秋》，存于今日，必有可观；《商颂》[1]十二，而戴公得五，当孔子时，必有篇目可稽，或有逸句可采，惜夫子未登于籍，以为隐憾。此其乖戾谬妄，三尺童子皆知唾弃矣，而世或赏其志奇好古。

[1]　《商颂》：《诗经》分类名称，亦称《商》，商的后代祭颂其祖先之祭歌。今存五篇。

　　然则学术不明，必为人心风俗之害。贱儒不足以有为，而群焉不察以相赞叹，则流风大可惧也！古人之考索，将以有所为也，旁通曲证，比事引义，所以求折中也。今则无所为而竞言考索。古今时异，名物异殊，触类而长，譬彼"董泽之蒲，可胜既乎"[1]！然世俗之儒，学无原本，随所闻见，笔而存之，以待有心者之取择，若端木氏所谓"不贤识其小者"[2]，亦君子之所取也。而贱儒之为考索，则犹以是为不足焉，援古证今，取彼例此，不求其是而务穷其类。夫求其是，则举一可以反三，而穷其类，则挂九不免漏一也。类卒不可胜穷，则文窒理芜，而所言皆作互乡之哓哓[3]。此宜粗识文义者之所羞称，而当世翕然嘉其学，则驳杂丑记，流俗所惊，而无稽之赞叹，贻患于学术人心者为不细也！

[1]　董泽之蒲，可胜既乎：语出《左传》宣公十二年："厨子怒曰：'非子之求，而蒲之爱，董泽之蒲，可胜既乎?'"董泽，相传舜时董父居此豢龙，故名，在今山西闻喜县东北。蒲，即蒲柳，又名水杨，枝劲韧，制成箭谓之柳

箭。既，尽，完毕。此句意思是取之不竭，不可胜数。　[2] 端木氏所谓
"不贤识其小者"：语出《论语·子张》："贤者识其大者，不贤者识其小者，莫
不有文武之道焉。"即贤明的人看问题从大处着眼，不贤明的人观察问题从小处
着眼。端木氏，即端木赐（前520—前456），字子贡，春秋末年卫国人。孔门
十哲之一，善于雄辩、经商，办事通达，曾任鲁国、卫国的丞相。　[3] 互
乡之噂沓（zǔn tà）：互乡，地名，在今河南省商水县。语出《论语·述而》
"互乡难与言"，汉郑玄注："互乡，乡名也。其乡人言语自专，不达时宜。"比
喻风俗鄙陋之乡。噂沓，语声喧哗，议论纷杂。语出《诗经·小雅·十月之
交》："噂沓背憎，职竞由人。" 此句意思是浅陋的见识。

　　凡人有所取，不能无所弃，圣贤之与庸愚，中正之与邪僻，皆
同然也。今漫然无别而欲赅存之，以谓苟出于古，不忍有所弃取，
而妄托于刘歆之过存。夫刘氏之所谓过而存者，《逸礼》[1]《毛诗》
《左氏传》也。苟不求其当而惟古之存，则今犹古也，上自官府簿
书，下至人户版籍，市井钱货注记，更千百年而后，未始不可备考
索也。如欲赅存，则一岁所出，不知几千百亿，岁岁增之，岱岳不
足聚书，沧海不供墨沈[2] 矣；天地不足供藏书，贱儒即死，安所更
得尺寸之隙以藏魂魄哉！

　　[1]《逸礼》：据汉人刘歆《移书》载，"鲁恭王坏孔子宅，得古文于坏
壁之中，《逸礼》有三十九篇"。因此有的亦称为《古文逸礼》。其书早已不传。
而今文家根本否认《逸礼》之发现，说是古文家伪造。　[2] 墨沈：墨汁。
沈，汁。

　　凡贱儒之所持者，理之不可通，情之不可近，势之不可行，苟
有心知血气者，未有不谓妖孽也。然而奔走一二有力之口，荧惑什
百无识之目，相与汲汲[1] 而称之，孜孜[2] 而慕之，逐臭饮狂，未
有已也！则风尚所趋，而别裁伪体，苟有意于斯文，不可不知所
择也。

　　[1] 汲汲：形容急切的样子，表示急于得到的意思。　[2] 孜孜：勤

勉，不懈怠。

◎研读

"学贵专门""学必有所专"，是章学诚论述博约关系的最终目的。所以，有了博必须及时返约，求专求精，否则只能是个杂货铺之店主、三家村的塾师而已。他用了一个形象的比喻："学之要于博也，所以为知类也。张罗求鸟，得鸟者不过一目，以一目为罗，则鸟不可得也。然则罗之多目，所以为一目地也。"张罗本身在于捉鸟，但如果所张之罗只有一目，自然就无法捕捉到鸟了，同时所张罗目之多少，无不服务于捕鸟这个目的。

章学诚在论述治学之中，常把学问分为"藏往之学"与"知来之学"两种。所谓"知来之学"，就是指具有独创性的专家之学，这两种学问对于博的要求从表面上看似乎有所不同，"藏往欲其博，知来之学欲其精"。接着他又说："真能知来者，所操甚约而所及者甚广。"可见知来之学本身是要精专，但仍以广博的知识为基础。

与孙渊如观察论学十规

◎ 解题

本文作于嘉庆元年（1796），章学诚在读了孙星衍《问字堂集》后，发现问题很多。文史校雠是章氏专门绝学，箭在弦上，不得不发，在一番客套之后，他就指出《问字堂集》存在的十个方面问题，对孙进行规劝。本文用文史校雠方法辨别一些古籍的真伪，并提出校雠的目的、态度等观点，是研究章氏学术思想的一篇重要文章。

渊如[1]先生执事[2]，十年不见，积思殊深，云泥道殊[3]，久疏音问。前岁维扬[4]税驾，剧欲踵访旌辕[5]。适以俗事南旋，不克一罄积愫[6]，至今为怅。顷晤少白[7]于皖抚署中，详悉近状，良慰良慰。

[1] 渊如：孙渊如（1753—1818），清朝学者。名星衍，字渊如，又字季仇，江苏阳湖（今江苏常州）人。乾隆进士，授编修，改刑部主事，历官至山东督粮道。因疾引归，主讲钟山书院十余年。研究经史、文字、音训之学，旁及诸子百家，金石碑版。《问字堂集》六卷是其最早的学术文集，刊于乾隆五十九年（1794）。另著有《古文尚书马郑注》《尚书今古文注疏》《寰宇访碑录》等。他既是方志家，也是考据派代表人物。编有《长安县志》《咸宁县志》《三水县志》《庐州志》《松江府志》等。 [2] 执事：从事工作，主管其事，书信中对官员的敬称。 [3] 云泥道殊：天上的云和地上的泥高下不同，比喻地位悬殊。出自北魏荀济《赠阴梁州》："云泥已殊路。" [4] 维扬：扬州的别称。《尚书·禹贡》："淮海惟扬州。"惟，通"维"，后截取二字以为名。 [5] 旌辕：旌旗、辕门，借指衙署。 [6] 积愫（sù）：多年的真

情。　[7] 少白：名锡庚，字少白，清代学者、官员朱筠之子，乾隆五十三年（1788）举人。

又从少白索君《问字堂集》读之，如乡人入五都市，惊耳骇目，处处得未曾有，畏气外敛，愧心内生。大约博综贯串，而又出以颖敏之思，断以沉挚之识，卓然不朽，夫复何疑！顾诸家商复疑问，不必尽同尊旨，而皆列首简，不以为忌，则又虚怀乐善，虽在古人，犹且难之，集思广益，愈见包涵之大。因思鄙人所业，至为专陋，凡学业途径，苟非夙所专门，不欲强与其事。尊著贯彻天人，包罗万有，多非鄙见所及，无论不敢妄弹，即称说亦恐不得其似，谨谢无能为役矣。惟文史校雠二事，鄙人颇涉藩篱[1]，以谓向、歆以后，校雠绝学失传，区区略有窥测，似于大集校刊诸家书序，所见不无异同，谨献其疑，犹愿执事明以教我，幸矣。

[1] 藩篱：本义是指用竹木编成的篱笆或栅栏，引申为边界、范畴、领域。

一曰：校定《神农本草》，据大观本[1]取白字书别出古经，是也，其过信皇甫氏《帝王世纪》[2]，而谓《本草》与《素问》之书皆出炎、黄之世，则好奇之过矣。文字最古，莫过羲画虞典[3]，五经则多三代之文，下逮春秋而止。若夫传记与诸子家言，皆出战国，同为籍去官亡而作。春秋以前，凡有文字，莫非官司典守，即大小术艺，亦莫非世氏师传，未有空言著述，不隶官籍，如后世之家自为书者也。《本草》《素问》，道术原本炎、黄，历三代以至春秋，守在官司世氏，其间或存识记，或传口耳，迭相受授，言不尽于书也。至战国而官亡籍去，遂有医家者流，取所受授而笔之于书，今所传本是也。《灵》《素》[4]问难，旨多精微闳奥[5]，出于炎、黄故也。若其文辞，非惟不类三代，并不类于春秋时，出于后撰集故也。执事好奇太过，欲求古于六经之上，往往据《灵》《素》诸文以析经传是非，则战国时固有为神农言者矣，恐未可全信也。《素问》文字为春秋前所无者甚多，即开端《上古天真论》中"真"字从化，乃神仙家言，字出战国，亦春秋以前所无。前人疑《汉·艺文志》不载《本草》，王伯厚据《郊祀志》及《楼护传》[6]证明西京实有《本草》，足破其疑。执事犹以为不足，而漫据贾氏《周官疏》[7]引《汉·艺文志》《食禁》[8]文为食药，遂取以当《本草》，则画蛇又添足矣。按"食药"二字，文义难晓，必贾疏传本之误。《食禁》七卷，盖出《周官》食药之遗，食医固与疾医、疡医分科而治者也。若取《食禁》以当《本草》，无论名目卷数全不相符，且《汉志》遗漏之书甚多，岂能悉补，即如《史记·扁鹊仓公列传》言公乘阳庆[9]传黄帝、扁鹊《脉书》[10]，今《汉志》并无其书，又将何物当之？叔孙朝仪，萧何律令[11]，尤显著纪传，为一朝之大制作，今《汉志》之载，亦岂有他书之相似而可证者耶。李氏《本草纲目》[12]，如论考古，则本经以下，各有叙录辨证，未尝变乱古人。如论证今，则数百年来医家奉为圭臬[13]，未尝误人术业。且其书乃汇集诸家，自为经纬，并非墨守大观旧本，不可移易，今乃谓其割裂旧本，何耶？又诋其命名已愚，夫正名为纲，附释为目，名正言顺，何愚之有！

[1] 大观本：宋代唐慎微著《经史证类备急本草》。大观二年（1108），艾晟将陈承《重广补注神农本草并图经》的《别说》，辑入书中，改名为《大观经史证类备急本草》，简称《大观本草》。 [2] 《帝王世纪》：西晋皇甫谧撰，十卷。内容起自三皇，止于曹魏，专记帝王事迹。已佚，《隋书·经籍志》杂史类著录。 [3] 羲画虞典：伏羲画的八卦与《尚书·虞书》。[4] 《灵》《素》：《黄帝内经》分《灵枢》与《素问》两部分，相传源于黄帝，春秋战国时期成书，是我国最早的医学典籍，后世尊称为"医学之宗"。 [5] 闳（hóng）奥：博大深奥。 [6] 《郊祀志》及《楼护传》：是《汉书》的两个篇目。 [7] 贾氏《周官疏》：即贾公彦《周礼义疏》。贾公彦，唐洺州永年（今河北邯郸市永年区）人。唐朝经学家，官至太常博士，撰有《周礼义疏》五十卷。他选用郑玄注本十二卷，汇综诸家经说，扩大为

《义疏》五十卷，体例上仿照《五经正义》。　[8]《食禁》：全称为《神农黄帝食禁》，七卷。《汉书·艺文志》列入经方家类，其实为后人依托神农、黄帝而作，早佚。　[9] 公乘阳庆：西汉医学家，姓阳名庆，亦作杨庆，字中倩，临菑（今山东临淄）人，"公乘"为爵位名，或谓"公乘"系以爵为氏。精经典，相传家有先人所遗黄帝、扁鹊之《脉书》等，悉授予淳于意（仓公）。　[10] 扁鹊《脉书》：扁鹊为战国名医，真名为秦越人，齐国渤海鄚（今河北任丘北）人。师业于长桑君，能以望、闻、问、切等方法诊断病情，擅长小儿、妇女、五官等科，尤精运用针石、汤剂，时称扁鹊。著有《扁鹊内经》《外经》等，但《脉书》《汉书·艺文志》不载，而隋、唐志亦无。[11] 叔孙朝仪，萧何律令：叔孙朝仪，指叔孙通定朝仪。叔孙通（？—约前189），西汉官吏，薛县（今山东滕州南）人。秦时以文学征召为待诏博士。陈胜起义后，亡归家乡。先为项梁部属，项梁败后，事楚怀王，怀王徙长沙，又留事项羽，汉王二年（前205），刘邦入彭域，乃降归汉。刘邦憎恨儒服，他便更换楚服以迎合，拜为博士。汉建立后，他杂采古礼和秦代制度，与儒生共立朝仪，任奉常。高祖九年（前198），徙太子太傅。惠帝即位，复改任奉常，制定汉宗庙仪法。约于惠帝六年（前189）卒于任上。萧何律令，指萧何制订律令。萧何（？—前193），西汉初大臣，沛县丰邑中阳里（今属江苏丰县）人。秦末为沛县主吏，与刘邦友善。佐刘邦起义反秦。入咸阳后，他收取秦王朝之文献档案，以掌握全国山川险要及郡县户口等。项羽背约后，将刘邦封于偏远巴、蜀、汉中，楚汉矛盾激化，他说服刘邦暂作战略退让，保存实力。楚汉战争中，荐韩信为大将，自以丞相身份留守关中，输送士卒粮饷。西汉建立，协助刘邦消灭叛乱，推行与民休息政策。又参照《秦律》，制订《汉律》九章，已佚。　[12] 李氏《本草纲目》：李时珍（1518—1593），明朝医药学家，字东璧，号濒湖，蕲州（今湖北蕲春）人。世业医，任楚王府奉祠正。好读医书，以历来《本草》多有讹误，立志重修，亲自上山采药，并广为请教，阅书八百余种，历二十七年，三易其稿，成《本草纲目》五十二卷，收中药一千九百三十二种，分十六部。又收历代医家临床验方一万零九百十六个，其中八千一百多个为新增。另著有《濒湖脉学》《奇经八脉考》等。　[13] 圭臬（guī niè）：指土圭和水臬，古代测日影、正四时和测度土地的仪器。比喻标准、准则和法度。

　　二曰：《墨子》之书，谓出夏礼，说似奇创，实无所本。据本书与公孟[1]辨，谓法周不如法夏，及《庄子》叙《墨子》称禹自操橐[2] 耜诸语，及《淮南·要略》谓其背周而行夏政，遂定为墨出夏礼。不知战国诸子称道黄、农、虞、夏，殆如赋诗比兴，惟意所欲，并非真有前代之礼可成一家学术者也。当籍去官亡之际，本朝典制尚不能稽，况夏礼无征，甚于殷宋，孔子生春秋时已不可见，而谓战国尚可学其礼哉！如以《墨子》尚俭之说，推于菲衣恶食，为出夏礼，则茅茨土阶[3]，安知不合唐虞！如以荒度勤劳为合禹事，则己溺己饥[4]，安知不合稷、尹！一偏似是之说，触处皆可傅合[5]，非定论也。三年之丧，《孟子》明著三代共之，夏丧三月，自是传记之讹。薄丧之说，孟子尝诘夷子，如果出于夏礼，夷子必据儒家尊禹之说以抗其辨，何转引《周书》保赤文[6]哉！且殷人尚鬼，正与明鬼之义相近，若致孝鬼神，则大舜宗庙享之，武王、周公达孝，又未见其必为夏也。

[1] 公孟：指公孟子高，多次与墨子辩论学术、人生问题，见《墨子·公孟》。 [2] 橐（tuó）：古代鼓风吹火器具。 [3] 茅茨（cí）土阶：茅草盖的屋顶，泥土砌的台阶，形容房屋简陋，或生活俭朴。出自东汉张衡《东京赋》："慕唐虞之茅茨，思夏后之卑室。" [4] 己溺己饥：视人民的疾苦是由自己所造成，因此解除他们的痛苦是自己不可推卸的责任。语出《孟子·离娄下》："禹思天下有溺者，由己溺之也；稷思天下有饥者，由己饥之也，是以如是其急也。" [5] 傅合：附会。 [6]《周书》保赤文：《尚书·周书·康诰》："若保赤子，惟民其康乂。"

三曰：柳子厚论《晏子》书，谓齐人为墨学者为之，其说是也。盖尚俭之意，似讽齐俗侈也，然在田齐[1]之时，而非姜齐[2]时书。盖春秋时本无著述，而其文辞轻利，并不类于战国初年文也。执事斥柳氏为文人不学，盖以晏氏为春秋名卿，不当称之为墨学耳。不知柳氏之意，以书为墨学，非以晏子为墨者徒也。且其说亦不始于柳氏，《孔丛》《诘墨》之篇，所诘孔子相鲁及晏事三君、路寝哭声诸条，凡指谓墨说者，今俱在《晏子》书中，古人久有明证，柳说不为无本，岂可轻议！鄙尝疑《汉·艺文志》道家有《伊尹》《太公》，儒家有《魏文侯》[3]《平原君》[4] 书，其书已亡，其名不伦不类。以意度之，当出诸子称述，如《孟子》之有《梁惠王》《滕文公》，《论语》之有《季氏》《阳货》《卫灵公》之类耳。校雠诸家，或取篇目名书，如经记之有《檀弓》，使其书亡，人亦必疑檀弓为著书人矣，然则《晏子》书为墨者所述，何足为异。执事必欲《晏子》列于儒家，意非仅从《汉志》，且为晏子争其地位，则大惑矣。儒家者流，诵法先王不得位而行道，入孝出弟，守先王之道以待后之学者，不得已而著书，后世列为儒家，若曾、孟、荀卿是也。晏子身为齐相，行事著于国史，与列国名卿子产、叔向诸人，先后照灼《春秋》之传，岂皆守先待后之流耶。且管、晏同称久矣，如以班、马之法修齐史，将管、鲍、宁、隰诸贤皆入《儒林传》乎。至《晏子春秋》之名，亦战国时人习气，自孔子笔削《春秋》有知我罪我之说，后人因以"春秋"二字为胸中别具是非之通名，不尽拘于编年例也。虞卿[5]、吕不韦[6] 之书，与《晏子春秋》所出，未知孰先孰后，何以见其效法而袭其号，亦何必谓从国史中刺取其事而用《齐春秋》名也。如管子生春秋初年，《管子》之书皆后人采取齐史及齐官掌故而成，不闻仍《齐春秋》，何独于《晏子》变其例乎。晏子卒于齐景公[7] 前，景公卒于周敬王[8] 三十年辛亥，为鲁哀公[9] 五年，下距哀公十四年庚申《春秋》绝笔，又二年，夫子卒。当春秋时并无诸子著书之事，孔子之前亦无别出儒家之名，《儒行》之篇乃战国杂出传记，非孔子时所撰述也，皆不足为晏子儒家之证明矣。《墨子》序称与奢宁俭，又称节用爱人，谓孔子未尝非墨，《晏子》序言，晏子居丧亦与墨子短丧法异，皆任情予夺。

　　[1] 田齐（前386—前221）：周朝诸侯国之一，都临淄。战国时期，齐相田和迁齐康公于海滨，自立为国君，列为诸侯，建立了田齐，史称"田氏代齐"。　　[2] 姜齐（前1044—前221）：古代齐国的别名，因姜太公被封于齐地而得名，与后来的田齐作区别。姜姓齐国，是春秋时代的一个重要诸侯国，

首封国君是姜子牙。 　[3]《魏文侯》：《汉书·艺文志》入儒家类，六篇，早亡佚。顾实《汉书·艺文志讲疏》曰："文侯受经于子夏。"马国翰有《魏文侯》辑佚一卷。魏文侯（？—前396），战国时魏国国君，姬姓，魏氏，名都，前445—前396年在位。 　[4]《平原君》：《汉书·艺文志》入儒家类。班固自注："朱建也。"有的本作《平原老》，梁启超《诸子略考释》误认为"是赵公子平原君胜"。班固生当东汉，对西汉之事自不会误。杨树达《汉书窥管》引沈涛云："书既为建作，不应厕鲁连、虞卿之间。盖后人误以为六国之平原君而移易其次第。"朱建（？—前177），西汉官吏，楚地人。尝为淮南王黥布相，曾劝阻布谋反。布被杀，高祖称其义，赐号平原君，徙家至长安，为人刚直不阿。 　[5] 虞卿：战国时游说之士。虞氏，名失考。游说于赵孝成王，被任为相（上卿），故称虞卿。著有《虞氏微传》二篇、《虞氏春秋》十五篇。 　[6] 吕不韦（？—前235）：战国时秦国大臣，卫濮阳（今河南濮阳西南）人。原为大商贾，资助为质于赵的秦公子异人，使之回秦立为太子，异人即位后，是为庄襄王，任其为相，封文信侯。秦王政继位，继为相国，称仲父，因嫪毒案牵连，罢官，流放四川，后自杀。曾使门客纂《吕氏春秋》传世。 　[7] 齐景公（？—前490）：春秋时齐国国君，姜姓，名杵臼，庄公异母弟。周灵王二十五年（前547）继位，好筑宫室，聚狗马，厚敛重刑，奢侈无度。晏婴预知齐公室将为田氏取代。在位五十八年卒，谥景。 　[8] 周敬王（？—前477）：春秋时东周国王，姬姓，名匄，周景王次子。在位四十三年卒，谥敬。 　[9] 鲁哀公（？—前468），春秋末鲁国国君，姬姓，名将，定公之子。周敬王二十六年（前494）即位，在位二十七年卒，谥哀。

　　四曰：执事不信春秋之世无著书事，而据《史记》列传"阖闾称《孙武》十三篇"，遂谓有当时手著。不知《春秋内外传》[1]记吴、楚交兵甚详，并无孙武其人，即纵横短长之言，亦鲜称述之者，故叶水心[2]氏疑其子虚乌有。且观阖闾[3]用兵前后得失，亦与孙武之书大相刺谬[4]。天下故有所行不逮其所言者，必出游士空谈，不应名将终身用兵，所言如出两人，是则史迁误采不根传记，著于列传明矣。至其书实可为精能，校雠之司，当列撰人阙疑，而不得凭误采传闻之列传耳。《艺文》称八十二篇、图九卷者，书既亡逸，当著缺篇，亦不得悬断合图为八十二篇，又不得悬断十三篇为上卷，而知中下二卷皆图，鄙人向有专篇讨论，行笈未带，容后录呈。强合《七录》三卷之数也。《孙子》书言："兴师十万，出征千里，日费千金，不得操事者七十万家。"春秋用兵未有至十万者，即此便见非阖闾时。且以十万之师而云不得操事七十万家，明著七国显证，决非春秋时语矣。执事谓其文在《列》《庄》《孟》《荀》之前，似未审也。

[1] 《春秋内外传》：《左传》称内传，《国语》称外传。 [2] 叶水心：指叶适（1150—1223），南宋学者，字刚正，永嘉（今浙江温州）人，学者称水心先生。淳熙进士，授平江节度推官，召为太学正。先后出知蕲州、泉州，后除兵部侍郎、工部侍郎。最后知建康府兼沿江制置使，屡败金兵。南宋"永嘉学派"集大成者，主张功利之学，发展工商。著有《习学纪言序目》《水心先生文集》等。 [3] 阖闾（？—前496），春秋时吴国国君。姬姓，亦作阖庐，又作"光"，亦称"公子光"，吴王诸樊之子。曾率军伐楚失利。周敬王十四年（前506），联合蔡、唐攻楚，五战五胜，遂入郢。周敬王二十四年，率军攻越，战败后不久去世，在位十九年。 [4] 剌（là）谬：违背，悖谬。

　　五曰：《文子》之书，《汉志》疑"周平王[1]问"出于依托，执事以书称平王，本无周字，遂谓是楚平王[2]，班氏误读。今按《文子》全书，未有托春秋初年事者，此言指楚平王，以时考之良是。但非文子手著，亦出战国时人撰述，执事所未信也。盖其书有秦、楚、燕、魏之歌，执事以为楚平王时之人，六国之时犹在，试以年计可乎？按《十二诸侯年表》[3]，楚平王卒于周敬王四年乙酉，是为鲁昭公[4]二十六年，下距哀公十四年庚申《春秋》绝笔，为敬王三十九年，凡三十六年；又四年为敬王四十三年甲子，共四十年；又历元王[5]八年，定王二十八年，考王[6]十五年，凡五十一年；再历威烈王[7]二十三年戊寅，三晋始得列于诸侯，乃有秦、楚、燕、魏之称，相去已一百十四年矣。文子见楚平王，亦须生十有余岁，见时未必即其薨年，秦、楚、燕、魏之语，未必即在三家分晋之年，是文子必须一百四五十岁，方合尊旨。神仙长生之说，起于后世，春秋之季，未闻有此寿也。

[1] 周平王（？—前720），东周第一代国王。姬姓，名宜臼，西周幽王之太子。周幽王十一年（前771），幽王被杀，次年他即位，并迁都雒邑（今河南洛阳王城公园一带），始称东周。病卒，谥平。　　[2] 楚平王（？—前516），春秋时楚国国君，亦作"荆平王"。芈姓，名弃疾，即位后改名熊居，共王幼子。周景王十六年（前529）作乱自立为王。重用嬖臣费无忌，无忌逼太子建出逃，害死太子傅伍奢。在位十三年，谥平。　　[3] 《十二诸侯年表》：《史记》篇名。　　[4] 鲁昭公（？—前510），春秋时鲁国国君。姬姓，名稠，襄公庶子。周景王四年（前541）即位，在位三十二年，谥昭。[5] 元王：指周元王（？—前469），战国时东周国王。姬姓，名仁，又名赤，周敬王之子。公元前476—前468年在位。　　[6] 考王：指周考王（？—前426），战国时东周国王，姬姓，名搜，周定王第三子。公元前440年杀其兄思王自立，在位十五年卒，谥考。　　[7] 威烈王（？—前402），战国时周天子。姬姓，名午，亦作"周威王"。周考王之子。在位二十四年，谥威烈。

六曰：天文历算，鄙人懵然，不敢与闻，惟执事力辟岁差之说，则以浅说度之，不能无疑。书曰："期三百有六旬有六日，以闰月定四时成岁。"而历家周天三百六十五度四分度之一。如以其言为不可信，则何以冬至日躔[1]子年不与丑年同度；如以其年可信，则闰月止能画气盈朔虚[2]之平，不能齐四分度之一也。若果无岁差，则周天必三百六十有六度，更无丝毫盈歉而后可，果无丝毫盈歉，则每周期冬至日躔，又当同度，无参差矣。此二说不容两立，则此事容待徐商否也？

[1] 日躔（chán）：躔，足迹。日躔是太阳视运动的度次，根据太阳运行轨迹，来确定每个星宿的赤道宿度或黄道宿度，二者约相当于现代天文学的赤经或黄经。　　[2] 气盈朔虚：天文历法术语。《朱子语类》卷二《理气下》："岁有十二月，月有三十日。三百六十日者，一岁之常数也。故日与天会，而多五日九百四十分日之二百三十五者，为气盈。月与日会，而少五日九百四十分日之五百九十二者，为朔虚。合气盈朔虚而闰生焉。"

七曰：古人疏证论辨之文，取其明白峻洁，俾读者洞若观火，是非豁然，足矣。立言莫如夫子，而文、武之政，则云布在方策；好辨莫如孟子，而孟献子之五友忘其三人[1]。封建井田但举大略，岂孔、孟学荒记疏，不如今之博雅流哉？言以达意，不过如斯而已。窃见执事序论诸篇，繁称博引，有类经生对策，市廛[2]揭招，若惟恐人不知其腹笥[3]便富，而于所指是非转不明豁，浅人观之，则徒增迷眩而无所解；深人观之，则曰吾取二三策，而余皆可置勿论，毋乃为纸墨惜欤！且言多必失，古人之言，本不可以一端而尽，巧构似形，削趾就屦以证一隅之说，《原性篇书后》已详辨。转授人以反证，致启庄、惠濠梁之辨[4]。夫称先述古，以云明例，非云穷类也，例足明而不已，是将穷其类矣。明例则举一自可反三，穷类则挂九不免漏一，则是欲益而反见损也。经传之外，旁证子纬百家，亡逸古书，博采他书所引，极为考古之乐。近则夸多斗靡，相习成风，赖识者能择要耳。欲望高明稍加删节，必云不能割爱，则裁为小注，附于下方，姑使文气不为芜累，抑其次也。

[1] 孟献子之五友忘其三人：语出《孟子·万章下》：“孟献子，百乘之家也，有友五人焉：乐正裘，牧仲，其三人，则予忘之矣。”孟子在与弟子谈话时，忘记了孟献子三个朋友的姓名。　　[2] 市廛（chán）：店铺集中的市区。　　[3] 腹笥（sì）：语出《后汉书》卷八十《文苑列传上·边韶》：“边为姓，孝为字，腹便便，五经笥。”笥，书箱。后因称腹中所记之书籍和所有的学问为“腹笥”。　　[4] 庄、惠濠梁之辨：语出《庄子·秋水》：“庄子与惠子游于濠梁之上。庄子曰：‘鲦鱼出游从容，是鱼之乐也？’惠子曰：‘子非鱼，安知鱼之乐？’庄子曰：‘子非我，安知我不知鱼之乐？’惠子曰：‘我非子，固不知子矣；子固非鱼也，子之不知鱼之乐，全矣。’庄子曰：‘请循其本。子曰“汝安知鱼乐”云者，既已知吾知之而问我。我知之濠上也。’”

八曰：人不幸而为古人，不能阅后世之穷变通久，而有未见之事与理；又不能一言一动处处自作注解，以使后人之不疑；又不能留其口舌，以待后方掎摭[1]之时出而与之质辨，惟有升天入地，一听后起之魏伯起[2]尔。然百年之后，吾辈亦古人也，设身处地，又当何如？夫辨论疏证之文，出自名家者流，大源本于官礼。鄙人所业，文史校雠，文史之争义例，校雠之辨源流，与执事所为考核疏证之文，途辙虽异，作用颇同，皆不能不驳正古人。譬如官御史者不能无弹劾，官刑曹者不能不执法，天性于此见优，亦我辈之不幸耳。古人差谬，我辈既已明知，岂容为讳？但期于明道，非争胜气也。古人先我而生，设使可见，齿让[3]亦当在长者行，马、郑、孔、贾诸儒，于前代经师说不合者，但辨其理，未尝指斥其人。即令官修奏御之书，辨正先儒同异，尚称孔氏安国、郑氏康成云云，未有直斥先儒姓名，史传又是一例，不与论辨相涉。可覆按也。尊著于前古诸贤，皆直斥姓名，横肆诟詈[4]，不曰愚妄，则曰庸陋，如官长之责胥吏，塾师之诃弟子，何其甚也！刘子玄曰："谈经讳言服、郑之嗤，论史畏闻迁、固之失。"《史通》多讥先哲，后人必不服从，至今相去千年，其言颇验。盖其卓识不磨，史家阴用其法；其论锋可畏，故人多阳毁其书。鄙人于文史自马、班而下，校雠自中垒父子而下，凡所攻刺，古人未有能解免者。虽云不得不然，然人心不平，后世必将阳弃而阴用其言，则亦听之无可如何而已。吴氏《新唐书》之《纠谬》[5]，为治唐史者之准绳，乃人竞责其憾欧阳而快私愤，何耶？盖攻摘本无所非，而人情不容一人独是，故击人者人恒击之，庄生所以著《齐物》也。今请于辨正文字，但明其理而不必过责其人，且于称谓之间，稍存严敬，是亦足以平人之心。且我辈立言，道固当如是耳。鄙著亦染此病，特未如尊著之甚耳，今已已知悔，多所删改。

[1] 掎摭（jǐ zhí）：指摘，批评。　　[2] 魏伯起：即魏收（507—572），字伯起，钜鹿郡下曲阳县（今河北晋州西）人，北齐史学家。撰《魏书》一百三十篇，书成之后，指为"秽史"。《北齐书·魏收传》记载："收性颇急，不甚能平，凤有怨者，多没其善。每言：'何物小子，敢共魏收作色！举之则使上天，按之当使入地。'"　　[3] 齿让：以年岁大小相让，示长幼有

序。　　[4] 诟詈（gòu lì）：辱骂，责骂。　　[5]《纠谬》：指吴缜《新唐书纠谬》。吴缜，北宋学者，字廷珍，成都（在今四川）人。治平进士，以左朝清郎知蜀州事。《新唐书》成，甚负时誉，他独指摘其中讹误，成《新唐书纠谬》一书，计四百六十条，仅纠摘谬误，未作刊正。另著有《五代史纂误》三卷。

　　九曰：天地之大可一言尽，学固贵博，守必欲约，人如孔子，不过学《周礼》一言，足以尽其生平。别有专篇论著，容另录呈。执事才长学富，胆大心雅，《问字堂集》，未为全豹，然兼该甚广，未知尊旨所在，内而身心性命，外而天文地理，名物象数，诸子巨家，三教九流，无不包罗，可谓博矣。昔老聃以六经太泛，愿问其要，夫子答以要在仁义。说虽出诸子，然观《汉志》所叙诸家流别，未有无所主者。昔人谓博爱而情不专，愚谓必情专而始可与之言博。盖学问无穷，而人之聪明有尽，以有尽逐无穷，尧、舜之知不遍物也。尊著浩瀚如海，鄙人望洋而惊，然一蠡之测[1]，觉海波似少归宿，敢望示我以尾闾[2]也。

　　[1] 一蠡（lí）之测：典出《汉书》卷六十五《东方朔传》："以管窥天，以蠡测海，以莛撞钟。"用蠡（贝壳做的瓢）来量海，比喻见识短浅，以浅见量度人。　　[2] 尾闾：古代传说中海水所归之处。

　　十曰：方以类聚，物以群分，君子虽尚泛爱，气类亦宜有别。简端刻诸家商订异同，是矣。集中与某人[1]论考据书，可为太不自爱，为玷岂止白圭所云乎哉！被以纤佻倾仄[2]之才，一部优伶剧中才子佳人俗恶见解，淫乱邪说，宕惑士女，肆侮圣言，以六经为导欲宣淫之具，败坏风俗人心，名教中之罪人，不诛为幸。彼又乌知学问文章为何物，所言如夏畦人[3]议中书堂事，岂值一笑！又如疯狂谵呓[4]，不特难以取裁，即诘责之，亦无理解可入。天地之大，自有此种沴气[5]，非道义所可喻也。此可与之往复，岂不自秽其著述之例乎！别有专篇声讨，此不复详。幸即刊削其文，以归雅洁，幸甚幸甚！

[1] 某人：指袁枚（1716—1798），字子才，号简斋，晚年自号仓山居士、随园主人、随园老人，钱塘（今浙江杭州）人。清朝诗人、散文家、文学批评家。主要著作有《小仓山房文集》《随园诗话》等。乾隆十四年（1749），辞官隐居于南京小仓山随园，吟咏其中，广收诗弟子，女弟子尤众。章氏对其所为深恶痛绝。　　[2] 纤佻倾仄（xiān tiāo qīng zè）：仄，倾斜。纤仄，亦作"纤侧"，文辞纤巧文风不正。倾仄，行为邪僻不正。　　[3] 夏畦人：指夏天在田地里劳动的人。　　[4] 谵呓（zhān yì）：谵，病中说胡话。呓，说梦话。谵言呓语，胡说八道。　　[5] 沴（lì）气：灾害不祥之气。

嗟乎，学术岂易言哉！前后则有风气循环，同时则有门户角立，欲以一人一时之见，使人姑舍汝而从我，虽夫子之圣犹且难之，况学者乎！前辈移书辨难，最为门户声气之习，鄙人不敢出也。鄙人所业，幸在寂寞之途，殆于陶朱公之所谓人弃我取，故无同道之争；一时通人亦多不屑顾盼，故无毁誉之劝阻；而鄙性又不甚乐于舍己从时尚也，故浮沉至此。然区区可自信者，能驳古人尺寸之非，而不敢并忽其寻丈之善；知己才之不足以兼人，而不敢强己量之所不及；知己学之不可以槩世[1]，而惟恐人有不得尽其才，以为道必合偏而会于全也。杜子美曰："不薄今人爱古人。"是矣，鄙请益曰："不弃春华爱秋实。"故于执事道不同科，而欲攀援调剂以斟于尽善，是则区区相爱之诚，未知有当裁择否耳？行笈无书，而记性又劣，书辞撮举大指，如有讹误，容后检正也。

[1] 槩世：槩，通"概"，旧时量谷物时用来平斗斛的刮板。用概刮平，意即经世致用。

◎研读

这篇文章首先是对一些古籍内容真伪展开议论，用文史校雠的手法和探索学术源流的观点进行论述，所论虽然未必都很正确，但却给人许多有益的启发。

章学诚认为孙氏关于《神农本草》《墨子》内容真伪，论述繁芜，指斥前贤太过，还指出孙氏沉湎考据，堆砌资料而缺乏理论总结，《问字堂集》"兼该甚广，未知尊旨所在""浩瀚如海，鄙人望洋而惊，然一蠡之测，觉海波似少归宿"，提倡"学固贵博，守必欲约"。他对孙氏《问字堂集》很不满，批评说："渊如则本无所得，全恃聪明，立意以掀翻古人为主，而力实未能，故其文集疵病百出。鄙所纠正，特取与《文史通义》相关涉者而已，其余非我专门，不欲强不知以为知也。倘他篇又别有专门之人如鄙之纠驳，则身无完肤矣。其病却是欲速成，故不免于不逊悌耳。要之不失为奇才，鄙欲其内敛十年，然后可著作耳。"① 在章氏看来，孙星衍治学功利性太强，"盖渊如天分虽高，却为名心甚急，故用功不懈，至今无自得之学者，名心为之累也。功浅之时，求人赏鉴，今功稍深，又求胜人"。②

章学诚肯定孙星衍天资学力过人，但其毛病在于"嗜好过多"，又"有心好辨"，擅长于辞章，又不愿以诗文名世，就把精力又花在经史、文字、音训之学上，旁及诸子百家、金石碑版、天文医方等。治学内容如此博杂，就很难显示出自己的专长。在章学诚看来，这是做学问者之大忌，加之精力又分于声色与世俗应酬，所以"惜其精神之误用也"。正如章学诚生前所料，后来孙星衍在学术上博则博矣，但并未取得什么突出成就。

---

① 《文史通义新编新注》外篇三《又与朱少白书》，第783页。
② 《文史通义新编新注》外篇三《与朱少白书》，第787页。

　　章学诚批评孙氏做学问存在的功利性强、博杂不专等问题，皆切中要害，论断精辟，同时也给予孙氏肯定和鼓励，自云："一切纠驳之说，鄙实甚爱渊如，而思以讲明其非以规益之，实未有所争胜而故为好辨。"①这些辩驳，是长辈对后学的引导劝勉。

　　值得一提的是，他的许多重要言论和观点，都是在这篇文中提出的。如"鄙人所业，文史校雠，文史之争义例，校雠之辨源流，与执事所为考核疏证之文，途辙虽异，作用颇同，皆不能不驳正古人。譬如官御史者不能无弹劾，官刑曹者不能不执法，天性于此见优，亦我辈之不幸耳。古文差谬，我辈既已明知，岂容为讳？但期于明道，非争胜气也"。又说："鄙人于文史自马、班而下，校雠自中垒父子而下，凡所攻刺，古人未有能解免者。虽云不得不然，然人心不平，后世必将阳弃而阴用其言，则亦听之无可如何而已……今请于辨正文字，但明其理而不必过责其人。"这就是说，自己职业乃文史校雠，校雠评论乃是自己的职责，如同御史弹劾、刑曹执法，不得不如此，非好辨也，其目的是"期于明道"，因此"辨正文字，但明其理而不必过责其人"。他还告诫人们，做学问必须量力而行，因为"学问无穷，而人之聪明有尽，以有尽逐无穷，尧、舜之知不遍物也"。这些都是经验之谈。

---

① 《文史通义新编新注》外篇三《又与朱少白书》，第783页。

与陈观民工部论史学

◎解题

本文作于乾隆五十九年（1794）。陈观民，名诗，蕲州（今湖北蕲春）人。著《湖北旧闻》，当时为武昌知府胡齐崙幕僚。章学诚主持编纂的《湖北通志》因毕沅调离而不能刊刻，赏识章氏此志的陈诗，正通过武昌知府请于当道，将《湖北通志》嘱其校订。这就是章氏写此文的背景。这是一篇很重要的文章，但各种版本《文史通义》均未收录，而选用者又往往各标其题，有称《与陈观民工部论方志》，亦有称《与陈观民工部论〈湖北通志〉》。

仆论史事详矣。大约古今学术源流，诸家体裁义例，多所发明。至于文辞不甚措议。盖论史而至于文辞，末也。然就文论文，则一切文士见解，不可与论史文。譬之品泉鉴石，非不精妙，然不可与测海岳也。即如文士撰文，惟恐不自己出；史家之文，惟恐出之于己，其大本先不同矣。史体述而不造，史文而出于己，是为言之无征。无征，且不信于后也。识如郑樵，而讥班史于孝武前多袭迁书。然则迁书集《尚书》《世本》《春秋》《国策》、楚汉牒纪[1]，又何如哉？充其所说，孔子删述六经，乃蹈袭之尤矣，岂通论乎！夫工师之为巨室度材，比于爕理阴阳[2]；名医之制方剂炮炙[3]，通乎鬼神造化；史家诠次群言，亦若是焉已尔。是故文献未集，则搜罗咨访，不易为功。观郑樵所谓八例求书[4]，则非寻常之辈所可能也；观史迁之东渐南浮，则非心知其意不能迹也，此则未及著文之先事也。及其纷然杂陈，则贵决择去取。人徒见著于书者之粹然善也，而不知刊而去者，中有苦心，而不能显也。既经裁取，则贵陶熔变化，人第见诵其辞者之浑然一也，而不知化而裁者，中有调剂，而人不知也。即以刊去而论，文劣而事庸者，无足道矣。其间有介两端之可而不能不出于一途；有嫌两美之伤而不能不忍于割爱；佳篇而或乖于例，事足而恐徇于文，此皆中有苦心，而不能显也。如以化裁而论，则古语不可入今，则当疏以达之；俚言不可杂雅，则当温以润之。辞则必称其体，语则必肖其人。质野不可用文语，而猥鄙须删；急遽不可以为宛辞，而曲折仍见；文移须从公式，而案牍又不宜徇；骈丽不入史裁，而诏表亦岂可废！此皆中有调剂，而人不知也。

[1] 楚汉牒纪：楚汉时期谱牒、纪传类作品，章氏《〈和州志·艺文书〉序例》提到"职官故事之书，谱牒纪传之体"。 [2] 燮（xiè）理阴阳：燮，调和。理，治理。指大臣辅佐天子治理国事。语出《尚书·周官》："立太师、太傅、太保。兹惟三公，论道经邦，燮理阴阳。" [3] 炮炙（páo zhì）：用烘、炮、炒、洗、泡、漂、蒸、煮等方法加工中草药。 [4] 郑樵在《通志·校雠略·求书之道有八论》中说："求书之道有八：一曰即类以求，二曰旁类以求，三曰因地以求，四曰因家以求，五曰求之公，六曰求之私，七曰因人以求，八曰因代以求，当不一于所求也。"这一求书八法系统地揭示了我国古代官府藏书和私人藏书访求图书的历史经验，后世藏书家多将其奉为访求图书的准则。

文至举子之四书义，可谓雕虫之极难者矣。法律细于茧丝牛毛，经生老儒，白首攻习，而较量于微茫秒忽[1]之间，鲜能无憾！其故非他，命题虚实偏全，千变万化，文欲适如其题，而不可增损故也。史文千变万化，岂止如四书命题之数，而记言记事，必欲适如其言其事而不可增损，恐左、马复生，不能无遗憾也。故六经以还，著述之才，不尽于经解、诸子、诗赋、文集，而尽于史学。凡百家之学，攻取而才见优者，入于史学而无不绌也。记事之法，有损无增，一字之增，是造伪也。往往有极意敷张，其事弗显，刊落浓辞，微文旁缀，而情状跃然，是贵得其意也。记言之法，增损无常，惟作者之所欲，然必推言者当日意中之所有，虽增千百言而不为多。苟言虽成文，而推言者当日意中所本无，虽一字之增，亦造伪也。或有原文繁富，而意未昭明，减省文句，而意转刻露者，是又以损为增，变化多端，不可笔墨馨也。

[1] 微茫秒忽：微茫，隐约模糊。秒忽，丝毫，比喻极为细微。

　　仆于平日持论若此，而《通志》[1]之役，则负愧多矣。当官采访者，多于此道茫如，甚且阴以为利。十室必有忠信，规方千有余里，部领六七十城，岂无搢绅都士，可与言者！地远势隔，无由朝夕商可。府县官吏，疲懒不支。其有指名征取之件，宪司羽檄叠催，十不报六。而又逼以时限，不能尽其从容。中间惑于浮议，当事委人磨勘[2]。而应聘司磨勘者，不知适从何来。夏畦负贩一流，大率毁瓦画墁[3]。若将求食，然有问须答，不免降心抑气，如与互乡讲礼，鴂舌[4]辨言，一部十七史不知从何说起！今著《辨例》一卷，特存大略，取明义例而已。此辈所为，可骇可伤、可笑又可怜者，固不胜举也。以此败意，分其心力。然于众谤群哄之际，独恃督府一人之知，而能卓然无所摇动，用其别识心裁，勒成三家之书，各具渊源师法，以为撰方志者凿山浚源，自诩雅有一得之长，非漫然也。

[1]《通志》：指章学诚主持编纂的《湖北通志》。　　[2] 磨勘：查核。　　[3] 毁瓦画墁（màn）：打碎屋瓦，涂灭已画好的田地界线，比喻一种有害无益的行为。出自《孟子·滕文公下》："（孟子）曰：'有人于此，毁瓦画墁，其志将以求食也，则子食之乎？'"　　[4] 鴂（jué）舌：鴂，伯劳鸟。伯劳鸟的叫声，比喻语言难懂。

夫著述之事，创始为难，踵成为易。仆阙然不自足者，传分记人记事，可谓辟前史之蹊矣；而事有未备，人有未全。盖采访有阙，十居七八，亦缘结撰文字，非他人所可分任，而居鲜暇豫[1]，不得悉心探讨，以极事文之能事，亦居十之二三也。然纪分纲目，事亦称约举矣。人物一表，包罗全体，其有不及立传之人，皆以一二字句，隐括大略于表注，无遗漏也。以十一府州之大，新旧人物之多，不下数万，他志所必不能该者，今以表注之法，转无一人遗漏，则体撰虽疏，而其法乃密，于时人之类纂，亦差足以解免于都人士矣。后人踵事增华，或取所阙而补其未备，而无改其规矩焉，庶几叔皮《后传》[2]之遗乎。

[1] 暇豫：闲暇时间。　[2] 叔皮《后传》：指班彪为《史记》续编的《后传》。

《文征》之集，实多未备，则缘诗文诸集，送局无多，藏书之家，又于未及成书，而纷纷催还原集，是以不得尽心于选事也。然仆于文体粗有解会，故选文不甚卤莽。且于其意可存，而文不合格者，往往删改点窜，以归雅洁，亦不自为功也。至于诗赋韵言，乃是仆之所短，故悉委他人而己无所与。不幸所委非人，徇情通贿，无所不至。恶劣诗赋不堪注目者，仆随时删抹，而奸诡之徒又贿抄胥私增，诚为出人意外。然仆毕竟疏于覆勘，当引咎耳。惟是史志经世之业，诗赋本非所重，而流俗骛名，辄以诗赋争相请托。情干势挟，蜂涌而来，督府尚且不能杜绝，何况馆中？仆是以甲集选辑记传，乙集选集议论，而诗赋特分于丙丁二集。丙集专载佳篇，丁集专收恶滥。譬居家者必有厕圊[1]而后可以洁清房舍！他时势去人亡，则丁集自可毁板。此中剧有苦心，恨委任失人，不尽如仆意也。

[1] 厕圊（qīng）：厕所。

　　足下文雄学富，而又常留意湖北文献，徒以人事参差，不得相与其功，深可惜也。犹望足下自以所得，勒成一家，他日流传，并行不背；或者春兰秋菊，各占一时之芳秀，亦千秋之佳话也。如何？如何？勉之无怠！第有稍进于足下者，足下前月过从，仆以蕲州诸传相质，以足下蕲人也。足下不甚省览，意谓传文所本，足下固已见之，仆之窜改，一似重誊邸报然者，故不须加意尔。噫！苟以此意论古，负古人矣。

　　仆尝恨天下记传古文，不存所据原本，遂使其文浑然如天生。事本如此，无从窥见作者心经意纬，反不如应举时文，有题即可论其法也。昔人得欧阳氏《五代史》草，而文思加进，为其中有点窜涂改，可以窥所用心，亦此意耳。前日奉质《顾天锡父子列传》[1]，全出《白茅堂集》[2]。其文几及万言，而仆所自出己意为联络者，不及十分之一，此外多袭原文，可覆按也。然周窥全集而撷其要领，翦裁部勒，为此经世大篇，实费数日经营，极有惨淡苦心。不见顾氏集者，不知斧凿所施。既见顾氏之集，则此传乃正不宜忽也。《嘉定蕲难》[3]之传，全本赵氏之《泣蕲录》[4]。惟末段取《宋史·贾涉[5]传》，载其淮北之捷及斩徐挥二事，为《泣蕲录》吐气，以慰忠义之心。其文省赵氏原文至十之六七，而首尾层折乃较原录更为明显，亦非漫然为删节也。其后总论，即润色《泣蕲录》中申诉之语，足下过不留目，仆窃以为非也。毋论原文拖沓草率，为赵氏之未尽，彼以反复剖白、悲哀控诉之语，乃申状体也。今改为沉郁顿挫、苍凉凭吊之辞，乃论赞体也。字句略换，而文指全殊，岂得不加察耶！杜子美曰："文章千古事，得失寸心知。"史家点窜古今文字，必具"天地为炉，万物为铜，阴阳为炭，造化为工"之意，而后可与言作述之妙。当其得心应手，实有东海扬帆，瞬息千里，乘风驭云，鞭霆掣电之奇；及遇根节蟠错，亦有五丁开山，咫尺险巇[6]，左顾右睨，椎凿难施之困。非亲尝其境，难以喻此中之甘苦也。而文士之见，惟知奉韩退之所以铭樊绍述[7]者，不惮怵目刓心，欲其言自己出。此可为应举避雷同之法，若以此论著述，不亦戈戈[8]乎私且小耶？盖有大鹏千里之身，而后可以运垂天之翼；他若鹰隼羽毛，即非燕雀所能假借。文章各有裁识，岂因袭成文所能掩耶！史迁之才，出入周、秦，牢笼战国，当日诸子百家，今见存者，证以百三十篇之所去取，可谓临淮入汾阳军，旌旗壁垒为改观矣，其才足胜之也。至于六经、《左氏》，非惟才不能胜，气亦不能驭矣。故于三代本纪，春秋世家，则奔走步趋，颇形竭蹶[9]。是人之才识，丝毫不容勉强，其明验矣。亦有史笔不具专家之长，而以因袭之文为重者，如班氏资《洪范》于刘更生[10]，沈约袭垂象[11]于何承天[12]，岂班、沈之学，胜于刘、何？然不自为功，而因长见取，亦史家之成例。拟于武事，则诸家如骁将之善于用兵，史裁不自用兵，如大将之善用骁将也。

[1]《顾天锡父子列传》：是《湖北通志》中章氏所作之传，现存《章氏遗书》中。顾天锡（1589—1663），明末清初学者，字重光，蕲州（今湖北蕲春）人。博学，精于经史，入清不仕，隐居著书。著有《历代改元考》《二十一史评论》《三礼三传集解》《五经说》《素问灵枢直解》等。　　[2]《白茅堂集》：清朝顾景星著。景星，字黄公，蕲州人，康熙荐举博学鸿词。另著有《黄公说字》，均收入《四库全书》。　　[3]《嘉定蕲难》：是《湖北通志》中牟氏所写《嘉定蕲难传》。这是一篇类传，记述宋朝嘉定十四年（1221）金兵攻打蕲州，知州李诚之率官兵奋力抵抗，城陷，全家死之，合城无一降者，十分壮烈。传中既记述了激战经过，又分别记载了死难官员经历。　　[4]赵氏之《泣蕲录》：全名应为《辛巳泣蕲录》一卷，宋赵与𫗈撰。赵氏，即赵与𫗈，宗室子，官蕲州司理，权通判事。宁宗嘉定十四年（即辛巳岁）金兵围蕲州，他与郡守李诚之据守。　　[5]贾涉：南宋将领，字济川，台州天台（今浙江天台）人，贾似道之父。累迁至盱眙军，授淮东提点刑狱兼楚州节制本路京东忠义人兵。金军犯黄州（今湖北黄冈）、蕲州，遣李全等出击。详见《宋史》本传。　　[6]险巇（xī）：巇，险恶，险峻。形容山路危险。　　[7]樊绍述：即樊宗师，字绍述，南阳（今属河南）人，唐散文家。著有《樊谏议集》等书。韩愈《南阳樊绍述墓志铭》赞叹道："多矣哉，古未尝有也！然而必出

于己，不袭蹈前人一言一句，又何其难也！" 　　[8] 戋戋（jiān）：少，浅狭。　　[9] 蹶蹶（jué）：颠仆倾跌，行步艰难。　　[10] 刘更生：刘向本名刘更生。　　[11] 垂象：显示征兆。古人迷信，把某些自然现象附会人事，认为是上天预示人间祸福吉凶的迹象。　　[12] 何承天（370—447）：南朝宋天文学家，东海郯（今山东郯城北）人。历仕衡阳内史、御史中丞等。博通经史，精历算，曾考订"元嘉历"。又善弹琴，通音律，反对佛教"神不灭"论。著有《报应问》《达性论》等。南朝梁史家沈约以何承天、徐爰等所修南朝宋国史为底本，有些甚至全抄旧文，旁采注记，撰成《宋书》。

夫文士剽袭之弊，与史家运用之功相似，而实相天渊。剽袭者惟恐人知其所本，运用者惟恐人不知其所本。不知所本，无以显其造化炉锤之妙用也。议仆书者多矣，少见多怪，本不足奇，然必待有所见，而后怪之可也。仆属草未成书，未外见一字，而如沸之口已哗议其书之不合，此种悠悠，尚足与之辨乎？是非久而后明，公道自在人心。足下乡党之望，愿为我谢乡搢绅，请存此说，以待日后论定可也。一时人知人罪，听之而已，嗟乎！是亦不特此书为然也。

邵氏晋涵[1]曰：文史字见《东方朔》及《司马迁传》，唐、宋以还，乃以论文诸家，目为文史，章君自谓引义征例，出于《春秋》，而又兼礼家之辨名正物，斯为《文史通义》之宗旨尔。盖古人虽有其名，未尝推究至于此也。此篇论《通志》义例，包今古史裁，其意盖谓韩、欧之文，不可与论马、班之史，判若天渊。论似新奇，然由其所辨，反复推求，义意未尝不平实也。昔人论刘勰知文不知史，刘知幾知史不知文，必如此书，而文史可以各识职矣。

[1] 邵氏晋涵：邵晋涵（1743—1796），清代著名学者，史学家、经学家。字与桐，号二云，又号南江，浙江余姚人。乾隆三十年（1765）进士，担任四库全书馆编修，史部之书多由其最后校定，提要亦多出其手。著有《旧五代史考异》《尔雅正义》等，有《南江邵氏遗书》传世。

◎ 研读

文章首先论述史家著述中的文辞问题，然后检讨《湖北通志》编纂得失。章学诚对此志因无端遭受非议而未能刊刻问世，深感气愤。当然，他也并不认为此志已经尽善尽美，在信中列举此次修志不足之处："《通志》之役，则负愧多矣。当官采访者，多于此道茫如，甚且阴以为利。……府县官吏，疲懒不支。其有指名征取之件，宪司羽檄叠催，十不报六。而又逼以时限，不能尽其从容"；"夫著述之事，创始为难，踵成为易。仆阙然不自足者，传分记人记事，可谓辟前史之蹊矣；而事有未备，人有未全。盖采访有阙，十居七八，亦缘结撰文字，非他人所可分任，而居鲜暇豫，不得悉心探讨，以极事文之能事，亦居十之二三也"；"《文征》之集，实多未备，则缘诗文诸集，送局无多，藏书之家，又于未及成书，而纷纷催还原集，是以不得尽心于选事也。然仆于文体粗有解会，故选文不甚卤莽。……至于诗赋韵言，乃是仆之所短，故悉委他人而己无所与。不幸所委非人，徇情通贿，无所不至。恶劣诗赋不堪注目者，仆随时删抹；而奸诡之徒又贿抄胥私增，诚为出人意外。然仆毕竟疏于覆勘，当引咎耳。……此中剧有苦心，恨委任失人，不尽如仆意也"。《通志》出现这些问题，主客观原因都有，资料供应不足自属客观，而委任失人、疏于复勘，则属主观。此外，章学诚身为主编，不善与分纂诸人相处，也是遭到反对的原因。

文章最后章氏好友邵晋涵的读后语，揭示文史概念以及《文史通义》宗旨，非常精辟，读者可好好品味。胡适在《章实斋先生年谱》中对此文有过一段评论："此书首论史文之'述而不造'，'惟恐出之于己'，真数千年史家未发之至论。中间叙修志时之种种困难，末段自述作文的方法，皆绝重要之传料。"章学诚在此文中论述"文士之文"与"史家之文"之不同，一个是"惟恐不自己出"，一个是

"惟恐出之于己"。了解了这点以后，自然就可以理解章氏为什么提出"文人不能修史""文人不能修志"的主张，这绝不是章氏的偏见。将两者区别讲得如此确切，确实前无古人，难怪胡适称"真数千年史家未发之至论"。

史考释例

◎ 解题

嘉庆三年（1798），章学诚在杭州借谢启昆之力补修《史籍考》，该文当为是年所写。文章是以谢启昆名义而写，其实原稿也是章学诚为毕沅主持编纂，但都是以别人的名义。章学诚一生常常为他人作嫁衣的命运，也可以说是封建社会有才华的穷知识分子的一个缩影。

著录之书，肇自刘氏《七略》，班氏因之而述《艺文》，自是荀《簿》、阮《录》、《隋籍》、《唐艺》[1]，公私迭有撰记，不可更仆数矣。其因著录而为考订，则刘向《别录》以下未有继者。宋晁氏公武[2]，陈氏振孙[3]，始有专书。而马氏《文献通考》，遂因之以著《经籍》[4]，学者便之。然皆据所存书，加详悉耳。至于专门考求，无论书之存亡，但有见于古今著录，或群书所称引，苟有名目著见，无不收录考次，博综贯串，勒为一家，则古人所无，实创始于朱氏彝尊《经义存亡考》[5]也。《经义考》之原名也，乃朱氏著书本旨。今《史考》一依《经考》起义，盖亦创始之书也。凡创始者功倍而效不能全，朱氏《经考》，后人往往究其未至，其前车也。况《史考》又倍难于经，虽黾勉[6]加功，而牴牾疏漏，良亦不敢自保。然明知创始之难，不敢避难而务为之，则以经经必须史纬，著述之林，实为不可不补之阙典也。读者谅其难而有以益其所未尽，幸矣。

[1] 荀《簿》、阮《录》、《隋籍》、《唐艺》：均为目录学著作，指西晋荀勖撰《新簿》，南朝梁阮孝绪撰《七录》，唐魏徵等撰《隋书·经籍志》，北宋欧阳修等撰《新唐书·艺文志》。　　[2] 晁氏公武：即晁公武（1105—1180），南宋著名目录学家、藏书家。字子止，济州巨野（今山东省菏泽市巨野县）人，官至礼部侍郎。著《郡斋读书志》二十卷，是我国现存最早具提要内容的私家藏书目录。　　[3] 陈氏振孙：即陈振孙（1179—约1261），字伯玉，号直斋，浙江安吉人，南宋藏书家、目录学家。官至侍郎，博古通今，藏书五万一千余卷。仿晁公武《郡斋读书志》，撰《直斋书录解题》，是我国第二部著名的私家藏书提要题解目录。　　[4]《经籍》：指宋末元初著名史学家马端临（1254—1323）编纂的《文献通考·经籍考》，著录图书约五千种，按经、史、子、集四部分类，是我国首部辑录体目录书。　　[5] 朱氏彝尊《经义存亡考》：朱彝尊（1629—1709），字锡鬯，号竹垞，浙江秀水（今属浙江省嘉兴市）人，清朝学者。著有《曝书亭集》《日下旧闻》《经义考》等。《经义考》初名《经义存亡考》，是考证历代经籍的重要目录著作。　　[6] 黾（mǐn）勉：勉励，尽力。

　　考订与著录，事虽相贯，而用力不同。著录贵明类例，求于书之面目者也。考订贵详端委，求于书之精要者也。就刘氏父子之业而论，世人但知其经籍艺文所祖而已，不知刘歆部次《七略》，为《汉》《隋》诸志所祖，而世有其传耳。至刘向所为条其篇目，撮其旨意，录而奏上之言；刘歆部《七略》时所称为《别录》者，乃考订群书之鼻祖，而后世鲜有述焉者也。

　　观于经礼诸记，孔《疏》所引郑氏目录，与刘向不同，则同一治经而各为目录，即各有家法，非考订不为功也。

　　观于唐人《十三代史目》，而宗谏[1]略止三卷，殷仲茂[2]详至十卷，则同一考史，而各为著录，即各成学业也。是知考订与著录之功似同而异，学者混于一例而不能析也。郑樵《通志》虽疏，其论校雠之例甚精，然犹不能分别两家之同异，故其论书有名亡实不亡，曰《三礼目录》虽亡，可取诸三礼，《十三代史目》虽亡，可取诸十三代史。噫！孔《疏》明著刘、郑《礼》目不同，《唐志》明著宗、殷卷次不合，正著录诸家，各有考订之明证，而樵乃但欲取诸本书便可谓目录耶！

[1] 宗谏：《新唐书·艺文志》《宋史·艺文志》目录类均著录宗谏注《十三代史目》十卷。 [2] 殷仲茂：《宋史·艺文志》目录类著录商仲茂《十三代史目》一卷。而《四库缺书目》《秘书省续四库书目》都作殷仲茂，商字盖宋人讳改。又宗谏与殷仲茂之书卷数与章氏不符，可能章氏倒置，殷作宗注，显然应当宗氏为多。

是故明乎向、歆术业之异同，而后知考订与著录之难易；知考订之难于著录，而后知朱氏创为存亡兼考是益为其难；知经部之兼考存亡已为其难，则知史籍之存亡大倍于《经考》之难矣！

古无史学，其以史见长者，大抵深于《春秋》者也。陆贾、史迁诸书，刘、班部于《春秋》家学得其本矣。古人书简而例约，虽治史者之法《春秋》，犹未若后世治经学者之说《春秋》繁而不可胜也。故《春秋》之义行，而名史皆能自得于不言之表焉。马、班、陈氏不作，而史学衰，于是史书有专部，而所部之书，转有不尽出于史学者矣。

盖学术歧而人事亦异于古，固江河之势也。史离经而子集又自为部次，于是史于群籍画分三隅之一焉，此其言乎统合为著录也。若专门考订为一家书，则史部所通，不可拘于三隅之一也。史不拘三隅之一，固为类例之所通。然由其类例深思相通之故，亦可隐识古人未立史部之初意焉。

盖史有律历志，而卦气通于律历，则《易》之支流通于史矣。史有艺文志，而《诗》《书》篇序为校雠目录所宗，则《诗》《书》支流通于史矣。《禹贡》《天文》《洪范》《五行》《雅》《颂》入乐，姑勿具论。史有职官志，而《周官》可通。有礼仪志，而《礼》《乐》二经可通。后儒攻《春秋》于讲义者，不通于史，若《春秋》地理、国名之考，《长历》灾变之推，世族卿联之谱，则天文、地理、五行、谱牒，何非史部之所通乎？故六经流别，为史部所不得不收者也。

自夫子有"知我罪我"之言[1]，明《春秋》之所作，而战国诸子，遂以《春秋》为著书独断之总名，不必尽拘于编年纪月，而命名亦曰《春秋》，此载籍之一大变也。然年月纵可不拘，而独断必凭事实，于是亦自摭其所见所闻所传闻者，笔之于书。若史迁所叙，铎椒[2]、虞卿、吕不韦之所撰述，虽曰诸子家言，实亦史之流别矣。又如隋、唐而后，子部列有类家，而会要、典故之书，其例实通于史。法家子部之有律令，史部。兵家子部之有武备，史部。说家即小说家，亦隶于子部。之有闻见，史部。谱录古人所无，《遂初堂书目》[3]所创，亦隶于子部。之有名数，史部。是子库之通于史者，什之九也。

[1] "知我罪我"之言：出自《孟子·滕文公下》："《春秋》，天子之事也。是故孔子曰：'知我者，其惟《春秋》乎！罪我者，其惟《春秋》乎！'" [2] 铎椒：战国时楚国学者。一说为齐姜尚后裔，姜姓，铎氏。王先谦《汉书补注》说其为左丘明四传弟子。曾任楚威王师傅，为楚王学习《春秋》方便，采取《春秋》材料，成《铎氏微》四十章，《汉书·艺文志》著录为三篇。 [3] 《遂初堂书目》：南宋尤袤编撰。袤字延之，号遂初居士，无锡人。绍兴进士，官至礼部尚书。诗与杨万里、范成大、陆游并称"南宋四家"。遂初堂是他藏书楼号，故该书目乃是私家书目，一卷，分四十四小类。

文集昉[1]于东京，至魏、晋而渐广，至今则浩如烟海矣。然自唐以前，子史著述专家，故立言入子与记事入史之文，不入于集，辞章诗赋，所以擅集之称也。自唐以后，子不专家，而文集有论议；史不专家，而文集有传记，亦著述之一大变也。彼虽自命曰文，而君子以为是即集中之史矣。指传记言。况内制、外制，王言通于典、谟；表状章疏，荩臣[2]亦希训、诰，是别集之通乎史矣。

[1] 昉（fǎng）：起始，起源。 [2] 荩（jìn）臣：出自《诗·大雅·文王》："王之荩臣，无念尔祖。"原指帝王所进用的臣子，泛指忠臣。

至于总集，尤为同苔异岑[1]，人知汉、晋乐志，分别郊庙房中，而不知乐府之集，实备诸志之全；人知金石著录，创于欧、赵诸目，而不知《梁元碑集》[2]，已为宋贤开创。是则集部之书，又与史家互出入也。

[1] 同苔异岑（cén）：岑，小而高的山。异苔同岑比喻志同道合，章氏此处反用成语，相同的青苔长在不同的山上，喻指书籍在不同目录中分类不同。　[2] 《梁元碑集》：梁元帝曾撰《碑集》百卷，早已残缺，《隋书·经籍志》仅著《杂碑》三十二卷，《碑文》十五卷。

盖史库画三之一，而三家多与史相通。混而合之则不清，拘而守之则已隘，是则决择去取，不无搔首苦心。《史考》之牵连，不如《经考》之截然划界也。自《隋》《唐》诸志，分别史为四库之乙，其大纲矣。

史部条目，如正史、编年、职官、仪注之属，少者不过十二三门，《隋》《唐》。多者不过十七八门，焦氏《经籍志》，黄氏《千顷堂》[1]。盖为四分之一，大略不过如此，非为简也。今既扩充类例，上援甲而下合丙丁，则区区专门旧目，势不足以穷其变也。是则创条发例，今分十二纲，析五十七目。不无损益折衷，毕宫保原稿分一百十二子目，以其太繁，今为并省。《史考》之裁制，不如《经考》之依经为部，不劳分合也。

[1] 黄氏《千顷堂》：黄虞稷（1629—1691），清目录学家。字俞邰，一字楮园，金陵（今江苏南京）人，本晋江籍，因父居中官南京国子监，遂家居此。家中藏书楼曰千顷斋，藏书数千卷，有《千顷堂书目》。由徐元文推荐，参与纂修《明史》，分撰《艺文志》、部分列传。充《一统志》纂修官。《千顷堂书目》为修《艺文志》所本。另有《楮园杂志》。

制书弁首，冠履之义也。朱氏《经考》，盖分御制敕撰，今用其例。史庋金匮之藏，外廷无由得窥，史部不同经籍者也。一以钦定

《四库书》入史部者为主，不见于《四库》著录，不敢登也。入《四库》之著录而不隶于史部者，亦不敢登，义取于专部也。不敢妄分类例，谨照书成年月先后恭编，犹史之本纪，所以致谨严之意，仍注《四库》部次于下，所从受也。

古史必先编年，而今以纪传首编年者，编年自马、班而下，《隋志》即以纪传为正史，而编年则称为古史矣。其实马、班皆法《春秋》，命其本纪谓之《春秋考纪》，而著录家未之察也。《唐志》知编年之书后世亦未尝绝，故改《隋志》古史之称，而直题为《编年类》，事理固得其实，然未尽也。《隋志》题《古史》，犹示编年之体之本为正也。《唐志》以纪传为《正史》，而直以编年为《编年》，乃是别出编年为非正史矣。

是以宋人论史，乃惜孙盛、凿齿之伦不为正史，几于名实为倒置也。夫刘氏《二体》，以班、荀为不祧之祖，纪传、编年，古人未有轩轾 [1] 焉。自唐以后，皆沿《唐志》之称，于义实为未安。故《史考》以纪传、编年分部，示平等也。不以正史与编年对待，则平等矣。

[1] 轩轾（xuān zhì）：车前高后低称轩，前低后高为轾，喻指高低轻重。出自《诗·小雅·六月》：“戎车既安，如轾如轩。”

或问纪传、编年同列是矣，何纪传之中又立正史子目耶？答曰：此功令也。自史氏专官失传，而家自为学，后汉、六朝，一代必有数家之史是也，同一朝代，同一纪传，而家学殊焉，此史学之初变也。然诸家林立，皆称正史，其传久与否，存乎人之精力所至，抑或有数存焉。自唐立史科，而取前史定著为十三家，则史颁学校，而为功令所范围，益为十四而不能，损为十二而不可矣。

故家自为学之风息，而一代之兴，必集众以修前代之史，则史学之再变也。自是之后，纪传之史，皆称功令，宋人之十七史，明人之二十一史，草野不敢议增减也。故《史考》于纪传家史，自唐以前，虽一代数家，皆归正史。

自唐以后，虽间有纪传之书，亦归别史子目，而隶杂史焉。虽萧常[1]、郝经[2]之《后汉书》，义例未尝不正，而必以陈寿为正史，不敢更列萧、郝者，其道然也。

[1] 萧常：南宋学者，庐陵（今江西吉安）人。乡贡进士。其父寿朋对陈寿《三国志》以魏为正统，极为不满，意欲重修，书未成而卒。他因续父志，以二十年之功，著《续后汉书》四十七卷，以昭烈帝为正统，帝纪二卷，年表二卷，列传十八卷，以吴、魏为载记，凡二十卷，音义四卷，义例一卷。 [2] 郝经（1223—1275）：元朝学者，字伯常，泽州陵川（今山西）人。金亡后徙居顺天（今北京），蒙古将张柔、贾辅延为上客。忽必烈询以治国安民之道，遂条陈数十事。中统元年（1260），以翰林侍读学士充国信使赴宋践约，为贾似道扣留于真州（今江苏仪征），至元十二年（1275）得释。曾将《三国志》重新改编，升昭烈为本纪，吴、魏为列传，成《续后汉书》九十卷。还有《陵川集》。

正史一门，毕宫保[1]原稿但称纪传，而纪传中又分通史、《史记》是也，又附入梁武《通史》，郑樵《通志》，今应改入别史。断代、班、范以下是也。集史、《南北史》是也。国别，《三国志》是也。不免繁碎。今以学校颁分二十四史为主，题为正史。应将原稿改正。而冯商、褚少孙、班叔皮诸家之续《史记》者，附《史记》后。华峤、谢承、袁山松诸家之《后汉书》，与范氏《后汉书》依先后时代编次。何法盛、谢灵运、臧荣绪诸家之《晋书》，与唐太宗御撰《晋书》，依先后时代编次。六朝诸史皆仿此。盖书传有幸不幸，其初皆正史故也。魏、吴诸书之于陈《志》亦然。若唐、宋以后，正史自有一定，无出入矣。

[1] 毕宫保：即毕沅（1730—1797），字纕蘅，又字秋帆，自号灵岩山人，江南镇洋县（今江苏太仓）人。清代著名学者，河南巡抚、湖广总督，卒赠太子太保。受到和珅案牵连，抄家革职。著作有《续资治通鉴》《经典辨正》《灵岩山人诗文集》等。

国史从无流传之书，而史志著录，与诸书所称引者，历有可考，要以后汉班固与陈宗[1]、尹敏[2]诸人修《世祖纪》与《新市》《平林》诸传，载纪为最显著。自后依代编纂，与编年部之实录、记注，可以参互，皆本朝臣子修现行事例也。

[1] 陈宗：东汉官吏，曾任睢阳令，明帝时与班固等共成《世祖本纪》。 [2] 尹敏：东汉官吏，字幼季，南阳堵阳（今河南方城东）人。曾拜郎中，辟大司空府，三迁长陵令。与班固等共作《世祖本纪》以及《新市》《平林》诸传。

史稿向不著录，今从诸书记载，采取而成，乃属创始之事，若无凭籍，尚恐不免遗漏。盖前人于此，皆不经意故也。但古人作史，专门名家，史成不问稿也。

自东观集众修书，而后同局之中，人才优劣敏钝，判若天渊，一书之中，利病杂见，若不考求草稿所出，则功罪谁分？窃谓集众修书，必当记其分曹授简，且详识其草创润色，别为一篇，附于本书之后，则史官知所激劝。今之搜辑史稿，正欲使观者感兴也。但宋、元以来，文史浩繁，耳目恐有未周，姑立此门，以为权舆。如有好学，专搜此事，自为一书，亦佳事也。

编年之中，原分实录、记注二门，今以日历、时政记、圣政等记均合于实录，而以记注标部，盖此等皆是。史宬备削稿资，例不颁行于外，于义得相合为部次也。若专记一事，则当入传记部之记事门。若特加纂录，如《贞观政要》之类。则入杂史。

编年之书，出于《春秋》，本正史也。乃马、班之学盛，而史志著录，皆不以编年为正史。然如荀悦、袁宏以后，魏、晋即有《春秋》，六朝往往继出，自应入于编年。但其书不尽传，如《隋志》所标《古史》《杂史》，其中多编年书，不知尽属编年否也。今以义例可推者，入于编年断代之下，其著录不甚分别，而义例不可强推者，概入于杂史云。

图表专家，年历经纬，便于稽考世代之用，故亦附编年为部。其年号之书，无类可归，虽非图表，亦以义例而类附焉。

古人史学，口授心传，而无成书，其有成书，即其所著之史是也。马迁父子再世，班固兄妹三修。当显、肃之际，人文蔚然盛矣，而班固既卒，《汉书》未成，岂举朝之士，不能赞襄汉业，而必使其女弟曹昭[1]就东观而成之，抑何故哉？正以专门家学，书不尽言，言不尽意，必须口耳转授，非笔墨所能罄。马迁所谓藏名山而传之，必于其人者也。自史学亡而始有史学之名。

[1] 曹昭：即班昭（约49—约120），一名姬，字惠班，扶风安陵（今陕西咸阳东北）人，东汉时期著名史学家、文学家，班固、班超之妹。博学高才，十四岁嫁给曹世叔为妻。她完成班固未竟的《汉书》。多次入宫教导皇后和贵人，号"大家"。存世作品有《东征赋》和《女诫》。

盖史之家法失传，而后人攻取前人之史以为学，异乎古人以学著为史也。史学之书，附于本史之后，其合诸史或一二家之史以为学者，别为史学之部焉耳。

史学专部，分为考订、《刊误》[1]之类。义例、《史通》之类。评论、《管见》[2]之类。蒙求《鉴略》[3]之类。四门，自应各为次第。若专攻一书之史学，已附入本书后者，不复分类，但照时代后先，编入本门部次足矣。

[1] 《刊误》：这类书很多，如余靖《汉书刊误》、张泌《汉书刊误》、刘攽《汉书刊误》等。 [2] 《管见》：如胡寅《读史管见》。 [3] 《鉴略》：如朱璘《纲鉴辑略》。

杂史一门，原分外纪、《轩辕本纪》[1]之类。别裁、《路史》《绎史》之类。史纂、自为门类，如《十七史纂》[2]、《宋史新编》[3]、《弘简录》[4]之类。史抄、随文删节，如《史记节要》[5]之类。政治、如《贞观政要》之类。本末、《纪事本末》、《北盟会编》[6]、《宏简录》之类。国别《国语》《国策》《十六国春秋》之类。共为七门。今恐鈲析^[7]太过，转滋纷扰，合并杂史一门，较为包括，而原分名目，仍标其说于部目之下，则览者不致讶其不伦。割据与霸国之书，初分二门，今合为一，亦谓如《越绝书》^[8]、《吴越春秋》^[9]，下至南唐诸家皆是也。惟《华阳国志》《隋志》入于霸史，后人多仍其目，或入地理。按此书上起鱼凫、蚕丛^[10]，中包汉中公孙述、二刘、蜀汉，下及李氏父子，非为一国纪载，又非地志、图经，入于霸国固非，而入于地理尤非，斯乃杂史支流，限于方隅者耳。如《建康实录》^[11]、《滇载记》^[12]、《炎徼纪闻》^[13]皆是选也。此例前人未开，缘种类无多，均强附霸史，或地记耳。今创斯条，将后有类此者，可准例焉，故名杂史方记，暗分子目，与地理志方隅之记名同而实异也。

　　[1]《轩辕本纪》：《宋史·艺文志》别史类著录王瓘《广轩辕本纪》一卷。　　[2]《十七史纂》：元朝胡一桂有《十七史纂古今通要》十七卷。胡一桂（1247—?），元朝学者。字庭芳，号双湖，婺源（在今江西）人。景定五年（1264）领乡荐，试礼部不第，遂退而讲学，入元后家居讲学著述。著有《十七史纂古今通要》《易本义附录纂疏》《易学启蒙翼传》等。　　[3]《宋史新编》：明朝柯维骐有《宋史新编》二百卷。　　[4]《弘简录》：明朝邵经邦撰。　　[5]《史记节要》：明人邹之麟有《史记节钞》一书。　　[6]《北盟会编》：全名《三朝北盟会编》，南宋徐梦莘（1126—1207）撰。梦莘，字商老，临江军清江（在今江西樟树）人，绍兴进士。全书二百五十卷，记宋徽宗、钦宗、高宗三朝时与金人和战大事。　　[7]鈲（pì）析：鈲，裁剪。意即分割离析。　　[8]《越绝书》：一部主要记载吴越争霸的地方史著作，由战国后期人追记汇编而成，直到东汉还有人"附益"，它不是一人一时的作品。作者既不是子贡，也不是袁康、吴平，特别是后二人在历史上根本不存在。[9]《吴越春秋》：东汉赵晔撰。需要指出的是，后来又有不少人用同样题材、同样书名作书多种，对此可参考周生春《吴越春秋辑校汇考》一书。[10]鱼凫、蚕丛：传说中古蜀国帝王名。汉扬雄《蜀王本纪》云："蜀王之先，名蚕丛、伯灌、鱼凫、蒲泽、开明。"后世把蚕丛当作养蚕的先驱，鱼凫当作训练鱼鹰的鼻祖，将二人分别奉为蚕桑业、渔业的祖师。　　[11]《建康实录》：唐朝许嵩撰。二十卷，记述六朝史迹，并附载萧氏后梁史事。于六

朝故都建康之山川、城池、宫苑、佛寺等记其方位沿革。内容丰富，唯体例不纯，吴、晋史事用编年体，宋以后又分纪传，并有论赞。另有《六朝宫苑记》二卷。　　[12]　《滇载记》：明朝学者杨慎（1488—1559）撰。杨慎，字用修，号升庵，新都（在今四川成都）人。正德进士，授翰林院修撰。曾为翰林学士，因"大礼"之议触犯世宗，下狱，削籍，谪戍云南永昌卫（今云南保山）。著《滇载记》《南诏野史》《滇程记》《升庵集》等。著作很多，但制假也很多，因感仕途坎坷，靠借奇制假以自娱，故阅读其著作应审慎。　　[13]　《炎徼纪闻》：明朝田汝成撰。田汝成（1501—?），字叔禾，钱塘（今浙江杭州）人。嘉靖进士。博学，工古文，历官西南，通晓边情，又谙习历史。还著有《辽记》《西湖游览志》《西湖游览志余》《田叔禾小集》等。

星历四门，天文记天象，非关推步；历律记历制，非关算术；五行记灾祥，非关占候；时令记授时政令，非为景物。此则《史考》当收之义，不然则混于术数诸家矣。但嫌介疑似，亦有在术数与史例之间者，姑量收之，宁稍宽无阙漏也。此等著录，部目多在子家，而史家志篇目，实不能阙，可以识互通之义矣。

谱牒有专家总类之不同，专则一家之书，总则汇萃之书。而家传、家训、内训、家范、家礼，皆附入专谱门中，以其行于家者然也。但自宋以来，有乡约之书，名似为一乡设，其实皆推家范、家礼之意，欲一切乡党为之效法，非专为所居之乡设也。施纵可遍天下，语实出于一家，既不可上附国典，又不可下入方志，故附之也。

谱学古人所重，世家巨族，国家所与为休戚者也。封建罢而门第流品之法又不行，故后世之谱学轻，如谓后世不须谱学，则几于汩彝伦[1]矣。律令人户以籍为定，良贱不相昏姻，何尝无流品哉？荫袭任子，虽不通行，而科第崛起之中，亦有名门巨族，簪缨世胄[2]，为国家所休戚者，皆运数也。但礼不下于庶人，原不能尽取齐民户籍入《史考》也，且其书不掌于官，仅能耳目闻见，载籍论次之所及，而于源委实有所考者，则编次之，耳目未周，不能遍及也。

[1] 汨（gǔ）彝伦：汨，乱。彝伦，常理，伦常。指淆乱伦常。　　[2] 簪（zān）缨世胄：簪，发针。缨，帽带。世胄，世代官宦家庭。指世代做官的人家。

地理门类极广，毕宫保原稿为二十二门，分荒远、总载、沿革、形势、水道、都邑、方隅、方言、宫苑、古迹、书院、道场、陵墓、寺观、山川、名胜、图经、行程、杂记、边徼[1]、外裔、风物，二十有二，不免繁碎。今暗分子目，统于五条之下，一曰总载，二曰分载，三曰方志，四曰水道，五曰外裔。其暗分子目，以类相从，观者可自得也。

[1] 边徼（jiào）：边境。

方志自前明以来，猥滥已甚，与齐民家谱，同一不可揽撷。今亦取其著录有征，及载籍论次所及，则编次之，其余不胜录也。

水道之书，与地志等，但记自然沿革者，方入地理，其治河、导江、漕渠、水利等类施人力者，概入于故事部工书条下。

外国自有专书，如《高丽图经》[1]、《安南志》[2]之专部，《职贡图》[3]、《北荒君长录》[4]之总载，则入地理外裔之部，如《奉使琉球录》[5]及《星槎胜览》[6]。凡册使自记行事者，虽间及外国见闻，而其意究以记行为重，则皆入传记部中记事条下。

[1]《高丽图经》：全名为《宣和奉使高丽图经》，宋徐兢撰。徐兢字明叔，和州历阳（今安徽和县）人，官至朝散大夫。宋徽宗宣和六年（1124），高丽派人至汴梁朝聘，徐兢以奉议郎任国信使提辖人船礼物官去高丽，记沿途所见。　　[2]《安南志》：《宋史·艺文志》地理类著录许开《安南志》二十卷。　　[3]《职贡图》：全名《皇清职贡图》，九卷。乾隆十六年（1751）奉敕修，乾隆二十三年告成，《四库全书总目提要》地理类四著录。　　[4]《北荒君长录》：唐李繁撰。李繁，唐朝官吏，邺侯李泌之子，曾任大理少卿、弘文馆学士，随州、亳州刺史。此书《新唐书·艺文志》地理类著录，而《宋

史·艺文志》则著录于传记类。 [5]《奉使琉球录》：明朝嘉靖年间陈侃撰，二卷。侃为宁波鄞县人，任左给事中，奉命出使琉球，归来而作。该书作于嘉靖十三年（1534）。嘉靖三十七年，又派郭汝霖出使琉球，汝霖因取侃旧本，缀续成编，于是出现了第二种《使琉球录》。万历七年（1579），萧崇业等又奉命出使琉球。返回后因记其行事、仪节及琉球山川风俗而成书，其实是本侃、汝霖二《录》而稍润益之，这样就出现了第三种《使琉球录》。因此，此书实际是有三种。 [6]《星槎（chá）胜览》：明朝费信（1388—?）撰。信字公晓，昆山（今江苏昆山）人。永乐、宣德间，随郑和等出使西洋，前后四次，回来将海外见闻及诸国风土、人情写成此书，二卷。

　　故事原分一十六门，今并合为十门，出君上者为训典，臣下者为章奏，统该一切制度者为典要。专门制度之书则分吏、户、礼、兵、刑、工六科，其例最为明显，而其嫌介疑似[1]之迹无门，不与传记相混。其详辨见《传记》。惟确守现行者为故事，规于事前与志于事后为传记，则判然矣。官曹次于六书之后，亦故事之书也。名似与吏书相近，而其实亦易辨。吏书所部，乃铨叙官人申明职守之书，官曹乃即其官守而备尽一官之掌故也。古者官守其法，法具于书，天下本无私门，故无著录之事也。官私分而著述盛，于是设官校录，而部次之，今之著录，皆从此起也。官曹之书，则犹有守官述职之意，故以是殿六曹之后焉。

　　[1]嫌介疑似：类似雷同，难以区分。

　　目录一门，不过簿录名目之书，原无深义，而充类以求，则亦浩汗[1]难罄。合而为《七略》《四簿》[2]，分而为经史百家，副而为释道二藏，其易言耶！且如诗文之目，则有挚虞之《文章志》，钟嵘之《诗品》亦目录也。而《诗话》《文心》，凡涉论文之事，皆如《诗》《书》小序之例，与《诗》《书》相为发明，则亦当收矣。图书之目，则书评画鉴，得以入之，金石之目，则博古琳琅诸籍，得以入之。故曰学问贵知类，知类而又能充之，无往而不得其义也。

[1] 浩汗：盛大繁多。　　[2] 《四簿》：前面《七略》，讲图书分类，这《四簿》似应为"部"，即四部分类，最早有谢灵运等撰《宋元嘉八年四部目录》，王俭撰《宋元徽元年秘阁四部目录》。

传记门目，自来最易繁杂，其志创于《隋志》"杂传"，而《隋志》部次，已甚混淆，盖非专门正史与编年、纪传显然有别者，凡有记载，皆可混称传记。著录苟无精鉴，则一切无类可归者，皆恃传记为龙蛇沮[1]也。毕宫保原稿本分传记子目一十有七，斟酌增减，定著十门，亦不得已也。

[1] 龙蛇沮 (jù)：沮，沮泽，水草丛生之处。龙蛇聚集地。此句意即书籍收纳之门类。

小说始于《汉志》，今存什一。而委巷丛脞[1]之书，大雅所不屑道，《续文献通考》[2]载元人《水浒演义》[3]，未为无意，而通人鄙之，以此诸家著录，多不收稗乘也。今亦取其前人所著录而差近雅驯者，分为琐语、异闻两目，以示不废刍荛之意。

[1] 委巷丛脞 (cuǒ)：委巷，僻陋小巷。丛脞，琐碎，杂乱。　　[2] 《续文献通考》：有两部，一为明朝人王圻所撰《续文献通考》二百五十四卷；另一为清朝张廷玉等人奉敕撰，在王书基础上改纂，共二百五十卷，分二十六门。　　[3] 《水浒演义》：元末明初施耐庵（约1296—约1370）撰。施耐庵，兴化（在今江苏）人，至顺进士。曾出仕钱塘（今浙江杭州），因不合当道权贵，弃官归里，闭门著书。著《水浒》《隋唐志传》等。此书还得力于门人罗贯中，对此争议颇多，有说本钱塘人，亦有说书为罗贯中著。

朱氏《经考》体例，先分四柱，今仍用之。首著书名，名下注其人名，次行列其著录卷数，三行判其存佚及阙与未见也。惟著录卷数，间有不注所出，今则必标出处，视朱为稍密矣。如《汉》

《隋》《唐》志并有，则以最先之书著录，其两三史志并有，而篇卷不同者，则著其可征之数，而以他录同异注其下。或史志及官私著录所无，而旁见他书记载者，必著其说于下曰，见某书，不著录。又有见于他书所称述，而并无其篇卷者，则必著无篇目字，此朱氏未有之例也。所以明其信而有征也。或全书之中，摘取数篇，别有当署之名目，如欧、苏等集内之外制及奏疏，又如欧集内之《归田录》，韩集内之《顺宗实录》。则必著现在某书。如但于文集传志类中，叙其人生平著有某书，而他著录所无，则必著云见某篇所引。惟近代人其书现存而未著录者，始用朱氏不载出处之例。朱氏引书皆现存者，惟阮孝绪《七录》已佚，而仅见于《隋·经籍志》注文，称梁有某某书卷若干者，朱氏皆直书《七录》，一似《七录》至今存者。引古之例，似有未合，然据法应著《隋志》注引《七录》文云云，方合于例。而其文繁累无取，且此事本亦人所共知，朱氏不为欺人，是以今仍其例。

存佚必实见而著存，知其必不复存而著佚。然亦有未经目见，而见者称述其书，确凿可信，则亦判存。又有其书久不著录，而言者有征，则判未见。如《后汉》谢承[1]之书，宋后不复录，而傅山[2]谓其家有藏本，曾据以考《曹全碑》[3]，虽琴川毛氏[4]疑之，然未可全以为非，则亦判为未见，所以志矜慎也。又如古书已亡，或丛书刻其畸篇残帙，本非完物，则核其著录而判阙。亦有其书情理必当尚存，而实无的据，则亦判为未见。他皆仿此。

[1] 谢承：三国吴史学家，字伟平，会稽山阴（今浙江绍兴）人。孙权谢夫人弟，任五官郎中、武陵太守。广闻博识，著有《后汉书》《会稽先贤传》等。　[2] 傅山（1607—1684），清初学者。初名鼎臣，字青竹，改字青主，又字仁仲、啬庐、石道人、丹崖翁、青羊庵主等。山西阳曲（今山西太原）人，明末诸生。明亡隐居不出，自称居士、道人。清开博学鸿词，称疾拒荐。博通经史、佛道、医药之学，亦工诗文书画，著有《霜红龛集》《荀子评注》等，传世之《傅青主女科》《傅青主男科》等医著，亦有谓后人假托。

[3]《曹全碑》：全称《郃阳令曹全碑》，明万历初在陕西郃阳县（今陕西合阳）莘里村出土，今存西安市碑林。碑文见《金石萃编》十八。曹全为东汉官吏，字景完，《后汉书》误作"曹宽"。任西域戊司马，疏勒王汉大都尉臣磐为其季父和得所杀，全乃与任涉、张晏率兵三万讨之，攻城四十余日不下，引去。　[4] 琴川毛氏：指常熟毛晋（1599—1659），明末著名藏书家，原名凤苞，字子晋，号潜斋。好古博览，藏书八万四千多册。尤嗜抄录罕见秘籍，缮写精良，"天下之购善本者必望走隐湖毛氏"。编著有《毛诗陆疏广要》《苏米志林》《海虞古今文苑》《毛诗名物考》《明诗纪事》《隐湖题跋》等。

　　此书为镇洋赠宫保毕公所创稿，遗编败麓[1]，断乱无绪，予既为朱氏补《经考》，因思广朱之义，久有斯志，闻宫保既已为之，故辍笔以俟观厥成焉。及宫保下世，遗绪未竟，实为艺林阙典，因就其家访得残余，重订凡例，半藉原文，增加润饰，为成其志，不敢掩前人创始之勤也。

　　[1] 遗编败麓：前人遗留的残稿。

◎研读

　　本文对《史籍考》的分类作了论述，原稿分为一百二十目，并省为十二纲五十七目，共三百二十五卷。章学诚于此书所费之精力于此可见。所撰《史籍考》，在冲破长期处于正统地位的四库分类法上颇有创见，它是章氏"辨章学术，考镜源流"的目录学思想在史籍分类上的一个实践尝试。惜《史籍考》原稿已毁，但于其所存叙录，即《论修史籍考要略》和《史考释例》两篇文字的义例规模可窥其涯略。

　　由于学术不断发展变化，目录分类也一直在变，这自然就成为文章论述的首要问题。

　　其次，各门学科本身也在变化。就以文集而论，其内容变化就非常突出："文集昉于东京，至魏、晋而渐广，至今则浩如烟海矣。然自唐以前，子史著述专家，故立言（入子）与记事（入史）之文，不入于集，辞章诗赋，所以擅集之称也。自唐以后，子不专家，而文集有论议，史不专家，而文集有传记，亦著述之一大变也。彼虽自命曰文，而君子以为是即集中之史矣。"对于这个重要变化，之前从来没有人作过论述。又如随着史学的发展，后来许多史书大都成于众人之手，因此优劣不等，也无从评论其功过，特别是"人才优劣敏钝，判若天渊，一书之中，利病杂见，若不考求草稿所出，则功罪谁分？"为此文中提出："集众修书，必当记其分曹授简，且详识其草创润色，别为一篇，附于本书之后。"这无疑又是一个创见。当然，不仅一部史书编修应当如此，当前各地新方志的编修也应该如此，这样就可以做到功过分明。

墓铭辨例

◎解题

本文于嘉庆元年（1796）二月写于扬州。文章论述墓志铭的起源、发展和演变，特别是志与铭的变化，越到后世，变化越大。何谓墓志铭？如今知道的人不是太多，能够知其为何种文字还是很有必要的。

涉世之文，不比杜门著述，师古而不戾[1]于今，协时而不徇于俗，斯庶几矣。墓有志铭，前人谓始宋颜延之[2]，潘济南[3]远引西汉滕公[4]，或又引《庄子》卫灵公[5]石椁之铭，其实《礼经》铭旐之制已肇其端。"誌"古作"志"，亦见《檀弓》。古人一字一言，皆可称铭称志，文多文少，亦无定格。志亦铭也，铭亦志也，铭则取其可名，志则取其可识，如是而已。自西京以还，文渐繁富，铭金刻石，多取韵言。往往有序文铭颂，通体用韵，前后皆一例者，古人不过取其易于诵识，无他义也。六朝骈丽，为人志铭，铺排郡望，藻饰官阶，殆于以人为赋，更无质实之意。是以韩、柳诸公，力追《史》《汉》叙事，开辟蓁芜[6]，其事本为变古，而光昌博大，转为后世宗师，文家称为韩碑杜律，良有以也。但韩、柳之文，举世所宗，而彼所取裁，则非末学所喻。《淮西》《南海》[7]诸碑，户诵家弦，而不知经史异本；柳州《孝门》之铭[8]，录奏为序，乃《西岳华庙》及《孔庙卒史》诸碑之遗；本属汉人常例，而宋人一见苏氏

《表忠观碑》^[9]，即鹘突^[10]不得其解。末学拘绳，少见多怪，从古然矣。今于诸家文字，变化错综，难于备举，即如世人知有韩文，世人于韩文中又知推其碑志。姑就韩文碑志而论，如卢殷^[11]、李楚金之墓，则有志无铭；卢浑、胡允明^[12]之墓，则有铭无志；张圆之墓，即称散文之志为铭。彼盖心识古人源流，随时通其变化，未闻当日子孙以为歉阙，观者以为疵议^[13]也。

[1] 戾：违反，违背。　[2] 颜延之（384—456）：南朝宋文学家，字延年，琅琊临沂（今山东省临沂市）人。陶渊明死后，作《陶徵士诔》。[3] 潘济南：即潘昂霄，元朝学者，字景梁，济南人。历官御史、翰林学士、集贤侍读学士，谥文简。著有《河源志》《金石例》等。　[4] 滕公：指夏侯婴（？—前172），西汉诸侯，沛（今江苏沛县）人。和泗水亭长刘邦为知己，后从刘邦起兵反秦，刘邦登位后，封为汝阴侯。以其曾任滕令，故又称滕公。　[5] 卫灵公（？—前493）：春秋时卫国国君，襄公子。周景王十一年（前534）立，在位期间，孔子仕于卫。　[6] 蓁芜（zhēn wú）：犹荒芜，杂草丛生。引申为杂乱、纷乱。　[7]《淮西》《南海》：见《韩昌黎全集》卷三十《平淮西碑》，卷三十一《南海神庙碑》。　[8] 柳州《孝门》之铭：见《柳河东集》卷二十《寿州安丰县孝门铭》并序。　[9]《表忠观碑》：载《东坡全集》卷三十三。　[10] 鹘（hú）突：糊涂，疑惑。　[11] 卢殷：见《韩昌黎全集》卷二十五《登封县尉卢殷墓志》。　[12] 卢浑、胡允明：卢浑，见《韩昌黎全集》卷三十五《卢浑墓志铭》。胡允明，见《韩昌黎全集》卷二十五《试大理评事胡君墓志铭》。　[13] 疵（cī）议：非议，指责。

今为张松坪^[1]编修撰墓志铭，所谓涉世之文，自当相体以裁衣矣。刊送事实具在，可叙之事无多，而巨册大书，铺张前后，不过酒食燕会之簿录，风云月露之诗题。骈体赋人，成篇自易，如欲清真结撰，摩写传真，自当简削其辞，拟于伐毛洗髓，隐括要节，谋兹短篇，庶知文者以谓曲折无尽。此竹数尺而有千寻之势，文短而神味长也。譬之酿酒，少粮则减水而醇酽^[2]始发，理易明也。至于闲情逸韵，补入铭辞，铭者，诗骚之流，长言咏叹，正为短志传神，所谓繁简各有当也。乃论者以为志短铭长，不合体式，不知论者以如何为文体式也？韩公作《刘统军碑》[3]，志不满二百言，铭辞四百七十余言，不闻刘统军人品减色，韩昌黎文失体裁。且此亦不始于韩，上自汉、魏，下迄宋、元，殆于更仆难数，不知论者曾见否也？即如张司寇为《给谏公志》，则志长而铭短矣，给谏事实虽不尽详，张公志文亦自雅饬。但如粥厂监散，考童审音，乃科道寻常职事，又无他故，而铺叙入文以为称颂，则几于呵殿排衙，升堂画诺，皆可称功。此实情理可推，非后生之妄议前辈也。必欲效之以为长篇，何难之有！恐真有识者不谓然耳。古云凫不可续，鹤不可断，文章自有体裁，非深知者不可轻议。盖师古原未尝戻今，协时实不敢徇俗，或者少见而多怪，则亦无从曲避之也。

[1] 张松坪（1723—1795）：清朝官吏。名坦，字芑田，号松坪，又号莲勺、拙娱老人，先世侨居江都（在今江苏）。乾隆进士，授翰林院编修。章学诚为其撰墓志铭，载《章氏遗书》卷十六《为毕制军撰翰林院编修张君墓志铭》。　　[2] 醇酕（nóng）：醇美酕厚，意指酒味浓厚甘美。　　[3] 《刘统军碑》：载《韩昌黎全集》卷二十七。

或问墓铭之例，志如史传，铭如史赞，可乎？史赞之文不可加长于传，而铭或加长于志，可乎？答曰：史赞不得加长于传，正也，如《伯夷》《屈原》诸篇，叙议兼行，则传赞亦难画矣，然其变也。至于墓铭，不可与史传例也。铭金勒石，古人多用韵言，取便诵识，义亦近于咏叹，本辞章之流也。韩、柳、欧阳恶其芜秽，而以史传叙事之法志于前，简括其辞以为韵语缀于后，本属变体。两汉碑刻，六朝铭志，本不如是。然其意实胜前人，故近人多师法之，隐然同传记文矣。至于本体实自辞章，不容混也。古人"志""铭"二字，本不甚分，今以后世之例分之，则"志"为序而"铭"乃其正文，非若史传以传为主，而赞则其余文也。今人不解此意，但其流传书款，尚有可推论者。如文士集中为人作传而有论赞者，其"论曰"

"赞曰"字样，必冠论赞正文之上而不附于传末，所以明传为正文，而论赞别自为文附于后也。其为人作志铭者，"铭曰"二字不冠于首，必附志文之末，而铭辞则特起书之，所以明铭为正文，而志不过为铭作缘起之义也。故铭长而志短，或铭志长短相仿，体之正也，汉碑之旧法也。散体古文，详书事实，而一二韵言作结者，体之变也，唐、宋以后之别裁也。文人意之所往，大体苟得，其余详略短长，惟其所宜，要于一是而已。即如韵语之道，本通于诗，诗有序长而诗短，诗长而序短，或诗匀序适相均者，自三百篇以迄于今，何可胜举也哉！

夫铭金勒石，难言之矣。具史之才，酌经之旨，比象本《易》，载言本《书》，咏叹本《诗》，制度本《礼》，笔削本之《春秋》，其间如何宜古宜今？如何称情准法？嫌介疑似之间，往往一字聱牙，不免踟蹰搔首，盖戛戛乎其难之[1]！挚虞、刘勰之品骘，陆机、李充[2]之议拟，六朝如何而猥滥？唐、宋如何而更张？潘昂霄之纂例，卢疏斋[3]之宗旨，孰是孰非？王止仲[4]之墨守，王伯厚之指南，孰通孰执？近世顾宁人之纠摘，黄梨洲之补苴，孰为通达可行？孰为偏拘未化？凡如此类，皆有渊源流别，讲习正须专门名家，深愿有识之士，不惮推敲而正定之。至于舍其文理，而以字数多寡为言，不待辞终而闻者胡卢绝倒[5]矣。

[1] 戛（jiá）戛乎其难之：戛戛，困难的样子。形容极其困难。出自韩愈《答李翊书》："惟陈言之务去，戛戛乎其难哉！"　　[2] 李充：东晋学者，字弘度，江夏郫县（今河南罗山西）人。善楷书，好刑名之学，初为王导记室参军，后迁大著作郎。时典籍混乱，充删除烦重，以类相从，分作四部。累迁至中书侍郎。著有《尚书注》《周易旨》《释庄论》及诗赋表颂等二百四十篇。　　[3] 卢疏斋（1242—1315）：元朝文学家，字处道，一字莘老，号疏斋，涿州（今河北涿州）人。至元进士，官至翰林学承旨。诗文与刘因、姚燧齐名，世称"刘卢""姚卢"。所著《疏斋集》已佚，今有《卢疏斋辑存》，李修生辑笺，北京师范大学出版社1984年出版。　　[4] 王止仲（1331—1395）：明朝文学家。名王行，字止仲，号淡如居士，又号半轩、楮园，江苏吴县（今

江苏苏州）人。博通经史，授徒齐门，富人沈万三曾延之家塾，后隐居石湖，著有诗文集《楮园集》《半轩集》等。　[5]　胡卢绝倒：用手捂着嘴笑叫胡卢，前仰后合地大笑曰绝倒。

魏文《典论》[1]曰："奏议宜雅，书论宜理，铭诔尚实，诗赋欲丽。"然则志铭与哀诔同科，韵文又兼韵叙，见于《文选》，亦一斑也。《文选》墓志一篇，全体韵文而不称铭，岂此等尚未见耶？

[1]　《典论》：魏文帝曹丕撰。五卷，久佚。唯《论文》一篇为《文选》所收，其余则散见于他书征引。今有清人黄奭辑本一卷，收入《汉学堂丛书》；王仁俊辑本一卷，收入《五函山房辑佚书续编》。

夫相马以神骏气骨，不问肥瘦；古鼎辨款识色泽，不计铜斤，人皆知之矣。今之论文，有异乎是。据酒食宴会之帐记，裁而为曲折隐秀之高文，比拟于升堂画卯之堂簿以为志铭，自觉相去不可道里计矣。其中经营炉锤，具有苦心，而一切皆置不论，但以志铭字数较量多寡为言，是相马而存屠沽卖肉之心，鉴鼎而用市贩秤铜之见。然则彼之所谓名篇隽笔，可悬想而知矣，噫！

◎研读

文章叙述墓志铭文体的发展演变，"铭长而志短，或铭志长短相仿，体之正也""散体古文，详书事实，而一二韵言作结者，体之变也"。墓志铭本来属于辞章之流，发展到后来，"隐然同传记文矣"。而这个变化之由，"韩、柳、欧阳恶其芜秽，而以史传叙事之法志于前，简括其辞以为韵语缀于后，本属变体。……然其意实胜前人，故近人多师法之"。

家谱杂议

◎ **解题**

　　本文作于乾隆五十四年（1789），这年三月末，章学诚馆于安庆学使署中，学使徐立纲方辑宗谱，请他经纪其事。从文章内容看，还以《徐氏宗谱》为例，并列"立纲"之名。可见他正是在经纪徐氏宗谱的过程中发现许多问题，于是撰写此文。章学诚把谱牒与方志同视为史学的支流，所以他的谱牒思想和理论也是相当丰富的。这篇文章可与其他几篇家谱、年谱序参照阅读。

　　欧、苏文名最盛，然于史裁无所解也。谱学之传已久失矣，后人撰辑家谱，例以义起，但能熟于史法，变而通之，无不可也。而耳食者，动引欧、苏谱例，真无谓也。欧氏于其祖先族派，有仕十国为官职者，削而不载，此即非史家书实之义。苏氏族谱，自谓谱苏之族，而尊其自出，与通族书法详略尊卑，体例有别，以谓谱乃吾作，故尊吾之所出，此尤无异儿童之见。使人人各尊所出，而卑视旁支，则谱乃聚讼之阶矣。迁、固叙其家世，书至谈、彪，犹作公家之言，与他称述无异，所以公其道于天下，而不以私尊私贵褒其亲也。苏氏所见如此其陋，而世反尊而法之何也！

　　欧、苏之谱，所谓推表世系，断可知之代，此诚不易之理。然江、浙钜族，多因宋室南迁，即已聚族，至今五六百年，祠墓具存。传世多者，至三二十世，少者亦十有余世，非若欧、苏之不出五六辈也。家谱世系，多以五世为断，六世另起。便须于五世之下，复检支系，由五而九，又别为谱。由九而十三，由十三而十七，又须隔卷递追其十三世与九世、五世，支派繁盛，检阅为难，旁行斜上之例，几为虚设。此弊无他，由于知谱而不知牒也。竟尺之幅，稍引伸之，可作五六十字，则三二十世支系，何难绳贯而下。其所以不能直贯而必须别起者，则以子注繁多，而仅容一二字之横格不能载也。夫旁行斜上，《周谱》之法，原取便于稽检，使夫昭穆亲疏，一望可晓耳。至其人之字号、历官、生卒年月、妻妾姓氏、子女嫡庶、窀穸[1]方向，不待旁行斜上而始识者，则谱家往往别编为牒。牒有专门，则世系之表，但书名讳辈行，不复须加子注。表无子注，则尺幅之间，约字无多，而二三十世可绳贯矣。乃谱家又称五世别断为表者，以谓可明宗法。夫表列世系，宗法即寓于中，岂必截断五世别自为表，然后宗法方可明耶？且表注本不贵繁，彼见《史》《汉》表注不胜其繁，以为古人即已如是。不知《史》《汉》之表，乃后人训诂音解，从而附入，故觉繁耳，马、班自注本不繁也。至《辽史》表注，且以功罪入表，是直以列传之体而为表矣，此尤谬之谬者，前辈业已讥之，是又不足论也。苏氏、欧氏之谱，即于旁行斜上之中，详加子注，彼因世数短少，尺幅宽余，故可相体为之，不足为欧、苏病也。后人从而效之，而宁断支系，必附注文，此则惑矣。

[1] 窀穸（zhūn xī）：墓穴。

事有不师于古，而因乎理势之自然；有其举而莫之废者，君子之所共由，而不必执古以概今也。古者开国承家，天子赐姓，诸侯命氏，生则别以族属，死则纪以庙谥。亲疏远近，昭穆尊卑，侯国掌之宗人，王朝小史奠之系世，故虽百世，宗支可辨别也。后世封建罢为郡县，姓氏合而为一，而宗祠萃聚，不能分别祧易，又不能皆得易名请谥之典，则祖宗世数，难以详纪于上，而宗党群处，祠庙不分，则服属绝远，皆得昭穆相联，长幼有序，不得概目之为亲，同姓而不入联序，则子孙世数，不得厘别于下。盖观南州世家巨族所集宗谱，序列宋、元、明代以及近世，大率世数多者，至三数十辈，其少者亦必十八九辈。上记祖宗，则嫡系可计世数，而旁支伯仲不能皆以世数齐也；下治子孙，则宗子可计世数，而分支昆弟不能尽以世数概也。造谱者往往取佳言善字，编排行辈，或用忠孝廉节，或用仁义道德，多或百言，少亦三数十字。或有不尽成文，但取字形有别，虽千万之众，百世之远，举其昭穆行辈所值之字，则不问而知为宗族兄弟，且不问而知为长幼先后。盖得古人分族命氏之意，诚宗谱之要检，虽不出于古人，而人自率由不能或废者也。今按《徐氏宗谱》，亦用编字之法，所传仅二十世，而字法错杂，人不遵守，同一辈行，而各分字法；或同高祖昆弟，别为一字；或同曾祖兄弟，别为一字；甚或同祖兄弟，即已别为一字。谱家见同辈异字之不胜纷纷，而举及其字，非但不能合千百之众而叙其伯仲先后之差，并不能遽识其为同此昭穆，而叙列其尊卑下上之等者也。于是世系表之卷首，别编字号行辈之表，取其同一昭穆，而排列异字者，亦用旁行斜上之法，以为稽检。夫先检字行，已不胜烦，再由字行而检索其人名讳，则何如径检名讳，其烦初不异于字行，而检阅不烦重沓，于事岂不较轻省乎！且用字行，本为省复检也，今反因字行而增一复检，毋乃与编字初意相刺谬欤！

《易》曰："穷则变，变则通，通则久。"事有不可行者，必求其故，而思所以善全之道，则循环不穷，虽历久可遵而无弊也。原字行所以各分之故，盖有支分派别，居处远于宗祠，而生子月日，不能告于宗老，遂亦无由知其族党之中，昭穆同辈，共有几人，所生之子，于同辈中应列字行之次，当在几百几十有几。于是就所知者，或同高曾，或同祖考，凡得若干昆仲，别定字号，以便编列一二三四之数。若守宗祠旧列字行，必至仅有昭穆尊卑，而无伯仲次第，故其别编字行，出于势之不得已也。然则欲求善全之道，必须统同之中，自寓分别之意。要使大宗全谱，字行同遵，而分支小记，又得各全伯仲伦次，莫如用两字兼志分合，虽数十百世，分州别部，一旦会叙，皆可联昭穆而次伯仲也。且如大宗定字，以甲乙十干，纪及十世，而丙丁以上，同守宗祠，则四世昆仲一字，足以定昭穆矣。戊辈分支，不能与大宗五世同编，伯仲势必别编字行。如编元、亨、利、贞，则元于戊为同辈，当称戊元第几；亨与己为同辈，则当称己亨第几；其下庚利第几，辛贞第几，一皆仿此。再如戊元子孙，传至庚利，又有分支，势须别编字号。则须舍利贞私号，仍大宗庚辛辈行，如编仁义礼智，则以庚仁、辛义、壬礼、癸智第几，直接己亨字行。惟大宗本支，直守旧编字行，毋庸加字，其分支而不能合大宗者，听其各以己意分编，但须首字仍带大宗原定字行，自可不致于散乱也。如此，则昭穆一定，且大宗稍示尊崇，分支别字，略拟古人分族命氏，尊卑以别，亲疏以分，其于宗法，岂不秩然蔼然[1]，不特谱列字行，不致错讹已也。

[1] 秩然蔼然：秩然，秩序井然。蔼然，云集的样子。

《徐氏宗谱》，文理错乱，称谓多不可晓。夫族属以五为断，高祖之父，为六世祖，高祖之祖，为七世祖，此自下推之至于上也；始迁祖为第一世，始迁祖之子为第二世，始迁之孙为第三世，此自上推之至于下也。自下推之至于上者，必以一人为主，然后由父、祖、曾、高而定六世、七世之次，族不一人，则世次亦不一定者也。自上推之至于下者，但视始迁之祖为定，同为始迁祖之所出，即同此一二三四之数，虽千万人皆有一定位次者也。故以一己为文，文追述祖德，可用下推之法，以己之世数，定其称谓。若修通族之谱，必用上推之法，与众共之，庶几不致参差，惑众听也。至于伯祖、叔祖之称，乃从己之祖考所定，亦必用下推之法，方可加之。若用上推之法，则未明于我相距几世，而加以伯仲之称，于文法不相当也。今《徐氏宗谱》，元称世次，皆用上推之法，则谱例之当然者也。然于几世之下，必从主修之人，溯其祖所自出，而加伯祖、叔祖之称。毋论古无其法，即用今例，亦觉以上推之世次，而用下推之伯仲，其语混淆，使人不复辨为何许语矣。又有大不可者，主修徐立纲，去其始迁之祖为十六世，是上推而下之第九世，乃立纲所生之八世祖也。叙先代之行事，如高、曾、祖、考，文法当表著者，则表著之，文法所不当表著者，则亦用上推之法，与众公之，无不可也。至六世以上，虽为己之所出，必当一例用上推之法，与他支无异文也。今徐氏始迁祖之九世府同知希明，于立纲为八世祖，而文则云，纲九世祖司马公。是从立纲定称，而加九世之目，将使观者疑希明为始迁之第八世矣，不亦颠倒而错乱乎！盖古人属尽亲断，本无族属之外，凡所谓亲同姓者，皆取先人生前岁次序列伯仲之理，今聚族合祠，事理与古人异，生前相见，既有兄弟之称，殁后追称，岂无伯叔之别！故同姓伯父，同姓叔祖之称，例由义起，临文不能概拘以古法也。惟修谱本为家史，体例自有一定，岂得出入任情，茫无成法欤！汇观近日南州诸谱，于此等处多不画一，虽经名手裁订，亦往往不免，故为推本而究言之。

侧室二字，见于《左传》公族官也，卿置侧室，大夫有贰宗，庶孽以是得名。故汉文帝自称高皇帝侧室子，言是庶孽支派，非指薄太后也。后人即为小妻之名，非也。如以妻为室人，小妻便从侧义，则室人亦不尽为妻也。《诗》云："室人交遍谪我。"妻一而已，岂可谓之交遍？故妾亦可称室人，不过室中之人而已，无尊卑也。如加侧于室，为分别义，则于古无闻。必欲用之，亦宜视其品秩稍崇，以见古者卿置侧室之意，用为文语可耳。一概而施，则小妻统名为妾，庶于名义无所混淆，而金石文字，谱牒书法，今人不知行文律令，好为新异之称，亦其惑也。

◎研读

　　章学诚深入探讨了谱牒学的一些基本理论，如谱牒学的性质和作用，谱牒学与方志学、史学的关系，谱牒学产生、发展和演变的历史，谱牒的编纂原则和方法，等等，首次为我国古代的谱牒学建立起一套比较完整、系统的理论体系。

　　章学诚认为谱学在性质上"亦史部支流"，与方志学一样，都是史学的一个旁支。谱为史体，这是章学诚谱学理论的支点。他强调谱学的作用与写法必须以史法来衡量，使谱学成为信史。他在《史籍考总目·谱牒部》下分谱牒为专家、总类、年谱、别谱四大类，在《〈湖北通志·族望表〉叙例》与《〈和州志·氏族表〉序例中》里，更列举了谱牒的十大作用。谱学还具有学术价值，不仅反映了一家一族乃至整个社会的历史，还能为国史、方志的编修直接提供素材。

　　谱牒同时也存在着严重的缺陷，主要是内容易失实。特别是宗谱、家谱，编写时不仅有妄相假托、牵强附会之处，而且往往美化家族，言过其实，文过饰非。因此，对谱牒所载之事，应谨慎考证，切不可随意取信。章学诚指出谱牒严重失实的缺点，要求撰谱者具有史学修养，能直书其事，努力克服失实曲笔之弊病，使它成为信史。这就不仅有提醒人们要慎引谱牒之作用，更有引导谱学趋向史学纪实之正轨的特殊意义，这是章学诚对谱学的最大贡献。

　　章学诚还对谱牒学的起源和发展进行探索，这是他对谱学的又一大贡献。他认为："古者锡姓命氏，义与封建相为表里，故谱牒之学，溯自生民之初，大原出于天也。"在这里，章学诚道出了谱学起源于"生民之初""开国承家"之时的社会基础，就是"赐姓命氏"的分封制和"昭穆亲疏"的宗法制。魏晋南北朝时期，社会修谱之风极盛，并出现了一大批著名的谱学专家和专著，谱学正式成为一门专门的学问，得到了空前的发展。章学诚对这一时期的谱学极为重视，记述了当时谱学的发展情况，还集中说明了谱学发达的社会根源。

章学诚还提出了一套谱学编纂理论，对谱牒的各个组成部分、谱牒的书法态度以及繁简标准等，都作了极为详细的论述。

章学诚认为，一部谱牒至少要有"表""牒""图""传"等部分。他认为谱表主要是叙述家族世系，应该自上而下，贯彻始终，即使向上追溯二三十世均可。他阐明了"牒"的性质、内容以及格式，指出："至其人之字号、历官、生卒年月、妻妾姓氏、子女嫡庶、窀穸方向，不待旁行斜上而始识者，则谱家往往别编为牒。牒有专门，则世系之表，但书名讳辈行，不复须加子注。表无子注，则尺幅之间，约字无多，而二三十世可绳贯矣。"①谱牒的表和牒，两者相辅相成，缺一不可。

谱传，是谱牒的又一组成部分。章学诚认为，谱传即史传之支流，关系重大，取材要详备，考证要严密。他主张在谱传中增设"内传"，"以示妇学"；已出嫁的妇女，其内训可传，节行可表者，则著为外传，与内传相为表里。

章学诚谱学编纂理论的又一见解，是主张在谱牒中立文征篇。这样做不仅可以保存重要的文献资料，而且可以避免谱传之烦冗芜累，并可与谱传相为表里，相互印证，更能起到教育子孙后代的作用。文征篇又可分为内、外两篇，内篇录祖先之文，外篇录他姓文人为该姓所作之文，以备后人与内篇之文互勘补证。

对纂修谱牒的书法态度，章学诚认为，谱牒既是一家一族之史书，作谱时就应该坚持据事直书原则，不能矫诬失实。他推崇宋代欧阳修与苏洵之谱，"凡所推溯，断自可知之代，最得《春秋》谨严

---

① 《文史通义新编新注》外篇一《家谱杂议》，第496页。

之旨，可谓善矣"①。章学诚处处以史法来衡量谱学，强调谱牒的真实可靠性。

对于谱牒的繁简标准，章学诚主张用周人旧法，旁行斜上，表牒相间，较之连篇直书的史书本应简洁一些，但也反对过分追求简约。在他看来，谱牒的繁简标准应与史书一样，各有攸当，适可而止。

根据这些丰富的理论所编成的谱牒，实际上已是一部表牒相间、图文并茂、繁简得当、内容确凿的史学著作。

---

① 《文史通义新编新注》外篇二《高邮沈氏家谱序》，第540页。

韩柳二先生年谱书后

◎**解题**

本文作于乾隆五十六年（1791）。这是章学诚一篇很重要的文章，告诉人们年谱是一种知人论世的著作，而这种著作体裁产生于宋代。

宋汲郡吕大防[1]撰《韩吏部文公集年谱》一卷，信安程俱致道[2]撰《韩文公历官记》一卷，丹阳洪兴祖[3]庆善撰《韩子年谱》五卷。南宋庆元中，建安魏仲举[4]刊《韩集五百家注》，总辑三家谱记为《韩文类谱》七卷。绍兴中，潞国文安礼[5]撰《柳文年谱》一卷。嗣是刻《韩》《柳》集者，俱不刊谱，故韩谱散见于方崧卿[6]《举正》及《朱子考异》所援引，而不见其全，柳谱则未有言及者矣。雍正庚戌，扬州马嶰谷[7]购访韩谱于藏书家，复得宋椠《柳集》残本，其中《年谱》尚尔完好，遂合刻为八卷，款式一依宋刻，楮板精好，良可宝贵，而长洲陈景云[8]俱为之跋，并志其搜访始末，今并附于卷后。

[1] 吕大防（1027—1097）：北宋大臣，字微仲，京兆蓝田（今陕西蓝田）人。进士出身，神宗元丰初知永兴（今陕西西安）军，元祐初任尚书右丞，后出任宰相，与文彦博等同时执政。著有《韩吏部文公年谱》等。

[2] 程俱致道：程俱（1078—1144），南宋官吏，字致道，衢州开化（今属浙江）人。以外祖恩荫，补苏州吴江主簿，累迁著作佐郎。晚年秦桧荐领史事，除万寿观、实录院修撰。著有《韩文公历官记》《麟台故事》《北山小集》。

[3] 洪兴祖（1090—1155）：南宋学者，字庆善，镇江丹阳（今江苏丹阳）人。登政和上舍第，为湖州士曹，改宣教郎，后为太常博士。著有《老庄本旨》《周易通义》《系辞要旨》《韩文类谱》。 [4] 魏仲举：南宋时书商，《四库全书总目提要》于《五百家注音辨昌黎先生文集》四十卷云："宋魏仲举编。仲举，建安人，书前题庆元六年刻于家塾，实当时坊本也。"《善本书室藏书志》云："仲举，名怀忠，殆麻沙坊肆之领袖也。" [5] 文安礼：北宋名臣潞国公文彦博后人，介休人。南宋绍兴五年（1135）任柳州知州，六月撰成《柳先生年谱》一卷并作《〈柳文年谱〉后序》，成为后世柳宗元文集附录重要内容，也是后人研究柳宗元必读的重要文献。 [6] 方崧卿（1135—1194）：南宋学者，字季申，莆田人。隆兴进士，累官至京西转运判官。家有藏书四万卷，手自校雠，校正《韩昌黎文集》《韩诗编年》《韩集举正》等。《水心文集》《周文忠公集》均有传。 [7] 马曰璐（1688—1755）：清朝藏书家。名曰璐，字秋玉，又字嶰谷，安徽祁门人，其祖承运始家扬州。诸生，任候选知州。一生勤于治学，家有藏书楼，聚书十万余卷，清开四库馆，进呈书籍七百七十六种。与全祖望等结"邗江吟社"。有《沙河遗老集》十卷。 [8] 陈景云（1670—1747）：清朝学者，字少章，江苏吴江人。康熙三十二年（1693）试京兆不售，年甫四十，以老母遂绝意宦游，大吏以礼敦聘，俱不赴。淹贯群籍，尤精于史学，著有《读书记闻》《纲目辨误》《两汉订误》《三国志校误》《通鉴胡注正误》《纪元考略》《韩文校误》《柳文校误》等。

年谱之体，仿于宋人，考次前人撰著，因而谱其生平时事与其人之出处进退，而知其所以为言，是亦论世知人之学也。文集者，一人之史也；家史、国史与一代之史，亦将取以证焉，不可不致慎也。尝读茅鹿门[1]《与查近川太常书》[2]，痛柳子厚一斥不复，而怪韩退之由考功晋列卿，光显于朝矣，竟不能为子厚稍出气力。李穆堂谓茅氏不考韩、柳时世，退之光显乃在子厚既卒之后。今按茅氏之书，乃是诗之比兴，欲望查太常之援手，而借古事以为抑扬，义取断章，固不必泥韩、柳之实事也。若就其事考之，则退之阳山之贬在贞元十九年，子厚正由蓝田尉授监察御史。韦、王用事，退之为其党人所排，子厚固未尝有顾惜也。后子厚坐党人贬永州司马，自永贞元年乙酉至元和十年乙未，凡十年。乙未例召至京，又出为柳州刺史，至十四年己亥，又五年，而子厚死矣。退之于元和九年甲午，拜考功郎中，知制诰；十一年丙申，拜中书舍人，转右庶子；明年丁酉，兼御史中丞，充彰义军行军司马，旋拜刑部侍郎，从裴度讨淮、蔡。是时子厚犹在柳州，吴武陵为营说于裴度，谓西原蛮未平，柳州与贼犬牙，宜用武人，又谓子厚无子。考吴武陵北还在元和十年，其营解于裴度，正当退之自右庶子辟为行军司马之时，何为不可稍出气力！盖韩、柳虽以文章互相推重，其出处固自不同，臭味亦非投契，观二公文集，俱可考见。李氏不暇细考而遽责茅氏之疏，殆非其质矣。

［1］茅鹿门（1512—1601）：明朝学者。名坤，字顺甫，号鹿门，归安（今浙江湖州）人。嘉靖进士，任过知县、礼部主事等，因家人横行不法，削职归里。著有《徐海本末》《浙省分署纪事本末》《白华楼藏稿》《玉芝山房稿》《耄年稿》等，又删削《史记》成《史记钞》。　　［2］《与查近川太常书》：载茅坤《白华楼藏稿》卷三。

文人之有年谱，前此所无，宋人为之，颇觉有补于知人论世之学，不仅区区考一人文集已也。盖文章乃立言之事，言当各以其时，即同一言也，而先后有异，则是非得失，霄壤相悬。郦食其请立六国之后，时势不同楚、汉之初，是亦其一端也。前人未知以文为史之义，故法度不具，必待好学深思之士，探索讨论，竭尽心力，而后乃能仿佛其始末焉。然犹不能不缺所疑也，其穿凿附会与夫卤莽而失实者，则又不可胜计也。文集记传之体，官阶、姓氏、岁月、时务，明可证据，犹不能无参差失实之弊。若夫诗人寄托，诸子寓言，本无典据明文，而欲千百年后，历谱年月，考求时事与推作者之志意，岂不难哉！故凡立言之士，必著撰述岁月，以备后人之考证；而刊传前达文字，慎勿轻削题注与夫题跋评论之附见者，以使后人得而考镜焉。至于传记碑碣之文与哀诔策诰之作，前人往往偏重文辞，或书具官，或书某官而不载其何官，或书某某而不载其何名何姓，或书年月日，或书某年某月某日而不载其何年月日。撰者或不知文为史裁，则空著其文，将以何所用也！传录者或以为无关文义，略而不书，则不知录其文，将欲何所取也！凡此诸弊，皆是偏重文辞，不求事实之过，前人已误，不容复追，后人继作，不可不致意于斯也。按韩子三家谱记之外，尚有方崧卿《考正年谱》，方出三家之后，考订尤为详备。且其《举正》十卷，至今尚有传本，而马氏汇刻不及方谱，陈景云跋语亦以《考异》所引方本为言，似亦未见方氏本者，殆不可解，当俟他日考之。

◎研读

　　年谱是以谱主为中心，以年、月为经纬，全面细致地列出谱主一生事迹的著作，是研究历史人物生平及学术思想的重要参考文献，是谱牒学的重要组成部分。本文中，章学诚指出："文人之有年谱，前此所无，宋人为之，颇觉有补于知人论世之学，不仅区区考一人文集已也。"

　　年谱确实如章氏所说般重要，如果研究历史人物，无论是政治家还是学者，只要能找到一本此人年谱，便将节省许多时间和精力。一部好的年谱，甚至可以将历史人物主要政治观点、学术观点和贡献都反映出来，对研究起到无可估量的作用。章氏在文中还提出："文集者，一人之史也；家史、国史与一代之史，亦将取以证焉，不可不致慎也。"如此等等，都值得重视和研究。文中还提出许多要求，学者都应当遵守。

书孙渊如观察《原性》篇后

◎解题

本文大约写于嘉庆五年（1800），是章学诚晚年写的一篇重要文章，对孙星衍《问字堂集》卷二《原性》篇的观点进行了批评。关于人性问题，历来就有不同说法，孙氏文章想提出新解，章氏与之辩驳。

昔夫子罕言命，子贡以性与天道不可得闻，夫子自谓无行不与，又谓时行物生，天何言哉，乃知性命非可空言，当征之于实用也。夫子尝曰："性相近也，习相远也。"言简而意赅矣。余窃以谓诸家言性之旨，本相近也，好事者之辨论，实相远也。孙君《原性》之篇，繁称博引，意欲独分经纬，而按文实似治丝而棼 [1] 之矣。余不敢强所不知，亦不欲以火救火，姑就其文论之。

[1] 棼（fén）：纷乱。

如孙君以阴阳五行言性，则"一阴一阳之谓道，继之者善，成之者性"，明著其文，何藉引伸《农经》哉？孙君引《易》而倒成性句于继善之上，意似便于性善之说，而不知善不先于气化中见，则性善为无根矣。孟子良知良能，自与四端扩充互发。今乃谓其有性无教；王君朝梧 [1] 又附和之，漫引昔人讥孟子不读《易》，不知性有阴阳。殊不知《口之于味章》，性命兼疏，阴阳均彻，诸家未见有

255

能出其范围，岂可诬诋先贤，转取百家子纬偶合之言，与夫似是之说，有心为矫异哉！伪书"习与性成"，与"少成若天性，习惯成自然"二语，有何殊别，而去此取彼？但论气数循环，不能不兼善恶；今云"夏至阴生，而夏不得谓冬"，夫夏固不得谓冬，而阴亦岂得谓之不生于夏耶？谓商臣、越椒形恶而非性恶，其义甚舛；果形有一定之恶，则天下岂有无形之性！是性亦有恶矣。

[1] 王君朝梧：清朝官吏，钱塘（今浙江杭州）人。王际华之子，因其父关系，被赐内阁中书，官至山东兖沂曹道。

余意商臣、越椒虽恶，苟谀之以忠孝，未有不喜；斥之为乱贼，未有不怒；是即可见性本善耳。若枭之食母，鹰之搏击，亦谓性善，则犬牛之性同人性矣。天下果别有不食母之枭，不搏击之鹰，或有可教孝之枭，可教让之鹰，则谓鹰枭性善可也。商臣、越椒形恶，不妨他人之形善也；枭鹰形恶，亦有他枭鹰之形善者否？人之贵于万物，正在于此。物本不齐，岂可求圆而反窒耶！道与德为虚位，则诚然矣；忠恕亦为虚位，于古未之闻也。道有乱道，德有凶德；未闻忠有凶忠，恕有乱恕也。孙君以非其亲昵而任其难为似忠非忠，小人腹度君子心为似恕非恕，则袭取之义，力假之仁，煦煦者似仁非仁，孑孑者似义非义，是五常亦虚位矣。其说无稽，不待辨也。挟求胜之心，持一隅之说，欲于梦如乱麻之中独辟宇宙，正如阴阳反复，后人复起而争，何时已乎！秦王[1]遗玉连环，赵太后[2]金椎一击而解；今日性理连环，全藉践履实用以为金椎之解，博征广譬，愈益支离。虽夫子生于今日，空言亦不能取信于人也。戴东原力诋宋儒，未敢上议孟子，今则孟子又不免矣，浸假[3]而上，夫子且有将及之势。盖古人无口，不能不畏后生，岂不岌乎殆哉！夫子尝言"君子贞而不谅"，则谅非美名也；他日论友，又曰"直谅"，岂益友非君子乎？"小人同而不和"，是同非善道也；他日传《易》，又曰："出门同人，又谁咎也！"岂同人为小人乎？"君子矜而不争"，是矜为嘉德也；他日论疾，又曰："古之矜也廉，今之矜也忿戾[4]。"廉与忿戾，又岂君子之所尚乎？

[1] 秦王：应是秦昭襄王（前324—前251），战国时秦国国君。嬴姓，名稷，秦武王异母弟，故又称"公子稷"。在位期间，以司马错、白起为将，坚持东进政策，攻取魏河东地，并攻破楚都郢，南进至洞庭湖，在长平大胜赵军，歼四十五万人。灭东周，为后来秦统一奠定了基础。死后谥昭襄，亦称"昭王"。　　[2] 赵太后：指赵惠文王太后（？—前301），赵武灵王之妻，惠文王之母，吴广之女，即吴娃，史称孟姚。周赧王五年（前310）由其父吴广入献给武灵王，立为王后。武灵王死后，她曾当政，《战国策》有名篇《触龙说赵太后》。　　[3] 浸假（jìn jiǎ）：语出《庄子·大宗师》："浸假而化予之左臂以为鸡，予因以求时夜；浸假而化予之右臂以为弹，予因以求鸮炙；浸假而化予之尻以为轮，以神为马，予因以乘之，岂更驾哉！"浸，逐渐。意思是假令，假如。　　[4] 忿戾（lì）：蛮横无理，动辄发怒。语出《论语·阳货》："古之矜也廉，今之矜也忿戾。"

夫言各有所谓，不可文义拘牵；同一夫子之言，又同出于经论，非驳书杂记不可征信者比，而拘文牵义，已不可通；况萃集百家，不求所谓，但冀穿贯，谓非周纳傅会，吾将谁欺！设使和同贞谅之言，旁出汉、宋诸儒，不知又当如何掊击[1]。然则今人自谓折衷前圣，恐如沂阳豕昧，幸无庖人为左证尔，岂可谓定论哉！孙君言圣人贵实恶虚，是矣；不知《原性》之文，正蹈虚言之弊。宋儒轻实学，自是宋儒之病，孙君以谓三代之学异于宋学，当矣；顾以性命之理，徒博坚白异同之辨[2]，使为宋学者反唇相议，亦曰但腾口说，身心未尝体践，今日之学，又异宋学，则是燕伐燕也。戴东原著《原善》诸篇，实有先儒未发之旨，虽补经训可也；但其论宋儒之躬行实践，则谓释老亦有躬行实践，不足为贤。然则戴君所以不求践履，非不能也，特恶其近释老尔。噫！

[1] 掊（pǒu）击：抨击，打击。　　[2] 坚白异同之辨：指战国时期名

家关于"坚白""同异"关系之辩论。公孙龙认为"坚""白"是脱离"石"而独立存在的实体，否定其统一性；惠施以"合同异"的同一，否定了差别的客观存在。《荀子·礼论》云："礼之理诚深矣，坚白同异之察，入焉而溺。"

◎研读

章学诚批评孙氏人性说，指出："孙君《原性》之篇，繁称博引，意欲独分经纬，而按文实似治丝而棼之矣……姑就其文论之"；"其说无稽，不待辨也。挟求胜之心，持一隅之说，欲于棼如乱麻之中独辟宇宙，正如阴阳反复，后人复起而争，何时已乎"；"《原性》之文，正蹈虚言之弊"。

文中还谈到对戴震的看法："戴东原著《原善》诸篇，实有先儒未发之旨，虽补经训可也；但其论宋儒之躬行实践，则谓释老亦有躬行实践，不足为贤。然则戴君所以不求践履，非不能也，特恶其近释老尔。"这段话说明章学诚对戴震的学术观点作了充分肯定，然而学术界有些人总是认为章氏在贬低戴震，这里不得不多说几句。《原善》诸篇是戴震重要论著，而当时一般学者则称其"空言义理，可以无作"，就连他的至亲密友看法也是如此。事实上这些文章正是研究戴震学术思想的重要资料，而《原善》篇又是其得意之作。戴震弟子段玉裁在《戴东原年谱》中说，戴"作《原善》首篇成，乐不可言，吃饭亦别有甘味"。对此重要著作，别人指责，章氏却多次向人推荐，对戴震的学术思想，褒扬大于贬斥。

清漳书院留别条训 三十三篇

◎ 解题

乾隆四十六年（1781），章学诚游河南，中途遇盗，尽失行李及生平著作，于直隶肥乡县衙狼狈投奔同年友张维祺，维祺遂聘其主肥乡清漳书院讲席。《条训》正是写于此年。章氏友人王宗炎在整理《章氏遗书》时，不知何故没有收进此文。到1985年文物出版社出版的《章学诚遗书》方才收入。这是一篇研究章氏教育思想的重要文章。

院长与诸生言别，人世聚散，固无常期，师友切磋，要契终始。今者令君以贤迁要剧[1]，院长亦别有过从，不复得与诸生朝夕讲求，乐观成效，中道别去，良用抚然！院长居此日浅，自问学植疏芜，凡所指陈，率多浅近，初无高识远见，有以裨益诸生。而诸生以卓尔之才，斐然兴起，殷勤属望，颇用为渐！孟子有言："豪杰之士，虽无所待犹兴。"诸生向来讲习私塾，固已质有其文，而犹不自满假，跋涉勤劳，来集讲帷，冀有新获。岂非豪杰之选欤？然则令君虽去，遗泽犹留，院长绪言，岂无一二可备采择？诚能率以自励，且一隅而三反，则又何必觌面[2]言谈，终年期会，始有益于学业耶？今兹粗具一二梗概，姑即院长所知，亦度诸生所能行者，胪列数条。诸生不以为非，则愿各书一通，揭之座右，以慰诸生惓惓之意[3]，以表院长自竭之诚。《记》云："譬如行远必自迩，譬如登高必自卑。"院长言虽卑近，或为诸生行远升高之助，奚不可也？行矣，勉旃^[4]！努力自爱。

[1] 要剧：重要而繁剧，指担任政务烦剧的重要部门或地区的职务。[2] 觌（dí）面：见面，当面。 [3] 惓（quán）惓之意：惓惓，恳切的样子。意即深挚关切的心意。 [4] 勉旃（zhān）：旃，语助词，"之焉"的合音字。努力，多用于劝勉。

其一，凡天下事，俱当求其根本，得其本则功省而效多，失其本则功勤而效寡。譬若治生之道甚多，稼穑其根本也，为人之责綦重^[1]，孝友其根本也。学问文章，何独不然？诸子百家，别派分源，论撰辞章，因才辨体，其要总不外于六艺。六艺之名，起于《汉志》，实本《礼记》经解之篇。《乐经》既亡，五经要为不易者矣。今世所传之十三经，乃是宋人所定。然《论语》《孝经》《尔雅》《孟子》，其实传也。《周礼》《仪礼》《礼记》，自为一经，《左氏》《公羊》《穀梁》，自为一经，合之《易》与《诗》《书》，其实仍五经耳。以其并列注疏，颁在学宫，总计部项，而名为"十三经"尔。愚谓三礼之外，当增《大戴礼记》，三传之外，当增《国语》，统十五经而分为五部，学者纵或不能尽读，不可不知所务者也。

[1] 綦（qí）重：綦，极，很。极重。

其二，学者工夫，贵于铢积寸累，涓涓不息，终至江河。郑耕老^[1]以计字课功，大小九经统计四十九万余言，再加《公羊》《穀梁》《仪礼》《尔雅》《大戴》《国语》，亦只六十四五万言而已。中人之资，日课三百言，不过七年可毕。或遇人事蹉跎，资禀稍钝，再加倍差，亦不过十年可毕。况诸生所习本经及《论语》《孟子》已入四书，又省去数万言乎。今之学者，疲精劳神于浮薄诗文，计其用力，奚翅^[2]十年？毕竟游谈无根，精华易竭。若移无用之力，而为有本之学，则膏沃者光未有不明，本深者叶未有不茂，事半功倍，孰大于此？诸生于此，幸致思焉！

[1] 郑耕老（1108—1172）：宋代教育家、经学家，字谷叔，兴化军莆田（今福建莆田）人。绍兴进士，为明州教授、国子监主簿等，后归居南陂木兰溪草堂，著书立说讲学。今存有诗《木兰书堂》。据清周永年《先正读书诀》中的《郑耕老劝学》篇载经书字数统计，《毛诗》39124字，《尚书》25700字，《周礼》45806字，《礼记》99020字，《周易》24207字，《春秋左氏传》196845字，《论语》12700字，《孟子》34685字，《孝经》1903字。　　[2] 奚翅：同"奚啻"，何止，岂但。

其三，人生诵读之功，须在二十内外，若年近三十及三十外者，人事日多，记诵之功亦减，自不能如童子塾时专且习也。然年齿既长，文义亦明，及此施功，亦有易于童年记诵之处也。如必不能记忆，则用别类分求之法，统汇十五经传，大而制度典章，小而名物象数，标立宏纲细目，摘比排纂，以意贯之，则程功课效，自能有脊有伦[1]，学问既得恢扩，而文章亦增色采。记诵之功，虽不能全，而贯串之效，则已加敏，是亦不可不知所务者也。但不知者必谓此事但须索之《五经类编》《四书备考》[2]等书，已足给求，何事重劳搜剔？此则似是而非，其言虽若失之毫厘，而其实直已谬至千里者也。盖《类编》《备考》之类，庸恶陋劣，其为学术人心之害，固已无待言矣。就使其书去取尽善，繁简得宜，譬若已成之衣，止副一人长短尺寸，而于他人已无用也。夫从全书之中，摘录比次，盖其人自竭心思耳目，以意推寻，使就条贯，则其精神固已彻全书也。若前人所纂之书，已如沽酒市脯，固有食而不知其味者矣。且事既不经心思耳目，亦必得而辄忘，为其于己原无与也。术士之符，剑侠之刃，皆使一己精能，与为神明变化。编录经传，岂有异于是乎？是故无论前人成书，不可袭用，即己所编录，亦不可以留示子弟，嘉惠后学。盖一人意之所注，偏重畸轻，神而明之，自有独得之效。若徒方圆求备，则必亦如《五经类编》《四书备考》之化为尘饭土羹[3]，不堪暂注目矣。然心思性灵，各有所近，父不可以授子，师不能以予弟，岂可以此独见之心，强人同我，贻误后学于无穷哉？韩退之曰："记事者必提其要，纂言者必钩其玄。"其所谓"钩玄提要"[4]之书，当时并无传者。而唐人所谓类比之书，若《艺文类聚》[5]、《北堂书钞》[6]、《白孔六帖》[7]之类，退之未尝措意。则知学者欲有所为，先就己意摘比排纂古人成书，以供一己之用，既已足其用矣，其排纂摘比之故策，则遂铲而去之，所谓"良工不示人以朴"也。今以诸生不及诵习全经，为兹草创条贯，亦待诸生各以意之所近，皆自为之，岂可开其庸陋之习，画为一定之规，转令学者借以自便，因遂束书不观也哉？

[1] 有脊有伦：脊，中心论点，如人身之脊。伦，条理。表示言之成理，有条不紊。语出《诗·小雅·正月》："维号斯言，有伦有脊。"　　[2] 《五经类编》《四书备考》：明清时期关于五经方面解读之书很多，清人周世樟编有《五经类编》二十八卷，《四库提要》子部类书类存目三著录此书。《明史·艺文志》四书类著录陈仁锡《四书备考》八十卷。　　[3] 尘饭土羹：尘做的饭，泥做的羹。指儿童游戏，比喻没有用处的东西。　　[4] 钩玄提要：探取精微，摘出纲要。　　[5] 《艺文类聚》：唐欧阳询等人于武德七年（624）奉高祖之命而修，全书一百卷，分四十七部，共七百四十余类。　　[6] 《北堂书钞》：唐虞世南在隋任秘书郎时钞辑群书中可以作文用的材料编成。北堂是秘书省的后堂。新、旧《唐书》的《经籍志》《艺文志》均著录为一百七十三卷，分八十部，八百零一类，但宋时已无完本。　　[7] 《白孔六帖》：原为《白氏六帖》，全称《白氏经史类六帖》三十卷，白居易撰。《后六帖》三十卷，宋孔传撰，为续白氏之书而作。把这两书合在一起，大约始于南宋末。

其四，诸生境遇不同，资禀亦异，更有家贫课蒙，与年长资钝，虽排比编纂之功，亦有不能为者。此于通经服古，实无望矣。然欲假借经传余光，润色制举文字，则犹未为难也。盖亦仍仿其摘比排纂之意，去其贯串摘录之繁，但取四书典实，分类命题。每类或五七篇或三四篇，暇日先阅经传，采取本类典实，就题结构成文。一类既毕，再窥一类，不过为文百数十篇，则遇典故题目，自能不窘拾撷[1]。然须贯以议论，运以心思，方见华实并茂，且于一己心思，亦相浃洽[2]。否则采取经传成语，填塞堆砌，毫无生趣，便如《广事类赋》《类林新咏》之类，不可复言文矣。或者又谓此事但须求之坊刻《典制文选》《典制文类》[3]诸书，便可得其资粮，何事琐琐为此？此则亦有毫厘千里之谬者也。盖坊刻庸陋固不待言，即使所选悉系佳文，亦复于己何与？且袭用成文词语，不明所出经传原文，则仍讹袭舛，移甲换乙，必有作奏虽工，宜去葛龚之诮[4]者矣。昔人盗袭葛龚奏议，以为己作，而忘易葛龚姓名，千古以为笑谈。为文不识经书，而误袭成语，何以异是？且翻阅经书，试为文艺，华实并进，亦属士子当为之业。何可既无诵读之功，又惮纂录之烦，而并此区区之补苴下策，犹且诿弃不为，有是理耶？嗟乎！人才实难，而因设教，更不易易。子贡问士，至于再次，则硁硁小人[5]，抑亦可为士矣。今兹读书作文，则又为士之小节目也。然而诵读不能，望之纂录，纂录不能，望之即类为文。言每况而愈下，而犹不惮委曲繁复以相告者，诚欲有志之士，固期奋发振兴，而中庸以下，亦当勉其力之能副，不自安于废弃耳。如于是而犹曰未能，吾未如之何也已矣！

[1] 拾撷（zhí）：拾取，采撷。　　[2] 浃洽（jiā qià）：和谐，融洽。[3] 《典制文选》《典制文类》：均为坊间所刻关于各类典制方面的文章，以备科考之用。　　[4] 葛龚之诮：葛龚，字元甫，东汉时期文士。汉和帝时，葛龚以善文记知名。三国魏邯郸淳《笑林》记载："桓帝时，有人辟公府掾者，倩人作奏记文。人不能作，因语曰：'梁国葛龚先善为记文，自可写用，不烦更作。'遂从人言写记文，不去葛龚名姓。府君大惊，不答而罢归。故时人语曰：'作奏虽工，宜去葛龚。'"　　[5] 硁（kēng）硁小人：硁硁，浅薄固执的样子。语出《论语·子路》："曰：'敢问其次。'曰：'言必信，行必果，硁硁然小人哉！抑亦可以为次矣。'"意思是言必信，行必果，一味固执于这种连小孩都知道的道理的称不上君子，只能称作普通人！不过也还是可以算稍差

一等的人才。

其五，诸生多以授徒为业，则"惟教学半"之说，不可不三致意也。一堂弟子，量其材质，可使七业俱兴。为之师者，勤为授读讲解，虽幼年未读之经传，于斯即为末路之补苴焉，当亦不无裨益矣。且为诸徒讲解，则问答剖悉，疑义亦可假以明道，较之幼年诵读而长大未温习者，固已远胜之矣。假能同志数人，分徒课读，联为背诵经书之会，或旬日一聚，或半月一聚。务使受业弟子，互相矜奋，为师长者，又须多方劝诱，或又有贤父兄为之量出奖赏，劝其联属，则方以类聚，不特成己有资，而成物之功，亦已巨矣。若劝诱无法，而事理不明，猥曰人固不可强使读书，是自暴自弃，而兼以误人子弟，拟其罪于庸医伤人，不为过矣。

其六，诸生喜读无益之文，而惮读经传，不过谓经传但可撷拾典故，而于文章固无益尔。于是典故取洽先辈成文，或庸劣纂类之书，以为不必更诵经传，欲为举业，但求之于时文，即已无不足也。此无论但就时文为生活者，其文必不能佳，且即就文而论，文章之大，岂有过于经传者哉？古人之学，言道而文在其中。间有言及文者，《易》曰："旨远辞文。"又曰："物相杂故曰文。"《书》曰："政贵有恒，辞尚体要。"《诗》曰："吉甫作颂，穆如清风。"《礼》曰："毋剿说，毋雷同，必则古昔称先王。"《春秋》传曰："辞之不可以已也如是夫！"此六经之论文也。《论语》曰："辞达而已矣。"曾子曰："出辞气，斯远鄙悖矣。"《孟子》曰："说诗不以文害辞，不以辞害志。"又曰："我知言，我善养吾浩然之气。"此记传之论文也。专门论文，莫盛于刘勰《文心雕龙》，观其本经征论诸篇，其论六经文字，可谓详矣。至论己所作文而言其得力于六经者，莫若韩愈氏"《易》奇《诗》正"之《进学解》，柳宗元氏"《书》恒《易》动"之《师道书》，诸生可自求之本文，不复重为演说也。南宋以后，若谢叠山[1]之评论《檀弓》伪本，苏老泉之评论《孟子》，孙月峰、钟伯敬[2]、谭友夏[3]诸人之评论《诗》《书》《礼记》，近日徐扬贡[4]汇刻《经史辨体》，俱以五经正文，准拟后世诗文一例评点，指授后学。虽其意旨不免浅陋，然为初学式法亦有苦心。诸生纵无志于通经服古，即此区区语言文字之工，断不能不用心者也。以此佐其文艺，较之止攻浮薄时文，奚翅霄壤之判？况由此求之而不已，未尝不可因文见道也哉？盖为诸生一向高阁六经，置之"尊而不亲"之列，不知六经固如日月，虽高不可逾，而无日不与人相切近。故为诸生卑论及于文辞之末，可谓陋矣，然要不得谓此卑末者之非六经也，则六经之益人，故不鲜矣！诸生又何惮而不为耶？

[1] 谢叠山（1226—1289）：南宋末诗人。名枋得，字君直，号叠山，信州弋阳（今江西弋阳）人。宝祐进士，曾任建康考官，因出题得罪贾似道遭贬，后知信州（今江西上饶），抗击元军，城陷流亡福建建宁，教书为生。宋亡，荐其在元朝做官而不就，虽强迫至京师，不食而死。编有《文章规范》，其诗后辑为《叠山集》。 [2] 钟伯敬（1574—1624）：明朝文学家。名惺，字伯敬，号退谷，竟陵（今湖北天门）人。万历进士，曾任南京礼部郎中。著有《隐秀轩集》《毛诗解》《钟评左传》《史怀》等，辑有《古诗归》《唐诗归》。 [3] 谭友夏（1586—1637）：明朝文学家，名元春，字友夏，竟陵人。天启举人。与钟惺评选唐诗，成《唐诗归》，又评选隋以前诗，成《古诗归》，同为"竟陵派"创始人。有《岳归堂稿》《鹄湾集》《谭友夏合集》）。
[4] 徐扬贡：清朝学者。名与乔，字扬贡，江苏昆山人。顺治进士，绝意仕途，分经、史、子、集为四部，采择评注，名曰《辨体》。

其七，求学问者，始于摘比排纂；求文章者，始于修辞饰句。推二者之究竟，高远如天，即就举业为之，又未尝不平近如地也。就其才质志量之高下，而为程功致力之浅深，固已无人不可服习焉。于斯而犹复自诿以为不能，此其为人，吾不得而知之矣！

其八，诸生无不为文，亦知文之所由来乎？夫集段成篇，集句成段，集字成句，集画成字，然则篇章虽云繁富，未有不始于集画成字者也。诸生轩然而为大篇之文，曾未尝稍究心于字画之间，又何怪篇无善句，句无善字也哉？古人八岁而入小学，教之数与方名[1]，亦书文字，隶于保氏。六艺之教，书有定体，体有定义，推之四方而准，传之先后而通，书之所以同文，道之所以合一也。后世师法失传，文字履变，而经传典训之文，时异势殊，不可强通以时俗言语。于是经师章句，专门训诂，世业名家，相为授受，盖不啻一线之引千钧矣。不知三代盛时，固自颁于功令，幼学习闻，朝野无不共喻者也。今兹去古逾远，六书七音训诂名义，有能擅学名家，盖间世而一见其人。而趋惊风气，似是而非，无其理而但取闹者，然则上焉者不可轻采，下焉者只以取闹，将使诸生相率而安于目不识丁耶？韩愈氏曰："出为文辞，宜略识字。"韩氏亦近世之通儒，不曰"出为文辞，精究六书"，而曰"宜略识字"，盖自问不能专门名家，则文字训诂，略识大旨，度其不谬古人，足以给己施用，而不敢自为绝学以诏人焉，抑亦可以为学者之取法已。今诸生之业，无论奇文奥旨，未遑期许，即如通俗文字所论商商、函呕、滔謟、暇锻之属，犹且混而不分，则字义固未明悉，何由遂通古人文辞乎？今愿诸生即所诵习经书，句析其字，字审其音，音辨其义，而于《字通》形体相近音韵通转甚微而于训诂意义全别者，分类推求，加意别白。则行文措语，俱有本源，而缮卷结体，亦无讹谬。纵或不能深究精微，而通俗承用文字能免伪误，则临场不致凑率撰句，以遭批抹，潦草书题，以干贴例，亦不可谓非举业之急务也。

[1] 方名：四方之名，指辨识方向。《礼记·内则》："六年，教之数与方名。"

其九，文字之学，约有三类，主义理者当宗《尔雅》，主形象者当宗《说文》，主音韵者当宗《广韵》。非谓三书足以尽三类之学也，谓其欲究古人之学，宜于是为始基耳。《尔雅》固列十三经矣，《广韵》《说文》部帙无多，各置一册，以时展阅。而于诵习经传有所疑拟，则就册而稽之，一隅三反，分类摘记，则进于通经服古，亦不远矣。如欲于斯致其功焉，则院长于定州书院尝教诸生编集经传文字异同矣，凡例一卷，别有传本，于斯不复缀述也。

其十，通经本于识字，此固不易之理，然其事则本于幼学，已往既不可救，则桑榆固难于晚盖[1]矣。是以止欲诸生就其力之能至，而为补苴之末策，不强诸生以所难能也。第念诸生居家，多有童蒙子弟，或诸生向以课授童蒙为业，则正始之道，先入为主，古学俗学，童蒙初习，并无难易之分，曷不正其小学之功，使之安如日用饮食，则将来进于通经服古，事不劳而功已倍。且父兄师长，即于教学之中，坐收学半之效，成人即以成己，岂不为尽善尽美之事乎？凡童蒙入学之初，先授句读，此实贻误不成。盖彼蒙幼无知，随师训读，经书语句，信口肄习，如演歌曲，字义固未明晰，而声音亦未谐切，字画亦未习识，则其于经书，读犹未读者也。蒙师不解，以谓稚幼颛蒙[2]，本不可以求备。岂知训义、正音、指画三者，毫无凭藉，而惟听塾师教读，一成语句，心臆口追，强效其似，而不知斯语之果为何用。其成诵艰难，殆较成材子弟讲解文辞，熟复数四而后试背诵者，势且不啻其倍蓰[3]焉。塾师见成诵之难，以谓是蒙昧之未易开也，岂不冤哉！逮其年力稍长，知识渐开，于是为之训文释义，渐近自然。而又以家传世习之俗学陋解，使之填塞胸臆，以就所谓举业规度。而前此之劳苦艰难，强效口诵，毫无凭藉之功，固不得不弃如敝屣矣。是则萌芽初苗之时，先受多方摧折，然后取其晦蚀不尽之余，演为浮薄时文，以合时之规矩。于斯而能稍见聪颖略舒文采者，自不得不目为长才。而不知十室之邑必有忠信，彼其可以通经服古，大可有为之资，屈于多方之摧折，而仅以俗下所为长才以自鸣者，盖什八九矣。夫古今人之相去，岂诚生而霄壤者哉！

[1] 桑榆固难于晚盖：桑榆，落日的余晖照在桑树、榆树上，以喻事之后阶段。晚盖，以后善掩前恶。意指少年时代不努力读书识字，成年后难以补救。　[2] 颛蒙（zhuān méng）：愚昧。　[3] 倍蓰（xǐ）：亦作"倍屣"，数倍。倍，一倍。蓰，五倍。

其十一，童蒙子弟，欲正小学之功，不当先授句读，但当先令识字，人固亦有知之者矣。识字必当正其所授，人固未有知之者也。夫授之以俗字，而训之以俗解，他日联字成句，联句成章，不可通于大雅，固于此日定其所至之必不远矣。夫《三苍》《尔雅》《方言》《急就》诸篇，固当日所以训诱童蒙，所谓"教之数与方名"之遗意也。今取《尔雅》为宗，而以经传文字，随类增益，加之训诂，又以《广韵》正其音切，《说文》正其点画，且用篆楷合书，兼令习熟，而于一字一训及数音数解者，悉与解诂明确。则童蒙虽曰暗昧，固已耳习其音，心习其义，假以三年之功，则经传承用之字，固已思过半矣。比及授读经书，但用稍为解贯，而彼以入耳顺心，不繁曲譬，而大旨已可会矣。夫积画而后字，积字而后句，积句而后章，一成之理也。作文不究字句，固不可以成章，读书未辨字画，岂遂能通章句耶？今以老生宿学未能究悉者，遂使童蒙初学轻易为之，而收事半功倍之效焉。则小学之为功，诚不少矣。

其十二，童蒙初识字画，又解训义，兼辨声音，则类别区分，便可导之联贯字义，或取异类者以作之偶，或取同类者以穷其数。联二联三之后，即可使之集字成句，仍以天地、人物、名数之属，区别为类，别标为册，使之演贯习熟。他日授读经书，使可于正业之外，度其资之所近，旁及子史记传。父兄又复为之拟定纲目，标别类例，多置空格簿册，使之日有注记。及至文理粗通，胸中先有伦类，记问所积，已具八面受敌之才，则成章进业，物易易耳。然此乃拾取俗师课诵幼稚初教三二年中废弃无用之功，易而为有用之学耳，初非强人父兄，必欲子弟务为高远难行之事，以致误其速成少利与夫一切捷径神效者也。为父兄与蒙师者，幸勿惊疑而骇顾也。

其十三，童幼诵习经书，必须分别正闰。盖中人之性，多是厌故喜新，童幼初学诵习，则厌故喜新为尤甚也。假如学徒资性，每日能诵习三百言者，则使日诵本经止二百言，再授他经亦二百言，必能诵识无遗。是已不知不觉平添百字之功矣。盖一日之间，精神有数，少加变易，使之去故更新，则易于振作，大约可以增倍之差，理固当然。又况书有难易，义有浅深，惟在为之师者，从而裁制品节，乘机鼓舞，自能曲达其材。惠子所谓"一尺之棰，日取其半，终身用之不穷"即此法也。至于认字训义，有未尽者，逐目逐类补苴，亦自无荒于正业也。

其十四，诸生以举业为本务，即以举业而论，莫不诵习先正成文，斯固然矣。亦知诵习成文，固亦自有道欤？督学主司，各持风气，塾师山长，又各自有规模，几又入主出奴，党同伐异，为诸生者，亦既难于定所从矣。院长所言，则有异于是也。毋论先辈名门大家房书、行卷、程墨[1]稿，不必预定去取，即世之号为高明，痛诋墨裁考卷，几于不共戴天，亦属理所不必。但门诸生之所习业，果能有得于中否耳？人之性情，各有所近，平奇浓淡，不能易地为良。使得其意之所惬，而入于趣之最深，则神明变化，即在方圆规矩之中。昔陈临川[2]初学时文，求得近科墨卷二十许首，诵而习之，至于自作家书，亦拟八股为式，亦是趣所入也。其后贯串驰骛，为三百年魁垒[3]大家，岂以初习墨卷为嫌讳哉？若夫耳食无心，皮毛粗见，不求得心应手，自出机杼，而嚣嚣然开口王、唐、归、胡、金、陈、章、罗，终不得其一似，此与小儿强学解事[4]，又何以异乎？

[1] 房书、行卷、程墨：房书，即房稿，是科举时的八股文选集，大都是进士的作品。行卷，坊肆所刻举人中式的诗文。程墨，刊行官撰或士人中式试卷以为考试范例的文章。　[2] 陈临川（1567—1641）：陈际泰，字大士，号方城，明末古文家，江西临川人。崇祯七年（1634）进士，任行人。著有

《太乙山房集》《易经说意》《五经读》《四书读》等。　　[3] 魁垒：超高特出。　　[4] 解事：通晓事理，懂事。

其十五，刘知幾论史有三长，才、学、识是也。岂惟作史，天下凡事，莫不皆然。即以举业而论，三者固缺一不可也。学者莫不知有法度，而不知法出于理而识主之；其次莫不知有机局，而不知机出于气而才主之；其次莫不知有色采，而不知色采出于书卷而学主之。就三者分途而论，则才色本于天而学由于人，本于天者不可强勉，而由于人者不可力为。就三者递用而论，即学固所以养才而练识者也。韩退之谓："气盛则言之短长高下皆宜。"又云："沃其膏而希其光，溉其本而俟其实。"苏子由谓："文不可学而能，气可以养而致。"皆是勉人力学以养其气，意诚善矣。然不知使人即其天性所近，而闻其入识之所最先，则人将以何者为学而集以为养气之基哉？故愚以为二公所言，亦是偏举而未全之论也。世俗蒙师，期许幼学子弟，则有所谓读性、作性、悟性诸名目。不知所谓读性，即他日积之而成其学焉者也；所谓作性，即他日积之而成其才焉者也；所谓悟性，即他日积之而成其识焉者也。然则学者自束发初入课塾之日，至于弱冠、壮立、强仕之年 [1]，固已无日不与三者相切近。惟其昧而未尝自觉其良，故虽勉力于诵读，而终无以生其识趣也。诚能喻夫凡人皆有是三者，而不自弃，又能喻夫力学可以辨识，练识可以充才，则凡事皆可得其根本，而况区区之举业乎？

[1] 弱冠、壮立、强仕之年：《礼记·曲礼》记载："人生十年曰幼，学；二十曰弱，冠；三十曰壮，有室；四十曰强，而仕。"这是以十岁为一个年龄段的记龄法。

其十六，揣摩举业文字，诸生固以肄业及之矣。至于诵习之法，窃恐诸生犹未善也。间尝试问诸生，诵忆先正文字，多者六七百篇，少者二三百篇，可谓富矣。及询以得心应手，运用不穷，即什一而可当千百者，则竟未闻有一篇焉。又何怪乎摛笔为文，不啻如《知北游》[1]之问道于无为谓，黄帝以谓终不似哉？揣摩之说，本于苏秦，苏秦之所谓揣摩，则云得之简练。盖不练则不精，不简则终不能练。今欲揣摩而先不知简练，则揣摩固已不如法矣。诵习先辈成文，犹学为梓匠轮舆，求观工师之成器耳。器已浑成，而但志其方圆之形象，不解于未有成器之先，详悉求其引绳削墨之所自，虽公输之巧，岂能遂得其疾徐甘苦哉？先正读古人文，不惟成诵已也，盖必设身处地，一如未有其文。就题先为拟议，揣其何以构思、布局、遣调、行机、措辞、练字，至于筹无遗计，而后徐阅其文，使之一字一句，皆从己心迎拒而去，不啻此心同其疾徐甘苦之致也。则作者止择一途，而读者遍虑及于四旁上下，是读文之难，较之作文之攻苦，殆不止于倍蓰焉。往往涉旬逾月之久，而始尽一篇之神妙也。人生岁月几何？精神几何？终身得力不过五七十篇，亦云富矣。安能数百计哉？及其出而应用，则作者之神妙有尽，而吾心与为迎拒于四旁上下者无穷，理解由斯濬凿，气机由斯鼓动，揣摩熟而变化生，所谓即什一而可当千百之用者，即是道也。若其得心应手，启悟无方，有因一篇一句而终身运用不穷者，则又存乎其人，神而明之，别有化境，固不可以言尽者也。

[1]　《知北游》：指《庄子》外篇《知北游》，知、无为谓是寓托的人名。北游，向北方游历。庄子假托知与无为谓、黄帝的对话，将大道的特点归结为无。

其十七，博学守约，凡事皆然。即举业一道，博约二者，缺一不可。所谓守约，即揣摩之文，贵于简练，是矣。所谓博学，则泛阅之文，又不可不广也。昔人从扬子云学赋，子云使诵千赋，即是此意也。盖积累不多，则神明变化不出，而数易尽也。举业既有简练揣摩之篇，则心有主识，一切名门大家房行、窗稿、程墨、试牍，务宜触类旁通，少或三数千篇，多至万有余篇，上下窥其风气，分晰辨其派别，错综通其变化。譬彼山必积高而后能兴云雨，水必积深而后能产蛟龙，不使局脊狭隘，寡闻孤陋，仅成堆阜断港，以封其神明。则是向之简练以为揣摩者，固已得夫本末交养之道矣。况诸生以诵习三五百篇之功，易为泛阅五七千篇，特易易耳。诸生专业，须讲简练之法，则三五百篇已嫌其多，涉猎须资博采之功，则三五百篇太觉其陋。盖正为一向误用其功，似专业而实无心得，似欲多而实非广求，区区守此三五百篇，不解分别用功之次第，以致约既不得而博又不成，良可惜也。

其十八，文之熟者，习之使生，文之生者，习之使熟，举业之能事尽矣。诸生于三五百篇之文，亦既能成诵矣，今简练而攻十之一，岂犹患其不熟乎？患在过熟而不入迎拒之心也。盖佳文入目，虽使粗识浅见，皆能生其浮慕，至于诵习再四，不免中心厌倦，以谓吾既知之，而欲更窥他作矣。不知所谓"吾既知之"而不耐更读者，于文之甘苦疾徐，固未尝有所入也。熟而生厌，不亦宜乎？若夫文之佳者，因非一端之所能尽。命意，一也；立句，二也；行机，三也；遣调，四也；分比变化，五也；虚实相生，六也；反正开合，七也；顿挫层折，八也；琢句，九也；练字，十也。以此十法，每一诵习，各作一意推求，仍用先如未见其文逐处平心迎拒之法，往复不已。则文虽一定，而我意转换无穷，即使万遍诵习，而揣摩光景，常如新脱于稿，所谓"熟文习之使生"，此法是也。盖闻畜盆鱼者，惧其盆小而鱼生趣，则垒石水中，作为洞壑深邃之势，俾鱼环转其中，则天倪[1]畅达，此则读文易意环求之道也。至于泛阅之文，原不责其诵习，篇籍既富，未免过而辄忘，则是阅文与不阅等耳。夫阅文所以开扩知识，通达义类，止欲掇取英华，粗忆梗概，于事已足，释卷之后，未必再寓目矣。况一日之间，多则五七篇，少亦可三数篇，人之记忆，固有不可以强为者，则分类摘求之法，不可不知所务者也。盖阅文而有得于心，虽资禀鲁钝，止于不能背诵耳。若其义法、机局，与夫佳句、善调，未有不能记忆一二者也。先立空册，标分类例，逐日所得，按款而登，历旬涉月之后，按册复阅，但阅标题，不啻全文如见。至于积既久，类例充盈，则纵横检覆，千态万状，俱会目前，虽曰生文，岂不常如熟习者乎？至于临文而犹曰机构生疏，文境不能变化，天下必无之理也。

[1] 天倪：自然之道。

其十九，阅文固贵有簿记矣，诵读经书一切学问中所有事，何者不当有簿记乎？盖逐日登记，非第藉以不忘课业，亦可自检用功勤惰。其荒业而嬉及懈散而疏于习业，则登志之时，前后不能一律，愧耻之心，可以勃然而生，是亦劝学之道也。

其二十，举业之文，理法、气机、词采，固缺一而不可矣。气机本于材，而词采本于学，人当力于学而养其才，则第十五篇已为诸生畅达言之矣。至于理法本之于识，初亦不外乎学，然既云举业，则已于学问之中别出一条。则此中之识，虽不外于通经服古，而又有不能尽求之于通经服古中者，是亦不可不知所务也。夫法固出于理矣，然理之与法，亦微有别。理则书中之全理也，法则就书中截句为题，实义虚神，来脉去路，偏全轻重，变化无定，题形增减毫厘，而文法差以千里者也。学者胸中，须有真正识解，则千变万化，皆可一以贯之。苟胸中本无真识，惟于逐处仿摹形似，则劳苦而鲜有成功。此坊刻讲章之所为似理而非理，庸陋评选之所谓似法而非法也。

其二十一，坊刻讲章，辑者本无真识定见。即世所盛称如汪、陆[1] 诸家大全合订，虽若可以依据，究属前人已成之书，于我识性，初未浃洽。我有所见，而于彼折衷可也，我本全无执持，而惟思就彼成格，则性灵固未能自得矣。又况蒙存浅达，征引纷繁，执笔临文，如何尽能记忆哉？理解莫萃于宋儒遗书，朱子而外，若周、程、张、邵以下诸贤，语录文集，全本集本，俱当量力购求，即元、明诸儒，亦当酌量采集。平日先以经传正文及注疏解义，会通诸儒语录文集，标识天人、性命、心情、气质、仁知、诚正、中和、理义之属，别类为篇。孰为偏全，孰为同异，其为之说者，孰为得失，孰为粹驳，皆使胸中了然无疑。则读书立解，临文制法，皆可由中而出。即使毫厘未能吻合，更可参质成书。要其大本大源，先有主执，不为讲章陋习所牢笼矣。于斯执笔为文，固可坦无疑畏，其所为文辞，自不患其不磊落而光明。此则所谓胸有定识，千变万化，皆可一以贯之者也。然其标别类识之故册，亦是一人自淑之资，不可嘉惠后学，留示子弟，以为一成之法也。盖就山采铜，因钧鼓铸[2]，固自胸有炉冶，不可以已成之器，悟人目不见山也。其宋学派别及制义源流，别有专篇，于斯不复缀焉。

[1] 汪、陆：汪指汪份（1655—1721），字武曹，江苏长洲人，清康熙进士，翰林院编修。编有《增订四书集注大全》三十六卷，康熙刻本。陆指陆陇其（1630—1692），字稼书，浙江平湖人，清代理学家。康熙进士，官至四川道监察御史等，时称循吏。著有《四书讲义困勉录》三十七卷、《松阳讲义》十二卷等，后人编为《陆陇其全集》）。　[2] 因钧鼓铸：钧，陶制模具。按照模具鼓风扇火，冶炼金属、铸造钱币或器物。

其二十二，古者经传别自为篇，盖使学者精神自为推究，而所见不谬，此辨志之所以贵乎离经也。后世传注，则无不分隶经文之下矣。至于评论文字，亦古人所不废，然仅错出偶见，未尝有专篇也。至魏文帝[1]《典论·论文》及陆机[2]《文赋》，而始有专篇矣，尚未有专书也。挚虞[3]作《文章志论》，刘勰作《文心雕龙》，钟嵘作《诗品》，而始有专书矣。唐、宋以来，文评、诗话，层见叠出，其最善者，皆是自出机杼，发挥妙蕴。所举诗文，或就一篇发明大旨，或摘数语标识名隽，引而不发，举一该三，使读者离去诗文，隐然想见言外无穷之妙。其于文学之功，不为鲜矣。南宋真西山氏[4]评选文章正宗，于是就文而为评论，旁识而出圈点，其指示蒙学，良亦有功。然嗣是以后，庸师俗儒，竞尚圈点批评之选，而后生小子，耳目为其所胶执，不复能自出性灵，推逐古人意匠经营之所在。而古人一隅三反，因端明委之法，亦从此而失其传矣。夫自为论说而标举诗文以示之准，则理全而该括者多，选辑成文而附著评论以阐其妙，则理拘而资益者少，数易见也。又况既辑成文，则不得不就文而穷其颠末，而人之性灵所启，不能无至不至者势也。一时求其说而不得，则穿凿附会，与勉强加评，不中肯綮[5]，弊固有所来矣。然此特就诗古文辞言之，为其论文不合古人之旧法尔。至于举业成文，则自有明以来，圈点批评，固已袭用诗古文辞陋习。创始之初，先已如是，虽名门大家魁垒选本，亦从未闻出其范围。虽其藻鉴之审，评论之工，圈点标识之醒豁精切，未尝不可资人神智，而古人离文别为品论之法，三百年来，未有窥见，而议及之者，又何怪乎后人不及前人，风气有往而无复耶！今愿诸生之有志者，博取大家名选，衷辑评说论议，及先正论诗古文，近于举业，理可相通，与夫时文名家，自记学力甘苦，或谐谈、笑语、传记、故事、考订、典实之类，有关于四书文者，略仿《文心雕龙》《文章志论》《诗品》《文评》之例，别类标篇，积少成多，按款摘记，一变评选旧例，以为艺林巨观，岂非一时之盛事欤！如或见闻无多，采取有限，不妨即所窥及，信手摘录，或纠集同志，分曹业编，期于积少成多，不嫌识大识小，亦佳事也。再如力不能为，亦可仅采先正评论，取其就一文而推衍广大可以该括他文者，并是前人苦心，不止为一文标甘苦也。凡此俱为分别标记，以时把玩，亦可藉为举一反三之助。其与仅读评阅选本者，获效多寡，不可同年而语矣。

[1] 魏文帝：即曹丕（187—226），字子桓，曹魏开国皇帝。曹丕于诗、

赋、文学皆有成就，今存《魏文帝集》二卷。著有《典论》，当中的《论文》是中国文学史上第一部有系统的文学批评专论作品。　　[2] 陆机（261—303）：字士衡，西晋著名文学家。陆机赋较出色的有《文赋》《叹逝赋》《漏刻赋》等。　　[3] 挚虞（250—300）：字仲洽，西晋著名谱学家。作品有《族姓昭穆》十卷，《文章志》四卷，注解《三辅决录》。　　[4] 真西山氏：即真德秀（1178—1235），字希元，号西山。南宋后期理学家、名臣，学者称其为"西山先生"，朱熹之后的理学正宗传人，创"西山真氏学派"。著作有《西山文集》《读书记》《四书集编》和《大学衍义》等，《大学衍义》成为元、明、清三代科举士人必读之书。　　[5] 肯綮（qìng）：筋骨结合的地方，比喻要害或关键之处。

其二十三，学者株守尘册，终无进步，诚有卓尔之志，所贵启悟得于无方。昔蔡中郎[1]渡江，得见《论衡》，北方人士，觉其谈说有异，此因文章而得于语言者也。叶石林[2]《史记·货殖传》，见陶朱公"人弃我取，人取我与"之言，遂悟作文之法，此因语言而得于文章者也。担夫争道，草书何以入神？坏屋颓墙，绘画何以通妙？诚能即其性之所良，用其力之能赴，则半日读书，半日静体，游心淡漠，鬼神潜通。即所采辑论文群说，苟得古人启悟之道，不拘拘于一辙，已足使人名理富足，会悟遥深，扩而充之，所得岂特时文之工而已哉？

[1] 蔡中郎：蔡邕。　　[2] 叶石林（1077—1148）：南宋文学家。名梦得，字少蕴，号石林居士，吴县（今江苏苏州）人。绍圣进士，累迁翰林学士。绍兴初，为江东安抚大使兼知建康府。有《建康集》《石林词》《石林诗话》《避暑录话》等。

其二十四，世之稍有志者，亦知时文当宗古文，其言似矣。第时文家之所为古文，则是俗下选本，采取《左》《国》《史》《汉》，以及唐、宋大家，仍用时文识解，为之圈点批评，使诵习之者，笔力可以略健，气局可以稍展耳。此则仍是时文中之变境，虽于流俗辈中，可以高出一格，而真得古文之益，则全不在乎此也。盖善读古人文者，必求古人之心。古人文具在也，疏密平奇，互见各出，莫不各有其心。此其所以历久不敝，而非仅以其言语之工，词采之丽，而遂能以致是也。今其远者大者，固非可以轻为言议，且亦时文家之所不暇及也。第就先正守约而施博之故，学者苟从是而入焉，其用功措力，殆较俗学泛骛，仅求古人之面目者，转觉其省约而易操焉。诸生无亦愿闻之欤？文章莫不本于六经，人皆知之，其所以本者，人固未必知之也。六经一变而为诸子，然而九流之言，固各有所原也。再变而为文集，然而诸家选述，亦各有所自也。盖《诗》之为教，中有"四方专对"一节，而战国纵横，引深比兴，敷张扬厉，斐然其文，则《诗》之变也。眉山苏氏，得以上下排论，辨才无碍，则又一变矣。陈大士得其道以为时文，学者以为陈之学苏，而不知彼固得其纵横之意而自通于《诗》教者也。《春秋》之教，比事属辞，太史整齐故事，述往思来，亦《春秋》之一变也。伊川程氏，得一推解《易》义，征事切理，则又一变矣。黄陶庵[1] 得其道以为时文，学者以为黄之法程，而不知彼固得其属比之意而自通于《春秋》之教者也。其余魁垒大家虽不可以概量，要非全无所本，仅就选本古文袭取形似，可以庶几者也。《易》曰："君子言有物而行有恒。"夫言之有物，即心所独得是也。心有所得，不能共喻，不得已而发之于言，则虽千变万化，流转不穷，要皆本其所见，而不为外袭之言。譬如富者不能为乞食之言，贵者不能为卑贱之态，岂有强于中哉？噫！世之闻吾言者，未有不谓高远而难行矣，而终不能不为诸生一言之者，诚欲百十之中，或有一二奋然兴起者耳。且由时人之说，则逸于不求理，而劳于摘文；由吾之说，则劳于求理，而逸于为文。理则既得而不复劳矣，文则万变无穷而劳将与为终身焉，其间得失计，必有能辨之者。且文品、人品之相去，固不可以道里计矣。然则吾言固未可以为迂远而不切也。

[1] 黄陶庵：即黄淳耀（1605—1645），字蕴生，号陶庵，苏州府嘉定（今属上海）人。崇祯进士，顺治二年（1645）与侯峒曾率嘉定士民守城抗击清军，城陷自缢。精研经籍，著有《山左笔谈》《陶庵集》。

其二十五，经义与四书文，即一理也。经义题多平易，则较四书文为易之矣。而诸生忽略视之，弗思甚也。往者乡、会试例，道场七艺[1]，潦草塞责，犹可言也，今则本经四艺，移作专场，不为悉心营构，何以称其选乎？大约五经文字，各有体制，取材设色，亦自不同。诸生既业专经，则必使有以擅此一经之胜，非物场中足以生色，亦且四书文义未必不有所资助也。若进求于古，别有六经流别说，此不缀焉。

[1] 道场七艺：道场，指考场。七艺，考场乡试第一场试时文七篇，四书三题，经书四题。

其二十六，《易》义不外象数、理致二端，卦爻皆象数题，《系传》多理致题。然《易传》理致仍兼象数，乃与他处理题不相揉混，是亦不可不知者也。数则须明《河》《洛》及先天、后天方圆卦图。得其解义，则行文直是举而措之而已。不得解义，而依样葫芦，无是理也。象则最宜活变，而不拘滞。盖《易》之有象，犹《诗》之有兴也，《易》无达象，《诗》无达兴，《春秋》无达辞，谓学者当引申触类，不可泥于言辞之末也。凡作《易》义，尤当先熟卦变之图。盖万物一太极，而物物又有一小太极，题虽偏举，而妙义触处皆全。凡作经书题文皆然，而《易》义为尤甚。能得其妙，则如泰山出云肤寸可以崇朝雨也。作文最苦名理不足，熟于卦变之图，则是以四千九十六卦之义理，而发挥六十四卦之题旨，文章不可胜用矣。若其侔色揣称[1]，则辅嗣[2]名理，已列注疏，固当攻习，焦氏《易林》[3]，王氏《略例》，以及京房[4]、延寿之绪说，九师[5]、郑氏[6]

之遗文，错出散见，亦可节取为传义之资助。邵氏《皇极经世》[7]，张氏《正蒙》[8]，可以裨补文思。《淮南鸿烈解》、今本《关尹子》[9]，可以错综采色。要使言中有物，意外出奇。前辈《易》义，陈大士、黄陶庵二家最为擅场。愚谓二先生文，长于名理，而于神明象数，自成一子，独辟蹊径，四书文外，自为一种，犹未善也。学者苟得理之诚然，则前人未开之蕴，何难自我而创之乎？

[1] 侔色揣称：形容描写景物恰到好处。侔，相等；揣，估量；称，好。[2] 辅嗣：指王弼（226—249），字辅嗣，山阳高平（今山东省微山西北）人。三国时期曹魏经学家、哲学家，魏晋玄学的代表人物及创始人之一。著有《老子注》《老子指略》《周易注》《周易略例》《周易大衍论》《周易穷微论》《易辩》等数种，以老子思想解《易》，易学体系博大精深。 [3] 焦氏《易林》：焦延寿，字赣，西汉梁（今河南商丘一带）人，著名易学家，著有《易林》《易林变占》。相传焦延寿发明六爻纳甲术，是易学家京房的老师。 [4] 京房（前77—前37）：本姓李，字君明，西汉易学家。汉元帝时立为博士，官至魏郡太守，开创了《易》京氏学。著有《易传》《周易章句》。 [5] 九师：西汉淮南王刘安（前179—前122），聘请了九位易学家来编写《道训》。据《汉书·艺文志》《淮南道训》篇注云："淮南王安能明《易》者九人。号九师。"高诱《淮南鸿烈解序》云："（刘安）与苏飞、李尚、左吴、田由、雷被、毛被、伍被、晋昌等八人及诸儒大山、小山之徒，讲论道德，总统仁义。而著此书。" [6] 郑氏：郑玄。 [7] 邵氏《皇极经世》：邵雍（1011—1077），北宋哲学家。字尧夫，其先范阳（今河北涿州）人，其父迁居共城（今河南辉县），自号安乐先生，人称百源先生，死后谥康节，又称康节先生。《皇极经世》十二卷六十四篇，是一部运用易理和易教推究宇宙起源、自然演化和社会历史变迁的著作，以河洛、象数之学显于世。另著《伊川击壤集》等。 [8] 张氏《正蒙》：指张载《正蒙》。 [9] 《关尹子》：关尹子，字公度，名喜，曾为关令，周朝哲学家，先秦道家楼观派祖师、文始派祖师。《汉书·艺文志》著录《关尹子》九篇。

其二十七，《书》义难于画一，不似《易》义由专一门也。大约《尧典》天文，《禹贡》地理，《洪范》五行，先为三门学术，其余题文，但须温淳尔雅，得训诰之遗意，乃是书义正格。亦使与四书文微有分别，始可以成家学也。天文宜阅《周官·保章氏》《史记·天官书》《淮南·天文训》及《晋书·天文志》中所采三家论文之说，即足给用。地理当阅《周官·职方氏》《尔雅·释地》《逸周书·王会解》及《管子·地圆》篇、《淮南·墬形训》诸篇，即足给用。五行当阅《汉书·五行志》，及宋时曾、王诸人《洪范传》，观所推演，均可为经义之助。至于训诰文体，但须多读汉诏，得其与三代谟训相出入处，习而为之。则不物经义冠场，而文格老成，他日润色丝纶，蔚然经世之业，莫不基诸此矣。

其二十八，《诗》义贵于风雅，夫人而知之矣。不知《诗》固通于《礼》也。无论正《风》、正《雅》、三《颂》，俱与《周官》《仪礼》相为出入。即变《风》、变《雅》，风云草木之篇，怨刺诽讥之作，亦当知有礼意，然后体会诗情，自然所见高出于人。于是发为文辞，乃合温柔敦厚之教。至风骚派别，碑颂渊源，乃是诗古文辞之祖，今亦不暇致详。但既为经义式法，理取阐发敷衍。若夫注以解经，疏以解注，乃是凡为制艺之大宗法门，《十三经注疏》之书俱在，兹固无庸赘述为也。惟是他经文义，尚有待于旁求，《诗经》文义，则无须乎外骛也。注疏有十三部，而与时艺相切近者，莫如《诗》疏。观其《毛传》《郑笺》，互相同异，疏文依附《郑笺》，援经证传，引申触类，曲畅旁搜，以足其义。至于牴牾之处，亦为反复周纳，宛转缘附，务使他说尽屈，特尊一宗。疏例不许驳注，固是古人尊守师法、学贵专门之义，但经文设有舛错，注例犹许存疑，注义明见牴牾，疏文曲为附会，是亦解经家之不免为美疵[1]也。但以制义式法，则固可为金科玉律者矣。盖制义之体，必尊颁发学宫之说，不许别出异论。推原朝廷功令，所以必尊一家之说，亦非必以谓此中更无疑义也。特以事既定于制度，则必有所画一，而后有司得操规矩，以裁人之方圆。而天下之大，人才之众，亦必有所专主，而后学术文风出于一也。然则《诗》疏固为制义之最，而况征引该洽，文采葩流，其有益于经书文义，同又属其余事耶？然则就《诗》疏而为《诗经》之文，诚所谓就山鼓铸，实无事于旁求者矣。惟本题诂义，必遵朱《传》[2]，而援引前后经文，直用注疏，固无伤也。

[1] 美疢（chèn）：疢，病。语出《左传·襄公二十三年》："季孙之爱我，疾疢也；孟孙之恶我，药石也。美疢不如恶石。夫石，犹生我；疢之美，其毒滋多。"后把溺爱、姑息称为"美疢"。　　[2] 朱《传》：指朱熹著《诗集传》二十卷。

其二十九，《春秋》经义，必遵胡《传》[1]，亦定制也。但三传直束高阁，而斤斤焉独守宋儒凭空论理之说，则陋已甚矣。且此经文体例，用论事之法，则出经入传，纵横树义，较他经文字，易于见长。而今之学者，尽有日力摘录拟题，强识胡《传》，而未尝于三传稍庸心焉，无怪经文之毫无实际矣。且四书题文，涉于春秋列国诸侯大夫时事多矣，三传尚未寓目，不知何者可恃以无恐也。今以诸生年力既壮，不能强之使诵习矣。若用摘比排纂之功，则三传类例，较之他经为尤庞焉。《左传》杜氏集解固足用矣，《公羊》何学、徐疏[2]，富赡典礼，《穀梁》范解、杨疏[3]，参质同异，并有可观，再益之以外传词命，则华实并茂，本末兼该，而经义之长，四书文义益加进矣。

[1] 胡《传》：胡安国（1074—1138）《春秋传》。胡安国，字康侯，号青山，谥文定，学者称武夷先生。建宁崇安（今福建省武夷山市）人，北宋学者。北宋哲宗时进士，太学博士，旋提举湖南学事，后迁居衡阳，开创"湖湘学派"。其所著《春秋传》为后世科举士人必读的教科书。　　[2] 《公羊》何学、徐疏：指东汉何休注《春秋公羊解诂》，唐代徐彦疏，二十八卷，今文经学派的代表著作，收入《十三经注疏》。　　[3] 《穀梁》范解、杨疏：《春秋穀梁传注疏》，旧题战国穀梁赤撰，东晋范宁注，唐杨士勋疏。穀梁赤，鲁（今山东曲阜）人，相传为子夏弟子。范宁字武子，南阳顺阳（今河南淅川东

南）人，官至豫章太守，东晋著名经学家。杨士勋为唐初学者，曾任四门博士等职。宋人合注与疏为一帙，刊为二十卷，有《十三经注疏》本。

　　其三十，《礼记》经义，虽曰无体不备，然而《礼记》本是《礼经》之义，则习记必先通经，此亦一定之理也。然记之本经，乃是《仪礼》，而《礼记》题文所用，则关于《仪礼》者，仅十之三，而关于《周官》者，乃十之五，此知三礼固自有源流矣。朱子作《仪礼经传通解》，义类终难贯。而近日秦尚书蕙田又作《五经通考》[1]，比类整齐，采摭详赡，诚考《礼》者所必资也。然天文、地理、职官为三大门类，秦氏无所依附，乃悉归于嘉礼，其目则曰观象授时，体国经野，设官分职，虽强为之立名，于义终觉未洽。愚意诸生诚有志乎《礼经》，不如以《周礼》六典为纲，而一切礼文，皆依条而归附，此则万事得其条贯，万物得其统宗，不特治经供为经义而已也。若夫仅言经义，则亦约略数端可尽。如《王制》《月令》《明堂》诸篇，乃是制度之属，遂事先为考核，使其规模粗喻，乃可握掌为文。《郊特牲》《文王世子》《礼器》《曾子问》诸篇，乃典礼之属，类比经传，典章法制，可以触类而通，亦有补于四书典制文义。冠婚聘祭诸义，乃是《仪礼》正传，求之本经，即可悉其原委。《曲礼》《内则》诸篇，则其支派也。《学记》《表记》《缁衣》《坊记》诸篇，乃通论之属，与四书文义，未甚悬殊，所谓相体裁衣，各自有攸当也。惟《丧礼》为《礼经》之最要，而乡会试士，不以命题，然习礼者不可不究心于此也。大约《仪礼》子夏服丧之传，作为大纲，而以诸经分析为类，条贯其下。可见圣人人伦之至，其所以为仁至义尽，推而演之，达于明庶察伦，固不仅为凶丧一节之礼。岂可以其试题不出，因遂置而不观省耶？至于《大戴礼记》，亦与《礼记》相为表里，习《礼经》者，亦可容以忽略也。

　　[1] 秦尚书蕙田又作《五经通考》：秦蕙田（1702—1764），字树峰，号

味经，江苏金匮（今无锡）人，清朝官员、学者。乾隆元年（1736）进士，授编修，官至工部、刑部尚书。继徐乾学《读礼通考》作《五礼通考》。该书资料丰富，按类排比，后附案语，考辨吉、凶、宾、军、嘉五礼，是一部研究中国古代礼学的集大成之作。此处《五经通考》，"经"当作"礼"。

其三十一，性理论题，无甚难解，但既名之为伦，不可更八股时文俗调耳。如能畅发题蕴，按切人事，则尤见擅所长也。盖论事之文，多近于粗，必衷理而立言，则根柢见其深厚矣。说理之文，多近于泛，必切事而通喻，则浮文皆归实效矣。但既有场屋成规，事须暗切，而不得明举三代以后之事淆入文中，以致有乖于成法耳。至于暗切三代后事，则四书文义犹有行之，而况于论乎？

其三十二，诗学渊源，古人之书备矣。今诸生为试帖计，姑就试帖言之。盖诗欲自幼习之，取其天籁，近于自然。然后可从《国风》、汉、魏五言层累而下，语愈浅而理愈深，法愈疏而义愈密。俾髫龄[1] 童子，知诗本于性情，而非有意修饰，取其谐听美观之物，则本源已得，又且易于为功。然后次及晋、宋、齐、梁，入于三唐格律，使之习其性之所近，而尽其材之所良，抑亦可矣。若既已不及为之，则入手便习排律，亦势之无如何也。试帖排律之于诗，犹八股时文之于古文，盖别出一途而自为甘苦者也。方虚谷[2]《瀛奎律髓》、毛西河选《唐诗帖》，乃帖括家之所宗。诸生诵习揣摩，亦有用时文而宗仰古文之法者乎？试得其法，则可晓然于试帖排律之宗仰古诗矣。但时文之宗古文，则宋人欧、苏诸作较前代之文尤所服膺，取其近而易于入也。试帖之取法于古，则梁、陈之间若江总[3]、张正见[4]、徐陵[5]、庾信、何逊[6]、阴铿[7] 诸人，虽为古体，亦已渐次入律，正类欧、苏诸作之近于时文。倘于斯致其意焉，则排律之中，既高一格，或更有志于古，亦可上溯鲍[8]、谢，达于曹、刘，而渐入于古文。

[1] 髫（tiáo）龄：髫，古代小孩头上扎起来的下垂头发，指幼年。

[2] 方虚谷（1227—1307）：元朝文学家。名回，字万里，号虚谷，歙县（今安徽歙县）人。宋景定间别省登第，知严州（今浙江建德），元兵迫严，他先以死守激励军民，后又迎降，为郡人所耻，后罢官。曾编《瀛奎律髓》四十九卷，评选唐宋以来律诗。有《虚谷集》，已佚。今存《桐江集》《桐江续集》。　　[3] 江总（519—594）：南朝陈官吏，字总持，济阳考城（今河南民权东北）人。陈后主时，为仆射尚书令。在位不务政事，常与后主游宴后庭，好写艳诗，号称狎客。陈亡入隋，拜为上开府，世称江令。　　[4] 张正见：南朝梁官吏，字见赜，清河东武城（今山东武城西北）人。太清初，除邵陵王国左常侍，梁元帝立，拜通直散骑侍郎，迁彭泽令。累迁尚书度支郎、通直散骑侍郎等。长于五言诗，有集十四卷，太建中卒，时年四十九。　　[5] 徐陵（507—583）：南朝梁、陈官吏，字孝穆，东海郯（今山东郯城北）人。梁时为东宫学士，入陈，历任尚书左仆射、中书监等职。擅长文学，诗歌与骈文轻靡绮艳，为当时宫体诗重要作者之一。原集已佚，后人编《徐孝穆集》，还有《玉台新咏》《六代诗集钞》。　　[6] 何逊：南朝梁文学家，字仲言，东海郯人，著名天文学家何承天曾孙。八岁能赋诗，沈约亦爱其文。天监中，起家奉朝请，迁中卫建安王水曹行参军，兼记室。文章与刘孝绰并重于世，世称"何刘"。　　[7] 阴铿：南朝陈文学家，字子坚，武威（今甘肃武威）人。博涉史传，尤善五言诗。天嘉中，为始兴王府中录事参军。世祖宴群臣赋诗，使赋新成安乐宫，铿援笔便就，因而得到赏识，累迁招远将军、晋陵太守、员外散骑常侍。有文集三卷。　　[8] 鲍：指鲍照（？—466），南朝宋诗人。字明远，东海郯人。任临海王刘子顼前军参军，在荆州为乱军所杀。所作乐府诗多写边塞战争和征夫戍卒之情景。七言乐府对后世影响尤大，代表作《拟行路难》十八首，有《鲍参军集》。

其三十三，策为揣摩之学，始于战国，汉廷用为制举之法。嗣是以来，风气屡变，大约分别学问、经济二途。经济贵于引古证今，推陈指画，要使卓然近于可用，不徒纸上空谈已也。学问则经书子史，文采词章，无所不用，问者引端不发，而对者按牍以陈，此正格也。他文皆可诵习古人成法以为楷模，惟策则全取实学，断非诵习成文，强记条目，可以假借为之。况时会不同，风趋亦异。自宋以前，经学用以阐发义理，史学用以敷陈治道。应举之士，得一己之见，自为推论，初无一定之格有所限制者也。元、明以来，试士专重四书文义，策对经旨，俱守学校成说，史事空作议论，亦多依傍宋儒之言，其道犹未尽善。本朝经学光昌，政典修举，依古以来，未有如斯之盛。乡、会二试，所为发策决科，皆是试觇士子记诵而已，本无阙事失理，有待于士子之敷陈也。且对义若无依据，皆可自恣其说。姑无论游放不根之徒，易于假托。且恐习成一偏议论，渐至窥探主司，迎合风旨，酿成门户朋党之风，袭前代之弊政，以致为学术人心之害。圣天子屡颁科场敕谕，实千载不易之绳准也。惟是策问虽以试帖记诵，而考订贯串，阐发折衷，原许士子自尽所长，平日攻习经书传记，以待发问敷陈。不知诸生何者为习业也？盖宋有鸿词之科，多问典籍条目，故王氏应麟广辑经书子史，掇取名数，汇为《玉海》，以为有备之无患焉。又有进士之科，多问礼乐兵农政令制度，故马氏贵与广辑历史书志成迹，附以前人评论，汇为《文献通考》，以为有备之无患焉。明人乡会科试，杂问经史典故，兼取文辞，故唐氏顺之[1]广辑经史序录，旁搜子集成文，汇为《稗编》，以为有备之无患焉。然而多者三五百卷，少者百有余编，必欲诸生汇辑充栋巨编，以为发策决科之助，鲜不以为迂矣。然近科所问文史时务条目，约略可观，取其比附连类之条，杂取经书传记，摘录记纂，纵或不能裁成卷帙，嘉惠后学，而搜罗端要，粗识名义，犹愈于但阅闹墨成策，承讹袭舛，不自知非者也。然则读书稽古，岂第求通古人而已哉？家若稍有余资，则经部之十三经与《大戴》《国语》，史部之《史记》《汉书》《资治通鉴》，子部之《老》《庄》《管》《韩》《吕览》《淮南》诸家，集部之唐宋八家、李杜二家全集与《文选》及《唐文粹》《宋文鉴》《元文类》，皆不可缺，而《玉海》《通考》《稗编》之类，又可为策部之资粮也。

[1] 唐氏顺之（1507—1560）：明朝学者。字应德，一字义修，人称荆川先生，武进（今江苏常州）人。嘉靖进士，由庶吉士授兵部主事，曾参校累朝

《实录》，还抗击过倭寇。一生博涉群书，曾将古今载籍汇集分类为《左》《右》《文》《武》《儒》《稗》六篇传世。有《荆川先生文集》，《明史·艺文志》类书类著录其《稗编》一百二十卷。

◎研读

这篇文章较为全面地反映章氏在教育方面的各种主张，而且所涉他关于文史等方面的理论也很重要。全文共讲了三十三个问题，涉及教育的方方面面，如"学以致其道"的教育目的，"通经服古"的教学内容，"尽人达天"的教育方法，等等。文中说"学者工夫，贵于铢积寸累""人生诵读之功，须在二十内外，若年近三十及三十外者，人事日多，记诵之功亦减，自不能如童子塾时专且习也。然年齿既长，文义亦明，及此施功，亦有易于童年记诵之处也""人才实难，而因设教，更不易易"，诸如此类，讲得都入情入理。

章学诚提出"君子学以致其道"，教育的目的在于使受教育者认识"道"，培养"有德有言"的良好素质，学好"修齐治平之道"的本领，做一个对社会有用的人。

在教学内容上，章学诚提出"通经服古"的要求，认为经史之学乃是第一大学问，以经史教育学生，培本固基，可以收到事半功倍的效果。他坚决反对以科举时文为主要教学内容的做法，认为那样不仅事倍功半，而且还会误人子弟。他在定武书院主讲时，对那些"天资尤敏慧者"，谆谆"教以通经服古"，并说："今学者以通经服古为迂谈，而剽掠浮薄时文，以为取青紫如拾芥矣。究之所求未必得，而术业卑陋，不可复问。……以不可多得之聪明岁月，而为是朝成夕毁未可取必之时文，虽至愚者不为。"[1]尤其对于儿童启蒙教育来说，更应诱导他们学习经史古文，而不应该使之学习时文，

---

[1] 《文史通义新编新注》外篇二《定武书院教诸生识字训约》，第629页。

这实际上是应试教育与素质教育之区别。

在长期的教学实践中，章学诚总结出许多具体的行之有效的教学方法，而最根本的一条，就是要让每个受教育者充分发挥自己的特长，更有效地掌握知识，最终实现教学目标。

章学诚认为，教学首先必须坚持因材施教的原则，"善为教者，达其天而不益以人，则生才不枉，而学者易于有成也"。这里的"达其天而不益以人"，是指教学要充分发挥每个学生的个性，比如学作诗，就要"取其天籁，近于自然""使之习其性之所近，而尽其材之所良，抑亦可矣"。他在定武书院里，根据每位学生的不同情况，分别提出了不同的要求和发展方向。他强调，在儿童启蒙教育中，更应根据儿童的天性和心理特点，因材施教，循序渐进。他指出："为童幼之初，天质未泯，遽强以所本无，而穿凿以人事，揠苗助长，槁固可立而待也。夫凤雏出鷇，不必遽能飞也；急以振翼为能事，则藩篱鹦雀，何足喻其多哉！"如果不尽可能地发挥其天资，而是拔苗助长，急于求成，无异于摧残幼苗。

章学诚还提出"惟教学半"之说，如果教学之过程中教师能"坐收学半之效，成人即以成己，岂不为尽善尽美之事乎"。在《与定武书院诸及门书》中，他还谆谆教导诸生，人生中年以后，人事蹉跎，不可能再闭户十年，专心读未读之书。这个时候，只有在聚徒讲学时，边教边学，"日与讲解，孜孜不倦""则惟教学半，其裨补当不浅矣"。这样，"学徒既得成就"，而教师的水平"亦日浸润于古，而不自知矣"。

当时许多教师只知让学生死记硬背，而不去理解文章的意思，学生读了也是白读，不能灵活运用，举一反三。章学诚提出，读一篇文章，如果用理解记忆的方法去学习，则往往会"熟文习之使生"。具体方法是：从命意、立句、行机、遣调、分比变化、虚实相生、反正开合、顿挫层折、琢句、练字等十个方面，加以分析思考，

"每一诵习，各作一意推求，仍用先如未见其文逐处平心迎拒之法，往复不已。则文虽一定，而我意转换无穷，即使万遍诵习，而揣摩光景，常如新脱于稿，所谓'熟文习之使生'，此法是也"。这种方法，章学诚有时又把它叫作"易意环求之道"。"古人教学，启发是资"，启发教育与理解记忆是密切相关的。他自己在主讲书院时，处处启发学生思考，培养学生的怀疑精神，教导学生不可迷信前人见解。

与朱沧湄中翰论学书

◎ 解题

　　此信写于乾隆四十八年（1783），在章氏主讲永平敬胜书院期间，朱沧湄省其父映榆于永平府署，曾多次向章氏请教，故有此《论学书》。这是一封内容非常重要的信，信中提出了"道不离器，犹形不离影"的命题，与《原道》三篇相互发明。

　　惠书辱许过质，所谓爱之忘其丑也，往复数番，益增惭悚！足下学业，得之趋庭[1]，天质兼倍，弱冠之年，富有卷轴，词笔秀挺，摆脱流辈，言论文事，有白首儒生所不逮者，得于天者优矣。兹于学问之事，不耻下询，而殷然有见于前人根柢不外经史，将于是中求其本末源流，是志于古之不朽者也。鄙人薄植[2]，自信不笃，岂敢遽为足下定厥指归，粗陈所历以备采择，抑亦可矣。盖其始也，诵法先民成言，辄欲推其言之之意，久之似有所得，而世之同诵习者不为然也。蓄疑内愤，又求之于古人，则往往有先我而得，同时诵且习者亦不为然。始知学业之事，将求此心之安，苟不悖于古人，流俗有所毁誉，不足较也。

　　[1] 趋庭：典出《论语·季氏》："（孔子）尝独立，鲤趋而过庭。曰：'学诗乎？'对曰：'未也。''不学诗，无以言。'鲤退而学诗。"鲤，孔子之子伯鱼。后因以"趋庭"喻指子承父教。朱沧湄中翰，指朱文瀚，字沧湄，安徽歙县人。乾隆五十五年（1790）进士，历任户部郎中、富川知县、温州分巡道等。有文名，主修《嘉庆山阴县志》。中翰，内阁中书。　　[2] 薄植：亦作

"薄殖"，指根基薄弱或学识浅薄。

三代而下，士无恒产，举子之业，古人出疆之贽[1]是也；孔、孟生于今日，欲罢而不能矣。但举业将以求知于人，而学问之道又不可以同于世之毁誉，足下所以有不克兼营之惧也。鄙人以谓学而不求有得则已，苟有所得，毋论治经业史，专门名家，其于举子之业，不惟不相妨害，且有相资之益，患在人自不思而误歧之耳。盖学问之事，非以为名，经经史纬，出入百家，途辙不同，同期于明道也。道非必袭天人、性命、诚正、治平，如宋人之别以道学为名，始谓之道。文章学问，毋论偏全平奇，为所当然而又知其所以然者，皆道也。《易》曰："形而上者谓之道，形而下者谓之器。"道不离器，犹形不离影。日月光天，终古不变，而群生百物，各以质之所赋而被其光，谓其所得光影各有大小高下之不齐则可矣，谓尽去形质而始为日月之光，不知光将何所附也！以所得之大小高下而推测日月之光则可矣，以谓光即在此大小高下而不复更有中天之日月焉，不知争此大小高下将何用也！由此观之，学术无有大小，皆期于道。若区学术于道外，而别以道学为名，始谓之道，则是有道而无器矣。学术当然，皆下学之器也；中有所以然者，皆上达之道也。器拘于迹而不能相通，惟道无所不通，是故君子即器以明道，将以立乎其大也。

[1] 出疆之贽：疆，边疆。贽，见面礼。此指科举是士子走入仕途的门径。

历观古今学术，循环衰盛，互为其端；以一时风尚言之，有所近者必有所偏，亦其势也。学者祈向，囿于时之所趋，莫不殚精竭智，攻索不遗余力，自以所得远过前人，圣人复生，不可易矣。及其风衰习变，后人又以时之所尚追议前人，未尝不如前人之视古昔。

汉、唐、宋、明以迄昭代，作者递相祖述，亦递相訾议，终身遁于其中，而不自知其守器而忘道，岂有当哉！惟夫豪杰之士，自得师于古人，取其意之所诚然而中实有所不得已者，力求其至，所谓君子求诸己也。世之所重而非吾意所期与，虽大如泰山，不遑顾也；世之所忽而苟为吾意之所期与，虽细如秋毫，不敢略也。趋向专，故成功也易；毁誉淡，故自得也深。即其天质之良，而悬古人之近己者以为准，勿忘勿助，久之自有会心焉，所谓途辙不同而同期于道也。

今足下有见于学问根柢不外经史，而又见古人穷经之难，心有慕于史学，又恐史部卷帙浩繁，且疑前人论史，其说不一，恐其精力有限而思淹贯之得其术。诚所谓年少志盛，锐气无前，视世之人营营干禄惟恐不工，不知此外更复有何事者，直霄壤矣。然于学问途径，则似有所徇焉，充其所至，可以闳通博雅，有闻当世，久之有所成就，亦足垂名来祀，称不朽矣。至于内得诸心，上通于道，古人精微由我而阐，后学津逮自我而开，将以有功斯世而不欲苟以名传，则犹未也。古人不忧名之不传，而忧名之徒传而无功于人世；不忧学之不成，而忧学之徒成而无得于身心；是故遑遑汲汲[1]自力于学，将以明其道也。经史者，古人所以求道之资，而非所以名其学也。经师传授，史学世家，亦必因其资之所习近而勉其力之所能为，殚毕生之精力而成书，于道必有当矣。譬如识大识小，莫不有文、武之道，否则岂有当于圣人之择哉！若先悬经史以为标准，仰而企之，俯而就之，斤斤焉必有当于一得，而后思以其学名；则是徒见世人所尊奉，而我从而徇其聪明智力焉，其无当于道也审矣。孔子曰："十室之邑，必有忠信。"言人美质，不难觏[2]也。人之性情才质必有所近，童子塾时知识初启，盖往往以无心得之，行之而不著也；其后读书作文，与夫游思旷览，亦时时若有会焉，又习而不察焉；此即道之见端，而充之可以无弗达者；未有人焉从而明示之，盖至终身汩没而不自知为枉其才者，比比然也。足下于此，亦将有所省乎？如有所省，则毋论治经业史，皆可求所得矣。若夫世方尚经，从而钻研服、郑，世方贵史，从而攻习班、马，尚考证者穿穴坟籍[3]以为博，工词章者搜猎华藻以为奇，夫世之所尚，未必即我性之所安，时之所趋，何必即吾质之所近！舍其所长而用其所短，亦已难矣。而毁誉之势眩其外，利钝之见惑其中，虽使十倍古人之智力，而成功且不能以及半焉。何况中才而下，本无所以自通哉！

[1] 遑遑汲汲：遑遑，又作"皇皇"，惶恐不安的样子。汲汲，急切的样子。心情急切，举止匆忙。 [2] 觏（gòu）：遇见，看见。 [3] 穿穴坟籍：穿穴，穿越，指钻研。传说古代典籍有"三坟五典""九丘八索"，"坟典""坟籍"常用作古代典籍的代称。

夫科举之业，学者鄙之，为其有所为而为，非出于中之不得已也。科名将以为利，而学问将以为名，同逐时趣而非出于中之不得已，乃人之无所得而勉强言学问者，辄视举业为小技，识者旁观，何以异于五十步之笑百步哉！虽然，举业无当于学问，斯固然矣；必谓学问有妨于举业，则未也。举业虽代圣贤立言，亦自抒其中之所见。诚能从于学问而以明道为指归，则本深而末愈茂，形大而声自宏，未闻学问有得，而举业之道，其所见者不磊落而光明也。夫学问之途，歧出百变，途辙小异，即不可以易地为良，而举业非其所营，乃谓独不相悖者，何耶？盖学问为质，而举业乃其文著之一端，故学不皆同，而苟有所得，自可相因而见也。制举之初意，本欲即文之一端以觇其人之本质，而世之徒务举业者，无其质而姑以文欺焉，是彼之过也。举业既为无质之文，而学问不衷于道，则又为无根之质，是又为学者之过也。两者绝不相蒙，有由来矣。

足下志学而虑兼营举业之不易，得无于此未晰与？虽然，鄙人为之四十年矣。其始未尝有独立之见而徒知好之，则已谬为人之所许矣。年至三十，所得似有进焉，人则从而疑之。至于今，盖又土苴三十之所为矣，一二心知之外，从而鄙且笑者十之四五，怒且骂者且倍焉。"志乎古必遗乎今"，昌黎韩氏言之慨然，向疑有激之言，今乃信其良不诬也。足下负兼人之资，在英妙之年即有不朽之志，千万人中不得一焉，不鄙迂塞而殷然以学业是询，鄙人岂敢有所爱乎！然而答非所问，则固以谓学问之道贵端始基，如素之为绚也；素质不立而求五采之章施，未有能成文章者。至于因端竟委[1]，由粗至精，功程先后，条目洪纤，则愿继是而言，效愚者之一得，惟高明之裁择可矣。

[1] 因端竟委：探求事情的根源和经过。

◎ 研读

在这封信中，章学诚论述了举业、学问以及道三者之间的关系，阐明做学问的目的、方法与途径。他认为，做学问的目的就是明道。他说："学问之事，非以为名，经经史纬，出入百家，途辙不同，同期于明道也。道非必袭天人、性命、诚正、治平，如宋人之别以道学为名，始谓之道。文章学问，毋论偏全平奇，为所当然而又知其所以然者，皆道也。《易》曰：'形而上者谓之道，形而下者谓之器。'道不离器，犹形不离影。"在这里，章学诚提出了"道不离器，犹形不离影"的光辉命题，认为任何原理或规律，不能离开客观事物而存在，这反映他具有物质决定意识的唯物主义思想。"学术无有大小，皆期于道。若区学术于道外，而别以道学为名，始谓之道，则是有道而无器矣。学术当然，皆下学之器也；中有所以然者，皆上达之道也。器拘于迹而不能相通，惟道无所不通，是故君子即器以明道，将以立乎其大也。"他在这里指出，学术是"下学之器"。"中有所以然者，皆上达之道"，"道"存在于学术中。

至于举业与学问的关系，章学诚认为："举业无当于学问，斯固然矣；必谓学问有妨于举业，则未也。"举业称不上是学问，"学问为质，而举业乃其文著之一端"，举业只是学问的一种外在表现形式。同时，"举业虽代圣贤立言，亦自抒其中之所见。诚能从于学问而以明道为指归，则本深而末愈茂，形大而声自宏"。如果学问能有所得，"其于举子之业，不惟不相妨害，且有相资之益"。此外，"制举之初意，本欲即文之一端以觇其人之本质，而世之徒务举业者，无其质而姑以文欺焉，是彼之过也。举业既为无质之文，而学问不衷于道，则又为无根之质，是又为学者之过也"。因此，学问是举业之质，道又是学问之根，一切以明道为最终目的。

在学习目标上，章学诚指出："自力于学，将以明其道也。经史者，古人所以求道之资，而非所以名其学也。经师传授，史学世家，亦必因其资之所习近而勉其力之所能为，殚毕生之精力而成书，于道必有当矣。"学子要"因其资之所习近而勉其力之所能为"，也就是根据自己的性情才质，来确定研究方向。在这方面，"惟夫豪杰之士，自得师于古人，取其意之所诚然而中实有所不得已者，力求其至，所谓君子求诸己也"。方向已经明确后，就要做到"世之所重而非吾意所期与，虽大如泰山，不遑顾也；世之所忽而苟为吾意之所期与，虽细如秋毫，不敢略也。趋向专，故成功也易；毁誉淡，故自得也深"。只有具备这种精神，才能在学术上有所成就。如果跟风趋时，"若夫世方尚经，从而钻研服、郑，世方贵史，从而攻习班、马"，随波逐流，舍己所长而用己所短，那么成功肯定无望。

答沈枫墀论学

◎**解题**

此信写于乾隆五十四年（1789），信中有许多警句值得借鉴，可与《原学》《博约》诸篇相参照阅读。

六月自太平返亳，道出维扬，夫子大人款留几及匝月，足慰十许年饥渴之思。彼时则以足下遥隔燕云，不获共斯朝夕，不免怅怅。七月抵亳，值儿妇病亡，经营旅殡，拮据殊甚。八月游楚，十月自楚中回，往还两月，泥途霖雨，行役为劳。此间一二月，稍歇风尘，而怱怱[1]岁事，扰扰志局应酬，遥计正月之杪，志事未能卒业，便须挈此遗绪，又作楚游矣。遑遑升斗，终岁奔驰，足下谓我心乐否耶？十一月中，从亳州署接到足下六月廿日手书，窃慨薰风拂楮，霜雪开械，鱼雁羁迟[2]，至于如此。来书滔滔千数百言，殷然以学业事往复相商，而并引当日都门晤语，征其归宿，非谦怀若谷，不耻下问，恐一善之有遗，曷克臻此！慰甚慰甚！

[1] 怱（cōng）怱：急遽，急速。　[2] 薰风拂楮（chǔ），霜雪开械（jiān），鱼雁羁迟：楮，树皮是制造桑皮纸和宣纸的原料，此作纸的代称。鱼雁，古时有借鱼腹和雁足传信的说法，比喻书信。此三句都是接到迟来书信的客套语。

足下所问，节目虽多，其要则可一言而蔽曰，"学以求心得"也。韩昌黎之论文也，则曰："文无难易，惟其是耳。"明道先生之论学，曰："凡事思所以然，天下第一学问。"二公所言，圣人复生，不能易也。夫文求是而学思其所以然，人皆知之而人罕能之，非其才之罪也，直缘风气锢其习而毁誉不能无动于中也。三代以还，官师政教不能合而为一，学业不得不随一时盛衰而为风气。当其盛也，盖世豪杰，竭才而不能测其有余；及其衰也，中下之资，抵掌而可以议其不足。大约服、郑训诂，韩、欧文辞，周、程义理，出奴入主，不胜纷纷。君子观之，此皆道中之一事耳。未窥道之全量，而各趋一节以相主奴，是大道不可见，而学士所矜为见者，特其风气之著于循环者也。足下欲进于学，必先求端于道。道不远人，即万事万物之所以然也；道无定体，即如文之无难无易，惟其是也。人生难得全才，得于天者必有所近，学者不自知也。博览以验其趣之所入，习试以求其性之所安，旁通以究其量之所至，是亦足以求进乎道矣。今之学者则不然，不问天质之所近，不求心性之所安，惟逐风气所趋而徇当世之所尚，勉强为之，固已不若人矣；世人誉之则沾沾以喜，世人毁之则戚戚以忧，而不知天质之良，日已离矣。夫风气所在，毁誉随之，得失是非，岂有定哉！辞章之习既盛，辄诋马、郑为章句；性理之焰方张，则嗤韩、欧为文人；循环无端，莫知所底，而好名无识之徒，乃谓托足于是，天下莫能加焉，不亦惑软！由风尚之所成言之，则曰考订、词章、义理；由吾人之所具言之，则才、学、识也；由童蒙之初启言之，则记性、作性、悟性也。考订主于学，辞章主于才，义理主于识，人当自辨其所长矣；记性积而成学，作性扩而成才，悟性达而为识，虽童蒙可与入德，又知斯道之不远人矣。夫风气所趋，偏而不备，而天质之良，亦曲而不全，专其一则必缓其二，事相等也；然必欲求天质之良而深戒以趋风气者，固谓良知良能，其道易入，且亦趋风气者未有不相率而入于伪也，其所以入于伪者，毁誉重而名心亟也。故为学之要，先戒名心；为学之方，求端于道。苟知求端于道，则专其一，缓其二，乃是忖己之长未能兼有，必不入主而出奴也；扩而充之，又可因此以及彼。风气纵有循环，而君子之所以自树，则固毁誉不能倾，而盛衰之运不足为荣瘁矣，岂不卓欤！

前明制义盛行，学问文章，远不古若，此风气之衰也。国初崇尚实学，特举词科，史馆需人，待以不次，通儒硕彦，磊落相望，可谓一时盛矣。其后史事告成，馆阁无事，自雍正初年至乾隆十许年，学士又以四书文义相为矜尚。仆年十五六时，犹闻老生宿儒自尊所业，至目通经服古谓之杂学，诗古文辞谓之杂作，士不工四书文不得为通，又成不可药之蛊矣。今天子右文稽古，三通四库诸馆以次而开，词臣多由编纂超迁，而寒士挟策依人，亦以精于校雠辄得优馆，甚且资以进身，其真能者，固若力农之逢年矣。而风气所开，进取之士，耻言举业；熊、刘变调，亦讽《说文》《玉篇》；王、宋别裁，皆考熔金篆石，风气所趋，何所不至哉！夫考订、辞章、义理，虽曰三门，而大要有二，学与文也；理不虚立，则固行乎二者之中矣。学资博览，须兼阅历，文贵发明，亦期用世，斯可与进于道矣。夫博览而不兼阅历，是发策决科之学也；有所发明而于世无用，是雕龙谈天之文也；然而不求心得而形迹取之，皆伪体矣。比见今之杰者，多偏于学文，则诗赋骈言亦极其工，至古文辞，则议之者鲜矣。

夫文非学不立，学非文不行，二者相须，若左右手，而自古难兼，则才固有以自限，而有所重者意亦有所忽也。陶朱公曰："人弃我取，人取我与。"学业将以经世，当视世所忽者而施挽救焉，亦轻重相权之义也。今之宜急务者，古文辞也；攻文而仍本于学，则既可以持风气，而他日又不致为风气之弊矣。足下于此，岂有意乎？语云："太上立德，其次立功，其次立言。"人生不朽之三，固该本末兼内外而言之也。鄙人则谓著述一途，亦有三者之别：主义理者，著述之立德者也；主考订者，著述之立功者也；主文辞者，著述之立言者也。"言之无文，行而不远"，宋儒语录，言不雅驯，又腾空说，其义虽有甚醇，学者罕诵习之，则德不虚立，即在功言之中，亦犹理不虚立，即在学、文二者之中也。足下思鄙人之旧话，而欲从事于立言，可谓知所务矣。然而考索之家，亦不易易，大而《礼》辨郊社，细若《雅》注虫鱼，是亦专门之业，不可忽也。阮氏《车考》，足下以谓仅究一车之用，是又不然。治经而不究于名物度数，则义理腾空而经术因以卤莽，所系非浅鲜也。子贡曰："文、武之道，未坠于地，贤者识大，不贤者识小。"皆夫子之所师也。人生有能有不能，耳目有至有不至，虽圣人有所不能尽也。立言之士，读书但观大意；专门考索，名数究于细微；二者之于大道，交相为功，殆犹女余布而农余粟也，而所以不能通乎大方者，各分畛域而交相诋也。足下有志于文，正当益重精学之士，能重精学之士，则发为文章，必无偏趋风气之患矣。昔朱竹君先生善古文辞，其于六书未尝精研而心知其意；王君怀祖，固以六书之学专门名家者也；朱先生序刻《说文》，中间辨别六书要旨，皆咨于怀祖而承用其言，仆称先生诸序，此为第一。非不知此言本怀祖也，而世或讥之；此不可语于古人为文之大体也。

近代学问如戴东原，未易易矣；其所考订与所发挥，文笔清坚，足以达其所见。而记传文字，非其所长，纂修志乘，固亦非其所解；委而不为，固无伤也，而强作解事，动成窒戾，此则不善趋避而昧于交相为功之业者也。要之，文易翻空，学须摭实。今之学者，虽趋风气，兢尚考订，多非心得；然知求实而不蹈于虚，犹愈于掉虚文而不复知实学也。夫医之疗疾，功寒以热，治积宜消，然而寒热相搏，几于无止；是以良医当积实而预为反虚之防，今日之论文而不敢忽学是也。愿足下思之度之，忖其所能而次第求之；如有所疑，则就高明而斟酌之。至于从事之余，功程疏数，条目鸿纤，不妨千里惠言。因病发药，非一时楮笔所能宣究。春闱[1]弹指，翘首捷音。临书增怀，不胜企望之至！

[1] 春闱：指会试，因考试在春天举行，故又称为春试或春闱，应考者为各省举人。

◎研读

章学诚在此信中告诉沈枫墀为学之道，指出考订、辞章、义理三者，都应当重视而不可偏废。信中有许多警句值得借鉴，如云："人生有能有不能，耳目有至有不至，虽圣人有所不能尽也"；又如："文非学不立，学非文不行，二者相须，若左右手""学业将以经世，当视世所忽者而施挽救焉"。

章学诚认为，一个人要在学术上有所建树，首先必须明确治学目的，端正治学态度。他指出："为学之要，先戒名心；为学之方，求端于道。"

他对于历史考据既揭露其偏弊，又肯定其价值与成绩，指出："考索之家，亦不易易，大而《礼》辨郊社，细若《雅》注虫鱼，是亦专门之业，不可忽也。阮氏《车考》，足下以谓仅究一车之用，是又不然。治经而不究于名物度数，则义理腾空而经术因以卤莽，所系非浅鲜也。"又说："今之学者，虽趋风气，就尚考订，多非心得；然知求实而不蹈于虚，犹愈于掉虚文而不复知实学也。"考订名物虽然"多非心得"，但其求实精神优于"掉虚文而不复知实学"。

还要指出的是，这封信中也谈到了戴震，"近代学问如戴东原，未易易矣；其所考订与所发挥，文笔清坚，足以达其所见。而记传文字，非其所长，纂修志乘，固亦非其所解"。这个评论还是实事求是的，况且修志之事，在戴氏学术生涯中完全是微不足道的，不必为其斤斤计较。信的中心内容，自然是告知对方如何做学问。

报孙渊如书

◎**解题**

　　此信写于乾隆五十三年（1788）。信中提出一个惊世骇俗的观点："愚之所见，以为盈天地间，凡涉著作之林，皆是史学，六经特圣人取此六种之史以垂训者耳。"他自己也说，"此种议论，知骇俗下耳目，故不敢多言"。

　　得手书，具悉一切。又见近日与稚存 [1] 书，知都门酬接之余，力于校雠，自进于学，慰甚羡甚！承询《史籍考》事，取多用宏，包经而兼采子集，不特如所问地理之类已也。前有条例与邵二云，求其相助；如足下从事校雠，其于古今载籍，耳目所及，幸有以指示之也！至义例所定有应采者，邵君处已有大凡，可就询之；此间编得十卷八卷，亦当寄京，请足下辈为参定也。愚之所见，以为盈天地间，凡涉著作之林，皆是史学，六经特圣人取此六种之史以垂训者耳。子集诸家，其源皆出于史，末流忘所自出，自生分别，故于天地之间，别为一种不可收拾、不可部次之物，不得不分四种门户矣。此种议论，知骇俗下耳目，故不敢多言；然朱少白所抄鄙著中，亦有道及此等处者，特未畅耳。俟为尚书公成书之后，亦当以涉历所及，自勒一家之言，所为聊此自娱，不敢问世也。然相知数君子，终不敢秘，幸时有以教政之，为幸多矣。属遣儿子入都，心绪纷纷，不及详述，一切询儿子，可俱知也。此达，并问近佳，不宣。五月二十三日。

[1] 稚存：即洪亮吉（1746—1809），字君直，小字稚存，别号北江、更生居士，江苏阳湖（今江苏常州）人，清代经学家、文学家。著有《卷施阁诗文集》《附鲒轩诗集》《更生斋诗文集》等。

◎研读

"盈天地间，凡涉著作之林，皆是史学"，这几句话对于理解章学诚"六经皆史"的命题有着重要作用。所以，《史籍考》所收录，不局限于史部一门，而是"取多用宏，包经而兼采子集"，广采博稽，甚至史稿、小说、蒙求等门，也收入书中。这是史部目录学上的"创始之事"，也反映了章学诚"六经皆史""凡涉著作之林，皆是史学"的观点，这就扩大了史学的范围。

其实章氏"六经皆史"的"史"，既具有"史义"之史，即"经世致用"之史的含义，又具有"史料"之史的内容。有的人只承认前者，而否定后者，这是对其观点的误解。

与林秀才

◎解题

　　此信讲述了许多有关做学问的道理，有些论述至今仍有价值，值得借鉴。

　　承示《三余笔录》六卷，反复数过，具征志古好学，不虚岁月。昔人谓"开卷有益"，又云"善学如关津，不可轻易放过一人"，读书能如是用心，则无浅非深，随在皆学问矣。无任钦佩之至！但细核全书，义例多未完善，考订亦鲜详备，存录案间，以为札记用功之草稿可耳；编次目录，犁分篇卷标题，俨若已成之书，似尚宜稍待也。天下学业，后人或多不及前人，惟说部之书，后人实胜于古。正以专门著述不如古人，说部书无定体，人人可为，而精华所萃，转为前人所不及也。韩子曰："记事者必提其要，纂言者必钩其玄。"即此寻章摘句之札记也。然其钩玄提要之书，不特今无所见，抑且当日亦无所闻，何哉？盖韩氏长于文辞，其所札记，取为文辞之用，非著述也。宋人所为章氏《考索》、王氏《玉海》之属，皆为制科对策，如峙糗粮[1]，初亦未为著作；惟用功勤而征材富，亦遂自为一书，譬如蒸糈未酿酒醴，而亦可为腌渍食物之用也。顾氏之《日知录》，则空前绝后矣，其自序乃日逐札存，晚年删定而类次者也。阎氏之《潜邱札记》[2]，则例类未清而编次杂乱，盖其未定之本。然其随时剳录，中有定见，故义例虽未清析，而书足自成一家，不可废也。今观大著所录，书分六卷，事隶千百余条，而类例不分，先后失次，忽引成书而未究其绪，忽入己说而未得其裁。如《三家诗考》，王氏所辑，尚有遗漏，后人已多增补，今重录之，转多不备也。《逸诗》章句，自杨升庵[3]以还，辑者数家，今既不能广益，亦可无烦缀录也。《七略》《七录》，本一例之事而分载前后，且《四簿》《七志》同类，亦不应详此略彼也。又如疏证六经无"餴"字，引《周官疏》谓六经原有此字，不知疏乃唐人之言，刘禹锡[4]故唐人也。论《七发》命名，自枚乘以下凡十余家，不知此自六朝人言之，而唐、宋文人所为七体文字不啻百家，不可袭旧文也。凡斯等类，随笔札录，以待日后参订，固学者之功程[5]；遽为成书定说，即无取矣。

[1] 峙（zhì）糗（qiǔ）粮：峙，储备。糗，干粮。即储备粮食。 [2] 阎氏之《潜邱札记》：阎若璩（1636—1704），字百诗，号潜邱，山西太原人，清代学者。著有《尚书古文疏证》《四书释地》《潜邱札记》等。 [3] 杨升庵：指明代学者杨慎。 [4] 刘禹锡（772—842）：字梦得，唐代文学家、哲学家。著有《刘梦得文集》《刘宾客集》）。 [5] 功程：任务。

大抵学问文章，须成家数[1]，博以聚之，约以收之，载籍浩博难穷，而吾力所能有限，非有专精致力之处，则如钱之散积于地，不可绳以贯也。古人以学著于书，后人即书以为学，于是专门经史子术之外，能文之士则有文集，涉猎之家则有说部，性理诸子乃有语录。斯三家者，异于专门经史子术，可以惟意所欲，好名之士莫不争趋，故间尝有美玉焉而不胜其砆砆[2]之多以杂也，有夜光焉而不胜鱼目之泪以扰也。故为今学者计，札录之功必不可少。即顾氏所为《日知》，义本子夏氏教，然存为功力，而不可以为著作；亦俟类次既多，积久而胸有定识，然后贯串前后，去其不合与不定者，慎取而约收之，虽谓不愧顾氏可也。既以此为功力，当益进于文辞。《易》曰："修辞立其诚。"辞不能不出于修，近日学者，正坐偏学而

303

不知文耳。孟子曰："博学而详说之，将以反说约也。"夫博约自是学问，乃必云"详说"，又云"说约"；所谓说者，非文而何？宋人讥韩子为因文见道，然如宋人语录，又岂可为文乎？因文见道，又复何害！孔、孟言道，亦未尝离于文也；但成者为道，未成者为功力，学问之事，则由功力以至于道之梯航也。文章者，随时表其学问所见之具也；札记者，读书练识以自进于道之所有事也；足下有志于古，正当因是而进勉之，无怠无怠！四月二十日。

[1] 家数：家法传统，流派风格。　[2] 碔砆（wǔ fū）：像玉的石块。

◎**研读**

此信中说："大抵学问文章，须成家数，博以聚之，约以收之，载籍浩博难穷，而吾力所能有限，非有专精致力之处，则如钱之散积于地，不可绳以贯也""故为今学者计，札录之功必不可少"。札录是打功底的一项工作，可反映一个人功力之深浅，不过功力本身并不等于学问。"但成者为道，未成者为功力，学问之事，则由功力以至于道之梯航也。文章者，随时表其学问所见之具也；札记者，读书练识以自进于道之所有事也。"即使在当今信息时代，知识的积累、能力的培养也还是最重要的。尽管许多资料数据库的建立让检索变得极为便利，但那些都是数字资源，不下功夫去阅读分析，还是不可能变成自己的成就。

方志立三书议

◎解题

◎ 解题

　　本篇作于乾隆五十七年（1792），是章学诚方志理论的核心，标志着他的方志理论的成熟、修志体例的完备和方志学的建立。分立三书的主张是他在方志理论上的一个杰出贡献，通过修志实践逐步完善，编修《和州志》时先设立"文征"，《永清县志》同样设置，到编修《亳州志》时，才又设立了"掌故"。

　　凡欲经纪一方之文献，必立三家之学，而始可以通古人之遗意也。仿纪传正史之体而作志，仿律令典例之体而作掌故，仿《文选》《文苑》之体而作文征。三书相辅而行，缺一不可；合而为一，尤不可也。惧人以谓有意创奇，因假推或问以尽其义。

　　或曰："方志之由来久矣，未有析而为三书者，今忽析而为三，何也？"曰：明史学也。贾子尝言古人治天下，至纤至析[1]。余考之于《周官》，而知古人之于史事，未尝不至纤析也。外史掌四方之志，注谓若晋《乘》[2]、鲁《春秋》[3]、楚《梼杌》[4]之类，是一国之全史也。而行人[5]又献五书[6]，太师又陈风诗，详见《志科议》，此但取与三书针对者。是王朝之取于侯国，其文献之征，固不一而足也。苟可缺其一，则古人不当设是官；苟可合而为一，则古人当先有合一之书矣。

　　[1] 古人治天下，至纤至析：语出贾谊《论积贮疏》："古之治天下，至

纤至悉也。"纤，xiān，通"纤"，细致。　　［2］《乘》：先秦时晋国的史书曰《乘》，见《孟子·离娄下》。　　［3］鲁《春秋》：西周、春秋时期编年体史书通称"春秋"，周王室和一些诸侯国史官都著有《春秋》，如《周春秋》《燕春秋》《宋春秋》《齐春秋》等。　　［4］《梼杌》：先秦时楚国的史书曰《梼杌》，见《孟子·离娄下》。　　［5］行人：《周礼》秋官司寇属官有大行人、小行人，掌迎宾客与出使。　　［6］五书：《周礼·秋官·小行人》载："及其万民之利害为一书，其礼俗政事教治刑禁之逆顺为一书，其悖逆暴乱作慝犹犯令者为一书，其札丧凶荒厄贫为一书，其康乐和亲安平为一书。"

或曰："封建罢为郡县，今之方志，不得拟于古国史也。"曰：今之天下，民彝物则[1]，未尝稍异于古也。方志不得拟于国史，以言乎守令之官，皆自吏部迁除，既已不世其家，即不得如侯封之自纪其元于书耳。其文献之上备朝廷征取者，岂有异乎？人见春秋列国之自擅，以谓诸侯各自为制度，略如后世割据之国史，不可推行于方志耳。不知《周官》之法，乃是同文共轨[2]之盛治；侯封之禀王章，不异后世之郡县也。

［1］民彝物则：彝：法度，常规，犹人伦。民彝，人与人之间相处的伦理道德准则。物则：事物的法则。　　［2］同文共轨：书同文，车共轨，指国家政令制度统一。

古无私门之著述，六经皆史也。后世袭用而莫之或废者，惟《春秋》《诗》《礼》三家之流别耳。纪传正史，《春秋》之流别也；掌故典要，《官礼》之流别也；文征诸选，风《诗》之流别也。获麟绝笔以还，后学鲜能全识古人之大体，必至积久然后渐推以著也。马《史》、班《书》以来，已演《春秋》之绪矣。刘氏《政典》，杜氏《通典》，始演《官礼》之绪焉。吕氏《文鉴》，苏氏《文类》，始演风《诗》之绪焉。并取括代为书，互相资证，无空言也。

或曰："文中子[1]曰：圣人述史有三：《书》《诗》与《春秋》

也。今论三史，则去《书》而加《礼》，文中之说，岂异指欤？"曰：
《书》与《春秋》本一家之学也。《竹书》[2]虽不可尽信，编年盖古
有之矣。《书》篇乃史文之别具，古人简质，未尝合撰纪传耳。左氏
以传翼经，则合为一矣。其中辞命，即训诰之遗也；所征典实，即
《贡》《范》之类也。故《周书》[3]讫平王，《秦誓》乃附侯国之书。而
《春秋》托始于平王，明乎其相继也。左氏合而马、班因之，遂为史
家一定之科律，殆如江、汉分源而合流，不知其然而然也。后人不
解，而以《尚书》《春秋》分别记言记事者，不知六艺之流别者也。
若夫《官礼》之不可缺，则前言已备矣。

[1] 文中子：王通门人私谥其曰"文中子"。　　[2] 《竹书》：即《竹书
纪年》，战国时魏国史书。晋武帝太康二年（281，一说元年），汲郡（在今河
南）有人盗魏襄王冢，得竹书数十车，有的已被盗墓人照明烧了，剩余部分有
纪年十三篇，束皙、荀勖看后，知是历史书。所记内容，起自夏禹，继述夏、
商、周之事，周宣王以后，特记晋国事，晋灭后，特记魏，至魏襄王二十年称
为今上。可见是魏国史官所写史书。《竹书纪年》是后人取的名，因其书写在
竹简上，又是纪年的。由于发现于汲冢，故又称《汲冢纪年》或《汲冢
书》。　　[3] 《周书》：《尚书》的组成部分。相传为记载周代史迹之书。今
传本有《牧誓》《洪范》《金滕》《大诰》《康诰》《酒诰》《梓材》《召诰》《洛
诰》《多士》《无逸》《君奭》《多方》《立政》《顾命》《费誓》《吕刑》《文侯之
命》《秦誓》十九篇。

或曰："《乐》亡而《书》合于《春秋》，六艺仅存其四矣。既
曰六经皆史矣，后史何无演《易》之流别欤？"曰：古治详天道而简
于人事，后世详人事而简于天道，时势使然，圣人有所不能强也。
上古云鸟纪官，命以天时，唐、虞始命以人事；《尧典》详命羲、
和，《周官》保章，仅隶《春官》之中秩，此可推其详略之概矣。
《易》之为书也，开物成务，圣人神道设教，作为神物，以前民用。
羲、农、黄帝不相袭，夏、商、周代不相沿，盖以治历明时，同为
一朝之创制，作新兆人之耳目者也。后世惟以颁历授时为政典，而

占时卜日为司天之官守焉。所谓天道远而人事迩，时势之不得不然。是以后代史家，惟司马犹掌天官，而班氏以下，不言天事也。

或曰："六经演而为三史，亦一朝典制之巨也。方州蕞尔[1]之地，一志足以尽之，何必取于备物欤？"曰：类例不容合一也。古者天子之服，十有二章，公、侯、卿、大夫、士差降，至于元裳一章，斯为极矣。然以为贱，而使与冠履并合为一物，必不可也。前人于六部卿监，盖有志矣。然吏不知兵，而户不侵礼，虽合天下之大，其实一官之偏，不必责以备物也。方州虽小，其所承奉而施布者，吏、户、礼、兵、刑、工，无所不备，是则所谓具体而微矣。国史于是取裁，方将如《春秋》之藉资于百国宝书也，又何可忽欤！

[1] 蕞（zuì）尔：比较小的地区。

或曰："自有方志以来，未闻国史取以为凭也。今言国史取裁于方志，何也？"曰：方志久失其传。今之所谓方志，非方志也。其古雅者，文人游戏，小记短书，清言丛说而已耳；其鄙俚者，文移案牍，江湖游乞，随俗应酬而已耳。搢绅先生每难言之。国史不得已，而下取于家谱、志状、文集、记述，所谓礼失求诸野也。然而私门撰著，恐有失实，无方志以为之持证，故不胜其考核之劳，且误信之弊，正恐不免也。盖方志亡，而国史之受病也久矣。方志既不为国史所凭，则虚设而不得其用，所谓觚不觚[1]也，方志乎哉！

[1] 觚（gū）不觚：语出《论语·雍也》："子曰：'觚不觚，觚哉！觚哉！'"觚，酒器。此句比喻事物名实不符。

或曰："今三书并立，将分向来方志之所有而析之欤？抑增方志之所无而鼎立欤？"曰：有所分，亦有所增，然而其义难以一言尽也。史之为道也，文士雅言，与胥吏簿牍，皆不可用。然舍是二者，则无所以为史矣。孟子曰：其事、其文、其义，《春秋》之所取也。

即簿牍之事，而润以尔雅之文，而断之以义，国史、方志，皆《春秋》之流别也。譬之人身，事者其骨，文者其肤，义者其精神也。断之以义，而书始成家，书必成家，而后有典有法，可诵可识，乃能传世而行远。故曰：志者，志^[1]也，欲其经久而可记也。

[1] 志：记。

或曰："志既取簿牍以为之骨矣，何又删簿牍而为掌故乎？"曰：说详《亳州掌故》之例议矣，今复约略言之。马迁八书皆综核典章，发明大旨者也。其《礼书》例曰："笾豆之事，则有司存。"此史部书志之通例也。马迁所指为有司者，如叔孙朝仪，韩信军法，萧何律令，各有官守而存其掌故，史文不能一概而收耳。惜无刘秩、杜佑其人，别删掌故而裁为典要。故求汉典者，仅有班《书》，而名数不能如唐代之详，其效易见也。则别删掌故以辅志，犹《唐书》之有《唐会要》^[1]，《宋史》之有《宋会要》^[2]，《元史》之有《元典章》^[3]，《明史》之有《明会典》^[4]而已矣。

[1]《唐会要》：唐德宗时，苏冕曾编次高祖至德宗九朝之事，成《会要》四十卷，为会要体之始。宣宗时，杨绍复等又编纂德宗以后之事，续修四十卷。但宣宗以后，记载尚缺。北宋初，王溥在此基础上重新加以整理，并续至唐末，成《唐会要》一百卷，分列五百十四目，于唐代各项制度沿革变迁，叙述颇为详核。　　[2]《宋会要》：宋代对会要编纂很重视，曾于秘书省设会要所专司其事，前后组织编纂历十次。最后一次为理宗端平元年（1234），由李心传负责修纂，包括宋代十三朝（北宋九朝，南宋四朝），共成书二千二百余卷，因卷帙多未能刊行，元修《宋史》各志，多取材于此。明初尚存，故修《永乐大典》时，其中史事尚被采入。清嘉庆时，徐松从《大典》中录出尚近五百卷，即今流传之《宋会要辑稿》。　　[3]《元典章》：全名为《大元圣政国朝典章》，元代官修，不署撰人姓名。正集六十卷，附新集不分卷。正集记自元世祖即位（1260）至元仁宗延祐七年（1320）的典章制度。新集续记至元英宗至治二年（1322）。所记史实多为《元史》所未载。　　[4]《明会典》：全名为《大明会典》，二百二十八卷，记明代典章制度的官修书。前后亦共纂

修三次，最后一次为万历四年（1576）张居正奉命重修，即今之《大明会典》。

或曰："今之方志，所谓艺文，置书目而多选诗文，似取事言互证，得变通之道矣。今必别撰一书为文征，意岂有异乎？"曰：说详《永清文征》之序例矣，今复约略言之：志既仿史体而为之，则诗文有关于史裁者，当入纪传之中，如班《书》传志所载汉廷诏疏诸文可也。以选文之例而为艺文志，是《宋文鉴》可合《宋史》为一书，《元文类》可合《元史》为一书矣，与纪传中所载之文，何以别乎？

或曰："选事仿[1]于萧梁，继之《文苑英华》[2]与《唐文粹》[3]，其所由来久矣。今举《文鉴》《文类》始演风《诗》之绪，何也？"曰：《文选》《文苑》诸家，意在文藻，不征实事也。《文鉴》始有意于政治，《文类》乃有意于故事，是后人相习久，而所见长于古人也。

[1] 仿：当作"昉"（fǎng），曙光初现，引申为发端、起始。　　[2] 《文苑英华》：是宋朝编纂的一部类书，宋太宗太平兴国七年（982）李昉、徐铉等编，雍熙三年（986）成书，共一千卷，辑录南朝梁末至唐末作家二千二百余人，作品近两万篇，分赋诗等三十八类。唐代散佚诸集，多赖此书得以留存。　　[3] 《唐文粹》：宋朝姚铉编，一百卷。成于大中祥符四年（1011），初名《文粹》，南宋重刻始加"唐"字，以《文苑英华》为本，上承《文选》，选录唐代诗、文、歌、赋，均取古体，不录骈体文和五言、七言律诗。

或曰："方州文字无多，既取经要之篇入纪传矣，又辑诗文与志可互证者，别为一书，恐篇次寥寥无几许也。"曰：既已别为一书，义例自可稍宽，即《文鉴》《文类》，大旨在于证史，亦不能篇皆绳以一概也。名笔佳章，人所同好，即不尽合于证史，未尝不可兼收也。盖一书自有一书之体例，《诗》教自与《春秋》分辙也。近代方志之艺文，其猥滥者，毋庸议矣；其稍有识者，亦知择取其有用，而慎选无多也。不知律以史志之义，即此已为滥收，若欲见一方文物之盛，虽倍增其艺文，犹嫌其隘矣。不为专辑一书，以明三家之学，进退皆失所据也。

或曰："《文选》诸体无所不备，今乃归于风《诗》之流别，何谓也？"曰：说详《诗教》之篇矣，今复约略言之。《书》曰："诗言志。"古无私门之著述，经子诸史，皆本古人之官守，诗则可以惟意所欲言。唐、宋以前，文集之中无著述。文之不为义解、经学传记、史学论撰子学诸品者，古人始称之为文；有其义解、传记、论撰诸体者，古人称书不称文也。萧统《文选》合诗文而皆称为文者，见文集之与诗，同一流别也。今仿选例而为文征，入选之文，虽不一例，要皆自以其意为言者，故附之于风《诗》也。

或曰："孔衍有《汉魏尚书》，王通亦有《续书》，皆取诏、诰、章、疏，都为一集，亦《文选》之流也。然彼以衍《书》家，而不以入《诗》部，何也？"曰：《书》学自左氏以后，并入《春秋》。孔衍、王通之徒，不达其义而强为之，故其道亦卒不能行。譬犹后世，济水已入于河，而泥《禹贡》者，犹欲于荥泽、陶邱濬[1]故道也。

[1]　濬（jùn）：同"浚"，疏通，挖深。

或曰："三书之外，亦有相仍而不废者，如《通鉴》之编年，《本末》[1]之纪事，后此相承，当如俎豆之不祧矣。是于六艺何所演其流别欤？"曰：是皆《春秋》之支别也。盖纪传之史，本衍《春秋》家学，而《通鉴》即衍本纪之文，而合其志传为一也。若夫纪事本末，其源出于《尚书》，而《尚书》中折而入于《春秋》，故亦为《春秋》之别也。马、班以下，代演《春秋》于纪传矣。《通鉴》取纪传之分，而合之以编年；纪事本末又取《通鉴》之合，而分之以事类，而因事命篇，不为常例，转得《尚书》之遗法。所谓事经屡变而反其初，贲饰所为受以《剥》，剥穷所为受以《复》[2]也。譬烧丹砂以为水银，取水银而烧之，复为丹砂，即其理矣。此说别有专篇讨论，不具详也。此乃附论，非言方志。

[1]《本末》：南宋史学家袁枢《通鉴纪事本末》。 [2] 贲（bēn）饰所为受以《剥》，剥穷所为受以《复》：语出《周易·序卦》："《贲》者饰也。致饰然后亨则尽矣，故受之以《剥》；《剥》者，剥也。物不可以终尽，剥穷上反下，故受之以《复》。"贲饰，装饰、文饰。承续象征文饰的《贲》卦的是《剥》卦，剥落穷尽后，接着是象征回复的《复》卦。

或曰："子修方志，更于三书之外，别有《丛谈》[1]一书，何为邪？"曰：此征材之所余也。古人书欲成家，非夸多而求尽也。然不博览，无以为约取地。既约取矣，博览所余，拦入则不伦，弃之则可惜，故附稗野说部之流而作丛谈，犹经之别解，史之外传，子之外篇也。其不合三书之目而称四，何邪？三书皆经要，而《丛谈》则非必不可缺之书也。前人修志，则常以此类附于志后，或称余编，或称杂志。彼于书之例义，未见卓然成家，附于其后，故无伤也。既立三家之学，以著三部之书，则义无可借，不如别著一编为得所矣。《汉志》所谓小说家流，出于稗官，街谈巷议，亦采风所不废云尔。

[1]《丛谈》：章学诚纂修的《湖北通志》，有《丛谈》四卷，包括考据、轶事、琐语、异闻。

◎研读

文章开宗明义提出："凡欲经纪一方之文献，必立三家之学，而始可以通古人之遗意也。仿纪传正史之体而作志，仿律令典例之体而作掌故，仿《文选》《文苑》之体而作文征。三书相辅而行，缺一不可；合而为一，尤不可也。"为什么要提出这个主张呢？他在《〈亳州志·掌故〉例议下》书中讲当时的方志"猥琐庸陋，求于史家义例，似志非志，似掌故而又非掌故，盖无以讥为也"。因此，这种局面非改变不可。

章氏创立方志立三书的理论，是受到唐代史家刘知幾的启发。刘知幾在《史通·载言》篇中提出，今后编修纪传正史要立书部。这种书部类似文选，将帝王制册诰命、群臣章表分别选录，各立制册书、章表书与书传并列。对此主张，章氏十分赞赏，并在《〈和州志·文征〉序例》和《〈永清县志·文征〉序例》中一再提到此主张。同时他又根据历代都在正史之外编有会要、会典、文选、文类的启发，确立了三书之学。他说："自唐、宋以后，正史之外，皆有典故会要，以为之辅，故典籍至后世而益详也。"[1]可是"方志诸家，则犹合史氏文裁，与官司案牍，混而为一。文士欲掇菁华，嫌其芜累；有司欲求故事，又恐不详。陆机所谓'离之则双美，合之则两伤'也"。[2]分立三书，正是采用"离之则双美"的办法。值得指出的是，有人说章学诚的"文征"发端于旧方志的"艺文"一目，而"掌故"源于"考"体，这种说法没有根据。

---

[1]《文史通义新编新注》外篇六《〈湖北掌故〉序例》，第1032页。

[2]同上。

州县请立志科议

章学诚在《答甄秀才论修志第一书》中已经提出："欲使志无遗漏，平日当立一志乘科房。"本篇文章建议清朝当局在各地州县设立志科，平时积累资料，以便于方志编修。

鄙人少长贫困，笔墨干人^[1]，屡膺^[2]志乘之聘，阅历志事多矣。其间评骘古人是非，斟酌后志凡例，盖尝详哉其言之矣。要皆披文相质^[3]，因体立裁。至于立法开先，善规防后，既非职业所及，嫌为出位^[4]之谋，间或清燕谈天^[5]，辄付泥牛入海。美志不效，中怀阙如。然定法既不为一时，则立说亦何妨俟后，是以愿终言之，以待知者择焉。

[1] 干（gān）人：求人。干，求取（职位、俸禄等）。　[2] 膺（yīng）：接受，承担。　[3] 披文相质：文采实质相称得当。　[4] 出位：越位，超出本分。　[5] 清燕谈天：闲居高谈阔论。

按《周官》宗伯之属，外史掌四方之志，注谓若晋《乘》、楚《梼杌》之类，是则诸侯之成书也。成书岂无所藉，盖尝考之周制，而知古人之于史事，未尝不至纤悉也。司会^[1]既于郊野县都掌其书契版图之贰；党正^[2]"属民读法，书其德行道艺"；闾胥^[3]比众，"书其敬敏任恤"；诵训^[4]"掌道方志，以诏观事，掌道方慝，以诏避忌，以知地俗"；小史"掌邦国之志，奠系世，辨昭穆"；训方"掌导四方之政事，与其上下之志，诵四方之传道"；形方"掌邦国之地域，而正其封疆"；山师、川师"各掌山林川泽之名，辨物与其利害"；原师"掌四方之地名，辨其邱、陵、坟、衍、原、隰之名"。是于乡、遂、都、鄙之间，山川风俗，物产人伦，亦已巨细无遗矣。至于行人之献五书，职方[5]之聚图籍，太师之陈风诗，则其达之于上者也。盖制度由上而下，采摭由下而上。惟采摭备，斯制度愈精，三代之良法也。后代史事，上详于下。郡县异于封建，方志不复视古国史，而入于地理家言，则其事已偏而不全。且其书无官守制度，而听人之自为，故其例亦参差，而不可为典要，势使然也。

[1] 司会：《周礼》天官的属官，主管财政经济及考察官员政绩。[2] 党正：地官的属官，一党之长。五百家为党。 [3] 闾胥：地官的属官，一闾之长，二十五家为一闾。 [4] 诵训：地官的属官。 [5] 职方：与训方、形方、山师、川师、原师等皆为夏官的属官。

夫文章视诸政事而已矣。三代以后之文章，可无三代之遗制；三代以后之政事，不能不师三代之遗意也。苟于政法，亦存三代文章之遗制，又何患乎文章不得三代之美备哉！天下政事，始于州县，而达乎朝廷，犹三代比、闾、族、党，以上于六卿；其在侯国，则由长、帅、正、伯[1]，以通于天子也。朝廷六部尚书之所治，则合天下州县六科吏典[2]之掌故以立政也。其自下而上，亦犹三代比、闾、族、党、长、帅、正、伯之遗也。六部必合天下掌故而政存，史官必合天下纪载而籍备也。乃州县掌故，因事为名，承行典吏，多添注[3]于六科之外，而州县纪载，并无专人典守，大义阙如。间有好事者流，修辑志乘，率凭一时采访，人多庸猥，例罕完善，甚至挟私诬罔，贿赂行文，是以言及方志，荐绅先生每难言之。史官采风自下，州县志乘如是，将凭何者为笔削资也？

[1] 长、帅、正、伯：据《礼记·王制》："千里之外，设方伯。五国以为属，属有长。十国以为连，连有帅。三十国以为卒，卒有正。二百一十国以为州，州有伯。" 　　[2] 吏典：吏员。 　　[3] 添注：添入注拟。注拟，一种登录姓名、拟定官职以备委用的册籍。添注即等候委用。

且有天下之史，有一国之史，有一家之史，有一人之史。传状志述，一人之史也；家乘谱牒，一家之史也；部府县志，一国之史也；综纪一朝，天下之史也。比人而后有家，比家而后有国，比国而后有天下。惟分者极其详，然后合者能择善而无憾也。谱牒散而难稽，传志私而多谀，朝廷修史，必将于方志取其裁。而方志之中，则统部[1]取于诸府，诸府取于州县，亦自下而上之道也。然则州县志书，下为谱牒传志持平，上为部府征信，实朝史之要删也。期会工程，赋税狱讼，州县恃有吏典掌故，能供六部之征求。至于考献征文，州县仅恃猥滥无法之志乘，曾何足以当史官之采择乎？州县挈要[2]之籍，既不足观，宜乎朝史宁下求之谱牒传志，而不复问之州县矣。夫期会[3]工程，赋税狱讼，六部不由州县，而直问于民间，庸有当欤？则三代以后之史事，不亦难乎？

[1] 统部：地方最高行政区域，如唐代的道、宋代的路、元代行省、明清布政使司。 　　[2] 挈要：提纲挈领，简明扼要。 　　[3] 期会：约期聚集，泛指在规定的期限内实施政令等。

夫文章视诸政事而已矣。无三代之官守典籍，即无三代之文章；苟无三代之文章，虽有三代之事功，不能昭揭如日月也。令史案牍，文学之儒，不屑道也。而经纶政教，未有舍是而别出者也。后世专以史事责之于文学，而官司掌故不为史氏备其法制焉。斯则三代以后，离质言文，史事所以难言也。

今天下大计，既始于州县，则史事责成，亦当始于州县之志。州县有荒陋无稽之志，而无荒陋无稽之令史案牍。志有因人臧否、因人工拙之义例文辞，案牍无因人臧否、因人工拙之义例文辞。盖以登载有一定之法，典守有一定之人，所谓师三代之遗意也。故州县之志，不可取办于一时，平日当于诸典吏中，特立志科，佥[1]典吏之稍明于文法者，以充其选。而且立为成法，俾如法以纪载，略如案牍之有公式焉，则无妄作聪明之弊矣。积数十年之久，则访能文学而通史裁者，笔削以为成书，所谓待其人而后行也。如是又积而又修之，于事不劳，而功效已为文史之儒所不能及。所谓政法，亦存三代文章之遗制也。

[1] 佥：任用。

然则立为成法将奈何？六科案牍，约取大略而录藏其副可也。官长师儒，去官之日，取其平日行事善恶有实据者，录其始末可也。所属之中，家修其谱，人撰其传志状述，必呈其副。学校师儒，采取公论，核正而藏于志科可也。所属人士，或有经史撰著，诗辞文笔，论定成编，必呈其副，藏于志科，兼录部目可也。衙廨城池，学庙祠宇，堤堰桥梁，有所修建，必告于科，而呈其端委可也。铭金刻石，纪事摘辞，必摩其本而藏之于科可也。宾兴乡饮，读法讲书，凡有举行，必书一时官秩及诸名姓，录其所闻所见可也。置藏室焉，水火不可得而侵也。置锁楗焉，分科别类，岁月有时，封志以藏，无故不得而私启也。仿乡塾义学之意，四乡各设采访一人，遴绅士之公正符人望者为之，俾搜遗文逸事，以时呈纳可也。学校师儒，慎选老成，凡有呈纳，相与持公核实可也。

夫礼乐与政事，相为表里者也。学士讨论礼乐，必询器数于宗祝[1]，考音节于工师[2]，乃为文章不托于空言也。令史案牍，则大臣讨论国政之所资，犹礼之有宗祝器数，乐之有工师音节也。苟议政事而鄙令史案牍，定礼乐而不屑宗祝器数，与夫工师音节，则是无质之文，不可用也。独于史氏之业，不为立法无弊，岂曰委之文学之儒，已足办欤！

[1] 宗祝：宗伯和太祝，主祭祀之官。　　[2] 工师：乐工、乐师。

或曰："州县既立志科，不患文献之散逸矣。由州县而达乎史官，其地悬而其势亦无统要，府与布政使司，可不过而问欤？"曰：州县奉行不实，司府必当以条察也。至于志科，既约六科案牍之要，以存其籍矣；府吏必约州县志科之要，以为府志取裁；司吏必约府科之要，以为通志取裁；不特司府之志有所取裁，且兼收并蓄，参互考求，可以稽州县志科之实否也。至于统部大僚，司科亦于去官之日，如州县志科之于其官长师儒，录其平日行事善恶有实据者，详其始末，存于科也。诸府官僚，府科亦于去官之日，录如州县可也。此则府志科吏，不特合州县科册而存其副；司志科吏，不特合诸府科而存其副，且有自为其司与府者，不容略也。

或曰："是于史事诚有裨矣。不识政理亦有赖于是欤？"曰：文章政事，未有不相表里者也。令史案牍，政事之凭藉也。有事出不虞而失于水火者焉；有收藏不谨而蚀于湿蠹者焉；有奸吏舞法而窜窃更改者焉。如皆录其要而藏副于志科，则无数者之患矣。此补于政理者不鲜也。谱牒不掌于官，亦今古异宜。天下门族之繁，不能悉核于京曹也。然祠袭争夺，则有讼焉；产业继嗣，则有讼焉；冒姓占籍，降服归宗[1]，则有讼焉；昏姻违律，则有讼焉；户役隐漏，则有讼焉；或谱据遗失，或奸徒伪撰，临时炫惑，丛弊滋焉。平日凡有谱牒，悉呈其副于志科，则无数者之患矣。此补于政理者，又不鲜也。古无私门之著述，盖自战国以还，未有可以古法拘也。然文字不隶于官守，则人不胜自用之私。圣学衰而横议乱其教，史官失而野史逞其私。晚近文集传志之猥滥，说部是非之混淆，其渎乱纪载，荧惑清议，盖有不可得而胜诘者矣。苟于论定成编之业，必呈副于志科，而学校师儒，从公讨论，则地近而易于质实，时近而不能托于传闻，又不致有数者之患矣。此补于政理者，殆不可以胜计也。故曰，文章政事，未有不相表里者也。

[1] 降服归宗：出嗣之子降低丧服等级，回归本族。

◎研读

我国古代从来没有在州县设立过志科。章学诚一生中经常为人修志，深感在修志过程中搜集资料的困难，于是提出州县设立志科的建议。文中对志科的职能作了具体的论述，实际上这里说的志科就相当于我们今天的档案馆。正因如此，目前档案学界还送给章学诚一顶档案学家的桂冠，专门写文论述他的档案学思想。可惜的是，这一非常合理与必要的建议，在当时无人采纳，没有产生任何影响。

修志十议呈天门胡明府

◎ 解题

乾隆二十九年（1764），章学诚之父章镳主湖北天门县讲席。"甲申冬杪，天门胡明府议修县志"，于是他乃作《修志十议》。这是他早年论述方志编修的一篇重要文章，为今后方志理论开了新河。

修志有二便：地近则易核，时近则迹真。有三长：识足以断凡例，明足以决去取，公足以绝请托。有五难：清晰天度[1]难，考衷古界难，调剂众议难，广征藏书难，预杜是非难。有八忌：忌条理混杂，忌详略失体，忌偏尚文辞，忌妆点名胜，忌擅翻旧案，忌浮记功绩，忌泥古不变，忌贪载传奇。有四体：皇恩庆典宜作纪，官师科甲宜作谱，典籍法制宜作考，名宦人物宜作传。有四要：要简，要严，要核，要雅。今拟乘二便，尽三长，去五难，除八忌，而立四体，以归四要。请略议其所以然者为十条，先陈事宜，后定凡例，庶乎画宫于堵[2]之意云。

[1] 天度：指周天三百六十五度。　　[2] 画宫于堵：在墙壁上画宫殿设计蓝图。比喻制订计划。

一、议职掌。提调[1]专主决断是非，总裁[2]专主笔削文辞，投牒者叙而不议，参阅者议而不断，庶各不相侵，事有专责。

[1] 提调：负责管领、调度的官员。　　[2] 总裁：主管裁决修书事务的

320

官员。

二、议考证。邑志虽小，体例无所不备，考核不厌精详，折衷务祈尽善。所有应用之书，自省府邻境诸志而外，如《廿二史》、《三楚文献录》[1]、《一统志》[2]、圣祖仁皇帝御纂《方舆路程图》[3]、《大清会典》[4]、《赋役全书》[5]之属，俱须加意采访。他若邑绅所撰野乘、私记、文编、稗史[6]、家谱、图牒之类，凡可资搜讨者，亦须出示征收，博观约取。其六曹案牍、律令文移，有关政教典故、风土利弊者，概令录出副本，一体送馆，以凭详慎铨次，庶能巨细无遗，永垂信史。

[1] 《三楚文献录》：全称《五朝三楚文献录》，明末清初高世泰撰。长沙马殷、武陵周竹逢、江陵高季兴三家皆据楚地称王，故称"三楚"。高世泰，字汇旃，江苏无锡人，东林党首领高攀龙之子，东林学派传人。明思宗时由进士任湖广提学。究心经史，崇尚理学，士习文风为之一张。另编辑《高忠宪公年谱》二卷，《高子节要》十四卷。 [2] 《一统志》：即《大清一统志》。清代编修《一统志》先后有三次：初修始于康熙二十五年（1686），陈廷敬、徐乾学领其事，顾祖禹、阎若璩等学者参与编修，成于乾隆八年（1743），三百四十二卷，次年刊行。二修始于乾隆二十九年，成于四十九年，四百二十四卷（合子卷为五百卷），收入《四库全书》。三修始于嘉庆十六年（1811），成于道光二十二年（1842），五百六十卷，以嘉庆二十五年为下限，故又名《嘉庆重修一统志》。为清代地理总志，记述嘉庆以前清王朝疆域政区状况。[3] 《方舆路程图》：全称《钦定方舆路程考略》，不分卷。是书无刊本。康熙中，中允钱名世、汪士铉等奉敕撰进。以各直省为经，以府州县为纬，各直省及各府州县皆序为次。首考至京师路程，次考四境壤接之道里远近，兼详历代建置沿革，旁及山川、关梁、古迹、寺观、祠墓。至若皇朝肇建之规模，圣制诗文之美富，也予以记载。 [4] 《大清会典》：全名为《钦定大清会典》。记清朝各级行政机构的编制、职掌、事例。康熙朝始编修，雍正、乾隆、嘉庆、光绪诸朝均有续补，为清朝一代典章制度的总编。 [5] 《赋役全书》：又名《条鞭赋役册》，明清两代记载各地赋役数额的册籍，是官府公布的征税税则。 [6] 稗（bài）史：记录逸闻琐事的史籍。

三、议征信。邑志尤重人物，取舍贵辨真伪。凡旧志人物列传，例应有改无削。新志人物，一凭本家子孙列状投柜，核实无虚，送馆立传，此俱无可议者。但所送行状，务有可记之实，详悉开列，以备采择，方准收录。如开送名宦，必详曾任何职，实兴何利，实除何弊，实于何事有益国计民生，乃为合例。如但云清廉勤慎，慈惠严明，全无实征，但作计荐考语体者，概不收受。又如卓行，亦必开列行如何卓；文苑亦必开列著有何书，见推士林；儒林亦必核其有功何经，何等著作，有关名教；孝友亦必开明于何事见其能孝能友。品虽毋论庸奇偏全，要有真迹，便易采访。否则行皆曾、史[1]，学皆程、朱，文皆马、班，品皆夷、惠[2]，鱼鱼鹿鹿[3]，何以辨真伪哉？至前志所收人物，果有遗漏，或生平大节，载不尽详，亦准其与新收人物，一例开送，核实增补。

[1] 曾、史：指曾参、史鳅。史鳅，春秋末卫国史官，字子鱼，亦称史鱼。以正直著称，深得孔子赞赏。见《论语·卫灵公》。　[2] 夷、惠：伯夷、柳下惠，古代廉正之士。　[3] 鱼鱼鹿鹿：形容平庸无奇。鱼鱼，质朴，欠缺灵性。鹿鹿，犹碌碌，平凡。

四、议征文。人物之次，艺文为要。近世志艺文者，类辑诗文记序，其体直如《文选》。而一邑著述目录，作者源流始末，俱无稽考，非志体也。今拟更定凡例，一仿班《志》、刘《略》[1]，标分部汇，删芜撷秀，跋其端委，自勒一考，可为他日馆阁校雠取材，斯则有裨文献耳。但艺文入志，例取盖棺论定，现存之人，虽有著作，例不入志。此系御纂《续考》[2]馆成法，不同近日志乘，掇拾诗文，可取一时题咏，广登尺幅者也。凡本朝前代学士文人，果有卓然成家，可垂不朽之业，无论经史子集、方技杂流、释门道藏、图画谱牒、帖括训诂，均得净录副本，投柜送馆，以凭核纂。然所送之书，须属共见共闻，即未刻行，亦必论定成集者，方准收录。倘系抄撮稿本，畸零篇页，及从无序跋论定之书，概不入编，庶乎循名责实之意。惟旧志原有目录，而藏书至今散逸者，仍准入志，而于目录之下，注一"亡"字以别之。

　　［1］班《志》、刘《略》：班固《艺文志》、刘歆《七略》。　　［2］《续考》：指清乾隆十二年（1747）开设《三通》馆所进行续修的《续文献通考》，内容上续南宋马端临《文献通考》，记载宋宁宗至明末四百余年政治经济等制度沿革。

　　五、议传例。史传之作，例取盖棺论定，不为生人立传。历考两汉以下，如《非有先生》[1]、《李赤》[2] 诸传，皆以传为游戏；《圬者》[3]、《橐驼》[4] 之作，则借传为议论。至《何蕃》[5]、《方山》[6] 等传，则又作贻赠序文之用。沿至宋人，遂多为生人作传，其实非史法也。邑志列传，全用史例，凡现存之人，例不入传，惟妇人守节，已邀旌典，或虽未旌奖，而年例已符，操守粹白者，统得破格录入。盖妇人从一而终，既无他志，其一生责任已毕，可无更俟没身。而此等单寒之家，不必尽如文苑卓行之出入缙绅，或在穷乡僻壤，子孙困于无力，以及偶格成例，今日不予表章，恐后此修志，不免遗漏，故搜求至汲汲也。至去任之官，苟一时政绩卓然可传，舆论交推，更无拟议者，虽未经没身论定，于法亦得立传。盖志为此县而作，为宰有功此县，则甘棠可留；虽或缘故被劾，及乡论未详，安得没其现施事迹？且其人已去，即无谀颂之嫌，而隔越方州，亦无遥访其人存否之例。惟其人现居本县，或现升本省上官及有统辖者，仍不立传，所以远迎合之嫌，杜是非之议耳。其例得立传人物，投递行状，务取生平大节合史例者，详慎开载，纤琐饤饾[7]，凡属浮文，俱宜刊去。其有事涉怪诞，义非惩创，或托神鬼，或称奇梦者，虽有所凭，亦不收录，庶免凫履羊鸣[8] 之诮。

　　［1］《非有先生》，即《非有先生传》，东方朔作，《文选》中"传"作"论"，意在讽当世以进谏。　　［2］《李赤》：柳宗元作，讽刺当世欲利者。　　［3］《圬者》：指《圬者王承福传》，韩愈作，讥讽食禄而怠事者。

[4] 《橐（tuó）驼》：指《种树郭橐驼传》，柳宗元作，托讽为政而扰民。郭橐驼，背驼，故人称橐驼。 [5] 《何蕃》：指《太学生何蕃传》，韩愈作，写于何蕃下第之后，其实就是记述他当时状况，如同"投赠之书"，章氏在《又答吴胥石书》中曰："韩退之述太学生何蕃，乃投赠之书，略如序记之类。"自然不是人物传。 [6] 《方山》：指《方山子传》，苏轼作，亦赠序之变体。 [7] 饤饾（dìng dòu）：将食品堆叠在盘中，摆设出来。此处比喻细琐事迹。 [8] 凫履羊鸣：凫履故事，出自应邵《风俗通义·正失》："俗说孝明帝时，尚书郎河东王乔，迁为叶令。乔有神术，每月朔常诣台朝。帝怪其来数而无车骑，密令太史候望，言其临至时，常有双凫从东南飞来；因伏伺，见凫举罗，但得一双舄耳。使尚方识视，四年中所赐尚书官属履也。"凫，野鸭。舄，鞋子。羊鸣故事，范晔《后汉书·方术列传》记载："后人逢（左）慈于阳城山头，因复逐之，遂入走羊群。操知不可得，乃令就羊中告之曰：'不复相杀，本试君术耳。'忽有一老羝屈前两膝，人立而言曰：'遽如许。'即竞往赴之，而群羊数百皆变为羝，并屈前膝人立，云'遽如许'，遂莫知所取焉。"

六、议书法。典故作考，人物作传，二体去取，均须断制尽善，有体有要，乃属不刊之书，可为后人取法。如考体，但重政教典礼、民风土俗，而浮夸形胜、附会景物者，在所当略。其有古迹胜概，确乎可凭，名人题咏，卓然可纪者，亦从小书分注之例，酌量附入正考之下，所以厘正史体，别于稗乘耳。盖志体譬之治室，厅堂甲第，谓之府宅可也。若依岩之构，跨水之亭，谓之别业可，谓之正寝[1]则不可；玉麈[2]丝绦，谓之仙服可，谓之绅笏[3]则不可。此乃郡县志乘，与《卧游》《清福》[4]诸编之分别也。列传亦以名宦乡贤，忠孝节义，儒林卓行为重；文苑、方技有长可见者，次之。如职官而无可纪之迹，科目而无可著之业，于法均不得立传。盖志属信史，非如宪纲册籍，一以爵秩衣冠为序者也。其不应立传者，官师另立历任年谱，邑绅另有科甲年谱，年经月纬之下，但注姓名，不得更有浮辞填入。即其中有应立传者，亦不必更于谱内注明"有传"字样，以昭画一。若如近日通行之例，则纪官师者，既有职官志，以载受事年月，又有名宦志，以载历任政绩，而于他事有见于生祠碑颂、政绩序记者，又收入艺文志。记邑绅者，既有科目志，又有人物志，亦分及第年分与一生行业为两志；而其行业有见于志、铭、传、诔者，则又收入艺文志。一人之事，叠见三四门类，于是或于此处注传见某卷，于彼处注详见某志，字样纷错，事实倒乱，体裁烦碎，莫此为甚。今日修志，尤当首为厘定，一破俗例者也。

[1] 正寝：即路寝。古代帝王诸侯治事的宫室。《公羊传·庄公三十二年》："公薨于路寝。路寝者何？正寝也。"泛指房屋的正厅或正屋。　　[2] 玉麈（zhǔ）：即玉柄麈尾。麈，古书上指鹿一类的动物，其尾可做拂尘。[3] 绅笏（hù）：束衣的大带与大臣上朝时记事的手板。　　[4]《卧游》《清福》：南宋吕祖谦著有《卧游录》，欣赏山水画代替游览；明代朱正色著有《清福录》。

七、议援引。史志引用成文，期明事实，非尚文辞。苟于事实有关，即胥吏文移，亦所采录，况上此者乎？苟于事实无关，虽班、扬述作，亦所不取，况下此者乎？但旧志艺文所录文辞，今悉散隶本人本事之下，则篇次繁简不伦；收入考、传方幅之内，其势不无删润。如恐嫌似剿袭，则于本文之上，仍标作者姓名，以明其所自而已。至标题之法，一仿《史》《汉》之例，《史》《汉》引用周、秦诸子，凡寻常删改字句，更不识别，直标"其辞曰"三字领起。惟大有删改，不更仍其篇幅者，始用"其略曰"三字别之。若贾长沙诸疏[1]是也。今所援引，一皆仿此。然诸文体中，各有应得援引之处，独诗赋一体，应用之处甚少。惟地理考内，名胜条中，分注之下，可载少许，以证灵杰。他若抒写性灵，风云月露之作，果系佳构，自应别具行稿，或入专主选文之书，不应搀入史志之内，方为得体。且古来十五《国风》，十二《国语》，并行不悖，未闻可以合为一书，则志中盛选诗词，亦俗例之不可不亟改者。倘风俗篇中，有必须征引歌谣之处，又不在其列，是又即《左》《国》引谚征谣之义也。

[1] 贾长沙诸疏：贾长沙即贾谊（前200—前168），洛阳（今河南洛阳）人，西汉初年著名政论家、文学家，世称贾生。曾任长沙王、梁怀王太傅，故后世亦称贾长沙、贾太傅。代表作有《过秦论》《论积贮疏》《陈政事疏》等。

八、议裁制。取艺文应载一切文辞，各归本人本事，俱无可议。惟应载传志行状诸体，今俱删去，仍取其文，裁入列传，则有难处者三焉。一则法所不应立传，与传所不应尽载者，当日碑铭传述，或因文辞为重，不无滥收。二则志中列传，方幅无多，而原传或有洋洋大篇，全录原文，则繁简不伦，删去事迹，则召怨取讥。三则取用成文，缀入本考本传，原属文中援引之体，故可标作者姓名及"其辞曰"三字，以归征引之体。今若即取旧传，裁为新传，则一体连编，未便更著作者姓名。譬班史作《司马迁传》，全用《史记·自序》，则以"迁之《自序》云尔"一句，标清宾主。盖史公《自序》，原非本传，故得以此句识别之耳。若孝武以前纪传，全用《史记》成文者，更不识别，则以纪即此纪，传即此传，赞即此赞，其体更不容标"司马迁曰"字样也。今若遽同此例，则近来少见此种体裁，必有剿袭雷同之谤。此三端者，决无他法可处，惟有大书分注之例，可以两全。盖取彼旧传，就今志义例，裁为新传，而于法所应删之事，未便遽删者，亦与作为双行小字，并作者姓氏，及删润之故，一体附注本文之下。庶几旧志征实之文，不尽刊落，而新志谨严之体，又不相妨矣。其原文不甚散漫，尚合谨严之例者，一仍其旧，以见本非好为更张也。

九、议标题。近行志乘，去取失伦，芜陋不足观采者，不特文无体要，即其标题，先已不得史法也。如采典故而作考，则天文、地理、礼仪、食货数大端，本足以该一切细目，而今人每好分析，于是天文则分星野、占候为两志，于地理又分疆域、山川为数篇，连编累牍，动分几十门类。夫《史》《汉》八书、十志之例具在，曷尝作如是之繁碎哉！如访人物而立传，则名宦、乡贤、儒林、卓行数端，本不足以该古今人类，而今人每好合并，于是得一逸才，不问其行业如何超卓，而先拟其有何色目可归；得一全才，不问其学行如何兼至，而先拟其归何门类为重，牴牾牵强，以类括之。夫历史合传、独传之文具在，曷尝必首标其色目哉！所以然者，良由典故证据诸文，不隶本考而隶艺文志，则事无原委，不得不散著焉，以藏其苟简之羞；行状碑版诸文，不隶本传而隶艺文志，则人无全传，不得不强合焉，以足其款目之数。故志体坏于标题不得史法，标题坏于艺文不合史例；而艺文不合史例之原，则又原于创修郡县志时，误仿名山图志之广载诗文也。夫志州县与志名山不同，彼以形胜景物为主，描摩宛肖为工；崖颠之碑，壁阴之记，以及雷电鬼怪之迹，洞天符检之文，与夫今古名流游览登眺之作，收无孑遗，即征奥博[1]，盖原无所用史法也。若夫州县志乘，即当时一国之书，民人社稷，政教典故，所用甚广，岂可与彼一例？而有明以来，相沿不改，故州县志乘，虽有彼善于此，而卒鲜卓然独断、裁定史例、可垂法式者。今日尤当一破夙习，以还正史体裁者也。

[1] 奥博：高深渊博。

十、议外编。廿一史中，纪、表、志、传四体而外，《晋书》有《载记》[1]，《五代史》有《附录》[2]，《辽史》有《国语解》[3]，至本朝纂修《明史》，亦于年表之外，又有图式[4]，所用虽各不同，要皆例以义起，期于无遗无滥者也。邑志猥并错杂，使同稗野小说，固非正体，若遽以国史简严之例处之，又非广收以备约取之意。凡事属琐屑而不可或遗者，如一产三男，人寿百岁，神仙踪迹，科第盛事，一切新奇可喜之传，虽非史体所重，亦难遽议刊落。当于正传之后，用杂著体零星纪录，或名外编，或名杂记，另成一体，使纤黪钉饵，先有门类可归，正以厘清正载之体裁也。谣歌谚语，巷说街谈，苟有可观，皆用此律。

[1]《晋书》有《载记》：唐初所修《晋书》，设《载记》三十卷，专记北方割据政权兴亡的史事，这是《晋书》作者首创。　　[2]《五代史》有《附录》：指《新五代史》将周边各少数民族政权作为《四夷附录》。这与《晋书》相比，是一个大倒退。　　[3]《辽史》有《国语解》：《辽史》由元朝脱脱监修，在纪、志、表、传之后，作《国语解》一卷，因为书中所载官制、官卫、部族、地理，"率以国语为之称号"，如果不作解释，人们无法理解。[4] 图式：指《明史》编修中，除各种年表以外，在《历志》中增图以明历数。

甲申冬杪[1]，天门胡明府[2]议修县志，因作此篇，以附商榷。其论笔削义例，大意与旧答甄秀才前后两书相出入。而此议前五条，则先事之事宜，有彼书所不及者；若彼书所条，此议亦不尽入，则此乃就事论事，而余意推广于纂修之外者，所未遑也。至论俗例拘牵之病，此较前书为畅，而艺文一志，反复论之特详。是又历考俗例受病之原，皆不出此，故欲为是拔本塞源之论，而断行新定义例，初非好为更张耳。阅者取二书而互考焉，从事编纂之中，庶几小有裨补云。自跋。

[1] 杪（miǎo）：末尾，末端。　　[2] 天门胡明府：天门知县胡翼，在任期间请章学诚之父章镳主修县志。明府，对知县的尊称。

◎研读

在文章开头，章学诚就提出了修志的二便、三长、五难、八忌、四体、四要，"拟乘二便，尽三长，去五难，除八忌，而立四体，以归四要"。所论十个问题，一议职掌，二议考证，三议征信，四议征文，五议传例，六议书法，七议援引，八议裁制，九议标题，十议外编。他认为，方志要重视写人物传，取舍贵辨真伪，不为生人立传；艺文编修，"一仿班《志》、刘《略》，标分部汇，删芜撷秀，跋其端委，自勒一考"，而不能"其体直如《文选》"。

还有一条内容，为今天大多数新修方志所忽略："凡事属琐屑而不可或遗者，如一产三男，人寿百岁，神仙踪迹，科第盛事，一切新奇可喜之传，虽非史体所重，亦难遽议刊落。当于正传之后，用杂著体零星纪录，或名外编，或名杂记，另成一体，使纤黪钉馆，先有门类可归，正以厘清正载之体裁也。谣歌谚语，巷说街谈，苟有可观，皆用此律。"事实上这些街谈巷语的内容，往往正可补史书记载之不足，旧方志的价值往往就体现在这些地方。

总之，本文所论十个问题，应当说都很重要，其中不少问题都成为章学诚此后方志理论的重点。

方志辨体

本篇作于嘉庆二年（1797），"大梁本"未收。明清以来，由于对各类方志要求没有明确概念，因而出现许多混乱现象，有的简单把诸州、县志内容合并便成府志，将诸府州志合并又成通志。亦有采用相反的办法，将通志机械地一分便成府志，似乎十分简单方便。为此，章学诚特地写了此文，从理论上对此混乱现象加以澄清。

直隶州之领县，如古方伯之领侯国，唐节度大府之领小府，虽官属相统，而疆界名殊。余尝修江南直隶《和州志》，具草初成，上于学使，学使以州辖含山一县，志但详州而略于县，且多意见不合，往返驳诘，志事中废。然余尝推论其事，详州略县，于例是也。

盖文墨之事，无论精粗大小，各有题目，古人所谓文质相宜，题目即质之谓也。如考试诗文，命题诗文，稍不如题，即非佳文。修书亦如是也。如修统部通志，必集所部府州而成，然统部自有统部志例，非但集诸府州志可称通志，亦非分拆统部通志之文即可散为府州志也。诸府之志，又有府志一定义例，既非可以上分通志而成，亦不可以下合州县属志而成。苟通志及府州县志，可以互相分合为书，则天下亦安用此重见叠出之缀旒[1]为哉！至直隶之州，其体视府，为其辖诸县也，其志不得视府志例，以府境皆州县境，州县既各有志，府志自应于州县志外，别审详略之宜。直隶之州，除属县外，别有本州之境，义与县境无异。如以府志之例载属县事，而以县志之法载本州事，则详略不伦；如皆用府志之例，则以州境太疏；如皆用县志之例，则于属县重复；惟于疆域沿革，备载属县，以见州境之全，其余门类，一切存州去县，以见专治之界度。古人制度，方伯国史，未必具属国之文，节度大府，未必兼属郡之载，此亦拟于相体裁衣之得当者矣。或问今之志直隶州者，未闻如是之分别也。曰：今之通志，与府州县志，皆可互相分合者也，既可互相分合，亦可互相有无。书苟可以互相有无，即不得为书矣。余又何从而置议哉！

[1] 缀旒：冠上垂珠，此指多余之物。

余撰《湖北通志》，初恃督府一人之知，竟用别裁独断，后为小人谗毁，乘督府入觐之隙，诸当道凭先入之言，委人磨勘，而向依督府为生计者，只窥数十金之利，一时腾跃而起，无不关蒙弓而反射，名士习气然也。如斯学识，岂直置议？然所指摘，督府需余登复，今存《驳议》[1]一卷，见者皆胡卢绝倒也。兹约举其二条，取证诸志分合大凡，余可以例推矣。湖广旧志，《山川》一门，取各府州县志载山川名目，仍依府州县次排列，山川名下之注，亦照册排列，此亦世俗通例，未足深怪。但如此排写，占纸四五百番，实与府州县志毫无分别。余意此等只应详州县志，府志已当稍裁繁注，况通志乎！因聘明于形家言者，俾叙湖北十一府州山川形势，上溯夔、陕，下接江西，盘旋数千里间，分合回互，曲直向背，为长篇总论，而山川名目，有当形势脉络起伏响应者，则大书以入，文裁仍加分注，以详坐落。其文洒洒，凡三千余言，观者朗诵一过，则数千里间，形势快如掌上观纹。至于无当形势脉落，支流断港，堆阜小丘，则但以小注记其总数于所隶州县之下，且尽删其注文。前以所隶州县为经，后以总论山川为纬，略仿《禹贡》《职方》义例，用纸不及三十番，而大势豁然，可谓意匠经营，极尽炉锤之工者矣。《驳议》乃曰："《通志》固须简约，然此门将旧志原有之山川而删去之，则《通志》转成无用之书矣。此门须重办，并山川中事，有关于考据者补入。"此等《驳议》真使人绝倒也。

[1] 《驳议》：乾隆五十九年（1794），《湖北通志》脱稿，三月中毕沅离开湖北，并将章氏托付于湖北巡抚惠龄，此人不喜章氏之文，谗毁者乘机而入。时有嘉兴人陈熷，请求章氏推荐做校刊之事，出于同乡之情，乃荐于当道，本为校正文字错误而已，不意此人受委后乃大驳《通志》全书之不当，应当重修。当事竟大赞赏其识，此《驳议》乃陈熷议论《通志》之文。毕沅回湖北后，令章氏答复陈议，于是章氏著有《驳陈熷议》一卷。

《通志》固须简约，在彼方自以谓解事，先作原情论矣，殊不知彼以简约为言，即已不知《通志》之体裁矣。盖彼见府州县志，连床架屋，《通志》合为一书，自须删繁就简云耳。此直无异儿童之见。夫世人之撰《通志》，率盈百帙，余撰《通志》，不过线装二十册，即与旧志相较，新志势必加增于旧，余反减旧志仅存三分之一，彼不知者以谓求简约矣。其实余初无必须简约之心，但每事必思其所以然，而求其是尔。所贵乎通志者，为能合府州县志所不能合，则全书义例，自当详府州县志所不能详，既已详人之所不详，势必略人之所不略，譬如揖左则必背右，挥东则必顾西，情理必然之事。等于渴饮饥食之常，不特无疵病可指摘，亦并无新奇可惊叹也。彼不识其叙论形势之详，而但搜其名目注说之略，转讥《通志》为无用之书，盖彼意中不问书将何用，但知一部山川类考为有用耳！且彼幸而姑妄言之，当事姑妄听之，未尝实试于行事也。假令当事即以彼之所言，责彼笔削此书，则不知如何副其所言！既云《通志》须简约矣，旧志排列山川名目，注其事迹，连编四五百纸，已不胜繁。又云旧志所有不可删去，复云有关考据者补入，是欲比旧志加详矣，是非连床架屋不足以尽其兴，则彼不知别有何等简约之法，以成《通志》之别裁也。大抵彼时磨勘，局中所驳之议，半是不见天日之言，半是自相矛盾之说。余《辨例》已详。此特举一端耳。

又《通志·食货考》《田赋》一门，余取《赋役全书》布政使司总汇之册，登其款数，而采明人及本朝人所著财赋利病奏议详揭，与士大夫私门论撰之属，联络为篇。为文亦不过四五千言，而读者于十一府州数百年间，财赋沿革利弊，洞如观火。盖有布政司册以总大数，又有议论以明得失，故文简而事理明也。旧志尽取各府州县赋役全书挨次排纂，书盈五六百纸，而议论财赋章奏论说之文，则散归艺文，而本门一概不录。阅者连篇累卷，但见赋税钱谷之数，其十一府州数百年来利病得失，则茫然无可求矣。

然则余之《通志》，非苟为简，惟其明而简也。旧志以繁为详赡乎，殊不知府州赋役全书，自当于府州志详之；州县赋役全书，自当于州县志详之；《通志》体裁，自不当代为屑屑纂录。十一府州财赋大势，沿革病利，非府州县志所能具者，旧志转不采入，故义繁而反于事理晦也。而嘉兴进士陈熷驳云："当取赋役全书补入。"又云："其当补者十分之九。"是将尽誊府州县志钱粮册矣。又余于志例，极具裁剪苦心，而于见行章程、案牍、文册，入志不合于体裁者，别裁《湖北掌故》六十六篇，略仿《会典》则例，以备一方实用，具经世有用之书也。赋役不比山川，可以全委于府州县志，故志文撷其总要，贯以议论，以存精华，仍取十一府州、六十余州县赋役全书，巨帙七十余册，总其款目，以为之经，分其细数，以为之纬，纵横其法，排约为《赋役表》，不过二卷之书，包括数十巨册，略无遗脱。《掌故》六十六篇，书分六科，以吏、户、礼、兵、刑、工为目，此表列户科中最为执简驭繁之法，此书与志同在局中，陈熷亲目所睹，而为是瞀说，谓之失心，良不诬矣！

古之方志，虽有著录，而传者无多。惟宋志尚十余家，元、明志之可称者亦十余家，虽与流俗不可同日而语，而求之古人义例，鲜能无憾。余别有专篇讨论，不复赘言。惟统部与府州及所属州县，各自为志，古人所无其例，实始前明。明人鲜知史学，故于志分三等，义例须作三家，分别全未知也。宋制以州领县，诸县不皆有志，而州志不上职方，故书名或取古郡，或题山水，未有直称某州志者，所以避图经官书名目，余尝谓方志不得以图经为例，此亦其一证也。

然观宋人之为方志，虽不尽得古人之意，但既无诸县之志，可以凑泊而成，亦不可以分析其书遂为县志，此实可为后世府志取法。而统部通志之不可同于府志，亦可从此推矣。宋人州志，自以州事联络为篇，属县别为专篇记其建置沿革，意殊简略。凡所隶事实，自以合州大势贯之，不可分析求也。惟罗氏宝庆《四明志》[1]，前志本州事实为十一卷，后志所属六县为十卷，与他志稍异。则彼时明州建府，而州治并无附郭之县，与近日之直隶州制正复相同。彼时属县不皆有志，故不得已而分为详略有如是尔。今日之直隶州，则属县已皆有志，又不必以此为例矣。

[1] 罗氏宝庆《四明志》：罗濬，江西庐陵人，曾官赣州录事参军。当时庐陵人胡榘知庆元府，乃修《四明志》，始修于宝庆三年（1227），次年告成，共二十一卷，钱大昕曾撰《跋〈宝庆四明志〉》。

◎研读

本文中，章学诚指出各类方志有各自内容范围，也有各自撰写方法与要求，切不可简单随意分合。"今之通志，与府州县志，皆可互相分合者也，既可互相分合，亦可互相有无。书苟可以互相有无，即不得为书矣。"这里不仅指出明清以来各类方志编修中出现的奇怪现象，而且指出这种现象必须终止，因为各类方志都有自己特定的内容与义例。后来他在《丙辰札记》中又对此作了生动形象的比喻："余尝论各部通志，与府志、县志各有详略义例，不知者相为骇怪。

余取譬于诗文之有命题，各有赢阙至重，不容相假借也。如皇甫士安为左氏作《三都赋序》，设吴、魏、蜀都三篇。当时又各有为之序者，义亦自可并存。若皇甫氏别有取义，但缀合三序而为一序。又或各为序者，分析皇甫之序以为三篇，其说尚可通乎？曹元首作《六代论》，其有分论虞、夏、商、周、秦、汉者，割裂曹氏之论，析而六之。或先有六家之论，曹氏合而一之，天下有是理耶？"另外，文中还对文人陈熷对他主持编修的《湖北通志》所作的种种指责进行了反驳。

记与戴东原论修志

　　本篇作于乾隆五十五年（1790）。据《章实斋先生年谱》记载，乾隆三十八年夏，章学诚在宁波道署遇戴震。是时，戴震年已五十，方主讲浙江金华书院，两人论史事多不合。戴新修《汾州府志》《汾阳县志》，及见章学诚《和州志例》，则曰"修志但当详地理沿革，不当侈言文献"，于是两人当面辩论起来。十多年后，作者乃追记成文。

　　乾隆三十八年癸巳夏，与戴东原相遇于宁波道署，冯君弼[1]方官宁绍台兵备道也。

　　[1] 冯君弼：冯廷丞（1729—1785），清朝官吏。字子弼，号康斋，代州（今山西代县）人。乾隆十七年（1752）举人，历官浙江宁绍台道、福建台湾道、江西按察使，卒于湖北按察使任。

　　戴君经术淹贯[1]，名久著于公卿间，而不解史学。闻余言史事，辄盛气凌之。见余《和州志例》，乃曰："此于体例则甚古雅，然修志不贵古雅。余撰汾州诸志[2]，皆从世俗，绝不异人，亦无一定义例，惟所便尔。夫志以考地理，但悉心于地理沿革，则志事已竟。侈言文献，岂所谓急务哉？"

　　[1] 淹贯：渊博贯通。　　[2] 汾州诸志：指戴震主修的《汾州府志》

《汾阳县志》。

余曰："余于体例，求其是尔，非有心于求古雅也。然得其是者，未有不合于古雅者也。如云但须随俗，则世俗人皆可为之，又何须择人而后与哉？方志如古国史，本非地理专门，如云但重沿革，而文献非其所急，则但作沿革考一篇足矣，何为集众启馆，敛费以数千金，卑辞厚币，邀君远赴，旷日持久，成书且累函哉？且古今沿革，非我臆测所能为也。考沿革者，取资载籍，载籍具在，人人得而考之。虽我今日有失，后人犹得而更正也。若夫一方文献，及时不与搜罗，编次不得其法，去取或失其宜，则他日将有放失难稽、湮没无闻者矣。夫图事之要，莫若取后人所不得而救正者，加之意也。然则如余所见，考古固宜详慎；不得已而势不两全，无宁重文献而轻沿革耳。"戴他顾而语人曰："沿革苟误，是通部之书皆误矣。名为此府若州之志，实非此府若州也，而可乎？"

余曰："所谓沿革误而通部之书皆误者，亦止能误入载籍可稽之古事尔。古事误入，亦可凭古书而正之，事与沿革等耳。至若三数百年之内，遗文逸献之散见旁出，与夫口耳流传，未能必后人之不湮没者，以及兴举利弊，切于一方之实用者，则皆核实可稽，断无误于沿革之失考，而不切合于此府若州者也。"

冯君曰："方志统合古今，乃为完书，岂仅为三数百年以内设邪？"余曰："史部之书，详近略远，诸家类然，不独在方志也。《太史公书》详于汉制，其述虞、夏、商、周，显与六艺背者，亦颇有之。然六艺具在，人可凭而正史迁之失，则迁书虽误，犹无伤也。秦、楚之际，下逮天汉，百余年间，人将一惟迁书是凭；迁于此而不详，后世何由考其事耶？且今之修方志者，必欲统合今古，盖为前人之修是志，率多猥陋，无所取裁，不得已而发凡起例，如创造尔。如前志无憾，则但当续其所有；前志有阙，但当补其所无。夫方志之修，远者不过百年，近者不过三数十年。今远期于三数百年，以其事虽递修，而义同创造，特宽为之计尔。若果前志可取，正不必尽方志而皆计及于三数百年也。夫修志者，非示观美，将求其实用也。时殊势异，旧志不能兼该，是以远或百年，近或三数十年，须更修也。若云但考沿革，而他非所重，则沿革明显，毋庸考订之州县，可无庸修志矣。"冯君恍悟曰："然！"

戴拂衣径去。明日示余《汾州府志》[1]曰："余于沿革之外，非无别裁卓见者也。旧志人物门类，乃有名僧，余欲删之，而所载实事，卓卓如彼，又不可去。然僧岂可以为人？他志编次人物之中，无识甚矣。余思名僧必居古寺，古寺当归古迹，故取名僧事实，归之古迹，庸史不解此创例也。"

[1]《汾州府志》：三十四卷，首一卷，乾隆三十六年（1771）刻本。

余曰："古迹非志所重，当附见于舆地之图，不当自为专门。古迹而立专门，乃统志类纂名目，陋儒袭之，入于方志，非通裁也。如云僧不可以为人，则彼血肉之躯，非木非石，毕竟是何物邪？笔削之例至严，极于《春秋》，其所诛贬，极于乱臣贼子，亦止正其名而诛贬之，不闻不以为人，而书法异于圆首方足之伦也。且人物仿史例也，史于奸臣叛贼，犹与忠良并列于传，不闻不以为人，而附于地理志也。削僧事而不载，不过俚儒之见耳。以古迹为名僧之留辙，而不以人物为名，则《会稽志》禹穴，而人物无禹；《偃师志》汤墓，而人物无汤；《曲阜志》孔林，而人物无孔子。彼名僧者，何幸而得与禹、汤、孔子同其尊欤？无其识而强作解事，固不如庸俗之犹免于怪妄也。"

◎研读

戴震认为修志只需要详载地理沿革，不必"侈言文献"，只要沿革考订清楚，修志任务也就算完成了。此种观点，与方志的性质、修志目的显然不相符合。在长期发展过程中，方志已经形成了独特的功能与要求，那就是"存史、资治、教化"。按照戴氏主张进行修志，自然达不到这种要求。故章学诚当面予以反驳，提出编修方志应当注意地方文献的搜集、整理与记载，因为方志如同古代诸侯国史，内容必须反映本地的历史和现实，特别是后者。否则何必兴师动众，耗费人力、物力与财力？只是考地理之沿革，一两个人也就足以完成，这种志书价值何在？无论在当时还是今天看来，章学诚的主张都是正确的。

他们争论的焦点，似乎不过是方志的性质与内容之不同，但其实质仍反映了各自不同的治学方法和学术宗旨。实施戴震主张，其结果就是将当时考据学家那种专务考索、轻视文献、埋头书本、不问现实的不良学风带到修志领域。方志资料如果都来自古籍，内容自然"厚古薄今"，不能反映当代社会情况。章学诚本着"经世致用"的观点，认为一方之志，要"切于一方之实用"。既要对当政者起借鉴作用，又要对社会风俗人心起到教育作用，当然也必须为国史编修提供资料。

戴震长于考据，写史修志并不很内行，只强调地理沿革，不重视地方文献。从争论的内容和观点来看，章学诚显然优于戴震。面对名震天下的学术权威，章学诚没有半点奉承恭维之态，反复与其辩驳较量，充分体现了初生牛犊不怕虎的精神和对学术执着追求的品格。

戴震是清朝修志派别中考据派代表人物，这是方志界所共知。而学术界有些人一听说戴震方志理论不可取，似乎就不太舒服，总以为冤枉了戴震。殊不知作为一个大学者，未必样样都是内行，写史修志，确实不是他的长处，而他在考据上的贡献、哲学思想上的建树，自然是鹤立鸡群。修志中他只强调重视地理沿革，轻视地方文献，能够说他对吗？他又将名僧归之古迹，如今谁也不会同意。是非总得有个标准，不能单凭感情用事。学术界在评论人物是非时，必须以历史事实为根据，不能以传统看法为依据，更不能单凭感情用事。

《和州志·志隅》自叙

◎ **解题**

乾隆三十八年（1773）二月，章学诚经朱筠介绍，应和州知州刘长卿之聘，编修《和州志》，次年书成，上其书于安徽学政秦潮。秦潮与其意见多不合，志事遂中废，书稿自然不能刊刻，乃删存为二十篇，名曰《志隅》，章学诚为之作序。

志者，史之一隅，州志又志之一隅也。获麟而后[1]，迁、固极著作之能，向、歆尽条别之理，史家所谓规矩方圆之至也。魏、晋、六朝时得时失，至唐而史学绝矣。其后如刘知幾、曾巩[2]、郑樵，皆良史才，生史学废绝之后，能推古人大体，非六朝、唐、宋诸儒所能测识，余子则有似于史而非史，有似于学而非学尔。然郑樵有史识而未有史学；曾巩具史学而不具史法；刘知幾得史法而不得史意，此予《文史通义》所为作也。《通义》示人，而人犹疑信参之，盖空言不及征诸实事也。《志隅》二十篇，略示推行之一端，能反其隅，《通义》非迂言可也。

[1] 获麟而后：孔子修《春秋》，记载至鲁哀公十四年猎获麒麟事而辍笔。　[2] 曾巩（1019—1083）：字子固，江西抚州南丰（今属江西）人，北宋文学家、史学家、政治家。存世有《曾巩集》《元丰类稿》《隆平集》等。

呜呼！迁、固、向、歆不可作矣。诚得如刘知幾、曾巩、郑樵其人而与之，由识以进之学，由学而通乎法，庶几神明于古人之意焉。则《春秋》经世之学，可以昌明。第求之天下，解者不过一二人，而亦不暇究其业焉，笑且排者又无论已，则予之所为抚卷而欷歔[1]者也。乾隆三十九年季夏之月。

[1] 欷歔（xī xū）：也作"歔欷""唏嘘"，感慨、叹息。

◎研读

序文虽短，但却反映了章氏重要史学观点和撰写《文史通义》的目的，同时还说明他一直将方志论文视作《文史通义》的组成部分。文中肯定了刘知幾、曾巩、郑樵都是良史，但是他们都还有局限性，并且都没有谈论过"史意"，所以这就成为《文史通义》论述的重点。

《和州志·氏族表》序例上

◎解题

旧时修志，一般对氏族这一内容都有所记载，这正是对社会现实的反映，即我们中华民族向来有同族聚居的风俗习惯，这一社会现象可以说自西汉一直延续至今。因此，方志的编修总是以不同的方式对家族谱牒加以记载，《和州志·氏族表》序例（上、中、下三篇），自然也是出于这一目的。这篇序实际上是一篇谱牒发展简史，具有重要的学术意义。

《周官》：小史"奠系世，辨昭穆"。谱牒之掌，古有专官。司马迁以《五帝系牒》[1]、《尚书》集世记为《三代世表》，氏族渊源，有自来矣。班固以还，不载谱系。而王符《氏姓》之篇，《潜夫论》[2]第三十五篇。杜预《世族之谱》[3]，《春秋释例》第二篇。则治经著论，别有专长，义尽而止，不复更求谱学也。自魏、晋以降，迄乎六朝，族望[4]渐崇。学士大夫，辄推太史世家遗意，自为家传。其命名之别，若王肃《家传》[5]、虞览《家记》[6]、范汪《世传》[7]、明粲《世录》[8]、陆煦《家史》[9]、陆《史》十五卷。之属，并于谱牒之外，勒为专书，以俟采录者也。至于挚虞《昭穆记》[10]、王俭《百家谱》[11]以及何氏《姓苑》[12]、贾氏《要状》贾希鉴《氏族要状》[13]十五卷。诸编，则总汇群伦，编分类次，上者可裨史乘，下或流入类书，其别甚广，不可不辨也。

[1] 《五帝系牒》：此名最早出自《史记·三代世表》序中。崔适以为即《五帝德》《帝系姓》两篇，由在"五帝下脱德帝姓三字"而造成。而《史记会注考证》则曰："《五帝系谱》古书名，与《戴记》（《大戴礼记》）、《五帝德》、《帝系姓》自别。" [2] 《潜夫论》：东汉学者王符撰。今本三十五篇，合《叙录》三十六篇。内有《志氏姓》一篇，为最早论氏族之书。[3] 杜预《世族之谱》：杜预（222—284），西晋学者。字元凯，京兆杜陵（今陕西西安东南）人。多谋善断，曾以战功封当阳县侯。因博学多通，时号"杜武库"。著有《春秋左传经传集解》三十卷，又作《春秋释例》十五卷，内有《世族谱》，据《四库全书总目提要》称："《世族谱》本之刘向《世本》，与《集解》一经一纬，相为表里，《晋书》称预自平吴后，从容无事，乃著《集解》，又参考众家谱第，谓之《释例》。" [4] 族望：有声望的名门大族或宗族的声望。 [5] 王肃《家传》：《隋书·经籍志》杂传类著录《王朗王肃家传》一卷，作者不详。 [6] 虞览《家记》：《隋书·经籍志》杂传类著录《虞氏家记》五卷，晋虞览撰。 [7] 范汪《世传》：《隋书·经籍志》杂传类著录《范氏家传》一卷，范汪撰。范汪，东晋官吏，字玄平，南阳顺阳（今河南淅川东南）人。初为荆州刺史庾亮佐吏，桓温为荆州，以其为安西长史，进武兴侯，后出为东阳太守。桓温北伐，令率文武出梁国，以失期免为庶人，退居吴郡而终老。 [8] 明粲《世录》：《隋书·经籍志》杂传类著录《明氏世录》六卷。南朝梁明粲撰。明粲为南朝梁官吏，曾为信武记室。[9] 陆煦《家史》：《隋书·经籍志》杂传类著录《陆史》十五卷，不著作者。《梁书·陆杲传》附记弟陆煦著《陆史》。陆姓当时为江左四大姓之一。[10] 《昭穆记》：指《族姓昭穆记》十卷，早佚。 [11] 《百家谱》：指《百家集谱》，十卷。 [12] 《姓苑》：指何承天《姓苑》。已佚。 [13] 贾希鉴《氏族要状》：贾希鉴（439—501），南朝齐谱学家。名渊，字希镜，一作希鉴，平阳襄陵人。曾任宋骠骑参军、太学博士，是当时谱学中"贾氏之学"的代表人物。作《氏族要状》十五卷。

族属既严，郡望愈重。若沛国刘氏、陇西李氏、太原王氏、陈郡谢氏，虽子姓散处，或本非同居，然而推言族望，必本所始。后魏迁洛，则有八氏、十姓、三十六族、九十二姓，并居河南洛阳。而中国人士，各第门阀，有四海大姓、州姓、郡姓、县姓，撰为谱录。齐、梁之间，斯风益盛，郡谱州牒，并有专书。若王俭、王僧孺之所著录，王俭《诸州谱》[1]十二卷，王僧孺[2]《十八州谱》七百卷。《冀州姓族》[3]、《扬州谱钞》[4]之属，不可胜纪，俱以州郡系其世望者也。唐刘知幾讨论史志，以谓族谱之书，允宜入史。其后欧阳《唐书》撰为《宰相世系》，顾清门[5]巨族，但不为宰相者，时有所遗。至郑樵《通志》，首著《氏族之略》[6]，其叙例之文，发明谱学所系，推原史家不得师承之故，盖尝慨切言之。而后人修史，不师其法，是亦史部之阙典也。

[1] 《诸州谱》：指新集《诸州谱》十二卷。 [2] 王僧孺（465—522）：南朝梁谱学家，东海郯（今山东郯城北）人。南朝齐时出任钱塘令，入梁后官至尚书吏部郎。著有《十八州谱》《百家谱》《东南谱钞》等。他是把当时谱学中"王氏之学"推到高峰的重要人物。 [3] 《冀州姓族》：《隋书·经籍志》谱系篇著录《冀州姓族谱》二卷，作者不详。成书于北魏太和中，疑为郡中正上奏朝廷以助铨选。 [4] 《扬州谱钞》：《隋书·经籍志》谱系篇著录《扬州谱钞》五卷，作者不详。 [5] 清门：清贵显要之家。[6] 《氏族之略》：郑樵《通志》有《氏族略》。

古者瞽矇[1]诵诗，并诵世系，以戒劝人君。《国语》所谓"教之世[2]，而为之昭明德"者是也。然则奠系之属，掌于小史，诵于瞽矇，先王所重，盖以尊人道而追本始也。当时州闾族党之长，属民读法，乡大夫三年大比，考德艺而献书于王，则其系世之属，必有成数，以集上于小史，可知也。夫比人斯有家，比家斯有国，比国斯有天下。家牒不修，则国之掌故何所资而为之征信耶？《易》曰："天与火，同人；君子以类族辨物。"[3]物之大者，莫过于人；人之重者，莫重于族。记传之别，或及虫鱼；地理之书，必征土产；而于先王锡[4]土分姓，所以重人类而明伦叙[5]者，阙焉无闻，非所以明大通之义也。且谱牒之书，藏之于家，易于散乱；尽入国史，又惧繁多。是则方州之志，考定成编，可以领诸家之总，而备国史之要删，亦载笔之不可不知所务者也。

[1] 瞽矇（gǔ méng）：盲人，古代乐官多为盲人。　[2] 世：世系类史书。　[3] 天与火，同人；君子以类族辨物：语出《周易·同人卦》。与，亲和。天、火亲和相处，象征"和同于人"；君子要明白物以类聚、人以群分的道理，明辨事物，求同存异。　[4] 锡：通"赐"。　[5] 伦叙：条理，顺序。

《和州志·氏族表》序例中

奠系世之掌于小史，与民数之掌于司徒，其义一也。杜子春[1]曰："奠系世为帝系、诸侯卿大夫世本之属。"然则比伍[2]小民，其世系之牒，不隶小史可知也。乡大夫以岁时登夫家之众寡，三年以大比兴一乡之贤能。夫夫家众寡，即上大司徒之民数，其贤能为卿大夫之选，又可知也。民贱，故仅登户口众寡之数；卿大夫贵，则详系世之牒，理势之自然也。后代史志，详书户口，而谱系之作无闻，则是有小民而无卿大夫也。《书》曰："九族既睦，平章百姓。"郑氏注："百姓，为群臣之父子兄弟。"见司马迁《五帝本纪》注。平章，乃辨别而章明之，是即《周官》小史奠系之权舆也。

[1] 杜子春：东汉学者，河南缑氏（今河南偃师东南）人。生于西汉末期，曾受业于刘歆，学《周礼》。汉末多虞，兵革疾疫，弟子多去，惟其简存。永平（58—75）初，年九十余。后家居南山，聚徒授业，东汉大儒郑众、贾逵等均为其弟子，自此《周礼》之学始传。　[2] 比伍：古代居民的基层编制，五家为比，五人为伍。

孟子曰："所谓故国者，非谓有乔木之谓也，有世臣[1]之谓也。"近代州县之志，留连故迹，附会桑梓[2]；至于世牒之书，阙而不议，则是重乔木而轻世家也。且夫国史不录，州志不载，谱系之法，不掌于官，则家自为书，人自为说，子孙或过誉其祖父，是非或颇谬于国史。其不肖者流，或谬托贤哲，或私鬻宗谱，以伪乱真，悠谬恍惚，不可胜言。其清门华胄^[3]，则门阀相矜，私立名字。若江左王、谢诸家，但有官勋，即标列传，史臣含毫，莫能裁断。以至李必陇西，刘必沛国，但求资望，不问从来，则有谱之弊，不如无谱。史志阙略，盖亦前人之过也。

[1] 世臣：历代有功勋的旧臣。　　[2] 桑梓(zǐ)：古代人们喜欢在住宅周围栽植桑树和梓树，桑叶养蚕，梓树种子外面白色的蜡可做蜡烛。《诗经·小雅·小弁》："维桑与梓，必恭敬止。"后人用来借指故乡。　　[3] 华胄：显贵者的后代。

夫以司府领州县，以州县领世族，以世族率齐民，天下大计，可以指掌言也。唐三百年谱系，仅录宰相，彼一代浩繁，出于计之无如何耳。方州之书，登其科甲仕宦，则固成周乡大夫之所以书上贤能者也。今仿《周官》遗意，特表氏族，其便盖有十焉：一则史权不散，私门之书，有所折衷，其便一也。一则谱法画一，私谱凡例未纯，可以参取，其便二也。一则清浊分途，非其族类，不能依托，流品攸分，其便三也。一则著籍已定，衡文^[1]取士，自有族属可稽，非其籍者，无难勾检，其便四也。一则昭穆亲疏，秩然有叙，或先贤奉祀之生，或绝祠嗣续之议，争为人后，其讼易平，其便五也。一则祖系分明，或自他邦迁至，或后迁他邦，世表编于州志，其他州县，或有谱牒散亡，可以借此证彼，其便六也。一则改姓易氏，其时世前后及其所改之故，明著于书，庶几婚姻有辨，且修明谱学者，得以考厥由来，其便七也。一则世系蝉联，修门望族，或科甲仕宦，系谱有书，而德行道艺，列传无录，没世不称，志士所耻，是文无增损，义兼劝惩，其便八也。一则地望著重，坊表都里，不为虚设，其便九也。一则征文考献，馆阁檄收，按志而求，易如指掌，其便十也。

[1] 衡文：品评文章，此指科举考试。

然则修而明之，可以推于诸府州县，不特一州之志已也。

《和州志·氏族表》序例下

《易》曰："物不可穷也，故受之以《未济》。"[1] 夫网罗散失，是先有散失，而后有网罗者也；表章潜隐，是先有潜隐，而后有表章者也。陈寿《蜀志》列传，殿以杨戏[2] 之赞；常璩《华阳》序志，概存士女之名。二子知掌故之有时而穷也，故以赞序名字，存其大略，而明著所以不得已而仅存之故，是亦史氏阙文之旧例也。

[1] 物不可穷也，故受之以《未济》：语出《周易序卦》，指事物的发展不可以穷尽其成功，所以就继之以象征"事未成功"的《未济》卦。
[2] 杨戏（？—261）：三国时期蜀汉官员。字文然，犍为郡武阳县（今四川省眉山市彭山区）人。陈寿《三国志·蜀书》最后一篇是《杨戏传》，传末附录杨戏所著《季汉辅臣赞》。

和州在唐、宋为望郡，而文献之征，不少概见。至于家谱世牒，寥寥无闻。询之故老，则云明季乙亥寇变[1]，图书毁于兵燹[2]。今州境之人士，皆当日仅存幸免者之曾若玄[3] 也。所闻所传，闻者不过五世七世而止，不复能远溯也。传世既未久远，子姓亦无繁多，故谱法大率不修。就求其所有，则出私札笔记之属，体例未定，难为典则，甚者至不能溯受姓所由来。余于是为之慨然叹焉。

[1] 明季乙亥寇变：指崇祯八年（1635）张献忠农民起义军攻占和州。 [2] 兵燹（xiǎn）：因战乱而遭受焚烧破坏的灾祸。 [3] 曾若玄：

曾孙和玄孙，泛指后代。

　　夫家谱简帙，轻于州志，兵燹之后，家谱无存。而明嘉靖中知州易鸾^[1]，与万历中知州康诰^[2]所修之州志，为时更久，而其书今日具存，是在官易守，而私门难保之明征也。及今而不急为之所，则并此区区者，后亦莫之征矣。且吾观《唐书·宰相世系》，列其先世，有及梁、陈者矣，有及元魏、后周者矣，不复更溯奕叶^[3]而上，则史牒阙文，非一朝一夕之故也。然则录其所可考，而略其所不可知，乃免不知而作之诮焉。每姓推所自出，备稽古之资也。详入籍之世代，定州界^[4]也。科甲仕宦为目，而贡监生员与封君，及资授^[5]空阶皆与焉，从其类也。无科甲仕宦，而仅有生员及资授空阶，不为立表，定主宾轻重之衡也。科甲仕宦之族，旁支皆齐民，则及分支之人而止，不复列其子若孙者，君子之泽，五世而斩，若皆列之，是与版图之籍无异也。虽有科甲仕宦，而无谱者阙之，严讹滥之防也。正贡亦为科甲，微秩亦为仕宦，不复分其资级，以文献无征。与其过而废也，毋宁过而存之，是《未济》之义也。

　　[1] 易鸾：明朝官吏，字鸣和，江西分宜人。嘉靖三年（1524）任和州知州，"为政尚大体，莅官三年，乃取陈钧、黄公标二家州志，删定为一十七篇"。此志嘉靖七年刻本十七卷今存。　　[2] 康诰：明朝官吏，字瀛湖，一作寅湖，汀州卫（今福建长汀）人。以举人于隆庆五年（1571）官和州知州。"勤心民事，多所裨益。万历三年以齐柯、刘斑修州志，为纲凡八"。此志今存八卷。　　[3] 奕叶：累世，代代。　　[4] 界：疆界。　　[5] 资授：入资授官。

　　志曰：州县领于司府，犹坊厢领于州县，人籍领于坊厢也。古氏族之著者，谓之郡望，郡中又别以闾里，其后或即以氏姓名其处，若梅里、郑乡之类是也。今以城乡坊甲为纲领，而氏姓之大者，即以是为次焉。

◎ 研读

　　这篇序从谱牒的起源讲起，对其发展历史详加叙述，说明方志设立氏族表的必要性，并提出编纂方法。同时讲述了氏族当中有望族与非望族之别，这在封建社会乃是确定社会地位的重要标志，尤其在五代以前更是如此。同样姓王，只有琅琊王与太原王门第为高，其他王姓则不能与他们平起平坐。刘则彭城刘，李则陇西李为贵，这在家谱、族谱中都必须写明。章学诚在序例下，还讲了"和州在唐、宋为望郡，而文献之征，不少概见。至于家谱世牒，寥寥无闻"，这给编写《氏族表》带来困难。

《和州志·舆地图》序例

◎解题

　　本篇为《和州志》舆地、建置、营汛、水利四图中的第一篇序文，说明全书设置图这一体例的必要性，论述了图谱之学的发展演变及其在史书和方志中的地位与价值。

　　图谱之学，古有专门，郑氏樵论之详矣。司马迁为史，独取旁行斜上之遗，列为十表，而不取象魏悬法[1]之掌，列为诸图。于是后史相承，表志愈繁，图经浸失。好古之士，载考陈编，口诵其辞，目迷其象，是亦载笔之通弊，斯文之阙典也。郑樵生千载而后，慨然有志于三代遗文，而于《图谱》一篇，既明其用，又推后代失所依据之故，本于班固收书遗图，亦既感慨言之矣。然郑氏之意，只为著录诸家，不立图谱专门，故欲别为一录，以辅《七略》、四部之不逮耳。其实未尝深考，图学失传，由于司马迁有表无图，遂使后人修史，不知采录。故其自为《通志》，纪、传、谱、略诸体具备，而形势名象，亦未为图。以此而议班氏，岂所谓楚则失之，而齐亦未为得者非耶！

　　[1]　象魏悬法：《周礼·天官冢宰·大宰》载："正月之吉，始和布治于邦国都鄙，乃县治象之法于象魏，使万民观治象，挟日而敛之。"象魏，又称"阙"或"观"，天子诸侯宫门皆筑台，台上起屋，谓之台门，台门之两旁特为屋高出于门屋之上者谓之双阙，悬法于其上，故亦称象魏。

夫图谱之用，相为表里。《周谱》之亡久矣，而三代世次，诸侯年月，今具可考，以司马迁采摭为表故也。象魏之藏既失，而形名制度，方圆曲直，今不可知，以司马迁未列为图故也。然则书之存亡，系于史臣之笔削，明矣。图之远者，姑弗具论。自《三辅黄图》[1]、《洛阳宫殿图》[2]以来，都邑之簿，代有成书，后代蒐罗，百不存一。郑氏独具心裁，立为专录，以谓有其举之，莫或废矣。然今按以郑氏所收，其遗亡散失，与前代所著，未始径庭[3]，则书之存亡，系于史臣之笔削者尤重，而系于著录之部次者犹轻，又明矣。樽罍[4]之微，或资博雅；卤簿[5]之属，或著威仪。前人并有图书，盖亦繁富。史臣识其经要，未遑[6]悉入编摩；郑氏列为专录，使有所考，但求本书可也。

[1] 《三辅黄图》：《隋书·经籍志》著录："《黄图》一卷，记三辅宫观、陵庙、明堂、辟雍、郊畤等事。"后人扩编为二卷或六卷，大约成书于魏晋南北朝。　[2] 《洛阳宫殿图》：郑樵《通志·图谱略》著录《洛阳宫阙图》，不著作者与卷数。　[3] 径庭：相差很远。　[4] 樽罍（zūn léi）：樽与罍皆盛酒器。罍似坛。　[5] 卤簿：古代帝王、后妃、太子、王公大臣驾出时扈从的仪仗队，出行目的不同，仪式亦各别。　[6] 未遑（huáng）：没有时间顾及，来不及。

至于方州形势，天下大计，不于表志之间列为专部，使读其书者，乃若冥行擿埴[1]，如之何其可也？治《易》者必明乎象，治《春秋》者必通乎谱，图象谱牒，《易》与《春秋》之大原也。《易》曰："系辞焉以尽其言。"《记》曰："比事属辞[2]，《春秋》教也。"夫谓之系辞属辞者，明乎文辞从其后也。然则图象为无言之史，谱牒为无文之书，相辅而行，虽欲缺一而不可者也。况州郡图经，尤前人之所重耶！

[1] 冥行擿埴（zhì zhí）：语出扬雄《法言·修身》："擿埴索涂，冥行而已矣。"冥行，夜间行路。擿，点。埴，地。夜间摸黑走路，如同盲人拿着手

杖点地而行。比喻研求学问，不识门径，暗中探索。　　[2] 比事属辞：连缀文辞，排比事实，记载历史。后泛称作文纪事。

　　或曰："学者亦知图象之用大矣！第辞可传习，而图不可以诵读，故书具存，而图不可考也，其势然也。"虽然，非知言也。夫图不可诵，则表亦非有文辞者也。表著于史，而图不入编，此其所以亡失也。且图之不可传者有二：一则争于绘事[1]之工也。以古人专门艺事，自以名家，实无当于大经大法。若郭璞[2]《山海经图赞》，赞存图亡。今观赞文，自类雕龙[3]之工，则知图绘，殆亦画虎之技也。一则同乎髦弁[4]之微也。近代方州之志，绘为图象，厕于序例之间，不立专门，但缀名胜，以为一书之标识，而实无当于古人图谱之学也。夫争于绘事，则艺术无当于史裁；而厕[5]于弁髦，则书肆苟为标帜，以为市易之道，皆不可语于史学之精微也。

　　[1] 绘事：绘画之事；图画。　　[2] 郭璞（276—324）：西晋学者，字景纯，河东闻喜（今山西闻喜）人。好古文，历任著作佐郎、记室参军，为王敦所杀。著有《江赋》《尔雅注》等。《山海经图赞》二卷，对《山海经》中古图注释并作赞，已佚，有多种辑佚本，多称作《山海经注》。　　[3] 雕龙：雕镂龙纹，比喻善于修饰文辞或刻意雕琢文字。语出《史记·孟子荀卿列传》："故齐人颂曰：'谈天衍，雕龙奭。'"裴骃《集解》引刘向《别录》："驺奭修衍之文，饰若雕镂龙文，故曰'雕龙'。"　　[4] 髦弁（máo biàn）：髦，童子眉际垂发。弁，黑色布帽。古代男子行冠礼，先加缁布冠，次加皮弁，后加爵弁，三加后，即弃缁布冠不用，并剃去垂髦，理发为髻。因以髦弁喻弃置无用之物。　　[5] 厕：参与，混杂在里面。

　　古人有专门之学，即有专门之书；有专门之书，即有专门之体例。旁行斜上，标分子注，谱牒之体例也。开方计里，推表山川，舆图之体例也。图不详而系之以说，说不显而实之以图，互著之义也。文省而事无所晦，形著而言有所归，述作之则也。亥豕不得淆其传，笔削无能损其质，久远之业也。要使不履其地、不深于文者，依检其图，洞如观火，是又通方之道也。夫《天官》《河渠》图，而八书可以六；《地理》《沟洫》图，而十志可以八。然而今日求太初之星象，稽西京之版舆，或不至于若是茫茫也。况夫方州之书，征名辨物，尤宜详赡无遗，庶几一家之作，而乃流连景物，附会名胜，以为丹青末艺之观耶？其亦不讲于古人所以左图右史之义也夫。

图不能不系之说，而说之详者，即同于书，图之名不亦缀[1]欤？曰：非缀也。体有所专，意亦有所重也。古人书有专名，篇有专义。辞之出入非所计，而名实宾主[2]之际，作者所谓窃取其义焉耳。且吾见前史之文，有表似乎志者矣，《汉书·百官公卿表》，篇首历叙官制。不必皆旁行斜上之文也；有志似乎表者矣，《汉书·律历志》，排列三统[3]甲子。不必皆比事属辞之例也。《三辅黄图》，今亡其书矣，其见于他说所称引，则其辞也。遁甲、通统之图[4]，今存其说，犹《华黍》《由庚》[5]之有其义耳。虽一尺之图，系以寻丈之说可也。既曰图矣，统谓之图可也。图又以类相次，不亦繁欤？曰：非繁也，图之有类别，犹书之有篇名也。以图附书，则义不显；分图而系之以说，义斯显也。若皇朝《明史·律历志》，于仪象推步[6]皆绘为图，盖前人所未有矣。当时史臣，未尝别立为图，故不列专门，事各有所宜也。今州志分图为四：一曰《舆地》，二曰《建置》，三曰《营汛[7]》，四曰《水利》，皆取其有关经要，而规方形势所必需者，详系之说，而次诸纪表之后，用备一家之学，而发其例于首简云尔。

[1] 缀：装饰，点缀。　　[2] 名实宾主：名指名称、形式，实指内容。指名称与实质的主次关系。　　[3] 三统：指《三统历》，西汉末刘歆据《太初历》等前人的历法修订而成的我国第一部记载完备的历法。　　[4] 遁甲、通统之图：古代方士数术之书。　　[5]《华黍》《由庚》：《诗经》中的篇名，已佚。　　[6] 仪象推步：以仪器观测天象，推算天象历法。　　[7] 营汛：军队戍防地。

◎研读

章学诚认为图谱之学在古代是专门学问，图表的作用不可忽视，无论是编修方志还是撰修国史都不可缺少。他指出"图谱之用，相为表里""图象为无言之史，谱牒为无文之书，相辅而行，虽欲缺一而不可者也"。

他指出，图在史书、方志中的重要地位与作用，长期以来未能引起足够的重视。司马迁《史记》只有史表而无图，因而"形名制度，方圆曲直，今不可知"。他在《〈永清县志·舆地图〉序例》中说："史不立表，而世次年月，犹可补缀于文辞；史不立图，而形状名象，必不可旁求于文字。此耳治目治之所以不同，而图之要义，所以更甚于表也。古人口耳之学，有非文字所能著者，贵其心领而神会也。至于图象之学，又非口耳之所能授者，贵其目击而道存也。"正因如此，他在修《永清县志》时，还在强调这一观点。可见，章学诚写这么多志书评论，并非专为某部志书而作，实际上带有普遍意义，具有很高的学术价值。

《和州志·艺文书》序例

◎ **解题**

章学诚一直很重视方志的艺文志编修，并且一直批评那些用诗文选编代替艺文志的做法。这篇序例，从艺文的发展演变来说明其重要性，是一篇重要的目录学发展理论文章。

《易》曰："上古结绳而治，后世圣人易之以书契，百官以治，万民以察。"夫文字之原，古人所以为治法也。三代之盛，法具于书，书守之官。天下之术业，皆出于官师之掌故，道艺于此焉齐，德行于此焉通，天下所以以同文为治。而《周官》六篇，皆古人所以即守官而存师法者也。不为官师职业所存，是为非法，虽孔子言礼，必访柱下之藏是也。三代而后，文字不隶于职司，于是官府章程，师儒习业，分而为二，以致人自为书，家自为说，盖泛滥而出于百司掌故之外者，遂纷然矣。六经皆属掌故，如《易》藏太卜，《诗》在太师之类。书既散在天下，无所统宗，于是著录部次之法，出而治之，亦势之所不容已。

然自有著录以来，学者视为纪数簿籍，求能推究同文为治，而存六典识职之遗者，惟刘向、刘歆所为《七略》《别录》之书而已。故其分别九流，论次诸子，必云出于古者某官之掌，其流而为某家之学，失而为某事之敝，条宣究极，隐括无遗。学者苟能循流而溯源，虽曲艺小数，诐辞[1]邪说，皆可返而通乎大道；而治其说者，亦得以自辨其力之至与不至焉。有其守之，莫或流也；有其趋之，莫或歧也。言语文章，胥归识职，则师法可复，而古学可兴，岂不盛哉？

[1] 诐（bì）辞：偏邪不正的言论。

韩氏愈曰："辨古书之正伪，昭昭然若黑白分。"孟子曰："诐辞知其所蔽，淫辞知其所陷，邪辞知其所离，遁辞知其所穷。"孔子曰："多闻，择其善者而从之。"夫欲辨古书正伪，以几于知言，几于多闻择善，则必深明官师之掌，而后悉流别之故，竟末流之失。是刘氏著录，所以为学术绝续之几也。不能究官师之掌，将无以条流别之故，而因以不知末流之失，则天下学术，无所宗师。"生心发政，作政害事"[1]，孟子言之，断断如也。然而涉猎之士，方且炫博综之才；索隐之功，方且矜隅墟之见[2]；以为区区著录之文，校雠之业，可以有裨于文事，噫！其惑也。

[1] 生心发政，作政害事：语出《孟子·公孙丑上》："生于其心，害于其政；发于其政，害于其事。" [2] 隅墟之见：《荀子·解蔽》云："夫道者，体常而尽变，一隅不足以举之。曲知之人，观于道之一隅，而未之能识也。"《庄子·秋水》："井蛙不可以语于海者，拘于虚也。"王先谦《集解》曰："《释文》云：'虚，本亦作墟。'"后因以"隅墟"指片面的见解，一得之见。

六典亡而为《七略》，是官失其守也；《七略》亡而为四部，是师失其传也。《周官》之籍富矣，保章天文，职方地理，虞衡[1]理物，巫祝交神，各守成书，以布治法，即各精其业，以传学术，不特师氏、保氏所谓六艺、《诗》、《书》之文也。司空篇亡，刘歆取《考工记》补之。非补之也，考工当为司空官属，其所谓记，即冬官之典籍，犹《仪礼》十七篇，为春官之典籍，《司马法》[2]百五十篇，为夏官之典籍，皆幸而获传后世者也。当日典籍具存，而三百六十之篇，即以官秩为之部次，文章安得散也？

[1] 虞衡：古代掌山林川泽之官。　[2]《司马法》：全名为《军礼司马法》，为齐威王时诸大夫集古兵法而成，附司马穰苴于其中，故又名《司马法》《司马兵法》《司马穰苴兵法》。《汉书·艺文志》著录一百五十五篇，《隋书·经籍志》著录三卷，《四库全书总目提要》著录一卷。一直为统治者重视，宋神宗时列为《武经七书》之一。

衰周而后，官制不行，而书籍散亡，千百之中，存十一矣。就十一之仅存，而欲复三百六十之部次，非凿则漏，势有难行，故不得已而裁为《七略》尔。其云盖出古者某官之掌，盖之为言，犹疑辞也。欲人深思，而旷然自得于官师掌故之原也。故曰六典亡而为《七略》，官失其守也。虽然，官师失业，处士著书，虽曰法无统纪，要其本旨，皆欲推其所学，可以见于当世施行。其文虽连犿[1]，而指趋可约也；其说虽諔诡[2]，而庞杂不出也。故老庄、申韩、名、墨、纵横，汉初诸儒犹有治其业者，是师传未失之明验也。师传未亡，则文字必有所本；凡有所本，无不出于古人官守，刘氏所以易于条其别也。魏、晋之间，专门之学渐亡，文章之士，以著作为荣华。诗、赋、章、表、铭、箴、颂、诔，因事结构，命意各殊，其旨非儒非墨，其言时离时合，裒而次之，谓之文集，流别之不可分者一也。文章无本，斯求助于词采；纂组经传，摘抉子史，譬医师之聚毒，以待应时取给；选青妃紫[3]，不主一家，谓之类书，流别之不可分者二也。学术既无专门，斯读书不能精一，删略诸家，取便省览；其始不过备一时之捷给，未尝有意留青[4]；继乃积渐相沿，后学传为津逮[5]；分之则其本书具在，合之则非一家之言，纷然杂出，谓之书抄，流别之不可分者三也。

[1] 连犿（fān）：随和貌。　[2] 諔（chù）诡：亦作"俶诡"，奇异。　[3] 选青妃紫：语据柳宗元《读韩愈所著〈毛颖传〉后题》："世之模拟窜窃，取青媲白，肥皮厚肉，柔筋脆骨，而以为辞者之读之也，其大笑固

宜。"妃同"配"，用青配紫。比喻文句对偶工整。　　[4] 留青：杀青，指定稿。　　[5] 津逮：由津渡而到达，比喻通过一定的途径而达到或得到。

　　会心不足，求之文貌，指摘句调工拙，品节宫商抑扬，俗师小儒奉为模楷，裁节经传，摘比词章，一例丹铅，谓之评选，流别之不可分者四也。凡此四者，并由师法不立，学无专门，末俗支离，不知古人大体。下流所趋，实繁且炽，其书既不能悉付丙丁，惟有强编甲乙，而欲执《七略》之旧法，部末世之文章，比于枘凿方圆[1]，岂能有合？故曰《七略》流而为四部，是师失其传也。若谓史籍浩繁，《春秋》附庸，蔚成大国，《七略》以《太史公》列《春秋》家，至二十一史，不得不别立史部。名墨寥落，小宗[2] 支别，再世失传，名家者流，墨家者流，寥寥数家者，后代不复有其书矣。以谓《七略》之势，不得不变而为四部，是又浅之乎论著录之道者矣。

　　[1] 枘凿（ruì záo）方圆：榫头与卯眼，一方一圆，无法投合。比喻不协调，扞格不入。　　[2] 小宗：我国古代宗法制规定，嫡长子一系为大宗，其余子孙为小宗。天子之王位由嫡长子世袭，称大宗，余子对天子为小宗。诸侯之君位亦由嫡长子世袭，在本国为大宗，余子对诸侯为小宗。卿、大夫、士、庶人皆准此。

　　闻以部次治书籍，未闻以书籍乱部次者也。汉初诸子百家，浩无统摄，《官礼》之意亡矣。刘氏承西京之敝，而能推究古者官师合一之故，著为条贯，以溯其源，则治之未尝不精也。魏、晋之间，文集类书，无所统系，魏文帝撰徐、陈、应、刘之文，都为一集，挚虞作《文章流别集》，集之始也，魏文帝作《皇览》[1]，类书之始也。专门传授之业微矣。而荀、李诸家，荀勖、李充[2]。不能推究《七略》源流，至于王、阮诸家，王俭、阮孝绪。相去逾远。其后方技兵书，合于子部，而文集自为专门，类书列于诸子。唐人四部之书，四部创于荀勖，体例与后代四部不同，故云始于唐人也。乃为后代著录不祧之成法，而天下学术，益纷然而无复纲纪矣！盖《七略》承六典之敝，而知存六典之遗法；四部承《七略》之敝，而不知存《七略》之遗法，是《七略》能以部次治书籍，而四部不能不以书籍乱部次也。

[1]《皇览》：类书。三国时魏文帝曹丕令儒臣王象、刘劭等编，《隋书·经籍志》著录一百二十卷，被称为中国类书之祖，原书已佚。　[2] 李充：东晋学者，字弘度，江夏郢县（今河南罗山西）人。为大著作郎，整理国家藏书，在荀勖四部分类基础上，调换史子次序，确立经史子集四部分类法部次，一直为后世沿用。章氏言"始于唐人"，并不确切。

　　且四部之藉口于不能复《七略》者，一曰史籍之繁不能附《春秋》家学也。夫二十一史，部勒非难，至于职官故事之书，谱牒纪传之体，或本《官礼》制作，或涉儒杂家言，不必皆史裁也。今欲括囊诸体，断史为部，于是仪注不入礼经，职官不通六典，谟诰离绝《尚书》，史评分途诸子史评皆诸子之遗，入史部，非也。变乱古人立言本旨、部次成法以就简易，如之何其可也？二曰文集日繁，不列专部，无所统摄也。夫诸子百家，非出官守，而刘氏推为官守之流别，则文集非诸子百家，而著录之书，又何不可治以诸子百家之识职乎？夫集体虽日繁赜，要当先定作集之人。人之性情，必有所近，得其性情本趣，则诗赋之所寄托，论辨之所引喻，纪叙之所宗尚，掇其大旨，略其枝叶，古人所谓一家之言，如儒、墨、名、法之中，必有得其流别者矣。如韩愈之儒家，柳宗元之名家，苏轼之纵横家，王安石之礼家。存录其文集本名，论次其源流所自，附其目于刘氏部次之后，而别白其至与不至焉，以为后学辨途之津逮，则卮言无所附丽[1]，文集之弊，可以稍歇。庶几言有物而行有恒，将由《七略》专家而窥六典遗则乎？家法既专，其无根驳杂，类钞评选之属，可以不烦而自治。是著录之道，通于教法，何可遽以数纪部目之属，轻言编次哉？但学者不先有以窥乎天地之纯，识古人之大体，而遽欲部次群言，辨章流别，将有希几于一言之是而不可得者，是以著录之家，好言四部，而惮闻《七略》也。

[1] 厄言无所附丽：厄言，支离破碎之言。附丽，依附，附着。

史家所谓部次条别之法，备于班固，而实仿于司马迁。司马迁未著成法，班固承刘歆之学而未精，则言著录之精微，亦在乎熟究刘氏之业而已矣。究刘氏之业，将由班固之书，人知之；究刘氏之业，当参以司马迁之法，人不知也。夫司马迁所谓序次六家，条辨学术同异，推究利病，本其家学，司马谈论阴阳、儒、墨、名、法、道德，以为六家。尚已！纪首推本《尚书》，《五帝本纪赞》。表首推本《春秋》，《三代世表序》。传首推本《诗》《书》所阙。至于虞、夏之文，《伯夷列传》。皆著录渊源所自启也。其于六艺而后，周、秦诸子，若孟荀三邹、老庄申韩、管晏、屈原、虞卿、吕不韦诸传，论次著述，约其归趣，详略其辞，颉颃[1]其品，抑扬咏叹，义不拘墟，在人即为列传，在书即为叙录。古人命意标篇，俗学何可绳尺限也？刘氏之业，其部次之法本乎《官礼》，至若叙录之文，则于太史列传，微得其裁。盖条别源流，治百家之纷纷，欲通之于大道，此本旨也。至于卷次部目，篇第甲乙，虽按部就班，秩然不乱，实通官联事，交济为功。如《管子》列于道家，而叙小学流别，取其《弟子职》[2]篇，附诸《尔雅》之后。则知一家之书，其言可采，例得别出也。《伊尹》《太公》[3]，道家之祖，次其书在道家。《苏子》《蒯通》[4]，纵横家言，以其兵法所宗，遂重录于兵法权谋之部次，冠冕孙、吴诸家。则知道德兵谋，凡宗旨有所统会，例得互见也。夫篇次可以别出，则学术源流，无阙间不全之患也；部目可以互见，则分纲别纪无两歧牵掣之患也。学术之源流，无阙间不全；分纲别纪，无两歧牵掣，则《周官》六卿联事之意存，而太史列传互详之旨见。如《货殖》叙子贡，不涉《弟子列传》；《儒林》叙董仲舒、王吉[5]，别有专传。治书之法，古人自有授受，何可忽也？

　　[1] 颉颃（xié háng）：本指鸟上下飞翔。后来指双方比较，不相上下。　　[2]《弟子职》：东汉应劭以为管仲作，今为《管子》第五十九篇。是古代家塾教弟子之法，记弟子师事之礼节，受业之次序，实为《曲礼少仪》之一类。　　[3]《伊尹》《太公》：《伊尹》，《汉书·艺文志》列入道家，五十一篇，相传为汤相伊尹所作。《太公》，西周吕望作，内容为《太公阴谋》《太公金匮》《太公兵法》，共二百三十七篇。　　[4]《苏子》《蒯通》：《苏子》，《汉书·艺文志》列入纵横家，三十一篇，苏秦作。《蒯通》，秦汉之际策士蒯通作，通论战国时说士权变，八十一首，经刘向删订著录仅五篇。　　[5] 王吉：西汉经学家，字子阳，琅琊皋虞（今青岛市即墨区）人，兼通五经，官至谏大夫，敢于直谏，为官清廉。班固《汉书·儒林传》叙董仲舒与王吉，又另为两人作专传，章氏注文误作《史记》。

　　自班固删《辑略》[1]，而刘氏之绪论不传；《辑略》乃总论群书大旨。省部目，而刘氏之要法不著。班省刘氏之重见者而归于一。于是学者不知著录之法，所以辨章百家，通于大道，《庄子·天下》篇亦此义也。而徒视为甲乙纪数之所需。无惑乎学无专门，书无世守，转不若巫祝符箓、医士秘方，犹有师传不失之道也。郑樵《校雠》之略，力纠《崇文》部次之失，自班固以下，皆有讥焉。然郑氏未明著录源流，当追《官礼》，徒斤斤焉纠其某书当甲而误乙，某书宜丙而讹丁。夫部次错乱，虽由家法失传，然儒、杂二家之易混，职官故事之多歧，其书本在两可之间，初非著录之误。如使刘氏别出互见之法，不明于后世，虽使太史复生，扬雄再见，其于部次之法，犹是茫然不可统纪也。郑氏能讥班《志》附类之失当，而不能纠其并省之不当，可谓知一十而不知二五者也。且吾观后人之著录，有别出《小尔雅》[2]以归《论语》者，本《孔丛子》中篇名，《隋·经籍志》别出归《论语》。有别出《夏小正》以入时令者，本《大戴礼》篇名，《文献通考》别出归《时令》。是岂足以知古人别出之法耶？特忘其所本之书，附类而失其依据者尔。《嘉瑞记》[3]既入五行，又互见于杂传；《隋书·经籍志》。《西京杂记》既入故事，又互见于地理。《唐书·艺文志》。是岂足以知古人互见之法耶？特忘其已登著录，重复而至于讹错者尔。

[1] 《辑略》：西汉刘歆编撰的《七略》的总录，包括全书的总目、总序和各略的序，说明各类图书的内容与学术源流。班固《汉书·艺文志》删《辑略》而存其六，保留了其中的总序、大序、小序。 [2] 《小尔雅》：《汉书·艺文志》著录《小尔雅》一篇，无撰者姓名。现存的《小尔雅》，是成书于魏晋的《孔丛子》中的第十一篇，托名为汉孔鲋撰。是最早出现的仿《尔雅》体例，对其作补充的训诂专著，为历代注疏家所引用，影响较大。[3] 《嘉瑞记》：南朝陈陆琼撰，三卷。《隋书·经籍志》杂传类著录，而五行类并未著录。

夫末学支离，至附类失据，重复错讹，可谓极矣。究其所以歧误之由，则理本有以致疑，势有所以必至。徒拘甲乙之成法，而不于古人之所以别出、所以互见者，析其精微，其中茫无定识，弊固至乎此也。然校雠之家，苟未能深于学术源流，使之徒事裁篇而别出，断部而互见，将破碎纷扰，无复规矩章程，斯救弊益以滋弊矣！是以校雠师法，不可不传；而著录专家，不可不立也。

州县志乘，艺文之篇不可不熟议也。古者行人采书，太史掌典，文章载籍，皆聚于上，故官司所守之外，无坟籍也。后世人自为书，家别其说，纵遇右文之代，购典之期，其能入于秘府，领在史官者，十无七八，其势然也。文章散在天下，史官又无专守，则同文之治，惟学校师儒得而讲习；州县志乘，得而部次，著为成法，守于方州，所以备辎轩[1]之采风，待秘书之论定。其有奇衺不衷之说[2]，亦得就其闻见，校雠是正，庶几文章典籍，有其统宗，而学术人心，得所规范也。昔蔡邕正定《石经》[3]，以谓四方之士，至有贿改兰台漆书，以合私家文字者，是当时郡国传习，与中书不合之明征也。文字点画，小学之功，犹有四方传习之异，况纪载传闻，私书别录，学校不传其讲习，志乘不治其部次，则文章散著，疑似两淆，后世何所依据而为之考定耶？

[1] 辀（yóu）轩：古代使臣乘坐的一种轻车。古代使臣的代称。
[2] 奇衺（xié）不衷之说：邪恶不正的学说。衺，同"邪"。　　[3] 《石经》：指《熹平石经》，汉灵帝熹平四年（175），下令正定六经文字，蔡邕书册于碑，使工镌刻，立于太学门外。是中国历史上最早的官定儒家经典刻石，现存部分残石。

郑樵论求书之法，以谓因地而求，因人而求，是则方州部录艺文，固将为因地因人之要删也。前代搜访图书，不悬重赏，则奇书秘策，不能会萃；苟悬重赏，则伪造古逸，妄希诡合，三坟之《易》[1]，古文之《书》[2]，其明征也。向令方州有部次之书，下正家藏之目，上借中秘之征，则天下文字，皆著籍录，虽欲私锢而不得，虽欲伪造而不能，有固然也。夫人口孳生，犹稽版籍；水土所产，犹列职方。况乎典籍文章，为学术源流之所自出，治功事绪之所流传，不于州县志书，为之部次条别，治其要删，其何以使一方文献无所阙失耶？

[1] 三坟之《易》：隋朝刘炫所伪造之《连山易》。　　[2] 古文之《书》：指东晋梅赜伪《古文尚书》。

◎ 研读

当代著名学者王重民先生在《校雠通义通解》评论："《〈和州志·艺文书〉序例》是一篇用社会文化史的发展观点讨论目录学方法与理论的专著，也是一篇历代国史艺文志的序录，放在《和州志》内本来有点不相称。但对这样的重大问题，当时的考据家们既不注意，也不屑于讨论，而章学诚没有地位，又没有正式发挥议论的机会，所以就小题大做，把自己的议论写在自己所能写的地方……我们看了他为《和州志·艺文书》写了那样大的一篇序例，在上级不同意他的意见之后，就删存自己的菁华为《志隅》，并说明那是按照自己的文史义例所创造的，而自己的义例是超乎郑樵、曾巩、刘知幾等大史学理论家之上的。由于别人怀疑自己的理论，又得不到好的机会去发展，才把自己的义例运用到修志的实践工作上去；通过'征诸实事'，如果起了好的作用，就可证明自己的理论也是正确的，借以用事实说服怀疑的人。章学诚的这种研究学问的方法与态度，是科学的，正确的。"

　　当然，实践过程中的经验反过来又充实和丰富了他的理论。在序言最后，章学诚还总结性地指出："况乎典籍文章，为学术源流之所自出，治功事绪之所流传，不于州县志书，为之部次条别，治其要删，其何以使一方文献无所缺失耶？"当代方志学界应当认识到艺文志的重要意义，并且在新方志编修中加以体现。

书《武功志》后

◎ **解题**

明代康海编纂的《武功县志》三卷，分七篇，两万多字，长期以来一直备受推崇，被奉为修志楷模。章学诚独对此不以为然，提出一连串质问，认为康海不知史家法度和文章体裁，志书一味追求高简，"芜秽特甚"。章氏的这篇评论，实事求是，当前修志者应当引以为鉴，评论方志不可人云亦云。

康海[1]《武功志》三卷，又分七篇，各为之目：一曰《地理》，二曰《建置》，三曰《祠祀》，四曰《田赋》，五曰《官师》，六曰《人物》，七曰《选举》。首仿古人著述，别为篇叙，高自位置，几于不让，而世多称之。王氏士祯[2]亦谓"文简事核，训辞尔雅"。后人至欲奉为修志楷模，可为幸矣。夫康氏以二万许言，成书三卷，作一县志，自以谓高简矣。今观其书，芜秽特甚。盖缘不知史家法度、文章体裁，而惟以约省卷篇，谓之高简，则谁不能为高简邪？

[1] 康海（1475—1540）：明代文学家，字德涵，号对山，武功（今陕西武功西北）人。弘治进士，授翰林院修撰，曾参与纂修宪宗、孝宗两朝实录，但很早罢官归里。著作除《武功县志》外，尚有《历史》《张氏族谱》《中山狼》和诗文集。　[2] 王氏士祯（1634—1711）：清朝诗人。原名士禛，字子真，一字贻上，号阮亭、渔洋山人，山东新城（今山东桓台县）人。顺治十五年（1658）进士，官至刑部尚书，颇有政声，谥文简。著述《带经堂集》《感旧集》《蚕尾集》等数十种。

志乃史裁，苟于地理无关，例不滥收诗赋。康氏于名胜古迹，猥登无用诗文，其与俗下修志，以文选之例为艺文者，相去有几？

夫诸侯不祖天子，大夫不祖诸侯，严名分也。历代帝王后妃，史尊纪传，不籍方志。修方志者，遇帝王后妃故里，表明其说可也。列帝王于人物，载后妃于列女，非惟名分混淆，且思王者天下为家，于一县乎何有？康氏于人物，则首列后稷[1]以至文王[2]，节录太史《周纪》，次则列唐高祖[3]、太宗[4]，又节录《唐本纪》，乖剌[5]不可胜诘矣。方志不当僭列帝王，姑且勿论，就如其例，则武王[6]以下，何为删之？以谓后有天下，非邠[7]之故邑耶？则太王[8]尝迁于岐，文王又迁于丰，何以仍列武功人物？以武王实有天下，文王以上不过追王，故录之耶？则唐之高祖、太宗，又何取义？以谓高祖、太宗生长其地，故录之耶？则显、懿二祖[9]，何为删之？后妃上自姜嫄[10]，下及太姜[11]，何为中间独无太任[12]？姜非武功封邑，入于武功列女，以谓妇从夫耶？则唐高祖之太穆窦后[13]，太宗之文德长孙皇后[14]，皆有贤名，何为又不载乎？夫载所不当载，为芜为僭，以言识不足也。就其自为凡例，任情出入，不可诘以意指所在，天下有如是而可称高简者哉？

[1] 后稷：姬姓，名弃，周族始祖。其母有邰氏女，曰姜嫄，生于稷山（今山西省稷山县），善稼穑，教民耕种。尧舜时，为司农之神，尧封后稷于邰（今陕西省武功县西南）。农耕始祖，被尊为稷王（也作稷神）、农神、耕神、谷神。　[2] 文王：周文王。　[3] 唐高祖：即李渊（566—635）。[4] 太宗：即李世民（599—649）。　[5] 乖剌（là）：语出《楚辞·东方朔》："吾独乖剌而无当兮，心悼怵而毫思。"指违逆，不和谐，不合常规。[6] 武王：周武王。　[7] 邠（bīn）：古同"豳"，在今陕西省彬州市。相传周族自后稷至公刘定居于邠，公刘时迁至豳定居。邠不在武功境内，疑此处"邠"字当为"郿"字。　[8] 太王：古公亶父，商朝时周族首领，周文王祖父。　[9] 显、懿二祖：唐高祖李渊追尊其高祖李熙为宣简公，曾祖李天赐为懿王。唐高宗李治追尊李熙为宣皇帝，庙号献祖；李天赐为光皇帝，庙号懿祖。此处"显"为"宣"或"献"之误。　[10] 姜嫄（yuán）：周始祖后

稷之母,帝喾之妻。 [11] 太姜:周太王古公亶父之妃,生太伯、仲雍、王季。有贤德,太王谋事必商于太姜。 [12] 太任:王季之妻,周文王之母,任姓,有德行。 [13] 太穆窦后:唐高祖李渊之皇后,窦姓,尊号"太穆顺圣皇后"。 [14] 长孙皇后:唐太宗李世民之妻,京兆始平(今陕西兴平)人。性节俭,为太宗治国理政颇多贡献。尊号"文德顺圣皇后"。

尤可异者,志为七篇,舆图何以不入篇次?盖亦从俗例也。篇首冠图,图止有二,而苏氏《璇玑》之图[1],乃与舆图并列,可谓胸中全无伦类者矣。夫舆图冠首,或仿古人图经之例,所以揭一县之全势,犹可言也。《璇玑》之图,不过一人文字,或仿范氏录蔡琰[2]《悲愤诗》例,收于列女之传可也。如谓图不可以入传,附见传后可也。蓦然[3]取以冠首,将武功为县,特以苏氏女而显耶?然则充其义例,既列文王于人物矣,曷取六十四卦之图冠首?既列唐太宗于人物矣,曷取六阵之图冠首?虽曰迂谬无理,犹愈《璇玑图》之仅以一女子名也。惟《官师志》,褒贬并施,尚为直道不泯,稍出于流俗耳。

[1] 苏氏《璇玑》之图:指苏蕙《璇玑图》。苏蕙,前秦时期女诗人,字若兰,始平人。苏蕙将《璇玑图》织于锦缎之上,寄与其夫秦州(今甘肃天水)刺史窦滔。苏蕙的《璇玑图》总计八百四十一字,纵横各二十九字,纵、横、斜、交互、正、反读或退一字、迭一字读均可成诗,诗有三、四、五、六、七言不等,当前统计可组成七千九百五十八首诗,是回文诗登峰造极之作。 [2] 蔡琰:字文姬,东汉末年文学家,蔡邕之女。博学多才,擅长文学、音乐、书法。东汉末为匈奴左贤王所掳,育有二子。曹操统一北方后,花费重金赎回,嫁给董祀。流传作品三篇:五言《悲愤诗》、骚体《悲愤诗》和《胡笳十八拍》。 [3] 蓦然:突然,猛然。

◎研读

人们只要打开《武功县志》,便可见卷首各家之序与评语是满纸颂词。清代学者王士禛说："予所闻见前明郡邑之志，不啻充栋，而文简事核，训词尔雅，无如康对山之志武功。"石邦教说："（《武功志》）七篇，文简而明，事赅而要，且其义昭劝鉴，尤严而公。乡国之史，莫良于此志矣。"《四库全书总目提要》对这些评论不仅作了征引，而且肯定其"非溢美也"。许颂鼎甚至说："《史记》，史学之始也；对山先生《武功志》，州县志之始也。"有的干脆把它与司马迁《史记》并论，认为不仅是"郡邑志之最"，就是称之"古之良史不为过也"。如此等等，不一而足，似乎《武功志》真的就成为"志乘之极则"了。

而章学诚在这篇评论中则说："今观其书，芜秽特甚。盖缘不知史家法度、文章体裁，而惟以约省卷篇，谓之高简，则谁不能为高简邪？"近代学者梁启超在《中国近三百年学术史》一书中亦提出批评："方志之通患在芜杂，明中叶以后有起而矫之者，则如康海之《武功县志》仅三卷，二万余言；韩邦靖之《朝邑县志》仅二卷，五千七百余言，自诧为简古。而不学之文士如王渔洋、宋牧仲辈震而异之，比诸马班，耳食之徒，相率奉为修志模楷，即《四库提要》亦亟称之。"

章学诚是一位史学评论家，对方志又深有研究，他的评价是从事实出发的。评论一部方志，首先要看它的体例是否完善，其次则要看它的内容是否丰富，至于训词尔雅、行文生动等是其次。此志也并非如王士禛所说"文简事核"，或石邦教所说"事赅而要"。章学诚认为："志乃史裁，苟于地理无关，例不滥收诗赋。康氏于名胜古迹，猥登无用诗文。"又如他批评《人物志》中收入许多不是武功籍人物，不符合方志体例。方志记载本当详近略远，而《人物志》中记载古代的八十余人，元代一人，当代只两人；而古代人物中，又从正史中摘取了一大串帝王后妃，这也不符合应详载当代人物和文献的要求。《官师志》本来只能收录在武功做过官的人物之传记，可是《武功志》却出现了该入的未入，不该入的反而入了的情况，自乱体例。《选举志》的编写，使人看了也有杂乱之感。总之，《官师》《人物》《选举》三志实存在着牵扯不清的情况，全书一共七个门类，其中四个都是这种状况。

再从内容来看，全书总共两万余字，除《田赋志》一项记载当代外，其余都是详古而略今。可以设想，若是满篇无用之辞，文字再简洁、行文再生动也于事无补，最多只能算是好的文学作品，而绝对称不上是好的方志。

评论一部方志的标准应当有主次之别，事实上章学诚也未对它作全盘否定，还是肯定"《官师志》，褒贬并施，尚为直道不泯，稍出于流俗耳"。章氏批评康海以文人修志，不懂史法，是有一定道理的。一部好的方志，绝不是靠吹捧吹出来的，而是要靠志书本身的质量。如果质量不怎么样，即使再多名人出来捧场也是无济于事，评价再高也会被后人推翻，这部方志就是明证。

参考文献

1.章学诚：《章学诚遗书》，文物出版社1985年（影印嘉业堂本）。

2.陶德民执行主编：《内藤文库藏钞本章氏遗书》，台湾大学出版中心2017年版。

3.章学诚：《文史通义庐江何氏钞本》，华东师范大学出版社2019年版。

4.王记录主编：《章学诚文献辑刊》，北京燕山出版社2019年版。

5.章学诚著，仓修良编注：《文史通义新编新注》，商务印书馆2023年版。

6.章学诚著，叶长青注：《文史通义注》，商务印书馆1935年版。

7.章学诚著，叶瑛校注：《文史通义校注》，中华书局1983年版。

8.章学诚著，罗炳良译注：《文史通义》，中华书局2012年版。

9.章学诚著，陈其泰解读：《文史通义（节选）》，国家图书馆出版社2022年版。

10.章学诚著，王重民通解：《校雠通义通解》，上海古籍出版社1987年版。

11.胡适著，姚名达订补：《章实斋先生年谱》，台湾商务印书馆1962年版。

12.周康燮主编：《章实斋先生年谱汇编》，香港崇文书店1975

年版。

13.余英时：《论戴震与章学诚》，生活·读书·新知三联书店2000年版。

14.〔美〕倪德卫：《章学诚的生平与思想（1738—1801）》，方志出版社2003年版。

15.仓修良、叶建华：《章学诚评传》（增订本），商务印书馆2022年版。

16.仓修良：《章学诚和〈文史通义〉》，商务印书馆2023年版。

17.仓修良：《中国古代史学史》，商务印书馆2021年版。

18.仓修良：《方志学通论》，商务印书馆2022年版。

19.仓修良：《谱牒学通论》，商务印书馆2022年版。

20.鲍永军：《史学大师章学诚传》（修订版），浙江人民出版社2025年版。

21.黄兆强：《章学诚研究述评（1920—1985）》，台湾学生书局2015年版。

22.王园园：《章学诚著述稿钞本研究》，上海古籍出版社2023年版。

23.中国历史文献研究会编：《章学诚国际学术研讨会论文集》，北京图书馆出版社2004年版。

24.陈仕华主编：《章学诚研究论丛》，台湾学生书局2005年版。

25.潘捷军主编，鲍永军副主编：《章学诚研究概览——章学诚诞辰280周年纪念文集》，杭州出版社2018年版。